高等职业教育教学改革特色教材·财经通识课

JINGJIXUE

经济学（第七版）

唐树伶　张启富　主编

东北财经大学出版社
Dongbei University of Finance & Economics Press
大连

图书在版编目（CIP）数据

经济学 / 唐树伶，张启富主编．—7版．—大连：东北财经大学出版社，2025.9．—（高等职业教育教学改革特色教材·财经通识课）．—ISBN 978-7-5654-5791-3

Ⅰ．F0

中国国家版本馆CIP数据核字第202531ZJ14号

经济学

JINGJIXUE

东北财经大学出版社出版

（大连市黑石礁尖山街217号　邮政编码　116025）

网　　址：http://www.dufep.cn

读者信箱：dufep@dufe.edu.cn

大连市东晟印刷有限公司印刷　　东北财经大学出版社发行

幅面尺寸：185mm×260mm　　字数：379千字　　印张：16.5

2025年9月第7版　　2025年9月第1次印刷

责任编辑：张晓鹏　石建华　徐　群　惠恩乐　　责任校对：何　群

封面设计：原　皓　　版式设计：原　皓

书号：ISBN 978-7-5654-5791-3　　定价：46.00元

教学支持　售后服务　　联系电话：（0411）84710309

如有印装质量问题，请联系营销部：（0411）84710711

第七版前言

为贯彻落实党的二十大和二十届二中、三中全会精神，进一步落实立德树人根本任务，实施课程思政，按照《教育强国建设规划纲要（2024—2035年）》《职业院校教材管理办法》《“十四五”职业教育规划教材建设实施方案》等文件要求，全面推进习近平新时代中国特色社会主义思想进教材，进一步提升用习近平新时代中国特色社会主义思想铸魂育人的实际效果，以适应经济社会需要为目标、培养德智体美劳全面发展的社会主义建设者和接班人为根本任务，设计学生的素养、知识、能力目标，关注经济领域的新趋势、新变化，挖掘经济中的思政元素，将最新的变化体现在教材中，使内容更加贴近现实，力求用中国理论解读中国实践，用中国话语阐述中国发展，用中国理论指导新的伟大实践，我们组织了对《经济学》第六版的修订工作。

本书在保留了经济学基本理论体系框架的基础上，致力于通过教学内容的创新和完善，使教材内容既具有严格的“统一性”，又具有选择上的“灵活性”；用较短的时间、通俗的语言向学生阐述经济学的基本概念、基本理论和基本分析方法，同时结合当前经济发展中的热点问题，进行合理解释和说明。

在修订编写过程中，本书运用了大量图形、表格、实例、案例、小资料、拓展资料、补充阅读材料等多种资源呈现方式，力求通过这些呈现方式的更新引导学生用经济学的基本理论和方法分析经济生活中的各种现象和问题，使职业教育教学更加通俗化、简明化、生动化。本书注重解决“是什么”和“怎么做”等问题，在使学生全面、系统地掌握基础知识的前提下，培养学生的清晰逻辑思路，以及团队合作、分析问题和综合实践应用能力。在内容上，本书力争做到知识性、新颖性、易学性、趣味性和应用性并重，为此，每章在整体结构上设置了“思维导图”“学习目标”“案例导入”“知识掌握”“知识应用”“综合实训”等栏目。微课、动画、拓展资料、补充阅读材料、知识梳理、交互式测验以二维码形式贯穿于每章，学习者利用移动终端扫描二维码可即时观看、线上答题，实现纸质教材与在线学习资源的融合一体化，突出学生自主学习的能力要求，培养学生的综合能力及迁移能力。学习者可以登录东北财经大学出版社“财济书院”(www.idufep.com)，学习、了解或下载与本课程或本教材相关的内容。

本次修订工作由唐树伶、张启富负责并担任主编，其具体分工如下：唐山职业技术学院岳颖修订编写第1、11、12章；唐山职业技术学院李悦享修订编写第2、5、9章；唐山职业技术学院肖爱晶修订编写第3、4、8、13章；唐山职业技术学院唐树伶修订编写第6、7章；浙江工商职业技术学院张启富修订编写第10章。全书由唐树伶设计修订编写大纲，并负责总纂定稿；东北财经大学博士生导师孙刚教授担任本书主审。

在修订编写过程中，编者参考、借鉴了国内外大量学者的文献资料及研究成果，在此谨向所有参考文献的编著者表示衷心的感谢！

由于编者水平有限，加之经济学理论与实践的不断丰富与发展，书中难免存在疏漏和不足之处，恳请专家学者和广大读者批评指正！

编　者

2025年6月

目 录

第1章

经济学导论

思维导图

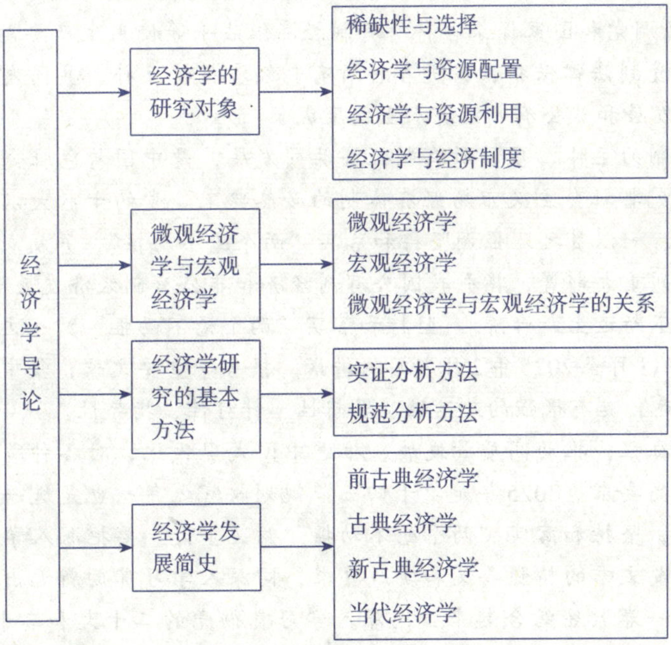

学习目标

【知识目标】

了解计划经济与市场经济的特征及经济学发展简史；理解稀缺性、选择的概念；熟悉生产可能性的内容；掌握经济学的研究对象。

【能力目标】

能区分微观经济学与宏观经济学；清楚实证分析法与规范分析法。

【素养目标】

培养学生对传统文化的认同感；提高对我国社会主义制度优越性的认识，增强环保意识；培养学生的经济学思维，能运用经济学的研究方法分析问题。

案例导入　促进各种所有制经济优势互补共同发展　推动中国经济行稳致远

党和国家坚持和完善社会主义基本经济制度，毫不动摇巩固和发展公有制经济，毫不动摇鼓励、支持、引导非公有制经济发展。

“新时代新征程民营经济发展前景广阔、大有可为，广大民营企业和民营企业家大显身手正当其时”。

2025年2月17日上午，在中国经济巨轮迎难而上、乘风破浪的关键时刻，一场意义重大而深远的座谈会——民营企业座谈会在北京人民大会堂召开。习近平总书记出席座谈会并发表重要讲话，充分肯定民营经济发展取得的重大成就和为经济社会发展做出的重要贡献，对当前和今后一个时期促进民营经济健康发展、高质量发展做出全面部署。总书记重申党和国家对民营经济发展的基本方针政策“不能变，也不会变”，强调党和国家保证各种所有制经济依法平等使用生产要素、公平参与市场竞争、同等受到法律保护，促进各种所有制经济优势互补、共同发展，促进非公有制经济健康发展和非公有制经济人士健康成长。

实行公有制为主体、多种所有制经济共同发展，是中国特色社会主义制度的内在要求，也是完善社会主义市场经济体制的必然要求。党的十八大以来，习近平总书记旗帜鲜明、一以贯之地强调坚持和落实“两个毫不动摇”，并发表一系列重要论述，做出一系列重大部署，指引我国公有制经济和非公有制经济发展取得显著成效，推动我国经济不断迈上新台阶。《坚持和落实“两个毫不动摇”》一文，摘自习近平总书记2013年11月至2025年2月期间的讲话、报告等重要文献，集中反映了总书记的相关重要论述，具有很强的政治性、思想性、针对性、指导性。

新时代新征程，推动高质量发展、推进中国式现代化，对各种所有制经济发展提出了新的更高要求。2025年是“十四五”规划收官之年，也是进一步全面深化改革的重要一年，坚持和落实“两个毫不动摇”意义重大。要把深入学习贯彻习近平总书记这篇重要文章的精髓要义和实践要求，同深入学习贯彻新近出版的《习近平经济文选》第一卷紧密结合起来，同深入学习贯彻党的二十大和二十届三中全会、全国两会以及民营企业座谈会等一系列重要会议精神紧密结合起来，同深入学习贯彻习近平新时代中国特色社会主义思想特别是习近平经济思想紧密结合起来，统一思想、坚定信心，始终坚持“两个毫不动摇”，使一切有利于社会生产力发展的力量源泉充分涌流，努力创造我国经济发展新奇迹。

资料来源　《求是》杂志编辑部．促进各种所有制经济优势互补共同发展 推动中国经济行稳致远［EB/OL］．［2025-03-15］．https://baijiahao.baidu.com/s?id=1826643862724421606&wfr=spider&for=pc.

分析：在中国经济发展进程中，坚持和完善社会主义基本经济制度至关重要。公有制经济与非公有制经济协同发展，“两个毫不动摇”指引方向，党的十八大以来成效显著。如今在高质量发展与推进中国式现代化的新时代征程，对各类所有制经济要求更高，尤其在“十四五”收官关键年与深化改革重要节点，民营企业座谈会意义非凡，习近平总书记重申政策稳定，要求平等保障各类所有制经济权益。

经济学是研究资源配置与利用的科学，是为解决选择问题而产生的。也就是说，经济学的研究对象是由稀缺性而引起的选择问题。本章将从总体上阐述经济学所包含的微观和宏观经济学并进行分析，为以后各章做准备。

1.1　经济学的研究对象

1.1.1　稀缺性与选择

每个人来到这个世界上都会面临两大问题，即生存与发展，并且人们都希望自己能更好地生存和发展，这就是人类的欲望，也称需要。美国学者亚伯拉罕·马斯洛把人的欲望分为五个层次：①生理需要，即吃、穿、住等生存方面的需要；②安全需要，即希望未来生活有保障，如免于失业、免于受伤害等；③社会需要，即感情、爱、归属感的需要等；④尊重需要，即需要有名誉、威望和地位等；⑤自我实现的需要，即实现个人价值和理想等。这些欲望从低到高依次排列，当前一种比较低层次的欲望得到满足或部分满足后，后一种更高层次的欲望便会产生，因此，人类的欲望是无限的。

人们要想使自己的欲望得到全部或部分满足，就必须消费一定量的物品。能够满足人们欲望的物品包括有形的商品和无形的服务。前者如服装、食物、房子、汽车、手机等，它们能够满足人们衣食住行以及相互沟通、交流的需要；后者如教育、旅游、音乐等，教育能满足人们求知和提高自身素质的需要，旅游能满足人们对生活品质的需要，而音乐能满足人们听觉上的审美需要。

供人们消费的物品分为经济物品和自由物品两种。后者是现成的，相对于人的欲望来说，数量是无限的，且取用时不需要花费任何成本，如空气、阳光等；而前者则需要人类去生产，生产需要消耗资源，生产的数量取决于人类的生产能力和资源情况。也就是说，人们要得到经济物品是要花费成本的。在现实生活中，人们欲望的满足绝大多数依靠经济物品，而相对于人类的无限欲望来说，经济物品以及生产这些经济物品的资源总是有限的，这种有限就是**稀缺性**。

动画

小明的选择

对稀缺性有如下几种理解：①其相对性是指相对于人类的无穷欲望而言，经济物品或者生产这些物品所需要的资源总是不足的。②其绝对性是指它存在于人类历史的各个时期和一切社会中。从历史上看，在原始社会，很多人都没有足够的食物，而封建社会中很多农民都没有足够的土地；从现实中看，如近年来一些国家出现了“电荒”和“油荒”，很多非洲国家的国民得不到足够的食物和就业岗位，有些欧盟国家由于人口老龄化而面临着劳动力供给不足的困境。稀缺性是人类社会永恒的问题，只要有人类社会，就会有稀缺性。③经济学产生于稀缺性的存在。④稀缺性的存在决定了一个社会和个人必须做出选择。

人们都希望自己的欲望能够得到全部满足，但能够满足人类欲望的经济物品和资源又是稀缺的，因此，人类无限的欲望与有限的经济物品和资源之间是相互矛盾的，人们通常把这个矛盾称为“大炮与黄油的矛盾”。大炮代表武器，能满足国民安全的需要；黄油代表食物，能满足国民吃饱的需要。二者都是经济物品，都需要消耗资源才能生产出来。在社会资源一定的情况下，多生产武器势必导致少生产食物，多生产食物则会导致少生产武器。这就是我国古代大思想家孟子所说的“鱼和熊掌不可兼得”。

假定一个社会拥有一定量的资源，如全部生产武器可以生产15万门，如全部生产食物可以生产5万吨。在这两种极端的可能性之间，还存在着武器与食物不同数量的组合，见表1–1。

表1–1　**生产可能性表**

可能性	食物（万吨）	武器（万门）
A	0	15
B	1	14
C	2	12
D	3	9
E	4	5
F	5	0

根据表1–1，我们可以绘出图1–1。在图1–1中，连接A、B、C、D、E、F点的*AF*线是在资源既定和技术水平不发生重大变化的条件下所能达到的武器与食物最大产量组合，被称为**生产可能线（生产可能性边界或社会生产可能性边界）**。AF线上的任何一点（如C点，代表了2万吨食物和12万门武器）都是资源被充分利用时所能达到的最大产量组合，生产可能性边界是社会生产在现有条件下的最佳状况；AF线内的任何一点（如G点，代表了2万吨食物和6万门武器）都是现有资源条件下所能达到的产量组合，但是存在着资源浪费的现象；AF线外的任何一点（如H点，代表了4万吨食物和12万门武器）都是现有资源和技术水平条件下无法达到的产量组合。

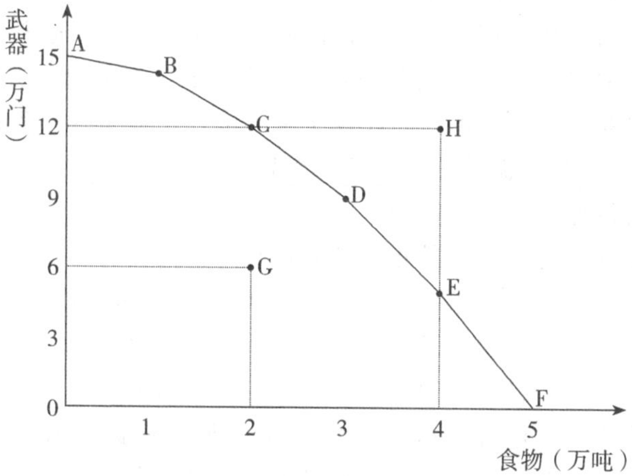

图1–1　生产可能线

拓展资料1–1

如何像经济学家一样思考

“大炮与黄油的矛盾”使得我们面临着选择问题，**选择**是指如何利用有限的资源去生产尽可能多的经济物品，以最大限度地满足自身的各种欲望。图1–1明确地告诉我们，鱼和熊掌是不可兼得的，要想多得到鱼，就必须放弃一部分熊掌；同样，要想多得到熊掌，也必须放弃一部分鱼，也即鱼和熊掌是互为成本的。

1.1.2　经济学与资源配置

选择是经济学要研究和解决的问题。具体来说，选择问题包括以下五个方面：

（1）生产什么？每一种资源都有多种用途，对于同样的资源，不同的人可能会做出不同的选择。如徐峥导演的第一部电影《人再囧途之泰囧》上映后获得广泛好评，经济效益也相当可观。如果徐峥仍然只做演员，不努力开拓自己的业务范围，就不会有这样优秀的影片诞生，更不会有可观的经济效益。做演员无论是对徐峥来说还是对外部社会来说可能都不是最佳选择。对徐峥自身来说，他可能无法获得现在这样的成功，从而无法获得大量的财富和良好的声誉；对外部社会来说，我们就欣赏不到这样一部优秀的喜剧电影。可见，选择资源的用途至关重要。

（2）生产多少？就是生产商品和服务的数量问题，生产多了会造成资源与经济物品的浪费，生产少了又会造成商品和服务供给不足，因而必须确定合理的生产数量。

（3）怎样生产？就是选择何种生产方法来生产。据报道，江苏神通阀门股份有限公司是启东市制造业企业智能化改造和数字化转型（简称"智改数转"）先行先试的典型。在员工没有大幅度增加的情况下，公司通过实施"智改数转"，每月产值从原来的3 000多万元提升至9 000多万元。这家企业就是通过改变生产方式来提高生产效益的。企业转型应以高质量发展为主方向。

（4）何时生产？就是生产时机的选择问题。例如，现在我国的家电商场中已基本上看不见那种大个头的电视机了，家电企业大多生产平面液晶电视，薄薄的，既轻便又美观，因为大个头电视机已经过时了。

（5）为谁生产？就是生产出来的商品和服务分配给谁的问题。数据显示，2024年我国粮食总产量1.41万亿斤，比2023年增加221.8亿斤，增长1.6%，在连续9年稳定在1.3万亿斤以上的基础上，首次迈上1.4万亿斤新台阶。当前，粮食库存总量充足，处于历史高位，国内粮食市场供应完全有保障。这就说明我国生产出来的商品能够合理分配出去，而且能够提供充足的保障。

稀缺性是人类社会永恒的问题，只要有人类社会存在，就有稀缺性，所以选择问题，也就是"生产什么""生产多少""怎样生产""何时生产""为谁生产"等问题。这是人类社会必须要解决的问题，这五个问题被称为资源配置问题。

1.1.3　经济学与资源利用

如果产量不在生产可能线上，而是落在了生产可能线的里面（如图1-1中的G点），说明在现实生活中，尽管资源与经济物品是稀缺的，但是仍然存在着资源与经济物品的浪费和不合理使用现象。当然，人类为了更好地生存和发展，不能仅仅满足于达到生产可能线的水平，还要使既定的资源生产出更多产量（如达到图1-1中的H点）的经济物品。这样，资源配置又引出另一个问题，即资源利用。所谓**资源利用**，就是人类社会如何更好地利用现有的稀缺资源，使其生产出更多的经济物品。

资源利用包括这样三个相关的问题：①在资源既定的条件下，如何使稀缺资源得到充分利用，使产量达到最大；②为什么产量不能始终处于生产可能线上，而是时高时低，也就是说现实中经济为什么会经常发生波动；③货币实际购买力的变动会对产量产生什么样的影响。

综上所述，稀缺性不仅引发了选择问题（即资源配置问题），而且引发了资源利用问题。经济学产生的根源在于稀缺性，因而它以资源配置和资源利用为研究对象，也即**经济学是一门研究稀缺资源的配置和利用的科学**。这个含义由三个重要概念组成，即人类无限的欲望、经济物品和资源的稀缺性以及由此而产生的资源配置和利用问题。

小资料 1-1　　**带上经济学漫谈“人生道”**

“经济”的英文Economy起源于希腊语“Oikonomos”。“oiko”意为家庭，“nomos”意为秩序，指向的就是对稀缺资源的管理。稀缺是家庭、人类的经济行为乃至国家治理、国际关系的最基本约束条件。如果不是因为稀缺，就不需要成本收益核算；如果不是因为稀缺，就不会有生活压力带来的失眠；如果不是因为稀缺，更不可能发生战争这种抢夺资源、重新分配的极端形式。

稀缺还是道德的先决条件。人类的欲望是无穷的，但不幸的是，用来满足欲望的资源却是稀缺的。所以道德的一个基本功能在于约束欲望、适应稀缺。在西方，经济学最早就是道德哲学的一个分支。在东方，儒学倡导的“仁”的经济学解释就是：只要二人在一起，就得遵守相应的道德规范，不遵守的人无疑会被群体抛弃。在稀缺的控制下，人们不得不把天然的“利己之心”变为道德的“利人之行”，形成合理分工、合作共赢的团队精神，从中实现个人利益最大化。

稀缺看似人类生存的“负条件”，但是人类的智慧将它一步步化为了“正能量”。经济发展史显示，资源的天然有限性与无限需求之间的矛盾并没有带来灾难，相反带来了巨大的商机。恰恰由于稀缺，才促使企业采用新的技术、新的生产流程、新的管理方法；才促使政府思考如何改进制度，实现资源配置方式的科学化、高效化，加速推动创新发展，让世界发生日新月异的变化，也让我们看到人类的无比伟大。

进一步看，能够打破稀缺的经济行为，就是一片商机的蓝海。最典型的是新的科技发明。比如，互联网企业飞速发展，这归功于虚拟世界的无限数字资源，不再有实体世界物质供给的那种稀缺性。当然，这也相对形成了需求的稀缺。各种吸粉、吸流量、吸眼球、吸点击率的迫切诉求，正在进一步加快供给变革，让信息社会在新技术、新模式、新创意的推动下以前所未有的速度发展起来，给青年人的创业选择提供了无限可能。

资料来源　作者根据相关资料整理.

1.1.4　经济学与经济制度

所有的国家都要面对资源稀缺性问题，也就是说要解决资源配置与利用问题。由于历史的、现实的原因，各国解决这两个问题的方式不尽相同。经济资源配置和利用的具体方式就是经济制度（也称经济体制），根据资源配置和利用方式的不同，可以将经济制度划分为四大类，即自给经济、计划经济（也称命令经济或指令经济）、自由市场经济和混合经济。

（1）自给经济。其基本特征是每个家庭生产出其消费的大部分经济物品，或者可以扩大一点范围，每个村落生产出村民消费的大部分经济物品，只有极少数物品是用来与外界交换的。黄梅戏《天仙配》中有两句唱词，“你耕田来我织布，我挑水来你浇园”，即描绘了自给经济中典型的家庭生活画面。耕田生产出粮食，织布生产出衣服，一个家庭把吃饭、穿衣问题都解决了，因而很少与外界进行交换。在这种经济制度下，资源配置和利用由居民的直接消费所决定，交换不发达，经济效率低下。我国封建社会的小农经济和西欧封建社会的庄园经济都属于这类经济制度。

(2) 计划经济。其基本特征是生产资料归政府所有，一个国家类似一个单一的大公司，政府用计划或指令来解决资源配置和利用问题。经济物品的数量、品种、价格、分配以及工人的就业与工资水平等均由中央政府的指令性计划来决定。在现实中，由于这种制度很难解决信息的传递和经济主体的激励问题，因而效率不高。大多数实行计划经济体制的国家自20世纪80年代后期都开始了经济体制改革，以实现从计划经济向市场经济的转轨。

(3) 自由市场经济。其基本特征是产权明晰、经济决策高度分散。这种经济制度由一只“看不见的手”指引，资源的配置和利用问题由自由竞争的市场中的价格机制来解决。英国经济学家亚当·斯密在其代表作《国富论》一书中指出：在市场经济制度下，即使每个人纯粹追求自身的利益，丝毫不关心他人的利益，也将在市场经济的约束下增进社会的利益。也就是说，我们之所以能吃到可口的面包，并不是因为面包师仁慈，而是因为面包师需要追求自身的利益。当然，在现实社会中，纯粹的自由市场经济国家是不存在的，每个市场经济国家或多或少都存在着政府干预的情况，也就是下面要讨论的混合经济。

(4) 混合经济。其基本特征是生产资料的私人所有和国家所有相结合、自由竞争和政府干预相结合，因而混合经济也是垄断和竞争相混合的制度。所谓混合经济，是指既有市场调节又有政府干预的经济制度。它的优越性在于能充分发挥各种经济成分的积极作用，大大加快社会生产力的发展，满足市场多样化的需求；既能保证较充分的就业，又能促进经济高效率增长。在这种制度下，市场机制和政府干预互相协调、取长补短，能够较好地解决资源配置和利用问题。当今世界上经济比较发达的国家和地区（如美国、日本和欧盟等）都采用了这种经济制度，我国经济体制改革的目标也是朝着这个方向前进。

小思考1-1

市场经济和计划经济的区别是什么？

答：(1) 特点不同。计划经济的特点是在集中统一的基础上，强调中央与地方积极性的结合；以计划管理为主，同时重视市场管理；在计划管理上实行多种计划类型；比较注重宏观调控，综合平衡。市场经济的特点是自主性、平等性、竞争性、开放性、有序性。

(2) 实质不同。计划经济的实质是根据政府计划调节经济活动的经济运行体制。市场经济的实质是通过市场配置社会资源的经济形式。市场可以是有形的，也可以是无形的。

(3) 应用领域不同。市场经济的应用领域是社会科学，计划经济的应用领域是社会科学、经济生产。

1.2 微观经济学与宏观经济学

根据理论研究解决的问题不同，经济学从总体上可以分为微观经济学和宏观经济学。前者研究资源配置问题，后者研究资源利用问题。

1.2.1 微观经济学

微观经济学以单个经济单位为考察对象，通过研究单个经济单位的经济行为和相应的经济变量单项数值的决定来说明价格机制如何解决社会的资源配置问题。单个经济单位是指居民户、厂商和单个产品市场等。单个经济单位的经济行为是指其追求自身利益最大化的行为，其中居民户追求效用最大化，厂商追求利润最大化。单项数值是指单个经济物品的产量、成本、利润、效用、供求量、价格等。

微观经济学的定义包含了以下几个方面的内容：①研究的对象是单个经济单位的经济行为。②解决的问题是资源配置。微观经济学以资源的充分利用为前提条件，将单个经济单位的经济行为与单个经济变量联系起来分析，阐明其内在联系，从而实现资源的最优配置。③核心理论是价格理论。在市场经济中，引导和支配居民户、厂商行为的是价格，生产什么、生产多少、如何生产、何时生产和为谁生产均由其决定，价格像一只看不见的手，调节着整个社会的资源配置。微观经济学就是说明价格如何使资源配置达到最优，因此，价格理论是微观经济学的核心理论。④研究方法是个量分析。个量分析主要研究经济变量的单项数值是如何决定的，主要分析单个企业中要素的投入量、产出量、成本和利润的决定，单个企业有限资源的配置，单个居民户的收入合理使用，以及由此引起的单个市场中商品供求的决定、个别市场的均衡等问题。

对经济学的研究是以一定的假设条件为前提的。微观经济学的基本假设包括以下三点：①完全理性，指单个经济单位都是利己的经济人，他们自觉地按利益最大化的原则行事，既能把最大化作为目标，又知道如何实现最大化；②市场出清，指价格能调节资源的配置和利用，使整个社会达到充分就业的供求均衡状态；③完全信息，指单个经济单位（消费者和厂商）可以免费、快速、准确地获得各种市场信息。

微观经济学主要包括价格理论、消费者行为理论、生产理论、成本理论、厂商均衡理论、收入分配理论、市场失灵与微观经济政策以及福利经济学和一般均衡分析等内容。

1.2.2 宏观经济学

宏观经济学以整个国民经济活动作为考察对象，研究社会总体经济问题和相应的经济变量的总量是如何决定的及其相互关系如何。总体经济问题包括经济波动、经济增长、就业、通货膨胀、国家财政收支、进出口贸易与国际收支等。经济变量的总量包括国民收入、就业量、消费、储蓄、投资、物价水平、利率、汇率以及这些变量的变动率等。

宏观经济学的定义中包含以下几个方面的内容：①研究对象是整个经济。②解决的问题是资源利用。宏观经济学以资源的最优配置为前提条件，研究资源为什么没有得到充分利用、如何才能使资源得到充分利用以及经济增长等有关问题。③核心理论是国民收入决定理论。宏观经济学将国民收入作为最基本的总量，以其决定为中心来研究资源利用问题，分析整个国民经济的运行，因而国民收入决定理论是宏观经济学的核心理论。④研究方法是总量分析。总量分析是对宏观经济运行总量的影响因素及其变动规律所进行的分析。总量具体包括：一是个量的总和，如总投资是各个厂商的投资之和；二是平均量，如价格水平是各种商品与服务的平均价格。

宏观经济学的基本假设包括以下两点：①市场机制是不完善的。稀缺性不仅要求资源得到恰当配置，而且要使资源得到充分利用，要做到这一点，仅靠市场机制是不够的。②政府应该且可以调节经济。宏观经济学是在此假设条件下，以整个国民经济为研究对象，通过研究经济中各有关总量的决定及其变化，来说明资源如何才能得到充分利用。

微课

如何区别微观经济学与宏观经济学

宏观经济学主要包括国民收入决定理论、就业理论、通货膨胀理论、经济周期理论、经济增长理论、财政与货币政策理论等内容。

1.2.3　微观经济学与宏观经济学的关系

微观经济学和宏观经济学是经济学中互为前提、彼此补充的两个分支学科。经济学之所以有微观与宏观之分，主要是因为研究对象与方法有着明显的差异。微观经济学以资源配置为研究对象，采用个量分析方法，假定资源利用问题已经解决；宏观经济学以资源利用为研究对象，采用总量分析方法，假定资源配置问题已经解决。

当然，微观经济学和宏观经济学并不是截然分开的两个孤立的部分，二者的研究内容是互相联系、互相补充的，微观经济学是宏观经济学的基础，宏观经济学是微观经济学的自然扩展。二者都是实证分析，最终目标都是通过为人们的经济活动提供正确的指导，来实现资源的优化配置和有效利用，从而实现整个社会经济福利最大化。

小资料1-2　**理性经济人**

理性经济人，又称作“经济人假设”，即假定人的思考和行为都是目标理性的，唯一试图获得的经济好处就是物质性补偿的最大化。

亚当·斯密在《国富论》中对理性经济人有较为清晰的阐述：“我们每天所需要的食物和饮料，不是出自屠户、酿酒商和面包师的恩惠，而是出于他们自利的打算。我们不说唤起他们利他心的话，而说唤起他们利己心的话，我们不说我们自己需要，而说对他们有好处。”亚当·斯密的这段论述向我们表明：人和人之间是一种交换关系，人之所以能获得食物和饮料，是因为商家自身要获得最大的利益。

大卫·李嘉图提出了经济人的“流氓假设”：社会是由一群无组织的个人组成的；每个人都以一种计算利弊的方式为个人的利益而行动；每个人为达到这个目的，都尽可能合乎逻辑地思考和行动。

在经济学家的眼中，千差万别的活生生的人都是理性经济人——不懈地追求自身利益最大限度满足的理性的人。显然，经济人都是自利的，以自身利益的最大化作为自己的追求目标。当一个人在经济活动中面临若干不同的选择机会时，他总是倾向于选择能给自己带来更大经济利益的那种机会，即总是追求最大的利益。

因此，理性经济人是自利的，但自利并不完全等于自私。

小思考 1-2

我们每个人都处于经济环境中，观察你周围的经济现象，哪些属于微观经济学的范畴，哪些属于宏观经济学的范畴？

答：微观经济学的范畴如是否上大学的决策，消费者买衣服、买菜的决策，厂商生产多少产品的决策等；宏观经济学的范畴如大学生毕业后的就业率、经济形势下滑、通货膨胀问题等。

1.3　经济学研究的基本方法

微课

经济学研究的基本方法

人们在研究经济学时，会有两种态度和方法：一种是只考察经济现象，即经济现状如何，为何会如此，其发展趋势如何，至于这种经济现象好不好、该不该如此，则不作评价。这种研究方法称为实证分析方法，也称实证经济学。另一种是对经济现状及变化做出好与不好的评价或该与不该的判断。这种研究方法称为规范分析方法，也称规范经济学。

1.3.1　实证分析方法

实证分析的结果可以用事实、证据或者从逻辑上加以证实或证伪，具有客观性，即实证的命题有正确和错误之分。其检验标准是客观事实，所以实证研究的目的是了解经济如何运行，也就是研究世界是什么样子的。例如，2024 年 1—12 月我国东中西部和东北地区的房地产销售情况见表 1-2。

表 1-2　2024年1—12月我国东中西部和东北地区房地产销售情况

地区	新建商品房销售面积		新建商品房销售额	
	绝对数（万平方米）	同比增长（%）	绝对数（亿元）	同比增长（%）
全国总计	97 385	−12.9	96 750	−17.1
东部地区	45 055	−12.7	59 373	−17.5
中部地区	24 911	−12.0	17 380	−16.5
西部地区	23 834	−14.6	17 485	−17.0
东北地区	3 585	−9.7	2 512	−11.4

资料来源　国家统计局网站.

从表 1-2 中我们可以明显地看出我国 2024 年新建商品房销售面积 97 385 万平方米，比上年下降 12.9%。新建商品房销售额 96 750 亿元，同比下降 17.1%。这里所有的分析都是客观的，可以用客观事实来进行检验，因而是实证分析。

1.3.2 规范分析方法

规范分析以一定的价值判断为出发点，提出行为的标准，并研究如何才能符合这些标准。它力求回答“世界应该是什么样子”的问题，涉及是非善恶、应该与否、合理与否的问题。由于人们的价值观是不同的，因而对同一个经济现象会有不同的看法，也就是规范分析不具有客观性，不同的分析者会得出不同的结论。

我们再看表1-2，站在不同立场上的人就会有不同的看法。一些人可能认为，针对商品房的销售，应该增加消费税，这样有利于国家财政收入的增加；有些人可能认为，再加大税收力度会增大企业的压力，不利于企业投资及企业规模的扩大，对经济发展有阻碍作用。规范分析是从主观角度出发的，由于个体的差异，结论也会出现差异。

实证分析和规范分析作为两种不同的经济分析方法，有以下三个方面的区别：①有无价值判断。价值判断是指对经济事物社会价值的判断，即对某一经济事物是好还是坏的判断。规范分析是以一定的价值判断为基础的，而实证分析则避开价值判断。②二者要解决的问题不同。规范分析要解决“应该是什么”的问题，而实证分析要解决“是什么”的问题。③内容是否具有客观性。规范分析由于以一定的价值判断为前提条件，不同的人得到的结论是不同的；而实证分析的内容则具有客观性，可以用客观事实来检验其正误。

拓展资料 1-2

经济分析方法与最低工资

在经济学的分析方法中，实证分析是主要方法，当然规范分析也是不可缺少的。二者是互相联系、互相补充的，规范分析要以实证分析为基础，而实证分析也离不开规范分析的指导。一般来说，越是具体的问题，实证的成分越多；而越是高层次、带有决策性的问题，越具有规范性。

1.4 经济学发展简史

经济学作为一门社会科学，主要研究人类的行为，尤其是市场体系中人的行为，而市场经济是随着资本主义生产方式的兴起而产生的，因而在历史上的绝大部分时间里，经济学不是脱离一般社会思想的独立体系，甚至到了18世纪晚期，经济学的主要创立者亚当·斯密还把经济学看作法律学的一个分支。根据不同历史时期经济学思想与理论的发展特点，经济学可以分为这样几个阶段：前古典经济学、古典经济学、新古典经济学、当代经济学。

1.4.1 前古典经济学

经济学思想最早产生于古希腊思想家的著作中，色诺芬在其《经济论》中第一次提出了“经济学”这个词，柏拉图和亚里士多德等均在其著作中或多或少地涉及了经济学的一些理论和概念。他们的经济学思想经古代罗马人、早期基督教和欧洲中世纪经院学派的继承与发展，到了资本主义早期发展阶段，产生了一个有较大影响的思想流派，即重商主义。

重商主义产生于15世纪，终止于17世纪中期，其代表人物包括英国人约翰·海尔斯、托马斯·曼，法国人孟克列钦和让·巴蒂斯特·柯尔培尔等。重商主义体系的基本内容是国家干预主义、贸易顺差和外汇管制。他们认为，金银形态的货币是财富的唯一形态，一国增加财富的唯一手段就是发展对外贸易，因此，重商主义非常重视对外贸易。他们主张国家应采取各种措施和政策鼓励出口、限制或禁止进口，通过贸易顺差来使一国积累大量财富；同时，对外汇进行管制，不让货币外流。

重商主义的这些主张反映了原始积累时期资本主义经济发展的要求，现在看来，他们的很多观点是错误的；同时，还没有形成一个完整的经济学理论体系，并且他们的研究领域主要集中于流通，因而，还不能称为真正的经济学，只能说是经济学的早期阶段。

1.4.2 古典经济学

古典经济学从1776年开始，至1870年结束，是经济学的形成阶段。1776年，英国经济学家亚当·斯密发表其代表作《国民财富的性质和原因的研究》（以下简称《国富论》），标志着现代经济学的诞生，也宣告了古典经济学派的诞生。古典经济学派的其他代表人物还有大卫·李嘉图、约翰·斯图亚特·穆勒等。

古典经济学的研究中心是如何增加国民财富。与重商主义不同，古典经济学派认为财富是物质产品而不仅仅是货币，增加财富的途径是通过资本积累和分工来发展生产。在政策主张上，古典经济学派主张自由放任，即政府不干预经济。他们认为市场体系中的价格是只“看不见的手”，由其来调节经济，可以把个人的利己行为引向增加国民财富和社会福利，因此，价格调节经济就是一种正常的自然手段，政府也就没有必要去干预经济的运行了。

自由放任是古典经济学的核心，反映了自由竞争时期经济发展的要求。古典经济学派把经济研究从流通领域转移到生产领域，使经济学真正成为一门有独立体系的科学。

小资料 1-3　　**亚当·斯密与看不见的手**

这也许是一种巧合：亚当·斯密的伟大著作《国富论》是1776年出版的，而恰好是在这一年美国革命者签署了《独立宣言》。这两部文献都有一个在当时流行的观点——让人们各行其是，而不要让政府的手来指导他们的行为，结果往往会更好。这种政治哲学为市场经济（从更一般的意义上来说则是为自由社会）提供了理论基础。

为什么分散的市场经济运行得好？是因为可以指望人们友爱而仁慈地相互对待吗？完全不是。《国富论》这本书中描述了市场经济中人们是如何相互交易的：

每一个人……既不打算促进公共的利益，也不知道自己是在何种程度上促进那种利益……他所盘算的也只是他自己的利益。在这种场合下，像在其他许多场合一样，他受一只看不见的手的引导，去尽力达到一个并非他本意想要达到的目的；也并不因为事非出于本意，就对社会有害。他追求自己的利益，往往使他能比在真正出于本意的情况下更有效地促进社会利益。

斯密认为经济参与者受利己心所驱动，而市场上“看不见的手”（价格）指引这种利己心去促进总体的经济福利。

资料来源　曼昆．经济学原理［M］．梁小民，等译．7版．北京：北京大学出版社，2015.

1.4.3　新古典经济学

19世纪70年代，奥地利经济学家门格尔、英国经济学家杰文斯和法国经济学家瓦尔拉斯等人不约而同地提出了边际效用价值论，即认为商品的价值取决于人们对商品效用的主观评价。这被称为“边际革命”，标志着古典经济学的结束。1890年，马歇尔出版其代表作《经济学原理》，综合了上述三人和当时其他一些经济学家的代表性观点，从而形成了一个综合的、折中的经济学理论体系，即新古典经济学。

新古典经济学坚持自由放任的思想，认为政府不要干预经济，因而是古典经济学的延续。之所以称为新，是为了与古典经济学相区别。其采用一种新的分析方法——边际分析法，同时将经济学的研究重点从生产转向消费和需求，将资源配置作为经济学研究的中心，主要探讨价格如何调节经济，实现资源的最优配置，因而也被称为价格理论。这一时期是微观经济学的形成时期。

1.4.4　当代经济学

20世纪30年代发生了蔓延整个资本主义社会的大危机，新古典经济学论述的市场能比较完善地调节经济的神话被打破，其面对新的问题显得无能为力。在这种情况下，1936年凯恩斯出版了其代表作《就业、利息和货币通论》。凯恩斯打破了自由放任的经济学传统思想，主张国家干预经济；同时，提出了以国民收入决定为理论中心、以国家干预为政策基调的现代宏观经济学体系，以应对当时的资本主义大危机。这也是经济学史上的第三次革命——凯恩斯革命，标志着宏观经济学的诞生。

在凯恩斯经济理论的指导下，第二次世界大战后，西方各国都加强了政府干预。美国经济学家保罗·萨缪尔森把凯恩斯的宏观经济学与新古典经济学结合在一起，形成了新古典综合派，也形成了当代经济学由微观和宏观两部分共同组成的格局。新古典综合派是20世纪50年代到60年代的主流经济学派别。20世纪60年代末，美国等国出现的滞胀，又引起了经济学家对国家干预主义的再思考，从而导致自由放任思想的再度复兴，以弗里德曼和卢卡斯、科斯等为代表的一大批当代著名经济学家都是自由放任思想的拥护者。

当代经济学是一个综合了微观经济学和宏观经济学的庞大理论体系。在经济学的内部派系林立，分歧巨大，但是我们可以根据经济哲学思想的不同而将它们划分为两大派别：一派是新古典主义经济学，也称新自由主义经济学，他们坚持古典经济学和新古典经济学的传统，主张自由放任，政府不干预或少干预经济；另一派是新凯恩斯主义经济学，他们继承和发展了凯恩斯的经济学理论，主张政府干预经济的运行，也称新干预主义经济学。

补充阅读材料

积极发挥大数据在经济学研究中的重要作用

小思考1-3

自由放任和国家干预是两种对立的经济学思想，你认为我国政府应该如何取舍？

答：合理划分市场与政府的界限，能由市场决定的事情政府不要去干预，政府主要为创造一个良好的市场环境提供基础性服务。

知识掌握

知识梳理 1

□ 选择题

1）下列物品中，属经济学研究范畴的有（　　）。

A.华为手机　　B.冰箱

C.太阳　　D.房子

2）资源的稀缺性是指（　　）。

A.资源是绝对有限的，没有无限的资源

B.有些资源数量是有限的

C.相对于人类的无限欲望而言，资源与经济物品是不足的

D.与人的欲望无关，资源都是稀缺的

3）微观经济学和宏观经济学作为经济学的组成部分，它们的关系是（　　）。

A.部分和整体的关系　　B.没有任何联系

C.互为前提、彼此补充　　D.互相可以完全替代

4）作为经济学的两种研究方法，实证分析与规范分析的区别包括（　　）。

A.研究的方法不同　　B.研究的对象不同

C.研究的范围不同　　D.研究的内容不同

5）下列命题为规范经济学命题的是（　　）。

A.CPI越低越好

B.2024年某市居民人均可支配收入为49 758元

C.就业率越高越好

D.某些行业对环境的破坏作用很大，这对我国经济和社会长期发展是不利的

6）产量水平落在生产可能线以内的点，说明（　　）。

A.资源已经被充分利用　　B.资源未被充分利用

C.资源即将被充分利用　　D.技术水平达到最高

□ 判断题

1）如果不存在资源的稀缺性，经济学就失去了存在的意义。（　　）

2）资源的稀缺性是绝对的。（　　）

3）在不同的经济制度下，解决资源配置和利用问题的方法没有共同点。（　　）

4）当今主要经济国家都采用了混合经济制度。（　　）

5）宏观经济学的创始人是凯恩斯。（　　）

6）古典经济学家主张应由“看不见的手”（价格）去指导经济运行。（　　）

7）“政府应该控制通货膨胀，促进就业”是一个实证经济学的命题。（　　）

8）规范分析法的前提是一定的价值判断。（　　）

□ 简答题

1）经济学为什么会产生？稀缺性的相对性和绝对性各是什么？

2）微观经济学和宏观经济学有哪些共同点和不同点？

3）实证经济学和规范经济学的区别与联系是什么？

4）不同的经济制度在经济调控上有何区别？

□ 画图分析题

1）表1-3是某国在面包和公寓这两种商品生产上各种可能的组合，该表中的每一项产出都以该国资源及技术的充分利用为前提条件，请绘出该国的生产可能性曲线。

表1-3　某国两种商品各种可能的组合

可能性	公寓（千套）	面包（百万条）
A	0	30
B	6	29
C	12	26
D	18	22
E	24	16
F	30	0

2）设想一个生产军用品和消费品的社会，我们把这两种物品分别称为"大炮"和"黄油"。

(1) 请画出大炮和黄油的生产可能性边界。解释为什么这条边界的形状最有可能是向外凸出的。

(2) 标出经济不可能实现的一点和可以实现但无效率的一点。

(3) 假定这个社会有两个政党——鹰党（想拥有强大的军事力量）和鸽党（想拥有较弱的军事力量），在生产可能性边界上分别标出鹰党和鸽党会选择的一点。

知识应用

□ 分析题

1）分析学习现代经济学理论对我国经济和社会发展的现实意义。

2）我国为什么要进行市场取向的经济改革？

□ 案例题

几个朋友聚到一起讨论投资的事。A说："最近股票涨得很好，我随便买了一只，不到一个月就翻了一倍，发财了！"B说："我可没那么好的运气，买了就跌，结果损失了半年的工资，谁知道我刚抛掉，马上就涨了。"C说："股票涨跌是很难把握的，我还是打算买房子，自己不住，收房租也稳赚不赔。"D说："那也不一定吧？国家宏观调控政策出台了，谁能保证房价不跌呢？再说利率上调，你买房子的钱存在银行吃利息也比收房租来得划算吧？"

问题：试用有关经济理论解释以上观点。

综合实训

【项目目标】

通过本项目的实训，学生要理解资源配置与利用的相关内容，并能够解决现实经济生活中存在的实际问题。

【项目内容及要求】

1）根据本章内容，上网或通过书刊查找有关资料，讨论双方的以下观点：上大学接受高等教育比更早步入社会学习实践经验更重要。

2）正方的观点：接受高等教育越多，越容易成功；反方的观点：社会实践比大学教育更重要。

3）全班分成正反两组，实行组长负责制，完成综合实训项目。辩论要求：一方说完另一方才能开始反驳，要听完对方的辩论；所出示的证明资料要准确、真实。

4）两组进行陈述及自由辩论，组长作总结性发言，观摩的同学进行评价，教师最后点评，给出考核成绩。

交互式测验1

【项目成果】

撰写《正反方辩论报告》。

第2章

价格理论：需求、供给与弹性理论

思维导图

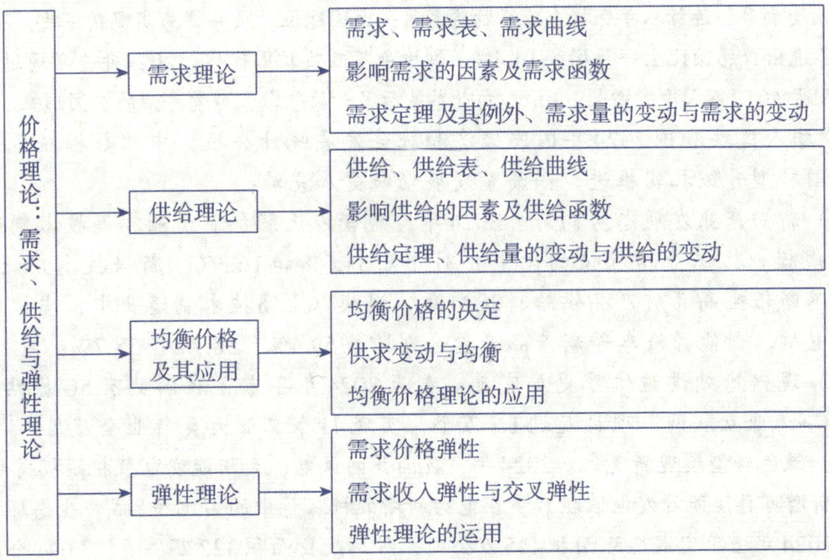

学习目标

【知识目标】

了解需求收入弹性与需求交叉弹性；分析需求、供给的变化与市场价格的关系；理解影响需求、供给以及需求弹性的因素；掌握供求定理的内容、需求的变动与需求量的变动、供给的变动与供给量的变动。

【能力目标】

能熟练进行需求价格弹性的计算；能够根据商品的需求价格弹性判断其经济收益；注重支持价格、限制价格在经济中的运用。

【素养目标】

树立正确的价值观，增强爱国意识；培养学生对国家政策的认同感；启发学生分析“薄利多销”和“谷贱伤农”现象，理解农民的苦衷，不能浪费。

案例导入　新需求催生高品质产品供给 高质量发展动能充沛

国家统计局2月28日发布《中华人民共和国2024年国民经济和社会发展统计公报》。公报中显示，2024年，我国经济运行总体平稳、稳中有进，主要目标任务顺利完成。2024年，我国国内生产总值达1 349 084亿元，比上年增长5.0%，经济社会发展主要目标任务顺利完成。从生产上看，2024年，我国工业对经济增长贡献率为34.1%，提高12.7个百分点；服务业对经济增长贡献率为56.2%，是经济稳定运行的压舱石；内需对经济增长贡献率为69.7%，继续成为经济增长的主动力；货物和服务净出口对经济增长贡献率为30.3%，比上一年明显提升。5%的增长是生产、需求共同发力的结果，充分体现了中国经济的韧性和潜力。

（1）高水平对外开放呈现新格局。2024年，我国货物进出口总额达43.8万亿元，规模创历史新高，连续八年保持全球货物贸易第一大国地位。服务贸易实现新突破，2024年，我国服务进出口总额比上一年增长14.4%。过境免签政策扩围优化，2024年全年通过免签入境外国人达2 012万人次，增长1.1倍，向世界展示了开放包容、可爱可亲的中国形象。

《中华人民共和国2024年国民经济和社会发展统计公报》中的数据显示，2024年，我国转型升级扎实推进，高质量发展动能更加充沛。

（2）新兴产业发展态势向好。2024年，规模以上装备制造业、高技术制造业增加值占规模以上工业增加值的比重分别升至34.6%和16.3%。新兴技术广泛应用，新需求不断催生高品质产品供给，2024年，规模以上高技术制造业中，虚拟现实设备、充电桩、新能源汽车等新产品产量分别增长59.4%、58.7%、38.7%。

（3）现代基础设施体系更加完善。截至2024年年末，我国共有5G基站425万个，“5G+工业互联网”项目超过1.7万个，实现41个工业大类行业全覆盖。

（4）绿色转型展现新气象。2024年，我国并网风电、太阳能发电装机规模首超14亿千瓦，新增可再生能源发电装机容量在电力新增装机容量中的占比超8成。生态环境质量改善，2024年全年完成造林面积445万公顷，种草改良面积322万公顷；3 641个国家地表水考核断面中，水质优良断面比例首次超过90%，我国高质量发展底色更加鲜明。

资料来源　杨书杰．新需求催生高品质产品供给 高质量发展动能充沛［EB/OL］．［2025-03-01］．https：//news.cctv.cn/2025/03/01/ARTIhvkuoTQPxDAj0vqJfCrd250301.shtml.

分析：在供给层面，我国展现出蓬勃活力与强劲动力。一方面，产业结构持续优化，规模以上装备制造业、高技术制造业占比上扬，新兴技术广泛渗透，催生出虚拟现实设备、充电桩、新能源汽车等大量高品质新产品，为市场注入新鲜血液；服务业作为经济稳定运行的压舱石，保障着各领域的高效运转。另一方面，现代基础设施建设大步迈进，5G基站广泛布局，“5G+工业互联网”项目覆盖全工业大类行业，为产业发展筑牢根基；绿色转型成效显著，可再生能源发电装机规模扩大，生态环境改善反向助力生产可持续。从需求视角看，内需是拉动经济增长的主动力和稳定锚，庞大的国内市场消费需求、投资需求为产业发展提供了广阔天地；同时，外需亮点纷呈，我国货物进出口总额创新高，连续八年领跑全球，服务贸易增长迅猛，过境免签政策吸引大量外国人入境，进一步拓展国际需求空间，供需两侧协同发力，铸就中国经济高质量发展的良好局面。

2.1 需求理论

2.1.1 需求、需求表、需求曲线

(1) 需求。作为学生，我们经常梦想着到世界各地走走，欣赏不同的民族风情，体验大自然的鬼斧神工，我们甚至想置身于太空之中，在遥远的天际回眸地球的神奇。这些美好的想法对很多学生来说仅仅是奢望，因为我们往往支付不起这笔费用。想旅游的愿望和支付能力二者共同构成了需求。**需求**（Demand），是指消费者在某一时期，在一定的价格水平上愿意并且能够购买的商品或服务的数量。

需求必须具备以下条件：①消费者有购买商品或服务的欲望，如某人有购买别墅的欲望，可是别墅价位过高，支付不起这笔费用，所以，需求难以实现，只能称其为需要；②消费者有支付能力，如大多数女性消费者对烟酒没有欲望，即使有支付能力，需求也难以实现。因而，需求必须是欲望与支付能力的统一，也就是需求=欲望+支付能力。

动画

什么是需求

需求具体包括个人需求和市场需求。前者是指单个消费者或家庭对某种商品的需求，即对应一定的商品价格所愿意并能够购买的数量；后者是指全体消费者对某种商品的总需求。市场需求可以通过个人需求加总而实现，个人需求和市场需求都是对某一商品的需求。

(2) 需求表。它是在其他因素不变的条件下，根据某种商品的价格与需求量之间的关系所绘制的表。需求表可以直观地表明价格与需求量之间的一一对应关系。

需求表具体分为个人需求表和市场需求表。描述某人（家庭）与价格相对应的需求数量的表，称为个人需求表。把某一商品（该商品市场）所有个人的需求加总求和，也就是把每一价格对应的每个人的需求量加在一起，就形成了该市场上与每一价格对应的市场需求表。表2-1是某一市场上某种商品的个人需求和市场需求随价格变化而变化的需求表。

表2-1 消费者甲和乙对某商品的需求及总需求

价格（元）	消费者甲的需求量（千克）	消费者乙的需求量（千克）	市场的需求量（千克）
10	1 000	1 500	2 500
20	900	1 300	2 200
30	800	1 100	1 900
40	700	900	1 600
50	600	700	1 300
60	500	500	1 000
70	400	300	700

(3) 需求曲线。它是用图示法把需求表中需求量与商品价格之间的关系表示出来的曲

线。把表2-1中的数据描绘在平面坐标图上可以画出图2-1，其中，横轴OQ表示商品的需求量，纵轴OP表示商品的价格，曲线$D_{甲}$、$D_{乙}$、D_m分别代表消费者甲、乙和市场的需求曲线。市场需求曲线（或需求曲线）显示了在影响需求的所有其他因素不变的条件下商品价格与需求量之间的关系。曲线上的每个点都显示了在特定价格下消费者能够购买的商品数量。

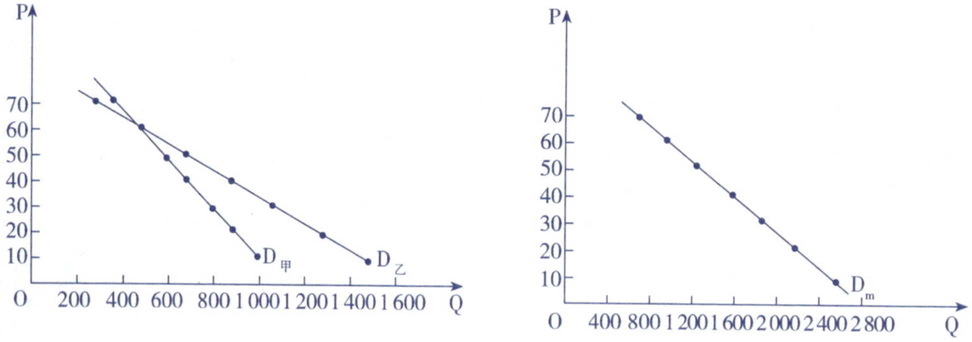

（a）消费者甲、乙的需求曲线　　（b）市场的需求曲线

图2-1　某商品的需求曲线

商品的需求量与价格一般是负相关的，需求曲线是一条向右下方倾斜的曲线。D线表示价格越低，需求量越大；价格越高，需求量越小。

小资料2-1　“高高在上”的牛肉，价格跌成这样了？

打开北京物美超市小程序，7月31日1公斤鲜牛肉价格为56.52元，大约28.26元/斤；而在批发市场，牛肉的价格更低，新发地批发市场显示7月30日牛肉批发价为24元/斤。以往“高高在上”的牛肉，价格变得“亲民”起来。农业农村部监测数据显示，截至7月第三周，全国农产品批发市场牛肉平均价格为68.6元/公斤，比前一周下跌0.2%，同比下跌15.4%，已连续23周下跌。业内人士更是表示，牛肉价格从2023年年初开始走低。很多人当时都认为是临时性的价格波动，没想到一直跌到现在，目前牛肉价格已经跌到与2019年价格接近了。

从往年的消费数据看，随着夏季天气转热，人们对肉类消费的季节性需求减少，牛肉价格一般会在夏季时候出现小幅度下跌。但往年都是秋冬季节消费量高了之后价格又会回升，但此次大规模下跌波动幅度明显超出了一般季节波动。

资料来源　陈华罗.“高高在上”的牛肉，价格跌成这样了？[N]. 新京报，2023-08-09.

2.1.2　影响需求的因素及需求函数

1）影响需求的因素

在一种商品市场上，影响其需求的一般因素有很多。下面我们以汽车为例来说明影响商品需求的因素，其主要包括：

（1）商品本身的价格。从大量的经验事实中我们可以发现，一种商品的价格越高或价格上涨，人们对该商品的购买量就会越少或减少；价格越低或价格下降，人们的购买量就越多或增加。例如，当汽车的价格上升时，人们就会减少对它的购买；而当汽车降价促销时，人们的购买量也会随之增加。商品本身的价格是影响其需求量最重要、最直接的因素，商品本身的价格与其需求量之间存在着相当稳定的反向关系。

（2）消费者的收入水平。在其他条件不变的情况下，一般来说，当人们的收入增加时，就会增加对某些商品的需求；相反，当人们的收入水平下降时，就不得不减少对某些商品的需求。例如，当人们的收入增加时，人们就会增加对汽车的购买量。但并非所有物品都如此，也有一部分商品当人们的收入增加时对其需求反而减少。在经济学中，我们把需求随收入增加而增加的商品称为正常品，而把需求随收入增加而减少的商品称为低档品。低档品的典型例子是处理品，随着某人收入的增加，他就可能减少购买或者不买处理品，而更有可能去购买高档品。

（3）消费者的偏好。它是指消费者喜欢或愿意购买、使用商品的数量，也就是对商品的喜爱心理。由于广告宣传、潮流等原因，消费者的偏好可能会发生变化，从而影响商品的需求。当消费者对某种商品的偏好程度增强时，该商品的需求就会增加；相反，偏好程度减弱时，需求就会减少。比如，有的人认为拥有一辆新汽车会提高其社会地位，所以就宁可减少对其他商品的购买而去购买汽车。

（4）其他有关商品的价格。其他有关商品主要指替代品和互补品。**替代品**是指使用价值相近、可以相互替代的商品。如馒头和大饼、猪肉和鸡肉等。替代品之间价格和需求呈正相关关系，也就是一种商品的价格上升，需求减少，而对另一种商品的需求增加；反之，则会发生相反的变动。例如，公共交通的便利性对私人轿车的需求就会产生影响。**互补品**是指共同配合满足人们需求的商品。如汽车和汽油。互补品之间价格和需求呈负相关关系，也就是一种商品的价格上升，需求减少，而对另一种商品的需求也随之减少；反之，则会发生相反的变动。例如，在汽车价格既定的条件下，对汽车的需求随汽油价格的下降而增加，随汽油价格的提高而减少。

动画

猪肉的价格：替代品与互补品

（5）消费者对未来商品的价格预期。如果消费者认为某种商品未来要涨价，就愿意增加现在的购买；如果认为某种商品未来要降价，就愿意减少现在的购买，等待未来再购买。例如，人们预期汽车价格以后会上涨，现在汽车的购买量就会增加；人们预期国家未来会采取一些措施，如限号等，也会增加当前对汽车的购买。在金融资产交易市场（如股票和债券市场）和房地产市场，预期特别重要。当人们预期在不久的将来，股票、债券和房地产的价格将上升时，当前就会多购买这些商品。

其他如人口规模或人口构成、政府的消费政策、可供选择商品的范围、时间因素等都会对商品的需求产生影响。

2）需求函数

需求函数是用来表示某商品的需求量与影响因素之间的依存关系的。其可用下式表示：

$Q_d=f(a, b, c, d, \cdots, n)$

式中：Q_d代表对某一商品的需求量，a，b，c，d，…，n代表影响该商品需求量的各种因素。Q_d与a，b，c，d，…，n等变量之间存在着函数关系。其中，Q_d称为因变量，a， b，c，d，…，n称为决定因变量的自变量。也就是说，Q_d数值的大小是由a，b，c，d，…，n的数值决定的，并且随后者的变化而变化。假设其他条件不变，只考虑需求量与价格之间的关系，把商品本身的价格作为影响需求的唯一因素，P代表价格，则需求函数表示为：

$$Q_d=f(P)$$

上式表明商品的需求量Q_d是价格P的函数。

2.1.3 需求定理及其例外、需求量的变动与需求的变动

1）需求定理（需求规律）

价格和需求量存在着密切的关系，在其他因素不变的条件下，单独考察需求量同价格的关系是十分重要的。

人们通过对大量事实的观察、统计和分析，得到了这样一条规律——需求规律，也就是需求定理：在影响需求量的其他条件不变的情况下，一种商品的需求量与其价格之间存在着反向的变动关系，即需求量随着商品本身价格的上升而减少，随着商品本身价格的下降而增加。

对需求定理的理解，要注意两个方面的内容：①其他条件主要是指收入、相关商品的性质等；②商品价格与需求量呈反向变动的关系，是替代效应和收入效应共同作用的结果（第3章有详细介绍）。

需求定理是通过科学的假设而得出的，以影响需求量的其他条件不变为前提。这就是说，任何一种经济理论的成立都是有条件的，只有在某种条件下才能成立，才有适用性。只有在这一条件下，才能揭示出商品本身的价格与需求量之间的本质联系，得出科学的需求定理。例如，如果收入大幅度增加，那么，价格上升，需求量仍会增加，但这种增加反映不出它与价格之间的关系。这说明了科学的假设在理论形成中的重要性。

2）需求定理的例外

需求定理反映大多数商品在一般情况下的规律，但某些特殊商品则不一定适用。比较重要的例外包括：

（1）某些奢侈商品。例如，珠宝、游艇、豪华型轿车等是用来显示人的社会地位与身份的，如果价格下降，它们不能再代表这种社会地位与身份，消费者对它们的需求量就会减少。

（2）某些珍贵、稀有的商品。例如，古董、古画、珍邮等商品，往往是价格越高越能显示出它们的珍贵性，对它们的需求量就会越大。

（3）某些生活必需的低档商品。例如，马铃薯、玉米面等商品，在特定条件下，当价格下跌时，需求会减少；而价格上涨时，需求反而增加。最著名的是以英国人吉芬而得名的“吉芬商品”。在1845年爱尔兰发生大灾荒时，虽然马铃薯的价格急剧上涨，但需求不减反增。通过调查，吉芬发现了根源所在：灾荒使爱尔兰人民的收入急剧减少，除马铃薯外，人们没有能力购买其他食物。因此，尽管马铃薯的价格上涨，其需求也没有减少。后来，人们将贫困地区的低档商品统称为吉芬商品。

（4）某些投机性商品。例如，股票、黄金等商品，当价格发生较大幅度的变动时，需求将呈现不规则的变化。

拓展资料2-1

《"双十一"家电消费升级报告》发布 智能家电受热捧

需求定理反映了一般商品的客观实际，但并不排除某些特殊商品的例外，这些商品只占极小的一部分，需求定理并没有因此而遭到"破坏"。

3）需求量的变动与需求的变动

（1）需求量的变动。它指的是在影响需求的其他因素（如消费者的收入、嗜好、替代品和互补品的价格等）给定的条件下，价格变动所引起的商品需求数量的变动。其表现为需求曲线上点的变动，简称点变动。例如，在图2-2中，在需求曲线D上，由A点移动到B点，表示需求量增加，从Q_0增加到Q_1，价格下降，从P_0下降到P_1；由A点移动到C点，表示需求量减少，从Q_0减少到Q_2，价格上升，从P_0上升到P_2。

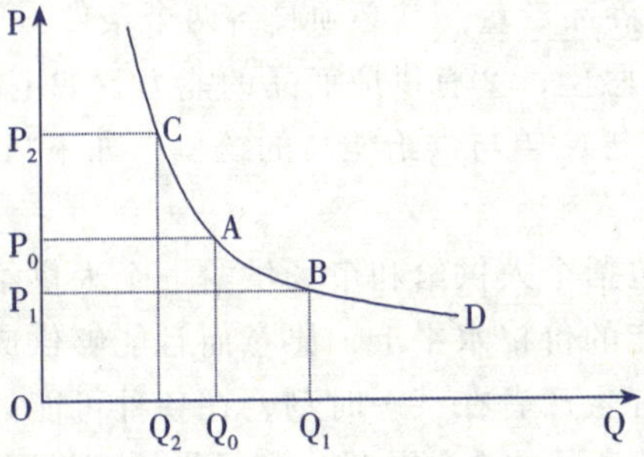

图2-2　需求量的变动

（2）需求的变动。它指的是在商品价格不变的条件下，非价格因素的变动（如收入变动等）所引起的需求量的变动。其表现为需求曲线的平行位移，简称线变动。例如，在图2-3中，在同样的价格水平上（P_0），当需求曲线D_0向右上方平行移动到D_1时，表明需求增加；当需求曲线D_0向左下方平行移动到D_2时，则表明需求下降。

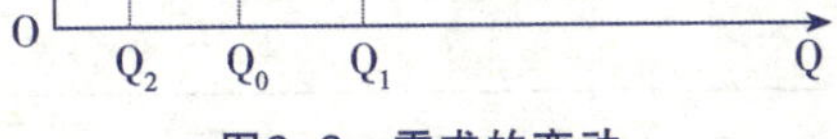

图2-3　需求的变动

（3）需求量的变动与需求的变动的区别。前者表现为其他因素不变，商品本身价格变化带来的需求量的变化；后者表现为商品本身价格不变，其他因素变化带来的需求量的变化。

小思考2-1　需求的影响因素的应用

假设甲为可口可乐的需求者，有以下几种情况：①假设每瓶可口可乐的价格下降了1元；②假设他本月失业了；③假设百事可乐的价格上升而可口可乐的价格不变；④假设某项医学研究表明，多喝可乐有害身体健康。这会对甲的需求量产生什么影响？他的需求曲线又将发生怎样的变化？

答：①需求量增加，需求曲线不变；②需求量减少，需求曲线左移；③需求量增加，需求曲线右移；④需求量减少，需求曲线左移。

2.2 供给理论

2.2.1 供给、供给表、供给曲线

（1）供给。经济学意义上的**供给**，是指生产者（企业）在一定时期内，在一定的价格水平上愿意而且能够供应的商品数量。其必须具备两个条件：①有出售商品的愿望，如工厂有出售自己生产的产品的愿望；②有供应商品的能力，如电视生产商有供应100万台电视的能力。所以，供给是出售愿望与供给能力的统一，如果只有供给能力而无出售愿望，那就不能形成实际的供给。

动画

供给中的价格

供给具体包括个人供给和市场供给。个人供给是指单个生产者在某一时刻，在各种可能的价格水平上，愿意而且能够供应市场的某商品的数量；市场供给是指所有生产者在某一时刻，在各种可能的价格水平上，愿意而且能够供应市场的某商品的全部数量。市场供给可以通过个人供给加总而成。

（2）供给表。它是指在其他因素不变的条件下，某种商品的价格与对应的供给量之间的关系的数字序列表。供给表可以直观地表明价格与供给量之间的一一对应关系。

供给表具体可分为个人供给表和市场供给表。描述某个生产者（企业）与价格相对应的供应数量的表，称为个人供给表。把某一商品（该商品市场）所有生产者的供应加总求和，也就是把每一价格对应的所有生产者的供应量加在一起，就形成了该商品市场上与每一价格对应的市场供给表。表2-2是某一市场上某种商品的个人供给和市场供给随价格变化而变化的供给表。

表2-2 生产者A和生产者B对某商品的供给

价格（元）	生产者A的供给量（吨/日）	生产者B的供给量（吨/日）	市场的供给量（吨/日）
10	1	2	3
20	3	5	8
30	5	7	12
40	8	9	17
50	10	12	22
60	12	15	27
70	15	18	33

（3）供给曲线。它是用图示法把供给表中商品的价格与供给量组合在平面坐标图上所绘制出的一条曲线。把表2-2中的数据描绘在平面坐标图上，可以绘制出图2-4。其中，横轴OQ表示商品的供给量，纵轴OP表示商品的价格，曲线S_A、S_B、S_m分别表示生产者A、B和市场的供给曲线。

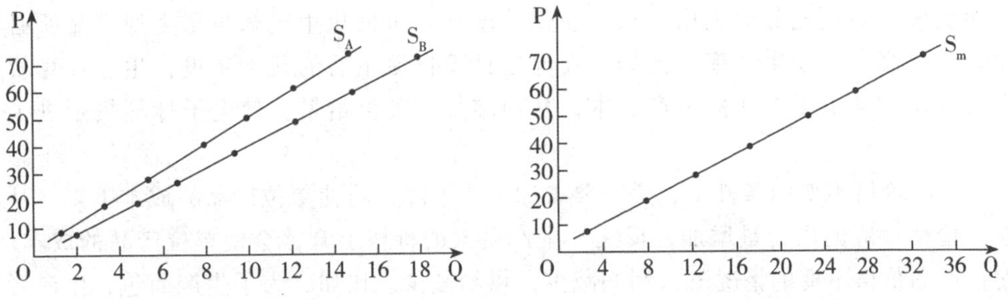

（a）生产者A和B的供给曲线　　（b）市场的供给曲线

图2-4　某商品的供给曲线

从图2-4中可以看出，供给曲线是一条向右上方倾斜的曲线，商品的供给量与价格一般是正相关的，它的斜率为正值。供给曲线（S线）显示了在影响供给的所有其他因素不变的情况下，在特定价格下生产者能够供给的商品数量。供给量随着商品价格的上升而增加，随着商品价格的下降而减少。

导致供给曲线向上倾斜的原因主要有：①企业对最大利润的追求。较高的价格可以得到较多的利润，较多的利润使企业增加生产，从而供给增加；反之，供给减少。②收益递减规律和成本递增规律。在一定的技术条件和生产规模下，产量达到一定程度后便会出现收益递减和成本递增现象。在这种情况下，商品价格必须同增加的成本也就是边际成本相适应，才能使商品的供应量增加。

2.2.2　影响供给的因素及供给函数

1）影响供给的因素

影响供给的因素很多，既有经济因素，也有非经济因素，主要包括：

（1）商品本身的价格。在影响某种商品供给的其他因素（如其他有关商品的价格和生产要素的价格）既定不变的条件下，商品的价格越高，生产者愿意供给的数量就越大；反之，生产者愿意供给的数量就越小。

（2）其他有关商品的价格。其主要指替代品和互补品对商品价格的影响。在两种替代商品之间，一种商品的价格上升，对另一种商品的需求就会增加，从而使这种商品的价格上升，供给增加；反之，供给减少。例如，小麦价格不变而棉花价格提高，生产者将缩减小麦的种植面积，多生产棉花。这表示棉花价格的提高会引起小麦供给的减少。

在两种互补商品之间，一种商品的价格上升，对另一种商品的需求减少，从而使这种商品的价格下降，供给减少；反之，供给增加。如汽油价格上升，开车的成本增加，人们会减少对汽车的购买，从而导致汽车价格下降，汽车供给减少。

（3）生产者从事生产的目标。经济分析中一般假定厂商的目标是利润最大化，即耗费给定成本所赚得的利润最大，或赚得给定的利润所费成本最小。但是，假如厂商的目标是销售量或销售金额最大，则厂商的供给曲线与任一给定的销售价格相对应，厂商愿意供应的产量很可能与以利润最大化为目标的厂商供给曲线有所不同。

（4）生产技术的变动和生产要素的价格。在资源既定的条件下，生产技术水平的提高会使资源得到更充分的利用，从而使供给增加。机械化生产减少了生产产品所必需的劳动量，提高了劳动生产率。比如，在电子计算机诞生后的几十年里，生产计算机的技术大大进步，减少了企业的生产成本，从而增加了其供给量，使电子计算机走进了千家万户。

在产品价格不变的条件下，生产要素的价格下降，将使单位产品的成本下降，从而使与任一价格对应的供给量增加；反之，生产要素的价格上升，会使单位产品的成本增加，从而在产品价格不变的情况下，利润减少，供给减少。比如，为了生产面包，生产者会使用面粉、鸡蛋和人工等资源，这些都是我们所说的投入品。当这些投入品中的一种或几种价格上升时，生产面包就不太有利可图了，面包店所提供的面包就会变少。因此，一种商品的供给量与生产这种商品所用的投入品的价格呈负相关关系。

（5）政府的政策。对一种商品的课税会使其卖价提高，在一定条件下会使需求减少，从而使供给减少；反之，减少商品的赋税负担或政府给予补贴，会通过降低卖价刺激需求，从而使供给增加。

（6）厂商对未来的预期。如果厂商对未来的经济持乐观态度，则会增加供给；反之，则会减少供给。比如，在二手房市场，人们预期房产会降价，则大家会持续观望，有卖房意向的卖主也会考虑暂时不卖房，等待市场回暖，这就使得供给减少。

影响供给的因素要比影响需求的因素复杂得多，在不同时期、不同的市场上，供给要受多种因素的综合影响。还应该强调的是，供给的变动与时间因素密切相关。一般来说，在价格变动之后的极短时间内，供给只能通过调整库存来做出反应，变动不会很大。在短期内可以通过变更原料、劳动力等生产要素来调节供给，变动会较大。只有在长期中才能变更厂房、设备等生产要素，使供给适应价格而充分变动。自然条件、社会条件和政治气候的突变也会影响供给，如自然灾害、战争、政治事变等都会使生产者的生产经营活动无法正常进行，给供给带来重大影响。

2）供给函数

供给函数是用来表示某商品的供给量与影响供给量因素之间的依存关系的。其可用下式表示：

$Q_s=g(a, b, c, d, \cdots, n)$

式中：Q_s代表某商品的供给量，a，b，c，d，…，n代表影响该商品供给量的各种因素。上式表示Q_s这个变量与a，b，c，d，…，n等变量之间存在着函数关系。其中，Q_s作为因变量，它的数值大小是由决定因变量的自变量a，b，c，d，…，n的数值决定的，并且随着后者的变化而变化。

假定其他因素都是给定不变的，每种商品的供给量（S）及其变化取决于其销售价格（P），于是有供给函数：

$Q_s=g(P)$

上式表明商品的供给量Q_s是价格P的函数。

小思考2-2　　供给的影响因素的应用

某汽车公司为汽车的供给者，假定存在以下三种情况：①“入世”后，汽车的价格较“入世”前整体下滑；②由于管理部门管理得当，企业的管理费用减少；③车间引进了一条新的生产线，提高了劳动生产率。这三种情况会对汽车的供给量产生什么样的影响？供给曲线又将怎样变化？

答：①供给量减少，供给曲线不变；②供给量增加，供给曲线右移；③供给量增加，供给曲线右移。

2.2.3　供给定理、供给量的变动与供给的变动

1）供给定理（供给规律）

通过大量的观察、统计和分析，我们可以得到这样一条规律：某商品的供给量与其价格成同向变动，即在影响供给量的其他因素给定不变的条件下，供给量随着商品本身价格的上升而增加，随着商品本身价格的下降而减少。这种现象普遍存在，被称为供给定理（供给规律）。

供给定理同样是通过科学的假设而得出的，它以影响供给量的其他因素给定不变为条件。这就是说，只有在这一条件下，才能揭示出商品本身的价格与其供给量之间的本质联系，得出科学的供给定理。

供给定理所说明的供给量与价格的同向变动关系可以用生产成本来解释。在经济活动中，作为生产要素的资源总是有限的。供给增加，生产要素的价格上升，因此，只有在商品价格上升时，供给才会增加。这一点将在生产理论中进一步说明。

许多的经验显示，大多数商品的供给都符合供给定理。不过，供给定理也有失灵的时候。如在工资开始上涨时，劳动的供给会增加；但当工资提高到一定水平后还在提高时，劳动的供给不仅不会增加，反而会减少。因为工作较短的时间就能取得同样或更多的收入，劳动者会选择较短的工作时间，相应增加更多的娱乐时间。

2）供给量的变动与供给的变动

（1）供给量的变动。它指的是在影响供给的其他因素（如生产技术、生产要素的价格等）保持不变的条件下，商品本身价格的变动所引起的供给量的增加或减少。它表现为供给曲线上点的变动，简称点变动。例如，在图2-5中，在供给曲线S上，由A点移动到B点，表示供给量增加，从Q_0增加到Q_1，价格上升，从P_0上升到P_1；由A点移动到C点，表示供给量减少，从Q_0减少到Q_2，价格下降，从P_0下降到P_2。

（2）供给的变动。它指的是在商品价格不变的条件下，非价格因素（如生产技术进步等）的变动所引起的供给量的变动。它表现为供给曲线的平行位移，简称线变动。在图2-6中，在同样的价格水平（P_0）上，当供给曲线S_0向右下方平行移动到S_1时，表明供给增加；当供给曲线S_0向左上方平行移动到S_2时，则表明供给减少。

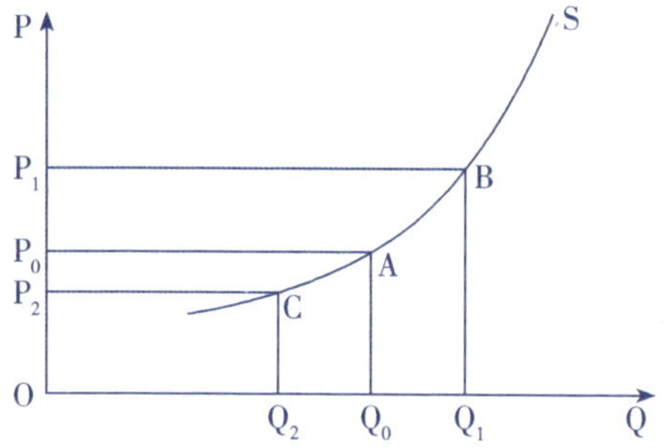

图2-5 供给量的变动

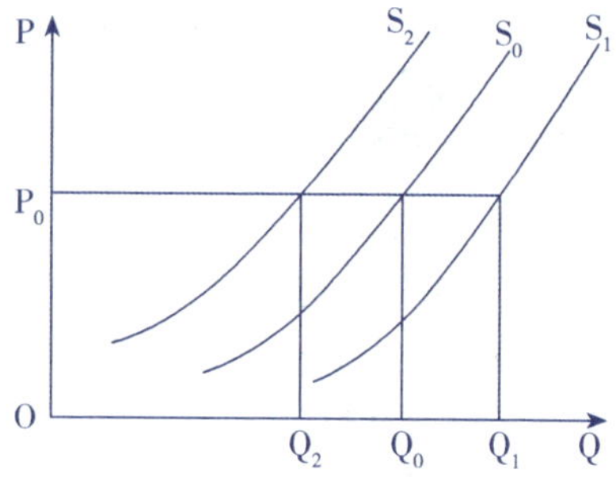

图2-6 供给的变动

（3）供给量的变动与供给的变动的区别。前者表现为其他因素不变，价格变化带来的供给量的变化；后者表现为价格不变，其他因素变化带来的供给量的变化。

小资料2-2　决定供给的因素——技术进步对供给的影响

在供给理论中，我们的分析以供给量和价格的关系为中心，但应该看到，在今天，决定供给的关键因素是技术。电脑供给就说明了这一点。

20世纪80年代，个人电脑的价格按运算次数、速度和储存能力折算，每台约为100万美元。尽管价格如此高昂，但供给量很少，只有少数工程师和科学家使用。如今，同样能力的个人电脑已降至每台1 000美元以下。价格只是当初的1‰，但供给量却增加了不止10 000倍。现在个人电脑的普及程度是许多科学家所未预见到的。

电脑供给的这种增加不是由价格变动引起的，而是由技术进步引起的。从20世纪80年代末开始，电脑行业的生产技术发生了根本性变化。集成电路技术的发展、硬件与软件技术标准的统一、规模经济的实现与高度专业化分工使电脑的生产成本迅速下降，而质量日益提高。这种技术变化使电脑供给曲线向右移动，而且移动幅度相当大。这样，尽管价格下降，供给还是大幅度增加了。

技术是决定某种商品供给的决定性因素，正因为如此，经济学家越来越关注技术进步。

2.3　均衡价格及其应用

2.3.1　均衡价格的决定

当代经济学家认为，如果把对需求和供给的分析结合起来，就可以研究在完全市场上商品均衡价格的形成问题。

均衡（Equilibrium）是由相反力量的平衡带来的相对静止状态。均衡价格是一种商品的市场需求与市场供给相等时的价格，即一种商品的市场需求曲线与市场供给曲线相交时的价格。

根据市场需求规律和供给规律，可分别确定市场的需求曲线和供给曲线，而在这两条曲线的交点上，生产者愿意出卖的价格和消费者愿意支付的价格，以及生产者愿意供给的数量和消费者愿意买进的数量恰好相等，市场达到均衡状态，这时的市场成为出清市场。这种在需求状况和供给状况已知且确定不变的条件下，市场供求处于平衡状态时的价格，就称为均衡价格。与均衡价格相对应的供（需）量，称为均衡产（销）量。在图2-7中，D线和S线的交点E所对应的价格P_e和产量Q_e分别为均衡价格和均衡产量。显然，均衡价格和均衡产量只是一种理想状态，并且是市场竞争的结果。通常，销售者总想提高价格，购买者总想降低价格。当价格高于均衡点时，就会出现超额供给，生产者之间的竞争将迫使销售者降低要价，从而迫使价格下滑；反之，当价格低于均衡点时，就会出现超额需求，这种情况会导致一部分准备买进商品的人提高其出价，从而迫使价格上升。买卖双方之间的竞争，将最终趋于均衡状态，即达到需求量和供给量相等。

动画

均衡价格的形成

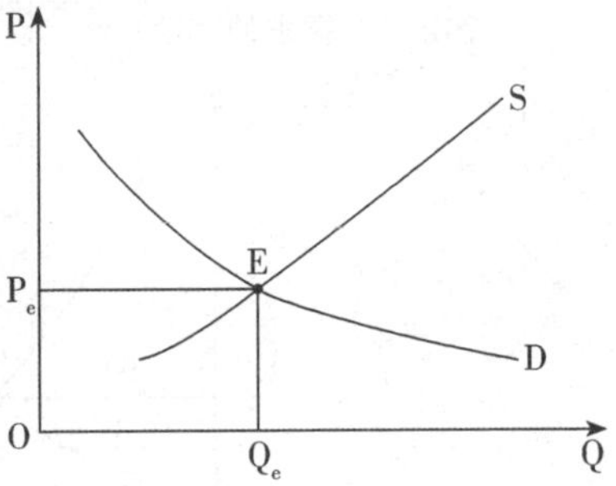

图2-7 均衡价格

2.3.2 供求变动与均衡

均衡价格是在影响需求和供给的因素保持不变的前提下形成的价格。也就是说，它是在一定的市场条件下形成的价格。当市场条件发生变化时，需求和供给将会发生变化，商品的均衡价格也会随之发生变化。

(1) 需求变动对均衡的影响。它是指在供给不变的情况下，需求变动对均衡价格和均衡产量的影响。在图2-8中，假设供给不变而需求变动，(a) 图表示需求增加，需求曲线从D_0右移到D_1，均衡价格和均衡产量分别从P_e、Q_e上升到P_1、Q_1；(b) 图表示需求减少，需求曲线从D_0左移到D_2，均衡价格和均衡产量分别从P_e、Q_e下降到P_2、Q_2。其结论是需求的变动引起均衡价格与均衡产量的同方向变动：①需求增加引起均衡价格上升，需求减少引起均衡价格下降；②需求增加引起均衡产量增加，需求减少引起均衡产量减少。

(2) 供给变动对均衡的影响。它是指在需求不变的情况下，供给变动对均衡价格和均衡产量的影响。在图2-9中，假设需求不变而供给变动，(a) 图表示供给增加，供给曲线从S_0右移到S_1，均衡价格从P_e下降到P_1，均衡产量从Q_e增加到Q_1；(b) 图表示供给减少，供给曲线从S_0左移到S_2，均衡价格从P_e上升到P_2，均衡产量从Q_e减少到Q_2。其结论是供给的变动引起均衡价格反方向变动、均衡产量同方向变动：①供给增加引起均衡价格下降，供给减少引起均衡价格上升；②供给增加引起均衡产量增加，供给减少引起均衡产量减少。

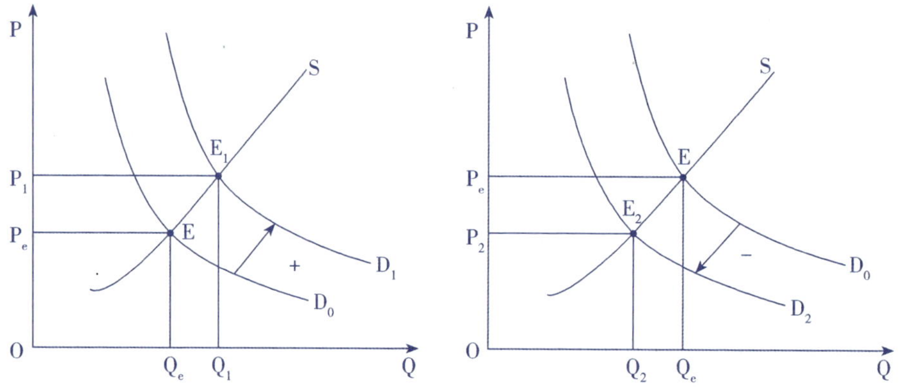

（a）需求增加　　（b）需求减少

图2-8　需求的变动

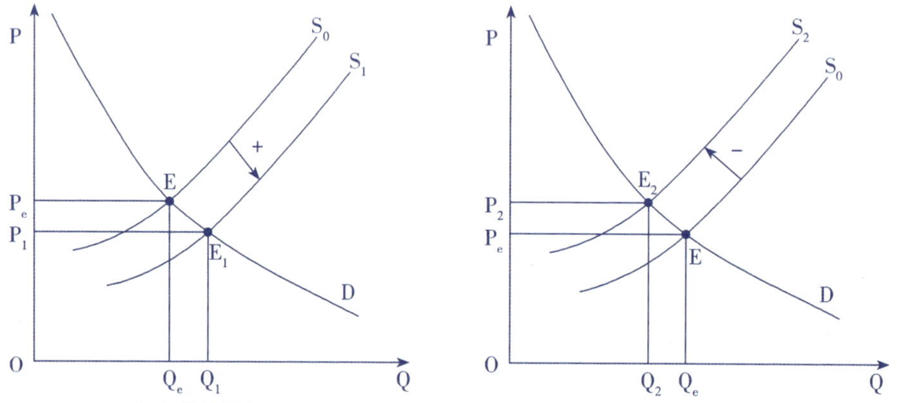

（a）供给增加　　（b）供给减少

图2-9　供给的变动

（3）供求定律。上述两个方面的影响总和就是供求定律（“三同一反”），即需求的变动引起均衡价格与均衡产量同向变动，供给的变动引起均衡价格反向变动、均衡产量同向变动：①需求增加引起均衡价格上升，需求减少引起均衡价格下降；②需求增加引起均衡产量增加，需求减少引起均衡产量减少；③供给增加引起均衡价格下降，供给减少引起均衡价格上升；④供给增加引起均衡产量增加，供给减少引起均衡产量减少。

案例2-1　新能源汽车与燃油汽车的需求

正如我们所知道的那样，一种商品的需求量取决于该商品的价格。但仅仅知道这一点还远远不够。事实上，市场上各种产品之间往往并不是相互独立的，很多产品之间都存在着紧密的联系，其中一种产品的需求或供给发生变化，不仅会影响到自身的价格，还会影响到其相关产品的价格。近年来，新能源汽车与燃油汽车市场关联密切，需求与价格相互影响。2025年2月，全国新能源乘用车零售69万辆，新能源车零售渗透率飙升至49.5%，较上一年同期提升15个百分点 。这一显著增长态势，使燃油车市场份额受到严重挤压。为挽回局面，众多燃油车企纷纷打响“价格战”。如吉利汽车在4月进一步加大优惠力度，综合补贴至高可达5.3万元，第四代帝豪价格因此被拉低至4万级别。宝马5系部分地区市场价格跌破29万元，奥迪 A6L、奔驰 GLC 等传统豪华品牌热门车型，终端优惠基本上都在10万元以上。这表明随着新能源汽车需求量的快速上升，消费者对燃油车的需求减少，燃油车企只能通过大幅降价来刺激消费。各家销售人员均表示，由于新能源汽车的确拥有比燃油汽车更好的经济性，客观上促使更多近期在传统燃油车和新能源车之间持币观望的客户选择订购新能源汽车。

资料来源 作者根据中国汽车报网相关资料整理.

分析：当商品需求的交叉弹性大于零时，一种商品需求量的改变量与另一种商品价格的改变量同方向变动，这两种商品互为替代品；当商品需求的交叉弹性小于零时，一种商品需求量的改变量与另一种商品价格的改变量反方向变动，这两种商品互为互补品。商品的价格是由供给和需求的相互作用共同决定的，一种商品市场供给量和需求量相等时的供求量称为均衡数量，这时的价格被称为均衡价格。供给和需求任何一方的波动都会对均衡价格产生影响。我国70%的石油依靠进口，进口石油的70%要经过马六甲海峡，70%的石油用在了汽车行业。由于汽油价格的大幅上涨，我国减少对石油的依赖比任何一个国家都要紧迫，新能源汽车对燃油车的替代只会快，不会慢。如果说纯电动车重点解决了增购需要，那么插电混动车则有效解决了更多家庭的首购和换购需求问题，对庞大的存量燃油车市场形成了明显的替代效应。未来几年，新能源汽车将持续保持高速增长态势。

2.3.3 均衡价格理论的应用

微课

支持价格与限制价格

(1) **支持价格/最低价格**。它是政府为了支持某一行业和某种商品的生产而规定的该行业产品的最低价格。支持价格一定高于均衡价格。

在图2-10中，供给曲线S与需求曲线D相交于E点，决定了均衡价格为P_e，均衡数量为Q_e。政府为了支持某一行业而规定的支持价格为P_s，$OP_s>OP_e$。当供给量大于需求量时，该商品市场将出现供给过剩。为维持支持价格，就应采取相应措施。这类措施包括：一是政府收购过剩商品，或用于储备，或用于出口。在出口受阻的情况下，就必将增加政府的财政开支。二是政府对商品的生产实行产量限制，但在实施时需要指令且要付出一定的代价。

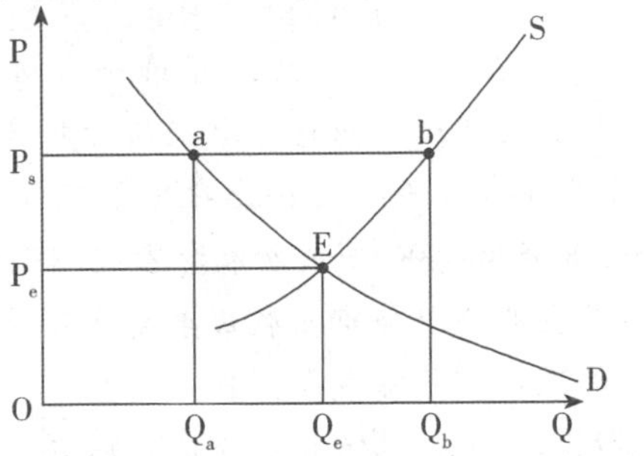

图2-10 支持价格

在我国目前的情况下，对农业采取支持价格政策是有必要的，对稳定农业的发展有着积极意义。其主要表现在：一是激发农民从事农业生产的积极性，稳定农业生产，减缓经济波动对农业的冲击；二是通过对不同农产品采取不同的支持价格，调整农业结构，使其适应市场的变动；三是扩大农业投资，促进劳动生产率的提高和农业现代化的发展。

但采取支持价格的措施也有其弊端：一是价格过高导致需求不足，供给过剩，产品积压，一般需要政府收购，会给财政造成一定的负担；二是高价格保护了经营不善的企业，并使其继续得到过多的资源，不利于激发企业生产及改进技术的积极性。

（2）**限制价格/最高限价**。*它是政府为了限制某一行业和某种商品的生产而规定的该行业产品的最高价格*。限制价格一定低于均衡价格，其目的是稳定经济生活。限制价格政策一般是在某些特殊情况下运用的，如战争时期或特殊的自然灾害时期。

在图2-11中，供给曲线S与需求曲线D相交于E点，决定了均衡价格为P_e，均衡数量为Q_e。政府为了防止价格上涨，确定了某种产品的限制价格为P_c，$OP_c < OP_e$。当供给量小于需求量时，该商品市场将出现供给不足。为解决商品短缺问题，政府通常采取的措施是控制需求量，一般采取配给制，发放购物券。但配给制只适用于短时期内的特殊情况，因为它一方面可能使购物券货币化，还会出现黑市交易；另一方面会挫伤厂商的生产积极性，使短缺变得更加严重。

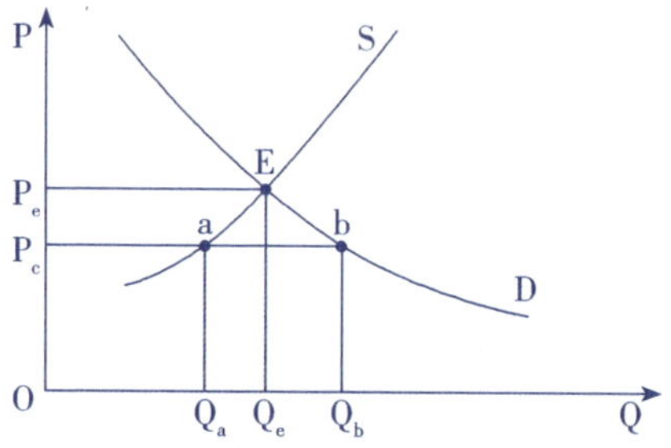

图2-11　限制价格

限制价格的实行有利于社会平等的实现，有利于社会安定。限制价格的干预产生的后果有三个：一是价格水平低，不利于刺激生产，会使产品长期存在短缺现象；二是价格水平低，不利于抑制需求，会在资源缺乏的同时造成严重的浪费；三是价格水平不合理是社会风气败坏、官员腐败等的经济根源之一。

案例2-2　广州：1月20日起非居民管道燃气销售最高限价下调为4.38元/立方米

广州市发展和改革委员会日前发布关于2025年第一次动态调整广州市非居民管道燃气销售价格及有关问题的通知。经市政府同意，现就启动非居民管道燃气气源价格与销售价格联动调整机制及有关问题通知如下：从2025年1月20日起，我市非居民管道燃气销售最高限价从4.42元/立方米下调为4.38元/立方米。管道燃气经营企业不得自行上浮，下浮幅度不限。各管道燃气经营企业要配合市发展改革委开展管道燃气气源价格监测和成本调查工作，提供客观准确的管道燃气气源成本数据。

资料来源　刘春林. 广州非居民管道燃气最高限价将下调为4.38元/立方米［N］. 广州日报，2025-01-08.

分析：广州市此次对非居民管道燃气销售价格进行动态调整，将最高限价从4.42元/立方米下调至4.38元/立方米，且规定经营企业不得自行上浮，下浮幅度不限，这一限制价格举措意义重大。一方面，价格下调直接降低了非居民用户的用气成本，有助于减轻企业的运营负担，在当前的经济环境下，为各类工商业等非居民用户提供一定的成本红利，利于激发市场活力；另一方面，要求企业配合成本监测与调查，保障了价格调整基于客观数据，使燃气价格更趋合理，同时做好宣传解释工作能确保政策平稳落地，让市场主体更好地理解价格变动缘由，平稳度过价格调整期。

2.4 弹性理论

商场里的服装、化妆品经常打折促销，而超市中的食盐或药房中的胰岛素很少打折促销，这是为什么呢？这与本节的弹性理论有关。价格的变动会引起供给量和需求量的变动，但不同商品需求量和供给量的变动随价格变动的程度而有所不同。当价格变动时，有的商品的需求量和供给量变动的幅度大；有的商品的需求量和供给量变动的幅度小；有些特殊商品价格虽然变动，但供给量和需求量没有任何变化。弹性理论正是要说明价格变动与需求量或供给量变动之间的这种对应关系。弹性分为需求弹性和供给弹性，需求弹性又分为需求价格弹性、需求收入弹性和需求交叉弹性。供给弹性主要指供给价格弹性。

2.4.1 需求价格弹性

1）需求价格弹性的含义

商品的需求和供给随着各种影响因素的变化而变化，这些因素一定幅度的变动所引起的需求和供给变动的程度主要由弹性来决定。

需求价格弹性又称需求弹性，指的是价格变动所引起的需求量变动的程度，或者说某商品需求量的变化率与该商品自身价格变化率之比。因此，需求弹性的大小说明了需求量变动对价格变动的反应程度。其公式是：

需求价格弹性=需求量变动的比率÷价格变动的比率

$E_d=(\Delta Q/Q)\div(\Delta P/P)=(\Delta Q/\Delta P)\cdot P/Q$

式中：E_d表示需求价格弹性；Q表示商品的需求量；P表示该商品的价格；ΔQ/Q表示需求量变动的百分比；ΔP/P表示价格变动的百分比。

实例 2-1

假定某面包店推行面包减价优惠计划：面包的销售价格从10元降到8元，相应的需求量从6个提升到9个，面包的需求价格弹性应该是多少？

$E_d=(\Delta Q/Q)\div(\Delta P/P)=(\Delta Q/\Delta P)\cdot P/Q=|(9-6)\div(8-10)\times(10\div6)|=2.5$

在理解需求弹性的含义时要注意：①需求弹性是价格变动所引起的需求量变动的程度，或者说是需求量变动对价格变动的反应程度。②需求弹性系数是价格变动的比率与需求量变动的比率的比，而不是价格变动的绝对量与需求量变动的绝对量的比。③需求弹性系数的数值可以为正值，也可以为负值。对任何一种正常商品来说，需求弹性都是负数，这是因为价格与需求量成反比。但在实际运用中，为了计算和分析方便，一般取其绝对值。④同一条需求曲线上不同点的弹性系数大小并不相同，这是由曲线上每个点的价格及需求量不同所造成的。

2）需求弹性的类型

不同商品的需求弹性是不同的。根据其弹性系数绝对值的大小可分为五类，如图2-12所示。

（1）需求完全无弹性，即$E_d=0$，如图2-12（a）所示。在这种情况下，无论价格如何变动，需求量都不会变动。此时的需求曲线是一条与横轴垂直的线。例如，糖尿病患者对胰岛素这种药品的需求。

（2）需求完全有弹性，即$E_d=\infty$，如图2-12（b）所示。在这种情况下，当价格既定时，需求量是无限的。此时的需求曲线是一条与横轴平行的线。例如，银行以一固定价格收购黄金，无论有多少黄金都按这一价格收购，银行对黄金的需求是无限的。

（3）单位需求弹性，即$E_d=1$，如图2-12（c）所示，在这种情况下，需求量变动的比率与价格变动的比率相等。此时的需求曲线是一条正双曲线。

以上三种情况都是需求弹性的特例，在现实生活中是很少见的。现实中常见的是以下两种：

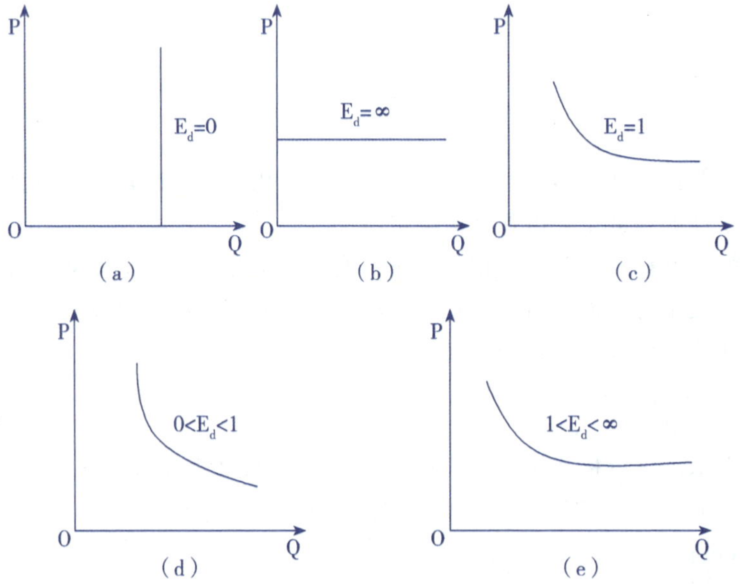

图2-12　需求弹性的类型

（4）需求缺乏弹性，即$0<E_d<1$，如图2-12（d）所示。在这种情况下，需求量变动的比率小于价格变动的比率。此时的需求曲线是一条比较陡峭的线。生活必需品，如粮食、蔬菜、食盐等属于这种情况。

（5）需求富有弹性，即$1<E_d<\infty$，如图2-12（e）所示。在这种情况下，需求量变动的比率大于价格变动的比率。此时的需求曲线是一条比较平坦的线。奢侈品，如高档汽车、珠宝、国外旅游等属于这种情况。

3）影响需求弹性的因素

（1）消费者对商品的需要程度。如生活必需品（柴、米、油、盐）的需求弹性小，奢侈品（高档汽车、珠宝）的需求弹性大。

（2）商品的可替代程度。如果一种商品有许多替代品，则该商品的需求弹性大，如猪肉与羊肉；如果一种商品的替代品少，则该商品的需求弹性小，如法律服务、食盐。

（3）商品本身用途的广泛性。一种商品的用途越多，其需求弹性越大，如水、电、电脑；一种商品的用途越少，其需求弹性越小，如鞋油、桌椅。

（4）商品使用时间的长短。使用时间长的耐用消费品需求弹性大，如电视、汽车；使用时间短的非耐用消费品需求弹性小，如晚报、铅笔。

（5）商品在家庭预算支出中所占的比例。在家庭预算支出中所占比例越小的商品，其需求弹性越小，如食盐、大米；在家庭预算支出中所占比例越大的商品，其需求弹性越大，如汽车、住房、电视。

小思考 2-3

为什么家电产品经常降价促销，而药品却很少降价促销？

答：因为家电产品需求弹性大，降价促销可以使需求量大幅增加，从而使总收益增加；而药品需求弹性小，降价促销并不会使需求大幅增加。

拓展资料2-2

情人节的玫瑰花和巧克力

2.4.2　需求收入弹性与交叉弹性

（1）**需求收入弹性**。它是指一种商品的需求量变动对消费者收入变动的反应程度，是需求量变动的比率与收入变动的比率之比。其公式是：

需求收入弹性=需求量变动的比率÷收入变动的比率

$E_i=(\Delta Q/Q)/(\Delta I/I)=(\Delta Q/\Delta I)\cdot(I/Q)$

式中：E_i表示需求收入弹性；Q表示商品的需求量；I表示消费者的收入。

在影响需求的其他因素既定的条件下，需求收入弹性的系数既可以为正值，也可以为负值，并可据此来判断该商品是正常品还是劣等品。如果某种商品的需求收入弹性系数是正值，即$E_i>0$，表示随着收入水平的提高，消费者对此种商品的需求量增加，该商品为正常品。正常品的需求收入弹性系数可以等于1、大于1（奢侈品）或小于1（必需品），即分别表示单位弹性、富有弹性和缺乏弹性。如果某种商品的需求收入弹性系数是负值，即$E_i<0$，表示随着收入水平的提高，消费者对此种商品的需求量反而下降，该商品为劣等品。那些低档的日用消费品，就可能具有负的收入弹性，因为随着人们收入水平的提高，人们会更多地购买高档的消费品取而代之。

需要进一步指出的是，不同商品在消费者一定的收入范围内具有不同的收入弹性，同一商品在消费者不同的收入范围内也具有不同的收入弹性。收入弹性并不取决于商品本身的属性，而是取决于消费者的收入水平。这是因为收入水平提高时，本来被认为是奢侈品的东西也许会被认为是必需品，本来被认为是正常商品的东西可能会被认为是劣等品。

（2）**需求交叉弹性**。它是指一种商品的需求量对另一种商品的价格变动的反应程度，或是某商品需求量变动的比率与相关商品价格变动的比率之比。其公式是：

需求交叉弹性=x商品需求量变动的比率÷y商品价格变动的比率

$E_c=(\Delta Q_x/Q_x)/(\Delta P_y/P_y)=(\Delta Q_x/\Delta P_y)\cdot(P_y/Q_x)$

式中：E_c表示需求交叉弹性；Q_x表示x商品的需求量；P_y表示y商品的价格。

需求交叉弹性既可以是正值，也可以是负值，它取决于商品之间的关系，即两种商品是替代品还是互补品，由此可以度量商品之间关系的密切程度：①如果x商品和y商品的需求交叉弹性系数是正值，表示随着y商品价格的提高（降低），x商品的需求量也随之增加（减少），则x商品和y商品之间存在替代关系，二者互为替代品。例如，煤气价格上升（正值），电费价格不变，消费者的用电量就会增加（正值）。需求交叉弹性系数越大，x商品和y商品之间的替代性就越强。②如果x商品和y商品的需求交叉弹性系数是负值，表示随着y商品价格的提高（降低），x商品的需求量随之减少（增加），则x商品和y商品之间存在互补关系，二者为互补品。例如，汽油价格上升（正值），汽车的需求量减少（负值）。需求交叉弹性系数的绝对值越大，x商品和y商品之间的互补性就越强。③如果x商品和y商品的需求交叉弹性系数为零，则说明x商品的需求量并不随y商品价格的变动而变动，x商品和y商品既非替代品，亦非互补品，它们之间没有什么相关性，是相对独立的两种商品。例如，汽车价格的升降与食盐的消费没有关系。

2.4.3 弹性理论的运用

某种商品的价格发生变动时，其需求弹性的大小与价格变动所引起的出售该商品所得到的总收益的变动情况密切相关，这是因为总收益等于销售量（需求量）乘以价格。总收益的计算公式如下：

$$TR=P\cdot Q$$

式中：TR表示总收益；P表示价格；Q表示销售量。

不同商品的需求弹性不同，价格变动引起的销售量的变动程度不同，从而总收益的变动也就不同。

1）需求富有弹性（$1<E_d<\infty$）的商品价格与总收益的关系

实例 2-2

已知A商品的需求是富有弹性的，$E_d=2$，原来的价格$P_1=600$元/件，销售量$Q_1=200$件。如果价格分别下降和上升15%，那么总收益如何变化？

当$P_1=600$元/件、$Q_1=200$件时：

$TR_1=P_1\cdot Q_1=600\times200=120\ 000$（元）

（1）价格下降15%，即$P_2=510$元/件，由于$E_d=2$，所以销售量增加30%，即$Q_2=260$件。则：

$TR_2=P_2\cdot Q_2=510\times260=132\ 600$（元）

$TR_2-TR_1=132\ 600-120\ 000=12\ 600$（元）

这表明，A商品价格下降，总收益增加了。

（2）价格上升15%，即$P_3=690$元/件，由于$E_d=2$，所以销售量减少30%，即$Q_3=140$件。则：

$TR_3=P_3\cdot Q_3=690\times140=96\ 600$（元）

$TR_3-TR_1=96\ 600-120\ 000=-23\ 400$（元）

这表明，A商品价格上升，总收益减少了。

结论：需求富有弹性的商品，其价格与总收益呈反方向变动。当价格下降时，需求量的增加幅度大于价格的下降幅度，总收益增加；当价格上升时，需求量的减少幅度大于价格的上升幅度，总收益减少。这个结论可以解释“薄利多销”的市场现象。

2）需求缺乏弹性（$0<E_d<1$）的商品价格与总收益的关系

实例2-3

已知B商品的需求是缺乏弹性的，$E_d=0.5$，原来的价格$P_1=2$元/千克，销售量$Q_1=500$千克。如果价格分别上升和下降20%，那么总收益如何变化？

当$P_1=2$元/千克、$Q_1=500$千克时：

$TR_1=P_1\times Q_1=2\times 500=1\,000$（元）

（1）价格上升20%，即$P_2=2.4$元/千克，由于$E_d=0.5$，所以销售量减少10%，即$Q_2=450$千克。则：

$TR_2=P_2\cdot Q_2=2.4\times 450=1\,080$（元）

$TR_2-TR_1=1\,080-1\,000=80$（元）

这表明，B商品价格上升，总收益增加了。

（2）价格下降20%，即$P_3=1.6$元/千克，由于$E_d=0.5$，所以销售量增加10%，即$Q_3=550$千克。则：

$TR_3=P_3\cdot Q_3=1.6\times 550=880$（元）

$TR_3-TR_1=880-1\,000=-120$（元）

这表明，B商品价格下降，总收益减少了。

结论：对于需求缺乏弹性的商品，其价格与总收益同方向变动。当价格下降时，需求量的增加幅度小于价格的下降幅度，总收益减少；当价格上升时，需求量的减少幅度小于价格的上升幅度，总收益增加。这一结论可以解释“谷贱伤农”的市场现象。

综上所述，需求价格弹性与总收益的关系见表2-3。

表2-3　需求价格弹性与总收益的关系

需求弹性 / 总收益 / 价格变动方向	$1<E_d<\infty$	$E_d=1$	$0<E_d<1$
上升	总收益减少	总收益不变	总收益增加
下降	总收益增加	总收益不变	总收益减少

小思考2-4

如果你是一个大型游乐园的园长，游乐园缺乏资金，需要考虑改变门票价格以增加总收益。你将怎么办呢？

分析：要提高门票价格还是降低门票价格，取决于需求弹性。如果来游乐园游玩的需求是缺乏弹性的，那么提高门票价格会增加总收益；如果需求是富有弹性的，那么提高门票价格就会使游园人数减少很多，以至于总收益会减少。在这种情况下，应该降价，这样游园的人数会增加很多，以至于总收益会增加。

案例2-5

补充阅读材料

新发展格局的内涵要义与构建路径

如果你是某美容店老板，在“三八妇女节”到来之际，你会采取哪些措施以提高总收益？利用经济学原理进行分析。

答：美容服务这种商品富有弹性，价格与总收益呈反方向变动，即价格上升，总收益减少；价格下降，总收益增加。因此应该采取打折促销、广告宣传等策略。

知识掌握

知识梳理2

□ 选择题

1）需求曲线是一条向（　　）倾斜的曲线。

A.右下方　　B.右上方　　C.左下方

2）假如生产某种商品所需原料的价格上升了，这种商品的（　　）。

A.需求曲线向左方移动　　B.供给曲线向左方移动

C.供给曲线向右方移动

3）均衡价格随着（　　）。

A.需求的减少和供给的增加而上升　　B.需求的增加和供给的减少而上升

C.需求和供给的增加而上升

4）需求定律说明（　　）。

A.药品的价格上涨会使药品的质量提高

B.计算机价格下降使销售量增加

C.丝绸价格提高，游览公园的人数增加

□ 判断题

1）对所有商品来说，价格上升，消费者的购买量都会下降。（　　）

2）需求的变动引起均衡价格与均衡产量同方向变动，供给的变动引起均衡价格同方向变动、均衡产量反方向变动。（　　）

3）支持价格是政府规定的某一商品的最低价格。（　　）

4）原油价格的上升会促使人们加快对其他替代能源的开发。（　　）

5）销售者打折促销、以价换量必然能使总收益增加。（　　）

□ 简答题

1）需求定理是如何描述的？

2）如何划分需求价格弹性？

□ 计算题

已知某商品的需求函数为P=120-3Q，供给函数为P=5Q，求均衡价格和均衡数量。

知识应用

□ 分析题

结合实例解释“薄利多销”和“谷贱伤农”现象。

□ 案例题

11月全国蔬菜价格环比下降13.7% 全国秋冬蔬菜生产供应基础稳定

“菜篮子”里面装着大民生，百姓餐桌上食物品种和数量充足关系到千家万户的幸福感。农业农村部最新数据显示，2024年11月份全国蔬菜价格环比下降13.7%，保持在季节性下行区间。

统计数据显示：11月份，农业农村部重点监测的28种蔬菜全国平均批发价为每公斤5.09元，环比下降13.7%，同比上涨11.1%。分品种看，环比价格5种上涨，23种下降。其中，菠菜、大白菜、菜花、青椒价格降幅超过30%。

在北京新发地农产品批发市场，经营蔬菜批发业务的商户章琪正在将青椒打包发往零售点。“前段时间寒潮天气给蔬菜生长带来了比较明显的影响，西蓝花价格一度走高，寒潮过境后，价格重新企稳回落。”章琪说。

北京新发地市场总经理张月琳介绍，市场通过协调产地保供、扩大采购渠道、积极与南方蔬菜种植基地及分市场协调，增加输往北京市场的蔬菜供应量，并鼓励商户增加土豆、洋葱等耐储存蔬菜的进货量，保障市民“菜篮子”产品充足。

感受到蔬菜价格季节性下行的不只北京。在湖北武汉白沙洲农副产品大市场，进入11月以来，监测的20种蔬菜价格整体呈现连续下降的趋势。其中，各类家庭消费需求量大的蔬菜价格下降更明显。市场人士分析，像大白菜、西红柿、芹菜等家常类菜品的价格持续走低的原因，基本上都与供应增加有关。“近期各大产区里的蔬菜种植面积和出货量均有所增加，当前市场供应充足，整体价格季节性下行在合理范围内。”专家分析。

中国农业科学院农业信息研究所副研究员张晶表示，11月份全国大部分蔬菜产区生长条件利好，大白菜、菜花、青椒等前期生长放缓的蔬菜供应得以恢复，同时，速生叶菜进入集中采收期，上市充足。11月下旬的寒潮天气虽短期内影响了设施豆角和部分鲜嫩小品种蔬菜的上市量，但其他品种仍量足价稳。

近期，影响我国大部分地区的强寒潮天气袭扰北方产区。业内人士分析，由于秋冬季蔬菜的整体供应形势处于充足状态，天气因素对蔬菜价格的影响相对短暂。“在降水天气过程结束以后，采收活动恢复正常，价格一度上涨的部分蔬菜的价格又重新出现回落。”专家说。

据农业农村部统计，目前全国蔬菜在田面积1.06亿亩，同比增加90万亩，处于年内较高水平，稳产保供有基础。当前，华南产区的蔬菜将进入批量上市阶段，供应量快速增加；华东、西南等产区的菜花、西蓝花也将进入集中收获期，全国秋冬蔬菜生产供应基础稳定。

“预计后期蔬菜价格还有一定的下降空间，但是受寒潮影响，部分蔬菜的生长可能放缓；同时，南菜北运会使在途保鲜和运输成本有所增加，后期菜价下行的空间有限。”张晶说。

资料来源　李栋．11月全国蔬菜价格环比下降13.7%全国秋冬蔬菜生产供应基础稳定［EB/OL］．［2024-12-04］．https：//baijiahao.baidu.com/s?id=1817489195302629068&wfr=spider&for=pc.

问题：（1）影响蔬菜价格的因素有哪些？其中主要因素是什么？

（2）信息的不对称对蔬菜市场有怎样的影响？如何解决这一问题？

（3）谈谈你对“菜贵伤民”“菜贱伤农”困境的解决对策。

综合实训

【项目目标】

通过本项目的实训，学生要理解价格理论的相关内容，并能够运用价格理论解决现实生活、工作过程中遇到的实际问题。

【项目内容及要求】

（1）根据本章内容，上网或通过书刊查找有关资料，进行自拟题目分析。

（2）全班分成若干小组，每组8～10人，实行组长负责制，完成综合实训项目。

（3）各组进行分组讨论答辩，组长做总结性发言，各组之间进行评价，最后由教师进行点评，并给出考核成绩。

交互式测验2

【项目成果】

撰写《价格理论实训报告》。

第3章

消费者行为理论

思维导图

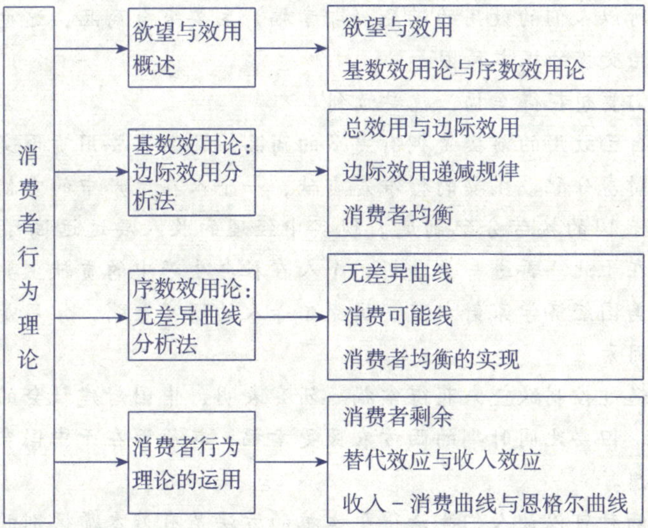

学习目标

【知识目标】

了解消费者均衡的条件；理解边际收益递减规律；掌握边际分析法、无差异曲线分析法。

【能力目标】

注重消费者行为理论的实际应用；能够运用边际收益递减规律解释现实经济问题。

【素养目标】

培养学生的家国责任感；引导学生进行诚信和理性的消费，杜绝浪费，共建和谐社会；培养学生养成良好的消费习惯，强化自我保护意识，提高辨别能力。

案例导入　　**幸福的经济学分析**

每个人都希望自己过得幸福，那么什么是幸福呢？我们又如何才能获得幸福呢？

经济学早期创始人之一杰里米·边沁指出，当人们的欲望得到全部或部分满足时会感到舒服和愉悦，这种舒服和愉悦的感觉就是幸福，反之就是痛苦。现代经济学大师保罗·萨缪尔森为我们构造了一个幸福方程式，即：

幸福=效用/欲望

式中的效用是指人们从消费的物品中获得的主观满足，如一个人在饿了一天后吃了一只烤鸡，他感觉很舒服、很愉悦，我们认为他获得了效用。能给人们带来效用的物品有两种：一种是自由物品，如阳光、空气等，不需要付出代价即可获得；另一种是经济物品（商品），包括有形的产品和无形的劳务，需要人们消耗资源进行生产才能获得。

欲望是指人们的需要，美国人本主义心理学家马斯洛指出，人有五个层次的需要，即生理需要、安全需要、社会需要、尊重需要和自我实现的需要。由于自由物品种类很少，所以人们的效用的满足（即幸福）主要来自商品，这也是人类要发展生产、进行商品交换的根本原因。

分析：人们要想获得幸福，就要做到：

（1）提升自己效用的前提是拥有更多的商品。商品需要用货币交换，在市场经济中，收入和财富分配最主要的标准是贡献，一个人在生产中的贡献大，其获得的收入就多，如我国的按劳分配制度。现实中经理的收入要远远高于普通员工的收入，其原因也在于此。再进一步分析，个人在社会生产中的贡献主要取决于其生产能力的高低。美国经济学家舒尔茨、贝克尔等人的研究表明，学习是提高个人生产能力的最关键因素。

（2）可以通过控制欲望来获得幸福。研究表明，中国封建社会的农民尽管生活水平普遍低下，但要比同时期的西方农民更幸福，其原因在于中国农民历来有“小富即安”的思想。

当然，这两种可以让人们生活得更幸福的方法是有着本质区别的，前者是积极地追求幸福，后者是消极地追求幸福。人们在追求幸福的过程中应该以第一种方法为主，以第二种方法为辅。同学们正处在一生中最美好、最富有学习能力与激情的年龄段，又处于大学校园这样一个知识的汇集地，没有理由不好好学习，因为我们今天的努力学习将会换得明天的幸福生活。

一般来说，需求产生于消费，而供给取决于生产。因此，要分析需求和供给，就应该联系生产和消费。本章所要分析的就是作为需求主体的消费者的行为方式及其规律性。

3.1 欲望与效用概述

消费者又称居民户，是指具有独立经济收入来源，能做出统一的消费决策的单位。消费者既可以是个人，也可以是由若干人组成的家庭。消费者的最终目的不仅是从商品和服务的购买和消费中获得一定的满足，而且是在既定收入的条件下获得最大的满足。

3.1.1 欲望与效用

动画

欲壑难填否?
欲望与效用

（1）**欲望**（需要）是想要得到而又没有得到某种东西的一种心理状态，即不足之感与求足之愿的心理统一。人的欲望是多种多样的，一种欲望被满足之后，另一种新的欲望便随之产生。从这个意义上说，人的欲望是无限的。但欲望又有轻重缓急和层次不同之分。就特定的时间、特定的商品而言，人的欲望又是有限的。就有限性而言，欲望的强度具有递减的趋势。当一个人不断增加对某种商品的消费时，他对这种商品的欲望就会逐渐减弱，最后可能对其完全无欲望。

（2）**效用**是指消费者通过消费某种商品或服务所能获得的满足程度。消费者消费某种商品能满足欲望的程度高，就是效用大；反之，就是效用小。如果不仅得不到满足，反而感到痛苦，就是负效用。因此，这里所说的效用不同于使用价值，它不仅取决于商品本身所具有的满足人们欲望的客观的物质属性（如面包可以充饥、衣服可以御寒），而且有无效用（酒对喝酒的人具有效用，而对不喝酒者无效用）和效用大小（一个饥饿的人连续吃馒头，起初效用高，之后效用越来越低，直至产生负效用）还依存于消费者的主观感受。

拓展资料3-1

欲望与效用

对效用概念的理解要注意两点：①由于效用是对欲望的满足，所以，效用与欲望一样都是消费者的一种心理感觉。这一概念强调的是消费者在消费某种商品时的主观感受程度。②效用与使用价值不同。使用价值反映的是商品本身所具有的自然属性和客观属性，它不以人的主观感受为转移；而效用纯粹是人的主观心理感受，因时因地都会发生变化。

3.1.2 基数效用论与序数效用论

用效用观点分析消费者行为的方法称为效用分析。效用分析又分为基数效用分析和序数效用分析。

（1）基数效用论。其基本观点是：效用的大小是可以测度的，它可以像计量货币和物品一样，用统一计数单位和基数（1、2、3…）来表示，并可加总求和。例如，消费者消费一块面包的效用为5单位，消费一杯牛奶的效用为7单位，这样，消费者消费这两种物品所得到的总效用就是12单位。根据此理论，可以用具体数字来研究消费者效用最大化问题。基数效用论采用边际效用分析法。

（2）序数效用论。其基本观点是：效用仅是次序概念，而不是数量概念。在分析商品效用时，无须确定其具体数字，只需用序数（第一、第二、第三……）来说明各种商品的效用谁大谁小或相等，并由此作为消费者选择商品的依据。例如，消费者认为消费牛奶的效用大于消费面包的效用，那么牛奶的效用第一、面包的效用第二。序数效用论可通过无差异曲线进行分析比较。

基数效用论和序数效用论是消费者行为理论中的两个重要理论，尽管二者的分析方法不同，但其分析目的、分析对象和结论却是一致的。二者的主要区别见表3-1。

表 3-1　　基数效用论和序数效用论的区别

比较项目 / 效用理论类型	主要观点	假设条件	分析方法	经济学家
基数效用论	效用可计量	苛刻	边际效用分析法	马歇尔
序数效用论	效用可比较	宽松	无差异曲线分析法	希克斯

案例 3-1　春日“压马路”成时尚选择，城市漫步也有边际效用

“雍和宫—五道营—国子监”是北京当下热门City Walk路线之一，在这条长度不超过2公里的路线上，以雍和宫为起点向西北方向沿着五道营胡同漫步，不到100米就能邂逅两个酒吧、一家日料店、一家越南餐厅，以及一家开了近10年、以“上房揭瓦”为景观特色的私房小火锅；在国子监街对面马路牙子边喝杯咖啡小憩后，往前走不到20米，就能遇到有着浓厚传统美学意境的特色小店。在这条路线的不远处，则是一年四季人山人海的“顶流”线路南锣鼓巷。

如何选择City Walk路线？从经济学角度来说，选择路线背后与“机会成本”和“边际效用”息息相关。机会成本指的是当面临多种选择时，选择了其中一个选项后，不得不放弃的其他选择中价值最高的那个选择所带来的潜在收益；边际效用则是指在连续消费一种商品或服务时，每增加一单位所获得的额外满足感或效用。经济学家常说的“边际效用递减”，指的就是每增加一个单位的资源，获得的额外效用减少的现象。

年轻群体用脚步丈量城市，比起一条充斥着重复店铺的“文创雪糕一条街”，他们往往更愿意选择一条既有历史文化深度，又有各类好吃好玩有意思的店铺聚集、能够探访“宝藏小店”的路线。在这一过程中，“周末时间”这一稀缺资源所能获得的效用满足也得到了最大化的提升。

站在商家角度，店铺集聚虽然能促进区域经济增长，提高空间利用效率，形成特色街区的品牌效应，但随着集聚水平的不断提升，规模一旦超出适度范围，反而会导致竞争加剧。店铺租金水涨船高，消费者审美疲劳，陷入“低水平均衡陷阱”，最终产生负面影响。因此，城市经营者在引导特色街区的形成过程中，也应注重业态的“色彩搭配”，讲究“场景设计”，找到“特色玩法”，用City Walk满足人们与城市“对话”的需求，鼓励大众更深入地了解所在城市的空间与文化，在天然的体验式消费场景中，提升流量带来的实际经济收益。

资料来源　王晨溪. 城市漫步也有边际效用 [N]. 经济日报，2025-03-30.

分析：从经济学边际效用角度看，春日城市漫步热潮有其内在逻辑。年轻人选择历史文化与多元店铺兼具的City Walk路线，能让周末时间这一稀缺资源效用最大化，避免“边际效用递减”，持续获得新鲜感与满足感。而对于商家与城市经营者，店铺集聚初期可提升边际效用，推动区域经济发展，但过度集聚则致边际效用骤减，陷入不良竞争。因此，合理规划业态、打造特色，才能借City Walk实现人与城市双赢，维持经济收益的正向增长。

小思考3-1

基数效用论与序数效用论有何不同？

答：基数效用论的效用大小可以测度，并可以加总计量，一般采用边际效用分析法进行分析；序数效用论的效用可以排序，但不能加总计量，可通过无差异曲线法进行分析比较。

3.2 基数效用论：边际效用分析法

3.2.1 总效用与边际效用

（1）总效用（Total Utility，TU）。它是指消费者消费商品或服务所获得的总满足程度。根据上述对效用的理解，总效用是所有单位效用的加总，用数学语言可表述为：如果X表示某种商品的数量，TU就是X的函数，即：

$$TU=f(X)$$

（2）边际效用（Marginal Utility，MU）。它是指在一定时间内消费者每增加一单位商品的消费量所引起的总效用的增量，即每增加一单位商品消费所增加的效用。其数学表达式为：

微课

总效用与边际效用

$$MU=\Delta TU/\Delta X$$

式中：MU为边际效用，ΔTU为总效用的增加量，ΔX为X商品的增加量。

下面用表3-2来表示总效用与边际效用。

表3-2 总效用与边际效用

消费数量	总效用	边际效用
0	0	0
1	10	10
2	18	8
3	25	7
4	30	5
5	30	0
6	25	−5

（3）总效用与边际效用的关系。根据表3-2可以绘制出图3-1，以解释总效用与边际效用的关系。

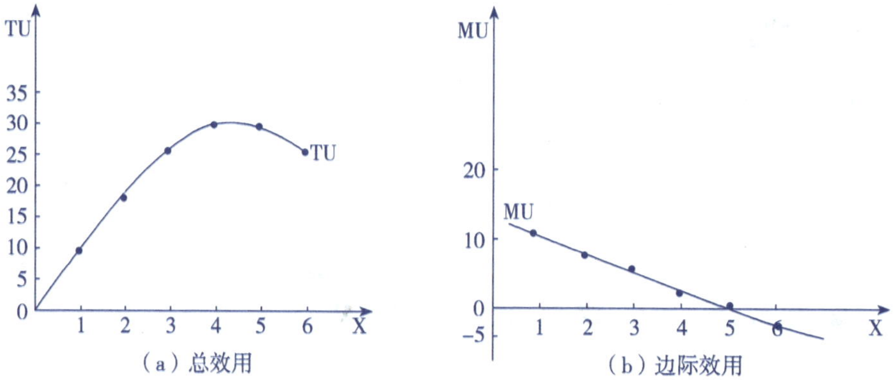

（a）总效用　　（b）边际效用

图3-1　总效用与边际效用

从图3-1中可以看出，横轴代表X商品的数量，纵轴分别代表X商品的总效用和边际效用，TU线和MU线分别代表总效用曲线和边际效用曲线。总效用曲线的变动趋势是先递增后递减；边际效用曲线的变动趋势是递减的。二者的关系为：MU为正值时，TU线呈上升趋势；MU为零时，TU线达到最高点；MU为负值时，TU线呈下降趋势。也就是说，当MU>0时，TU上升；当MU<0时，TU下降；当MU=0时，TU达到最大。

3.2.2　边际效用递减规律

从表3-2和图3-1中可以看到这样一种情况：随着个人所消费的某种商品数量的增加，其总效用虽然相应增加，但边际效用呈现递减的趋势。当边际效用递减到等于零以至于变为负数时，总效用就不再增加反而减少。这种现象被称为边际效用递减规律。所谓边际效用为零和负数，意指对某种商品的消费超过一定量以后，就不会再增强消费者的满足感和享受度，反而还会导致痛苦和反感。

一般来说，消费者所消费的X商品的数量增加时，在一定范围内所获得的总效用也会增加。如表3-2和图3-1所示，某消费者消费1个单位商品所获得的总效用为10，边际效用也是10；消费2个单位商品所获得的总效用为18，边际效用（即消费第2个单位商品所增加的效用）是8；消费3个单位商品所获得的总效用为25，边际效用（即消费第3个单位商品所增加的效用）是7；消费4个单位商品所获得的总效用为30，边际效用（即消费第4个单位商品所增加的效用）是5；消费5个单位商品所获得的总效用没有增加，仍为30，边际效用（即消费第5个单位商品所增加的效用）是0；而第6个单位商品的消费不但不能增加总效用，反而使总效用减少了5个单位，即边际效用为-5。

为什么边际效用会递减呢？可以通过以下两个方面进行解释：

（1）生理的或心理的原因。随着消费者消费一种商品的数量增加，生理上得到满足或心理上对重复刺激的反应会逐渐递减，相应的满足程度越来越低，到最后甚至会出现痛苦和反感，如连续吃一种食物的感觉。

（2）每种物品用途的广泛性。通常，每种商品都有多种用途，消费者会根据其重要程度不同进行排序，当他只有1个单位的商品时，作为理性的人，一定会将该商品用于满足最重要的需要上，而不会用于次要的用途上。当他可以支配、使用的商品有2个单位时，其中之一会用在次要的用途上；有3个单位时，会将其中之一用在第三级用途上，如此等等。战争中鼓舞士兵士气的“一鼓作气，再而衰，三而竭”就很好地诠释了边际效用递减规律。所以，某种消费品最后一个单位给消费者提供的效用一定小于前一个单位提供的效用，也就是边际效用在递减。

边际效用递减规律是西方经济学（家）在研究消费者行为时用来解释需求规律（定理）的一种理论观点。根据边际效用递减规律，消费者在对某商品的最初消费中所获得的效用最大，其欲望最强，消费者愿意付出较高的价格。随着消费数量的递增，边际效用在递减，欲望也在递减，消费者愿意付出的价格越来越低。当然，它的有效性要以假定人们消费行为的决策符合理性为必要前提。

案例3-2　边际效用理论应用——“物以稀为贵”

一个农民在原始森林中建造了一座小木屋，独自在那里劳动和生活。他收获了5袋谷物，第一袋谷物是他维持生存所必需的。第二袋谷物是用来增强体力和精力的。此外，他希望有些肉可以吃，所以留第三袋谷物来饲养鸡、鸭等家禽。他爱喝酒，于是他将第四袋谷物用于酿酒。对于第五袋谷物，他觉得最好用它来养几只鹦鹉解闷儿。显然，这五袋谷物根据其不同用途，其重要性也不同。以数字来表示的话，维持生存的那袋谷物的重要性可确定为12，其余的谷物依次确定为10、8、6、4。如果有一天小偷偷走了一袋谷物，农民将失去多少效用？

分析： 丢失的那一袋谷物的效用为4，为最小的效用，因为丢失一袋并不会影响他最重要的那部分需要，即维持生存所必需的需要，他可以照样生活下去。所以说，边际效用的大小取决于需求和供应之间的关系，供应越多，其重要性就越小，效用也就越小；供应越少，其重要性就越大，效用也就越大。

小思考3-2　为什么钻石昂贵而水却很便宜？

答： 因为在正常情况下，水的供给量大，总效用也大，但当消费者用得多时，它的边际效用就变得非常小，价格随之变得越来越低；对钻石而言，其制造成本高，供给少，价格高，买得起的人少，总效用也小，但对买得起的人来说，它的边际效用就大。

3.2.3 消费者均衡

在一定条件下，消费者手中的货币量是一定的，消费者用这些货币来购买各种商品可以有多种多样的安排。一个理性的消费者总能在选择和购买商品时获得最大的效用。

（1）消费者均衡。**消费者均衡**是指消费者在既定收入的条件下，将有限的收入分配到各商品的购买中，以达到总效用最大化。也就是当消费者所要购买的商品提供的总效用达到最大化时，就不再改变购买方式，这时消费者的需求达到均衡状态。

消费者均衡的假定：①消费者的偏好既定，也就是说，消费者购买各种消费品的效用和边际效用是已知和既定的；②消费者决定买进的各种消费品的价格是已知和既定的；③消费者的货币收入是既定的，其收入全部用来购买相应的商品。

（2）消费者均衡的条件。在消费者的收入和商品价格既定的情况下，消费者所消费的各种物品的边际效用与其价格之比相等，即每一单位货币所得到的边际效用都相等。

假定消费者用一定的收入I购买X、Y两种商品，两种商品的价格分别为P_X和P_Y，购买数量分别为Q_X和Q_Y，两种商品所带来的边际效用分别为MU_X和MU_Y，每一单位货币的边际效用为MU_I，则消费者效用最大化的均衡条件可以表示为：

$$P_X \cdot Q_X + P_Y \cdot Q_Y = I$$

$$MU_X/P_X = MU_Y/P_Y = MU_I$$

第一个等式表示消费预算限制条件。如果消费者的支出超过收入，其购买就是不现实的；如果消费者的支出小于收入，就无法实现其在既定收入条件下的效用最大化。

第二个等式表示消费者均衡的实现条件。每单位货币无论是购买X商品还是Y商品，所得到的边际效用都相等。

实例 3-1

某人在消费商品X和Y时的边际效用见表3-3，且P_X=10元，P_Y=20元，货币收入是100元，说明此人的均衡条件。

表3-3　某人在消费X商品和Y商品时的边际效用

Q_X	1	2	3	4	5	6	7	8	9	10
Q_Y	1	2	3	4	5					
MU_X	5	4	3	2	1	0	−1	−2	−3	−4
MU_Y	6	5	4	3	2					

此人的均衡条件见表3-4。

表3-4　此人的均衡条件

组合方式	MU_X/P_X与MU_Y/P_Y	总效用
Q_X=10，Q_Y=0	−4/10≠0/20	5
Q_X=8，Q_Y=1	−2/10≠6/20	18
Q_X=6，Q_Y=2	0/10≠5/20	26
Q_X=4，Q_Y=3	2/10=4/20	29
Q_X=2，Q_Y=4	4/10≠3/20	27
Q_X=0，Q_Y=5	0/10≠2/20	20

从表3-4中可以看出，只有在Q_X=4、Q_Y=3时，$MU_X/P_X=MU_Y/P_Y$，此时X商品所带来的总效用为14（5+4+3+2），Y商品所带来的总效用为15（6+5+4）。X商品与Y商品所带来的总效用为29。所以，只有这种组合才能带来最大效用。

消费者之所以按照这一原则来购买商品并实现效用最大化，是因为在既定收入的条件下，多购买X商品就要减少对Y商品的购买。随着X商品购买量的增加，X商品的边际效用就会递减，相应的，Y商品的边际效用就会递增。为了使所购买的X商品、Y商品的组合能够带来最大的总效用，消费者就不得不调整这两种商品的组合数量，其结果是增加对Y商品的购买，减少对X商品的购买。当消费者所购买的最后一个单位X商品所带来的边际效用与其价格之比等于其所购买的最后一个单位Y商品所带来的边际效用与其价格之比时，也就是说，无论购买哪种商品，当每一单位货币所购买的两种商品的边际效用都相等时，就实现了总效用最大化，即消费者均衡。两种商品的购买数量也随之确定，不再加以调整。

小思考3-3

消费预算限制的条件是什么？

答：$P_X \cdot Q_X + P_Y \cdot Q_Y = I$

3.3　序数效用论：无差异曲线分析法

3.3.1　无差异曲线

1）无差异曲线的概念

无差异曲线（效用等高线、等效用线），是用来表示两种商品不同数量的组合给消费者所带来的效用完全相同的一条曲线。或者说，在这条曲线上，无论两种商品的数量怎样组合，所带来的总效用都是相同的。

微课

无差异曲线

假设有两种商品X和Y，它们在数量上可以有多种组合。表3-5列出了商品X、Y的六种组合，当然还可以列出许多组合。这些组合所代表的效用都是相等的。因此，表3-5又称为无差异组合表。

表3-5　无差异组合表

组合方式	X商品	Y商品
a	2	18
b	4	15
c	5	13
d	8	10
e	11	7
f	15	4

根据无差异组合表的数据，可以绘制出无差异曲线，如图3-2所示。

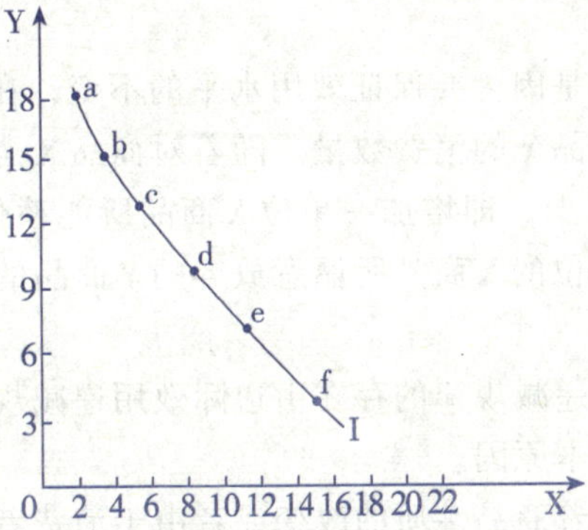

图3-2　无差异曲线图

在图3-2中，横轴代表商品X的数量，纵轴代表商品Y的数量，I代表无差异曲线。在无差异曲线上的任何一点，X商品与Y商品不同数量的组合给消费者带来的效用都是相同的。

2）无差异曲线的特点

（1）无差异曲线是一条向右下方倾斜且凸向原点的曲线，其斜率为负值。

① 无差异曲线向右下方倾斜，其斜率为负值，这是因为在收入和价格既定的条件下，消费者要获得同样的满足程度，在增加对一种商品的消费时，必须减少对另一种商品的消费。两种商品在消费者偏好不变的条件下，不能同时增加或减少。

② 无差异曲线向右下方倾斜且凸向原点，这是因为边际替代率递减。边际替代率（Marginal Rate of Substitution，MRS）是指为了保持同等的效用水平，消费者要增加一单位X商品的消费就必须放弃一定数量的Y商品的消费，表现为Y商品的减少量与X商品的增加量之比。假设ΔX为X商品的增加量，ΔY为Y商品的减少量，MRS_{XY}为以X商品代替Y商品的边际替代率，则有：

$$MRS_{XY}=\Delta Y/\Delta X$$

边际替代率的值应为负数，但人们一般取其绝对值。边际替代率之所以呈递减趋势，是因为无差异曲线存在的前提是总效用不变，这是边际效用递减规律的结果。因此，X商品增加所增加的效用必须等于Y商品减少所减少的效用，用数学公式表示就是$\Delta X \cdot MU_X = \Delta Y \cdot MU_Y$，或者$\Delta Y/\Delta X=MU_X/MU_Y$，否则总效用就会改变。然而，由于边际效用递减规律的作用，随着Y商品的减少，它的边际效用在递增，因而每增加一定量的X商品，所能代替的Y商品的数量便越来越少。由此可见，X商品以同样的数量增加时，所减少的Y商品会越来越少，因而MRS_{XY}必然是递减的。

小资料3-1　　边际替代率

两种商品之间的替代程度可以由商品的边际替代率来衡量。一种商品对另一种商品的边际替代率可以定义为：在效用满足程度保持不变的条件下，消费者增加一单位一种商品的消费可以代替的另一种商品的消费数量。它衡量的是从无差异曲线上的一点转移到另一点时，为保持满足程度不变，两种商品之间的替代比例。边际替代率是一个点概念，即其在无差异曲线上的各点取值不同。在无差异曲线上任意一点的边际替代率等于该点上无差异曲线的斜率的绝对值。

边际替代率取值为负，是因为要保证效用水平的不变，在增加一种商品X消费数量的同时，必须减少对另一种商品Y的消费数量。随着对商品X消费数量的不断增加，该商品所能带来的边际效用不断减少，即增加一单位X商品所能替代的Y商品的数量不断减少，也即消费者为了得到一个单位的X商品所愿意放弃的Y商品的数量不断减少。这也就是边际替代率递减规律。

可以看出，边际替代率递减规律的存在由边际效用递减规律所致。这实际上也是典型的无差异曲线凸向原点的根本原因。

然而需要说明的是，随着商品性质的改变或者由于消费者偏好的特殊性，无差异曲线也不一定就凸向原点。例如，完全替代的两种商品之间的边际替代率为一常数，这时无差异曲线为一直线，斜率不变。这种情形表明消费者关心的是两种商品的总数量，而非其差异。又如，完全互补的两种商品之间不存在任何替代，而是始终以一种固定比例捆绑消费。这时其无差异曲线就为一直角线，好比左鞋和右鞋、牙膏和牙刷。

（2）在同一平面图上可以有多条无差异曲线，不同的无差异曲线代表的效用满足程度不同。离原点越远的无差异曲线所代表的效用越大，离原点越近的无差异曲线所代表的效用越小。

（3）在同一平面图上，任意两条无差异曲线不可能相交，因为每一条无差异曲线都代表同样的效用水平。如果两条无差异曲线可以相交，其交点就代表具有同等的效用水平，这就是说，两条无差异曲线可以有相同的效用水平。显然，这和前提是相矛盾的，因而是不可能的。

案例3-3　**布里丹毛驴效应**

一头饥饿的毛驴站在两堆数量、质量和与它的距离完全相等的干草之间，为难坏了。它虽然享有充分的选择自由，但由于两堆干草价值相等，客观上无法分辨优劣，因此它始终也无法决定究竟选择哪一堆干草好。于是，这头可怜的毛驴站在原地，一会儿考虑数量，一会儿考虑质量，一会儿分析颜色，一会儿分析新鲜度，犹犹豫豫，来来回回，在无所适从中活活地饿死了。

分析：在生活中，我们每一个人都会经常面临抉择，如何选择，对人生的成败得失关系重大，因而常常在抉择之前反复权衡利弊。但是，在很多情况下，机会稍纵即逝，并没有留下足够的时间让我们去反复思考，反而要求我们当机立断，迅速决策。如果我们犹豫不决，就会两手空空，一无所获。

3）边际替代率与无差异曲线的形状

边际替代率作为无差异曲线的斜率，决定了无差异曲线的形状。

（1）如果X、Y两种商品是完全替代性质的，则边际替代率是常数，无差异曲线就是一条从左上方向右下方倾斜的直线，如美元与人民币的兑换比例。

（2）如果X、Y两种商品是互补性质的，则边际替代率等于零，无差异曲线就是一条直角折线，如我们穿的鞋，需要一双，缺一不可。

（3）如果X、Y两种商品是各自独立的，那么无差异曲线就是一条垂线，如食盐与汽车。

3.3.2　消费可能线

消费者的实际购买数量既受其收入水平、商品价格水平的影响，又受收入在各种商品之间进行分配等因素的制约，所以，可以借助消费可能线进一步分析消费者的行为。

消费可能线（家庭预算线、等支出线），是一条表明在消费者收入与商品价格一定的条件下，消费者所能购买到的两种商品数量最大组合的线。

消费可能线表明了消费者消费行为的限制条件。这种限制条件就是购买物品所花的钱既不能大于收入，也不能小于收入。大于收入是在收入既定的条件下无法实现的，小于收入则无法实现效用最大化。这种限制条件可以表示为：

$P_X \cdot Q_X + P_Y \cdot Q_Y = I$

根据预算方程，我们可以绘制出预算线。例如，I=60元、P_X=20元、P_Y=10元，则 Q_X=0时，Q_Y=6；Q_Y=0时，Q_X=3，于是可以绘制出图3-3。

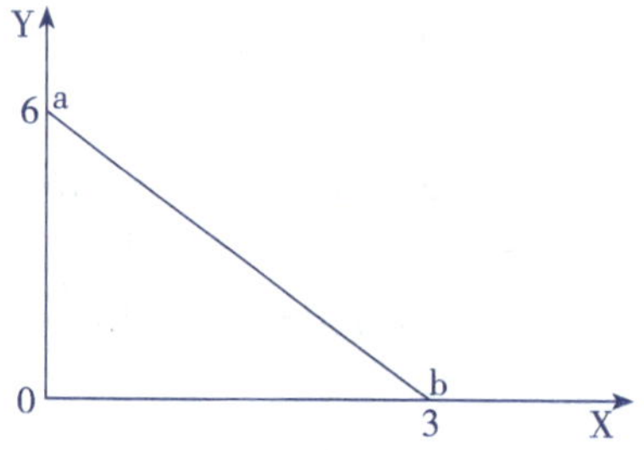

图3-3　消费可能线

在图3-3中，连接a、b两点的直线就是消费可能线。在消费可能线上的任何一点都是在收入与价格既定的条件下，能购买到的X商品与Y商品的最大数量组合。消费可能线之外的消费组合超出了消费者的消费能力，是不可能实现的；而消费可能线之内的消费组合没有超出消费者的消费能力，是可以实现的。

消费可能线会移动，主要原因有两个：一是由于消费者的收入变化引起移动；二是由于商品价格的变化引起移动。

（1）商品价格不变，消费者收入变化。如果商品价格不变，消费者收入增加，则消费可能线平行向右上方移动，即预算水平提高；反之，如果商品价格不变，消费者收入减少，则消费可能线平行向左下方移动，即预算水平降低。如图3-4所示，消费者收入增加，消费可能线ab平行向右上方移动到a_1b_1；消费者收入减少，消费可能线ab平行向左下方移动到a_2b_2。

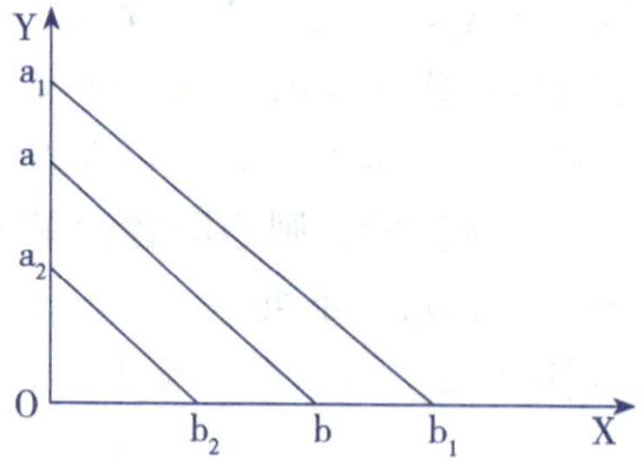

图3-4　消费者收入变化引起消费可能线的移动

（2）商品价格变化，消费者收入不变。如果消费者收入不变，而两种商品价格中的一种（如Y）不变，另一种（如X）上升或下降，则消费可能线变动如图3-5所示。Y商品的价格不变，X商品的价格上升，消费可能线ab向内移动到ab_1；X商品的价格下降，消费可能线ab向外移动到ab_2。如果消费者收入不变，而两种商品价格中的一种（如X）不变，另一种（如Y）上升或下降，则消费可能线变动如图3-6所示。X商品的价格不变，Y商品的价格上升，消费可能线ab向下移动到a_1b；Y商品的价格下降，消费可能线ab向上移动到a_2b。

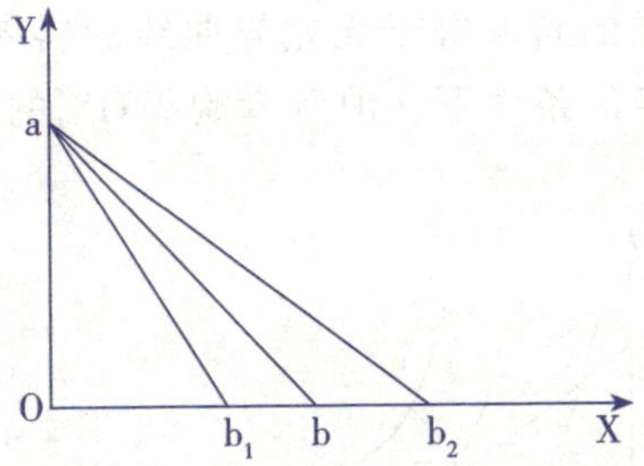

图3-5　商品价格变化引起消费可能线的移动（Y价格不变）

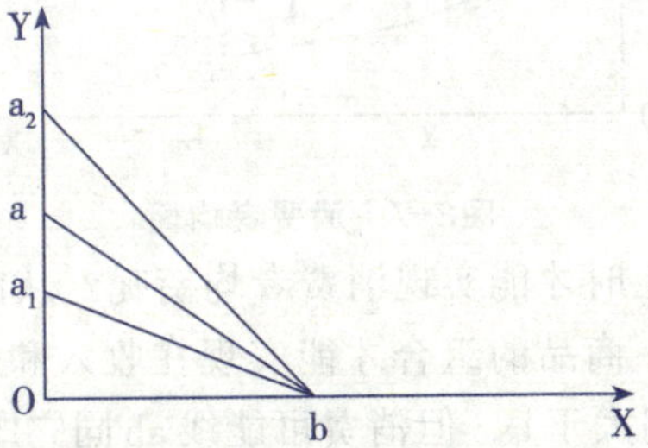

图3-6　商品价格变化引起消费可能线的移动（X价格不变）

案例3-4　**消费者选择理论对你是否有效？**

消费者选择理论描述了人们如何做出决策。它有广泛的适用性，可以解释一个人如何在百事可乐与比萨饼之间、工作与闲暇之间、消费与储蓄之间等进行选择。

现在你也许会对消费者选择理论有一些怀疑，毕竟你也是一个消费者。你每次走入商店时都要决定买什么，而且你也知道，你并不是通过绘出消费可能线和无差异曲线来做出决策的。你对自己做出决策的了解是否证明了与这种理论有不一样的地方？

分析：消费者选择理论并不想对消费者如何做出决策提供一种忠实的描述。它只是一个模型，而且该模型并不是完全现实的。评论消费者选择理论的最好方法是把它作为消费者如何做出决策的一个比喻。没有一个消费者（除非是一位职业经济学家）是明确地借助这种理论包含的效用最大化来做出决策的，但消费者知道他们的选择要受到自己财力的约束，而且，在这些约束既定时，他们所能做的最好的就是达到最高满足程度。

3.3.3　消费者均衡的实现

根据序数效用论的无差异曲线分析法，在消费者的收入和商品价格既定的条件下，当无差异曲线与消费可能线相切时，消费者就实现了效用最大化。其条件是：两种商品的边际替代率等于这两种商品的价格之比，或无差异曲线的斜率等于消费可能线的斜率。其公式为：

$$MU_X/P_X=MU_Y/P_Y$$

或　$$MU_X/MU_Y=P_X/P_Y$$

如果将无差异曲线与消费可能线结合在一个图上，那么，消费可能线必定与无差异曲线中的一条切于一点，在这个切点上就实现了消费者均衡。

如图3-7所示，图中三条无差异曲线效用大小的顺序为$I_1<I_0<I_2$。消费可能线ab与I_0

相切于E点（此时消费可能线的斜率等于无差异曲线的斜率），这时实现了消费者均衡。这就是说，在收入与价格既定的条件下，消费者购买OX_1的X商品和OY_1的Y商品，就能获得最大的效用。

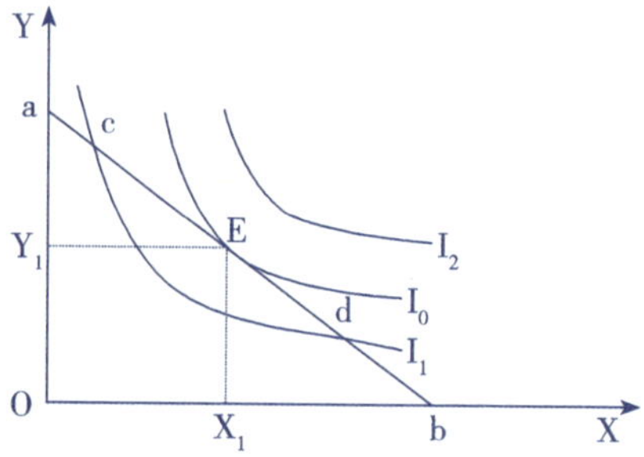

图3-7　消费者均衡

为什么只有在这个切点上时才能实现消费者均衡呢？从图3-7中可以看出：①只有在这一点上所表示的X商品与Y商品的组合才能实现在收入和价格既定的条件下效用最大。②无差异曲线I_2所代表的效用大于I_0，但消费可能线ab同它既不相交又不相切，这说明达到效用I_2水平的X商品与Y商品的数量组合在收入与价格既定的条件下是无法实现的。③消费可能线ab同无差异曲线I_1有两个交点c和d，说明在c点和d点上所购买的X商品与Y商品的数量也是收入与价格既定条件下的最大组合，但$I_1<I_0$。在c点和d点，X商品与Y商品的组合并不能达到最大的效用。此外，无差异曲线I_0除E之外的其他各点也在ab线之外，即所要求的X商品与Y商品的数量组合也是在收入与价格既定的条件下无法实现的。所以，只有E点才能实现消费者均衡。

3.4　消费者行为理论的运用

3.4.1　消费者剩余

消费者剩余是指消费者对某种商品或服务愿意支付的价格与其实际支付价格的差额。例如，消费者本来愿意花费5 000元买一台电脑，现在只需花费4 000元，那么，消费者剩余就是1 000元。

消费者剩余的存在是因为消费者购买某种商品所愿支付的价格取决于边际效用，而实际付出的价格取决于市场上的供求状况，即市场价格。消费者剩余的概念可用图3-8来说明。

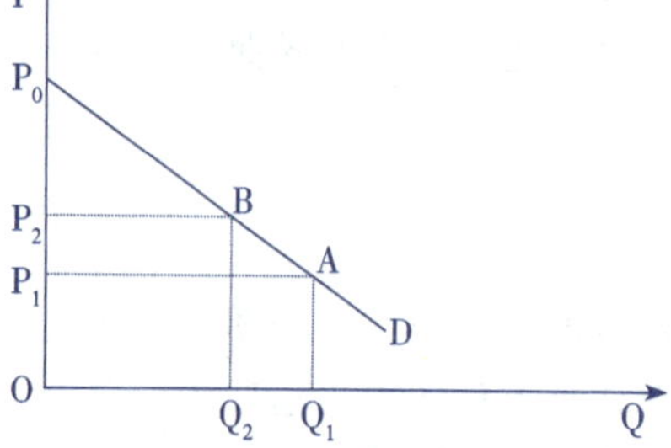

图3-8　消费者剩余

在图3-8中，横轴表示商品数量，纵轴代表商品价格，D是消费需求曲线，表明商品数量较少时，消费者愿意付出的价格高；随着商品数量的增加，消费者愿意付出的价格越来越低。消费者对每单位商品所愿付出的价格是不同的，当他购买OQ_1的商品时，愿付出的货币总额为OQ_1AP_0。但是，这时市场价格为OP_1，所以他购买OQ_1商品实际支付的货币总额为OQ_1AP_1。他愿支付的货币减去他实际支付的货币的差额，在图上表示为AP_0P_1，这就是消费者剩余。当商品价格上涨到OP_2时，购买的商品数量为OQ_2，这时消费者愿付出的货币总额为OQ_2BP_0，实际付出的货币总额为OQ_2BP_2，消费者剩余为BP_0P_2。这表示，当商品价格提高、需求量下降时，消费者剩余减少。

理解这一概念要注意三个问题：

（1）消费者剩余只是消费者的一种心理感觉，并不是指消费者实际收入的增加。

（2）消费者剩余的根源在于边际效用递减规律。因为市场价格是不变的，随着消费者对某种物品购买数量的增加，他从中得到的边际效用在减少，所以他从每单位货币购买中得到的消费者剩余在减少，他愿意支付的价格也会降低。因而这一概念可以用来解释批发价低于零售价的现象。

动画

买到就是赚到

（3）一般来说，生活必需品的消费者剩余较大，因为消费者对这类商品的效用评价高，愿意支付的价格也高，但这类商品的市场价格一般并不高；其他商品的消费者剩余相对较小。

小资料3-2

消费者剩余的含义

消费者剩余的概念由英国经济学家马歇尔首先提出，他在其著作《经济学原理》中为消费者剩余下了这样的定义："一个人对一物所付的价格，绝不会超过而且也很少达到他宁愿支付而不愿得不到此物的价格；因此，他从购买此物上所得到的满足，通常超过他因付出购买此物的代价而放弃的满足。这样，他就从这种购买中得到一种满足的剩余。他宁愿付出而不愿得不到此物的价格，超过他实际付出的价格的部分，就是这种剩余满足的经济衡量。这个部分可以称为消费者剩余。"

生活中，每当一宗交易由双方自愿达成，通常都是一个皆大欢喜的双赢结果：卖方挣了钱，买方得到了实惠，这背后就有消费者剩余在起作用。

案例3-5

消费者剩余在电脑售卖中的应用

消费者都知道蜀汉公司经营的天想电脑质量和性能不错，但是，每个消费者愿意支付的价格是有差异的。孙权富甲一方，愿意出9 000元的价格买天想电脑；张辽愿意出8 700元；周瑜愿意出8 300元；曹操只愿意出8 000元。假如现在蜀汉公司只有1台电脑可卖，由4位买者竞价，最后的胜出者肯定是孙权，当他以8 750元买到这台电脑时，他的额外收益是多少呢？比起他愿意出的9 000元，他还得到了250元的消费者剩余。假如现在有4台天想电脑出售，为了使事情简单化，就统一以8 000元的相同价格卖出，结果会是怎样的呢？

分析：我们从中发现，除了曹操没有得到消费者剩余之外，其余3人都不同程度地得到了消费者剩余。其中，得到消费者剩余最多的是孙权，他获得了1 000元的消费者剩余，张辽获得了700元的消费者剩余，就连周瑜也获得了300元的消费者剩余。这样算来，4台天想电脑的消费者剩余之和是2 000元。实际上，曹操虽然没有获得消费者剩余，但也并没有觉得自己吃亏，因为他没有以高于自己愿意支付的价格去买电脑。

资料来源　作者根据相关资料整理.

3.4.2　替代效应与收入效应

1）替代效应与收入效应概述

一种商品价格的变动，会对消费者产生两方面的影响：一是使商品的相对价格发生变动，消费可能线的斜率发生变化；二是使消费者的收入相对于以前发生变动，消费可能线平行移动。

（1）替代效应。在消费者保持效用不变的条件下，由于一种商品的价格变动而引起商品的相对价格发生变动，从而导致消费者对商品需求量的改变，称为价格变动的替代效应。例如，消费者把收入用于购买X和Y两种商品，如果X商品的价格上涨，则消费者可以减少对X商品的购买而增加对Y商品的购买，用增加的Y商品来代替减少的X商品，从而使总效用不变。所以，替代效应表现为均衡点在同一条无差异曲线上的移动。

（2）收入效应。在消费者保持效用不变的条件下，由于一种商品的价格变动而引起的消费者实际收入发生变动，从而导致消费者对商品需求量的改变，称为价格变动的收入效应。收入效应表现为均衡点随消费可能线的平行移动在不同无差异曲线上的移动。

（3）总效应。它表示一种商品的价格变化所引起的需求量的总变化。

三者的关系为：

总效应=替代效应+收入效应

2）正常商品、低档商品、吉芬商品的替代效应和收入效应分析

（1）对正常商品而言，价格下降的替代效应和收入效应都使得该商品的需求量增加；正常商品的替代效应和收入效应都为正，方向一致，所以正常商品的需求曲线自左上方向右下方倾斜。

（2）对低档商品而言，价格下降的替代效应使得该商品的需求量增加，但收入效应却使得该商品的需求量下降。低档商品的替代效应为正，收入效应为负，方向相反。

（3）对吉芬商品而言，如果为负的收入效应的绝对值大于替代效应，就会使得需求量随价格的上升而上升。吉芬商品价格变动的替代效应为正，收入效应为负，并且收入效应大于替代效应，使得需求量随价格的上升而上升，因此，吉芬商品的需求曲线向右上方倾斜。

价格下降对正常商品、低档商品和吉芬商品的收入效应、替代效应和总效应的影响可以概括在表3-6中。

表3-6　正常商品、低档商品、吉芬商品的收入效应、替代效应和总效应

类别	收入效应	替代效应	总效应
正常商品	增加	增加	增加
低档商品	减少	增加	增加
吉芬商品	减少	增加	减少

3.4.3 收入-消费曲线与恩格尔曲线

拓展资料3-2

缓解制造业“缺工”须综合施策

1）收入-消费曲线

收入-消费曲线（收入扩展线），是指在商品价格保持不变的条件下，随着消费者收入水平的变动而引起的消费者均衡变动的轨迹。

收入-消费曲线是反映消费长期变动趋势的曲线，强调的是收入变动对消费者均衡的长期影响。一般说来，随着消费者收入水平的提高，收入-消费曲线是一条与收入水平方向一致的向右上方倾斜的曲线。如图3-9所示，把各个短期消费均衡点（E_1、E_0、E_2）连接起来所形成的曲线就是收入-消费曲线。

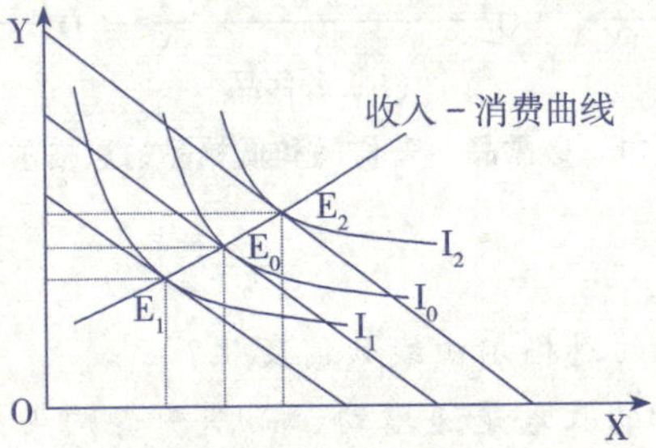

图3-9 收入-消费曲线

将收入和商品需求量的关系放在一个图上，从收入-消费曲线中可以引出恩格尔曲线来。

2）恩格尔曲线

恩格尔曲线是反映一种商品需求量与总收入关系的曲线。恩格尔曲线从收入-消费曲线中引申出的过程如图3-10所示。图3-10（a）表明X商品是正常商品，图3-10（b）表明Y商品是低档商品。

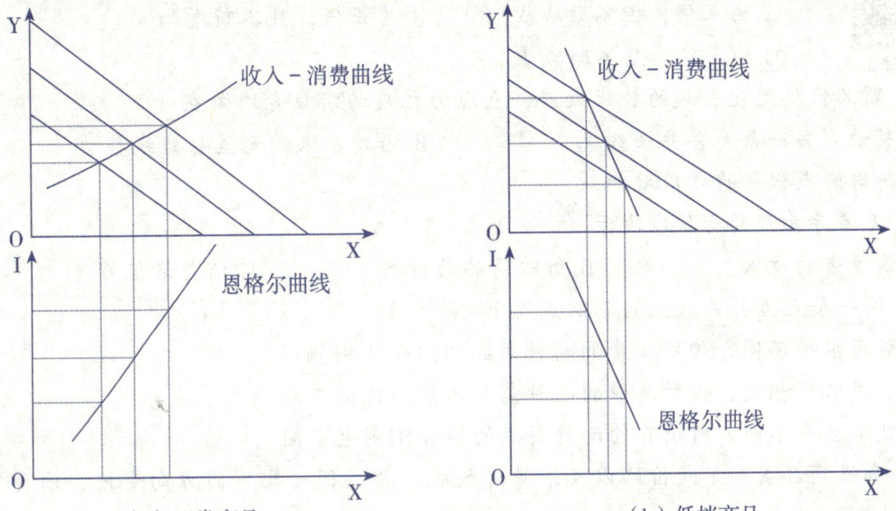

（a）正常商品　　（b）低档商品

图3-10 恩格尔曲线的形成

不同商品恩格尔曲线的形状不同。必需品需求量的增加速度慢于收入的增加速度，如购买油盐酱醋等；奢侈品需求量的增加速度快于收入的增加速度，如到高级宾馆消费、旅游等；低档品的需求量随收入的增加逐渐减少，如旧衣服、低档香烟等。它们的恩格尔曲线如图 3-11 所示。

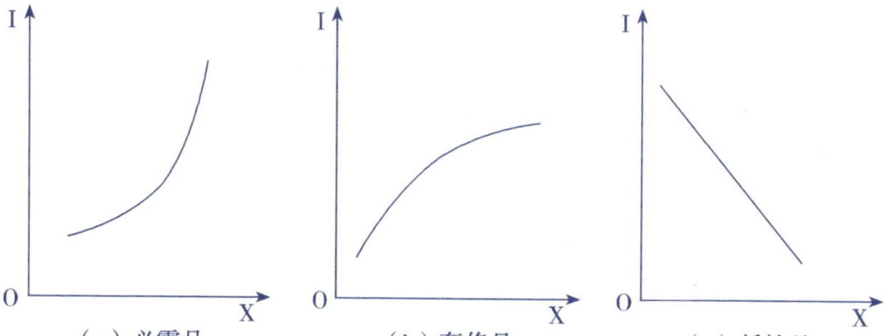

（a）必需品　　（b）奢侈品　　（c）低档品

图3-11　必需品、奢侈品和低档品的恩格尔曲线

小思考 3-4

补充阅读材料

释放消费潜力
增强发展动力

生活必需品的恩格尔曲线如何变化？

答：消费者的收入是递增的，而消费者购买商品的数量是以递减的比率增加的，消费者收入的增加速度快于生活必需品需求量的增加速度，因此，生活必需品的恩格尔曲线是一条向右上方递增的曲线。

知识掌握

知识梳理 3

□ 选择题

1）当总效用增加时，边际效用的变化情况是（　　）。

A. 为正值，但不断减少　　B. 为正值，且不断增加

C. 为负值，且不断减少

2）商品价格变化引起的替代效应，表现为相应的消费者均衡点（　　）。

A. 移动到另一条无差异曲线上　　B. 沿着原来的无差异曲线移动

C. 新均衡点代表的效用增加

3）无差异曲线的形状取决于（　　）。

A. 消费者的收入　　B. 所购商品的价格　　C. 消费者偏好

4）同一条无差异曲线上的不同点表示（　　）。

A. 效用水平不同，但所消费的两种商品的组合比例相同

B. 效用水平相同，但所消费的两种商品的组合比例不同

C. 效用水平不同，所消费的两种商品的组合比例也不同

5）如果商品 X 和 Y 的价格以及消费者的收入都按同一比例同方向变化，消费可能线的变动情况是（　　）。

A. 向左下方平行移动　　B. 不变动　　C. 向右上方平行移动

6）若某商品价格变化所引起的替代效应小于收入效应，则该商品是（　　）。

A.正常商品　　B.低档商品　　C.吉芬商品

□ 判断题

1）不同的消费者对同一商品效用的大小可以进行比较。（　）

2）边际效用递减规律是指消费者消费某种消费品时，随着消费量的增加，最后一单位消费品的效用递减。（　）

3）消费可能线的移动表示消费者的收入发生变化。（　）

4）低档商品和吉芬商品的关系是：吉芬商品一定是低档商品，但低档商品不一定是吉芬商品。（　）

5）收入-消费曲线是反映消费短期变动趋势的曲线。（　）

□ 简答题

1）什么是无差异曲线？其特点是什么？

2）用无差异曲线和消费可能线说明如何实现消费者均衡。

3）用图形来表示不同商品的恩格尔曲线形状。

□ 计算题

已知一辆自行车的价格为200元，一份麦当劳快餐的价格为40元，在某消费者关于这两种商品效用最大化的均衡点上，一份麦当劳快餐对一辆自行车的边际替代率MRS是多少？

知识应用

□ 分析题

如果你有一辆车需要四个轮子才能开动，你现在有三个轮子，那么当你有第四个轮子时，它的边际效用似乎超过了第三个轮子的边际效用，这是不是违反了边际效用递减规律？

□ 案例题

云南白药的营销成功之路

2005年，一支特立独行的牙膏以超凡的胆识和魄力、势如破竹的姿态，在中国牙膏市场掀起了一场史无前例的风暴。这支牙膏的名字就叫云南白药牙膏。2006年年底，其市场销售额累计已飙升至3亿元，成功开拓了功能性牙膏高端市场，确立了中国功能性牙膏的品牌地位。2024年，云南白药牙膏销售额超65.26亿元，一举成为医药产品进军日化领域的成功典范。

目前，我国牙膏市场规模约为117亿元。云南白药牙膏在其中的占有率达24.6%，稳居行业首位，尤其是在高端牙膏市场，其占有率超20%，同样位列第一。2024年，云南白药牙膏销售收入突破60亿元，与2023年基本持平。从市场发展态势来看，云南白药牙膏预计在未来两年内，仍将维持略高于行业平均增速的发展势头。2024年，云南白药公司整体实现营业收入约400.33亿元，同比增长2.36%；归属净利润47.49亿元，同比大幅增长16.02%。云南白药品牌享誉中外，是中国止血愈伤、消肿止痛、活血化瘀类产品的百年品牌。云南白药牙膏是以牙膏为载体，借鉴国际先进口腔护理、保健技术研制而成的口腔护理保健产品。它选用高档软性洁牙磨料和高级润湿剂，膏体细腻，清新爽口，能有效祛除口腔异味。在日常刷牙中即可使牙龈、牙周、牙齿和口腔其他组织得到专业的护理、保健，令口腔更安康，牙齿更结实，是新一代口腔护理、保健产品。

资料来源 作者根据东方财富网相关资料整理.

问题：(1) 试从消费者行为学角度对该案例进行分析。

(2) 除了产品配方不可复制外，云南白药牙膏几乎不具备任何优势，而作为后进入市场的新品，云南白药要拿什么优势去吸引消费者并与“洋牙膏”竞争？

综合实训

【项目目标】

通过本项目的实训，学生要理解消费者行为理论的相关内容，并能够运用消费者行为理论解决一些实际问题。

【项目内容及要求】

(1) 根据本章内容，上网或通过书刊查找有关资料，进行自拟题目分析。

(2) 全班分成若干小组，每组8~10人，实行组长负责制，完成综合实训项目。

(3) 各组进行讨论答辩，组长做总结性发言，各组之间进行评价，最后由教师进行点评，并给出考核成绩。

撰写《消费者行为理论实训报告》。

交互式测验3

第4章

生产理论

思维导图

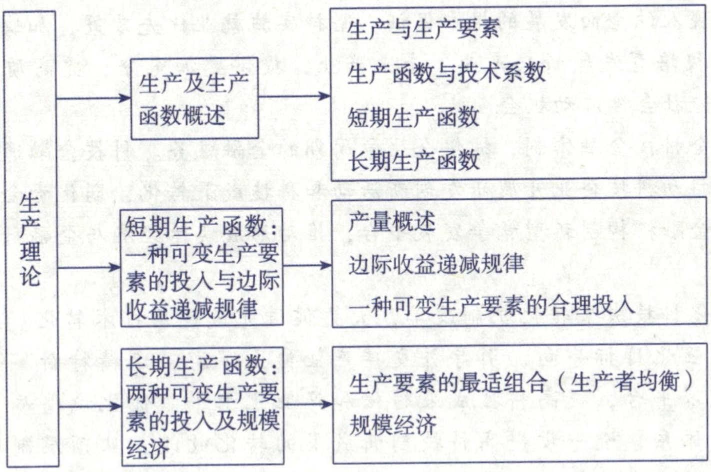

学习目标

【知识目标】

了解生产及生产函数；熟悉两种生产要素的最优组合；理解长期与短期的含义；掌握边际收益递减规律与规模经济的内容。

【能力目标】

会处理总产量、边际产量和平均产量之间的关系；注重边际收益递减规律、规模经济在实际中的应用。

【素养目标】

培养学生的人文情怀，树立文化自信；树立公正、平等的社会主义核心价值观；开拓解决问题的思路，增强知识迁移能力。

案例导入　　促进生产要素向发展新质生产力集聚

新质生产力作为一种由技术革命性突破、生产要素创新性配置、产业深度转型升级而催生的先进生产力质态，强调以全要素生产率的大幅提升为核心标志。其形成和发展依赖劳动者、劳动对象和劳动资料三要素配置的优化。健全劳动、资本、土地、知识、技术、管理、数据等生产要素由市场评价贡献、按贡献决定报酬的机制，是促进新质生产力发展的重要条件，对激发社会活力、提高资源利用率、实现分配公平等具有深远的重要影响。

（1）弘扬企业家精神，激发市场主体的创造性。只有爱护和支持优秀企业家，才能有效激发企业家发现新市场、开发新产品、应用新技术、实现新组合的主动性和创造性，引领企业走向更辉煌的未来。同时，要兼顾效率与公平，坚持以先富带后富，把握好企业家与普通员工收入差距的合理比例，促进共同富裕。

（2）深化劳动力和人才发展管理体制改革，形成合理、公正、畅通、有序的社会性流动。劳动力和人才社会性流动是释放经济发展活力、促进公平正义、保持社会稳定、实现人的全面发展的根本保证。坚持实施就业优先政策，加快传统产业改造升级，积极培育发展新兴产业、未来产业，提供更加充分、更高质量的就业岗位，不断创造社会性流动机会。

（3）健全科技金融体制，提供全生命周期的金融服务。科技金融通过多元化的融资方式，推动科技企业开展研发创新活动和科技成果转化，弱化资金脱实向虚的倾向，搭建金融机构创新型竞争发展平台，推动形成实体经济与金融行业创新生态系统。

（4）深化科技成果转化机制改革，大力促进先进适用技术转化。加强产学研深度融合，强化目标导向，引导并支持产业链上下游“专精特新”企业参与搭建国家级技术平台，提高科技成果转化和产业化水平。优化调整参与转化科研人员的考评体系，进一步提高科技创新成果的转化效能，从顶层制度设计上破解科技成果转化中的瓶颈问题，更好地发挥专利不可替代的重要作用，赋能创新发展。

资料来源　熊安静. 促进生产要素向发展新质生产力集聚［N］. 光明日报，2024-12-06（5）.

分析：通过深化劳动力和人才管理体制改革，优化劳动要素配置以激发人才活力，健全科技金融体制，引导资本流向实体，深化科技成果转化，凸显知识技术要素的作用，完善土地、海洋等资源管理制度，提升资源利用效率以及构建资源环境要素市场化配置体系，推动资源向绿色生产力集聚，多举措全方位聚焦优化生产要素配置，为新质生产力成长营造良好的环境。

用生产理论可以分析生产者行为。在研究生产者行为时，我们假定生产者都是具有完全理性的经济人，他们生产的目的是实现利润最大化。生产者实现利润最大化要涉及三个方面的问题：一是在既定的成本下怎样达到产量最大，这涉及生产要素与产量的关系，即生产理论；二是在既定的产量下如何实现成本最小，这涉及生产要素价格构成的成本问题，即成本与收益理论；三是由于市场上竞争与垄断的程度不同，厂商如何确定自身产品的产量和价格问题，即市场结构理论。

4.1 生产及生产函数概述

生产者又称为企业或厂商，是指使用生产要素自主从事商品或劳务生产的单位。厂商从组织形式上可以划分为业主制、合伙制和公司制三种类型。

4.1.1 生产与生产要素

（1）生产。从经济学的角度看，生产是指投入各种不同的生产要素以制成产品的过程，也就是把投入变为产出的过程。

（2）生产要素（经济资源）。它是指生产过程中所使用的各种资源。生产要素具体划分为四类：劳动、资本、土地和企业家才能。劳动是劳动者所提供的服务，包括体力劳动和脑力劳动。其中，体力劳动是简单劳动，脑力劳动则是复杂劳动。资本是指生产中所使用的资金，有无形的人力资本和有形的物质资本两种形式。前者是指体现在劳动者身上的身体、文化、技术状态；后者是指生产过程中使用的各种生产设备，如机器、厂房、工具、原料等资本品。在生产理论中，资本指的是物质资本。土地是指生产中所使用的、自然界中存在的各种自然资源，如土地、水、自然状态的矿藏、森林等。企业家才能是指经营管理企业的能力、创新的能力和承担风险的能力。

4.1.2 生产函数与技术系数

拓展资料4-1

生产函数

（1）生产函数。它是指在一定的技术水平条件下，一定时期内，厂商在生产过程中所使用的各种要素的数量与它们所能生产出来的最大产量之间的函数关系。这里要注意：①生产函数是在给定知识和技术的条件下成立的，因此，生产函数可以更为准确地理解为“在一定技术水平条件下，特定的投入品组合被有效使用带来的最大的可能性产出”；②随着知识和技术的不断进步，生产函数会发生变化。生产函数的一般表现形式为：

$$Q=f(L, K, N, E)$$

式中：Q代表产量；L、K、N、E分别代表劳动、资本、土地、企业家才能。由于土地资源是相对固定的，企业家才能是难以估量的，因此生产函数通常表现为：

$$Q=f(L, K)$$

这一生产函数表明，在一定的技术水平条件下，生产Q的产量，需要一定数量的劳动L与资本K的组合。同样，这一生产函数也表明，在劳动与资本的数量组合为已知时，就可以推算出最大产量。

（2）技术系数。在不同行业的生产中，各种生产要素的配置比例是不同的。技术系数是指为生产一定量的某种产品所需要的各种生产要素的配置比例。不同厂商生产函数的技术系数是不同的。例如，劳动与资本的配置比例为3∶1，即表示在生产中使用3个单位的劳动与1个单位的资本。这个3∶1的比例就是该生产函数的技术系数。技术系数具体包括固定技术系数和可变技术系数。

微课

如何认识技术系数

固定技术系数是指在一定的技术水平条件下，生产某种产品所需要的各种生产要素的组合比例不发生变化，适用于长期分析。例如，生产某种化工产品，要求其化学元素的组合比例不能改变。固定技术系数的生产函数表明生产要素之间不能相互替代。

可变技术系数是指在一定的技术水平条件下，生产某种产品所需要的各种生产要素的组合比例可以发生变化，适用于短期分析。例如，生产同样产量的产品，既可以采用劳动密集型生产方式，也可以采用资本密集型生产方式，还可以采用技术密集型生产方式。可变技术系数的生产函数表明生产要素之间可以相互替代。

一般而言，在短期内，技术系数是不变的；但在长期内，技术系数是变化的。

4.1.3 短期生产函数

这里的“短期”，不是指一个具体的时间跨度，而是指厂商不能根据其所要达到的生产量来调整其全部生产要素的时期。不同行业中的“短期”也不同，这取决于投入品变动所需要的时间。短期生产函数是指在短期内所反映的投入产出关系，通常表示为：

$Q=f(\bar{K}, L)$

式中：在资本K的上面加一横线表示它是一个常数，只有劳动L是生产中的可变要素，因此短期生产函数也可表示为：

$Q=f(L)$

4.1.4 长期生产函数

长期生产函数是指在可以调整其所有生产要素投入的情况下，其要素投入和产出之间的关系。这里的“长期”也不是指一个具体的时间跨度，而是指厂商可以根据其所要达到的产量来调整其全部生产要素的时期。长期研究的是厂商生产规模的收益率。在长期中，厂商的生产要素不再划分为不变投入和可变投入，而是所有的要素投入都可以改变。

长期生产函数反映的是长期内的投入产出关系，通常表示为：

$Q=f(K, L)$

（1）等产量线。**等产量线**是表示两种生产要素的不同数量的组合可以带来相等产量的一条曲线，或者说是表示某一固定数量的产量可以用所需要的各种生产要素的不同组合生产出来的一条曲线。等产量线如图4-1所示。

在图4-1中，横轴代表劳动L的投入量，纵轴代表资本K的投入量，Q代表等产量线，a、b、c、d表示劳动与资本的四种组合方式。在等产量线的任何一点上，劳动L与资本K不同数量的组合给生产者所带来的产量都是相同的。

由于等产量线的几何特点与无差异曲线相似，因此，它又被称为生产无差异曲线。但二者也有区别：等产量线表示产量，无差异曲线表示效用；等产量线是客观的，无差异曲线是主观的。

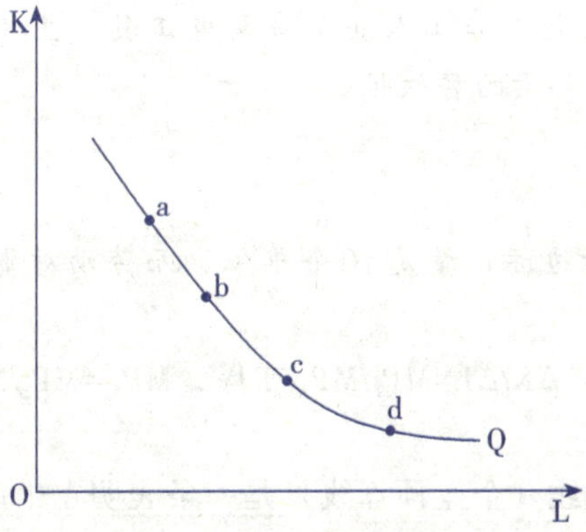

图4-1 等产量线

等产量线具有以下特征：

第一，等产量线是一条向右下方倾斜并凸向原点的曲线，其斜率为负值。这表明，在生产者的资源与生产要素价格既定的条件下，为了达到相同的产量，在增加一种生产要素时，就必须减少另一种生产要素。如从a点到b点，产量不变，这就是说，增加一种生产要素（劳动）所增加的产量恰恰弥补了因减少另一种生产要素（资本）所减少的产量。

边际技术替代率（MRTS）是指在保证产量不变的前提条件下，增加一单位某种生产要素可以代替的另一种生产要素的数量。假设ΔL表示劳动的增加量，ΔK表示资本的减少量，MP_L表示劳动的边际产量，MP_K表示资本的边际产量，$MRTS_{LK}$表示劳动对资本的边际技术替代率，则有：

$$MRTS_{LK}=-\Delta K/\Delta L=MP_L/MP_K$$

等产量线之所以是一条向右下方倾斜并凸向原点的曲线，是因为边际技术替代率递减。等产量线上任何一点的边际技术替代率，从几何学意义上看，都是过该点做等产量线的切线的斜率，因为资本投入增加（减少），则劳动投入减少（增加），其变化方向相反，因此是负值。

第二，在同一平面图上，可以有无数条等产量线。不同的等产量线代表不同的产量水平。离原点越远的等产量线所代表的产量水平越高，离原点越近的等产量线所代表的产量水平越低。

第三，在同一平面图上，任意两条等产量线不能相交。因为在交点上，两条等产量线代表了相同的产量水平，显然这与不同等产量线代表不同的产量水平相矛盾。

案例4-1　家具厂生产家具是多雇工人还是多买电工具？

家具厂生产家具可以采用两种方法：一是多雇工人进行生产；二是少雇工人，多买电工具。无论家具厂采用哪种方法，都可以生产出家具。作为家具厂的厂长，他要选择采用哪种方法进行生产。如果劳动力的价格很低，而电工具又很贵，厂长就会选择多雇工人而少用资本。这就涉及边际技术替代率，即用一种生产要素替代另一种生产要素在技术上的比例。

分析：家具厂生产家具是多雇工人还是多买电工具，主要取决于在生产家具的过程中，劳动和资本这两种生产要素的替代性。

小思考 4-1

如果每小时劳动投入的边际产量是10个单位，而劳动对资本的边际技术替代率是5，则资本的边际产量是多少？

答：根据公式 $MRTS_{LK}=-\Delta K/\Delta L=MP_L/MP_K$ 可得，$MP_K=MP_L/MRTS_{LK}=10\div5=2$，即资本的边际产量为2个单位。

（2）等成本线。**等成本线**（企业预算线）是一条表明在生产者的货币成本与生产要素价格既定的条件下，生产者所能购买到的两种生产要素数量最大组合的线。等成本线表明了厂商进行生产的限制条件，即厂商购买生产要素的成本支出大于货币成本，生产就是不现实的；如果购买生产要素的成本支出小于货币成本，就无法实现产量最大化。等成本线可以写为：

$$P_L \cdot Q_L + P_K \cdot Q_K = M$$

式中：P_L表示劳动的价格；Q_L表示劳动的购买量；P_K表示资本的价格；Q_K表示资本的购买量；M表示货币成本。

根据预算方程，就可以绘制出预算线。

实例 4-1

已知M=20 000元，P_L=500元，P_K=400元，请绘出等成本线。当Q_L=0时，Q_K=50；当Q_K=0时，Q_L=40。于是可以绘出图4-2，连接a、b两点的直线就是等成本线。在等成本线上的任何一点，都是在货币成本与生产要素价格既定的条件下，能购买到的劳动与资本的最大数量的组合。

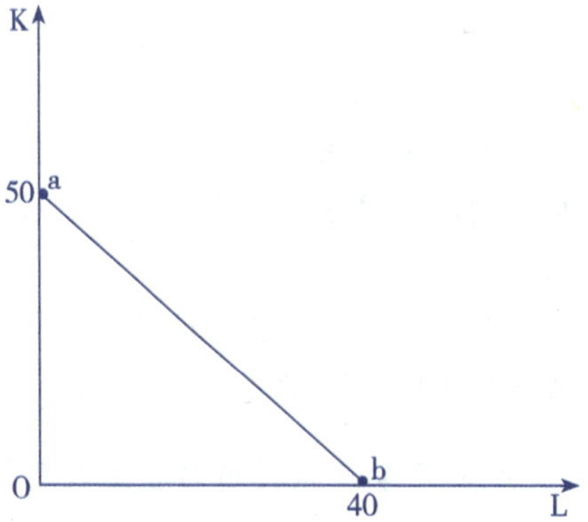

图4-2　等成本线

如果厂商的货币成本和生产要素价格改变了，则等成本线就会发生变动。如果生产者的货币成本变动，则等成本线会平行移动。货币成本增加，等成本线向右上方平行移动；货币成本减少，等成本线向左下方平行移动。等成本线的移动如图4-3所示。

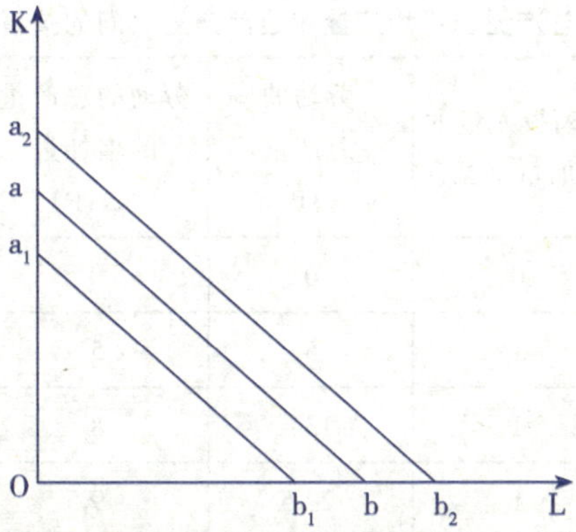

图4-3　等成本线的移动

在图4-3中，ab是原来的等成本线。当货币成本增加时，等成本线移动到a_2b_2，当货币成本减少时，等成本线移动到a_1b_1。

小思考4-2

如果企业投入的劳动价格发生变化，而资本价格不变，那么等成本线会如何变化？

答：等成本线会围绕购买资本最大数量的这一点旋转（斜率变化）。

4.2　短期生产函数：一种可变生产要素的投入与边际收益递减规律

4.2.1　产量概述

1）总产量、平均产量和边际产量的定义

假定生产某种产品使用资本K与劳动L两种生产要素，其中资本在短期内是不变的常数，那么，各种产量将随着劳动的变化而变化。

（1）总产量（TP）是指一定数量的生产要素（如劳动）可以生产出来的全部产量，或是指在资本不变的条件下，一定的劳动投入量可以生产出来的全部产量。

（2）平均产量（AP）是指平均每一单位生产要素所生产出来的产量。

总产量与平均产量之间存在着如下关系：

$TP_L=AP_L \cdot L$或$AP_L=TP_L/L$

式中：AP_L表示劳动的平均产量；TP_L表示劳动的总产量；L表示劳动的投入量。

（3）**边际产量**（MP）是指某种生产要素增加或减少一单位所引起的总产量的增加量或减少量。劳动的边际产量可以表示为：

$MP_L=\Delta TP_L/\Delta L$

式中：MP_L表示劳动的边际产量，又称为劳动的边际生产力；ΔTP_L表示劳动的总产量的增加量；ΔL表示劳动投入量的增加量。

微课　总产量、平均产量和边际产量的关系

2）总产量、平均产量和边际产量之间的关系

总产量、平均产量和边际产量之间的关系见表4-1。

表4-1 总产量、平均产量和边际产量之间的关系

资本的投入量（K）	劳动的投入量（L）	劳动投入量的增加量（ΔL）	劳动的总产量（TP）	劳动的总产量的增加量（ΔTP）	劳动的平均产量（AP）	劳动的边际产量（MP）
15	0	0	0	0		
15	1	1	5	5	5	5
15	2	1	13	8	6.5	8
15	3	1	22.5	9.5	7.5	9.5
15	4	1	30.5	8	7.6	8
15	5	1	38	7.5	7.6	7.5
15	6	1	45	7	7.5	7
15	7	1	45	0	6.4	0
15	8	1	42	-3	5.3	-3

根据表4-1，可以绘制出图4-4。

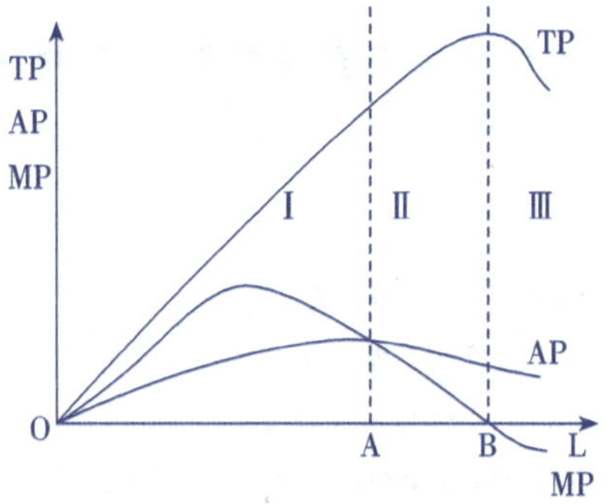

图4-4 总产量曲线、平均产量曲线、边际产量曲线

在图4-4中，横轴OL代表劳动的投入量，纵轴TP、AP、MP分别代表总产量、平均产量和边际产量。根据分析，我们可以得出，总产量、平均产量和边际产量之间的关系呈现出以下特点：

（1）在资本量不变的情况下，随着劳动量的增加，最初的总产量、平均产量和边际产量都是递增的，但各自增加到一定程度以后就分别递减，所以总产量曲线、平均产量曲线和边际产量曲线都是先上升而后下降。

（2）边际产量曲线与平均产量曲线相交于平均产量曲线的最高点。在相交点左侧，平均产量是递增的，边际产量大于平均产量（MP>AP）；在相交点右侧，平均产量是递减的，边际产量小于平均产量（MP<AP）；在相交点，平均产量达到最大，边际产量等于平均产量（MP=AP）。

（3）当边际产量为正数时（MP>0），总产量就会增加；当边际产量为零时（MP=0），

总产量达到最大；当边际产量为负数时（MP＜0），总产量就会减少。

4.2.2　边际收益递减规律

边际收益递减规律是采用边际分析方法，研究在一定的技术水平和生产规模下，只改变一种可变要素的投入量从而影响产量（收益）变化的规律。

1）边际收益递减规律（收益递减规律）的定义

微课
边际收益递减规律

边际收益递减规律是指在技术水平不变的条件下，若其他生产要素固定不变，只连续投入一种可变生产要素，随着这种可变生产要素投入量的增加，最初每增加一单位该要素所带来的产量增加量是递增的，但在达到一定限度之后，增加一单位该要素的投入所带来的产量增加量将递减，最终会使产量绝对减少。

案例4-2

在农业生产中，如果在固定的土地面积上增施化肥，开始时，每增施1千克化肥所能增加的农作物的产量是递增的，但当所施化肥超过一定量时，每增施1千克化肥所能增加的农作物的产量就会递减。此时，如果继续增施化肥，不仅不会增加农作物的产量，甚至会导致农作物产量的减少。在工业生产中，如果劳动力增加得过多，超过了正常配置的固定资产和设备，就会使生产效率降低。

分析：在农业生产中，适度施加化肥可以增加农作物的产量；而工业生产中的“减员增效”，就是按边际收益递减规律办事的具体体现。

2）理解边际收益递减规律需要注意的问题

（1）边际收益递减规律发生的前提条件是技术不变。若技术水平发生变化，这个规律就不存在。

（2）边际收益递减规律假定至少有一种要素的数量是保持不变的，因此它不适用于所有要素的数量都等比例增加的情况。

（3）在其他生产要素不变的情况下，一种可变生产要素的增加所引起的产量或收益的变动会经历三个阶段：①产量递增阶段，即这种可变生产要素的增加使产量或收益增加。因为在开始阶段，不变生产要素没有得到充分利用，所以可变生产要素的增加可以使产量增加。②边际产量递减阶段，即这种生产要素的增加仍可使总产量增加，但增加的幅度，即增加的每一单位生产要素的边际产量是递减的。因为在这一阶段，不变生产要素已接近充分利用，所以可变生产要素的增加已不可能像第一阶段那样使产量迅速增加。③产量绝对减少阶段，即这种生产要素的增加使总产量迅速减少。因为在这一阶段，不变生产要素已经充分利用，所以再增加可变生产要素，只会使生产效率降低、总产量减少。

（4）边际收益递减规律像边际效用递减规律一样，不需要提出理论证明。二者的区别是：边际收益递减规律是从生产实践中得出来的基本生产规律，边际产量是可以计量的；而边际效用递减规律是从消费者心理感受中得出来的，边际效用是不可计量的。

（5）边际收益递减规律只存在于技术系数可变的生产函数中。对于技术系数固定的生产函数，由于各种生产要素不可相互替代，因此其组合的比例是不可改变的，当改变其中一种生产要素的投入量时，边际产量就会突变为零，从而不存在依次递减的趋势。

边际收益递减规律是研究一种生产要素合理投入的出发点。在技术水平不变的情况下，边际收益递减规律所反映的这种现象，在生产实践、社会活动和科学实验过程中是十分明显的。

4.2.3 一种可变生产要素的合理投入

从上面的分析可知，在生产一种产品所使用的各种生产要素中，除一种生产要素外，其余生产要素固定不变。根据总产量、平均产量和边际产量之间的关系，可以把可变要素的投入量划分为三个区间，如图4-4所示。

第Ⅰ区间是投入劳动L从零增加到A点。其特点是：TP保持递增趋势；AP由零递增至最高点；MP>0，并且MP>AP，MP在达到最大值后呈递减趋势；当MP= AP（AP的最高点）时，第一阶段结束。

第Ⅱ区间是投入劳动L从A点增加到B点。其特点是：TP保持递增趋势，AP呈递减趋势；AP>MP，MP>0；当MP= 0时，TP达到最大值，第二阶段结束。

第Ⅲ区间是投入劳动L从B点增加到无限大。其特点是：TP呈递减趋势；AP继续保持递减趋势；MP<0。

第Ⅰ区间和第Ⅲ区间都不是一种生产要素的合理投入范围，因为在第Ⅰ区间，边际产量大于平均产量，增加劳动不仅可增加总产量，还可以提高平均产量。而在第Ⅲ区间，边际产量小于零，增加劳动会使总产量绝对减少。

一般而言，第Ⅱ区间为生产要素的合理投入区间，也就是厂商选择最优投入量的区间。但劳动量的投入究竟在这一区间的哪一点上，要视厂商的目标而定。如果厂商的目标是使平均产量达到最大，那么劳动量增加到A点即可；如果厂商的目标是使总产量达到最大，那么，劳动量增加到B点即可；如果厂商以利润最大化为目标，那么必须结合成本、产品价格等因素来进行分析，因为平均产量为最大时，并不一定是利润最大，总产量为最大时，利润也不一定最大。

小思考4-3

为什么第Ⅱ区间是生产要素的合理投入区间？

答：因为在这个区间，不变生产要素和可变生产要素二者的结合效率最高。

4.3 长期生产函数：两种可变生产要素的投入及规模经济

4.3.1 生产要素的最适组合（生产者均衡）

现在进一步研究可变比例生产函数的两种要素投入。在技术系数可以变动，即两种生产要素的组合比例可以变动的情况下，这两种生产要素按什么比例配合最好呢？这就是生产要素的最适组合所研究的问题。

（1）生产要素的最适组合与消费者均衡的关系。消费者均衡是研究消费者如何把既定收入分配于两种产品的购买与消费上，以实现效用最大化。生产要素的最适组合是研究生产者如何把既定的成本分配于两种生产要素的购买与生产上，以实现利润最大化。二者所使用的分析方法基本相同，即边际分析法与等产量分析法。

（2）生产要素最适组合的边际分析。同消费者均衡分析相似，生产要素最适组合的原则是：在货币成本与生产要素价格既定的条件下，应该使所购买的各种生产要素的边际产量与价格的比例相等，即要使每一单位货币成本无论购买何种生产要素都能得到相等的边际产量。

假定生产者用一定的货币成本M购买的生产要素是资本K和劳动L，两种生产要素的价格分别为P_K和P_L，购买数量分别为Q_K和Q_L，两种生产要素所带来的边际产量分别为MP_K和MP_L，每一单位货币成本的边际产量为MP_M。那么生产者利润最大化的均衡条件可以表示为：

$$P_K \cdot Q_K + P_L \cdot Q_L = M$$

$$MP_K/P_K = MP_L/P_L = MP_M$$

前一个公式表示限制条件，说明生产者拥有的货币量是既定的，购买两种生产要素的支出既不能超出这一货币量，也不能小于这一货币量。超出这一货币量的购买是无法实现的，而小于这一货币量的购买也达不到既定资源时的产量最大化。

后一个公式表示生产要素最适组合的条件。每一单位货币成本无论是购买资本K，还是购买劳动L，所得到的边际产量都相等。

把等产量线与等成本线结合在一个图上，那么，等成本线必定与无数条等产量线中的一条切于一点。在这个切点上就实现了生产要素的最适组合（如图4-5所示）。

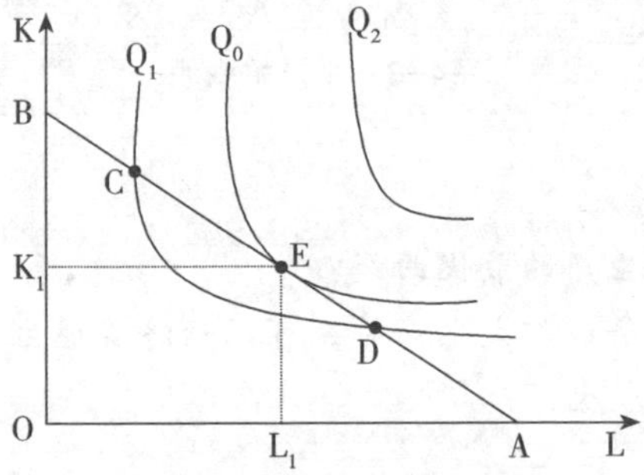

图4-5 生产要素的最适组合

图4-5中有三条等产量线，产量大小的顺序为$Q_1<Q_0<Q_2$。等成本线AB与等产量线Q_0相切于E点，这时就实现了生产要素的最适组合。这就是说，在货币成本与生产要素价格既定的条件下，OL_1的劳动与OK_1的资本结合，可以实现利润的最大化，即既定产量下成本最小或既定成本下产量最大。

微课

生产者均衡

为什么只有等产量线与等成本线的切点才是最适组合呢？从图4-5中可以看出，只有在E点上所表示的劳动与资本的组合才能实现在货币成本和生产要素价格既定条件下的产量最大。离原点远的等产量线Q_2所代表的产量水平大于等产量线Q_0，但等成本线AB同它既不相交又不相切，这说明达到Q_2产量水平的劳动与资本的数量组合在货币成本与生产要素价格既定的条件下是无法实现的。而离原点近的等产量线Q_1，虽然等成本线AB同它有两个交点C和D，说明在C点和D点上所购买的劳动与资本的数量组合也是货币成本与生产要素价格既定条件下的最大组合，但$Q_1<Q_0$，因此C点和D点的劳动与资本的数量组合并不能达到利润最大化。此外，在等产量线Q_0上，除E之外的其他各点也在AB线之外，即所要求的劳动与资本的数量组合在货币成本与生产要素价格既定的条件下也是无法实现的。

（3）生产扩张线。它是指在生产要素价格和其他条件不变的情况下，随着厂商成本的增加，等成本线向右上方平行移动，不同的等成本线与不同的等产量线相切，形成不同的生产要素的最适组合点，将这些点连接在一起所形成的轨迹。生产扩张线表示在生产要素价格、技术和其他条件不变的情况下，当生产过程的投入（成本）增加时，厂商必然会沿着生产要素的最优组合来扩大其生产；当生产者沿着这条线扩大生产时，可以始终实现生产要素的最适组合，从而使生产规模沿着最有利的方向扩大。生产扩张线如图4-6所示。

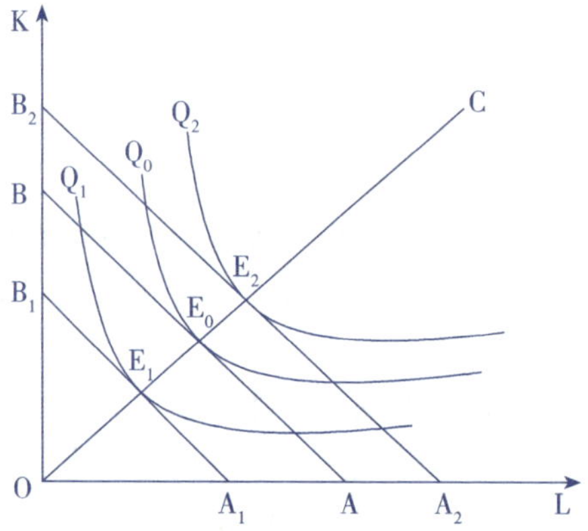

图4-6 生产扩张线

小思考4-4

生产扩张线是不是企业生产的最优曲线？

答：是，生产者沿着这条线扩大生产时，可以始终实现生产要素的最适组合，从而使生产规模沿着最有利的方向扩大。

4.3.2 规模经济

1）规模经济的含义

规模经济是指在技术水平不变的条件下，企业生产规模的变动（各种生产要素按同样的比例变动）引起生产单位产量或收益变动的情况。也就是厂商采用一定的生产规模所能获得的经济利益。理解这一概念时要注意以下三点：

（1）规模经济发生作用是以技术不变为前提的。

（2）在生产中使用的两种可变投入要素是按同样的比例增加的，且不考虑技术系数变化的影响，以及生产组织规模的调整对产量的影响。例如，若干企业发生合并而使产量发生变化的这种影响不予考虑。

（3）两种生产要素增加所引起的产量或收益的变动情况，就如同边际收益递减规律发生作用一样，也有规模收益递增、规模收益不变、规模收益递减三个阶段。

① 规模收益递增是指产量的增加比例大于投入要素的增加比例。例如，生产规模扩大了10%，带来产量增加了15%。

② 规模收益不变是指产量的增加比例等于投入要素的增加比例。例如，生产规模扩大了10%，带来产量增加了10%。

③ 规模收益递减是指产量的增加比例小于投入要素的增加比例。例如，生产规模扩大了10%，带来产量增加了8%。

规模收益的变动如图4-7所示。在图4-7中，Oa曲线表示规模收益不变，Ob曲线表示规模收益递增，Oc曲线表示规模收益递减。

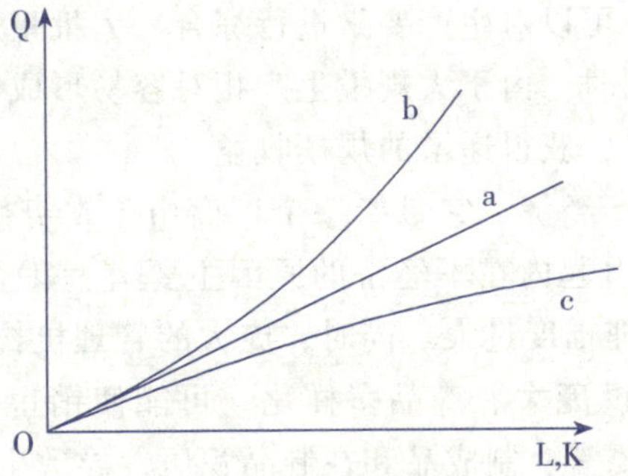

图4-7 规模收益的变动

小资料4-1

规模新经济：中国绿色产业发展领先全球

从规模经济来看，制造业是最直观的例子，这方面的新发展体现在绿色产业上，通过低成本的产业化形成了庞大的产业体量。光伏、电池等并不是新技术，已经存在了几十年甚至更长的时间。但是，只有中国在近年来把这些技术转化为大规模生产，并在此过程中实现了产业创新。中国的绿色产业发展全球领先，2024年，中国光伏组件产能强势攀升，达到1 264GW，在全球总产能中占比高达85%~90%。与此同时，新能源乘用车领域也成绩斐然，产量突破1 300万辆，全球市场份额一举超过70%，彰显出中国在全球新能源产业版图中愈发重要的地位与主导力。

中国绿色产业之所以能取得如此成就，源于规模经济和政策纠正外部性两个根本性原因。首先，绿色转型在经济层面的含义是从规模不经济转向规模经济。化石能源作为初始的资源禀赋，具有类似土地的排他性，不能共享、勘探成本高，呈现出典型的规模不经济特征。相比之下，绿色产业属于制造业，具有规模经济效应，即产量越高、单位成本越低。凭借大市场和大制造业体系带来的规模经济效应，中国绿色产业得以实现成本快速下降，走向可持续发展。

其次，绿色转型意味着在能源领域经济活动的组织从垄断转向竞争。采矿业与土地相关，天然带有垄断属性，在国际贸易层面体现为通过卡特尔组织形式影响价格。相比之下，制造业，如新能源汽车、光伏组件和风电设备等可竞争性强，竞争促进效率提升。

资料来源 彭文生. 从规模不经济到规模新经济［EB/OL］.［2025-04-02］. https: //baijiahao.baidu.com/s?id=1828285891775311693&wfr=spider&for=pc.

2）影响规模经济变动的因素

规模经济变化的不同情况要由内在经济和外在经济来解释。

（1）内在经济。它是指一个厂商在生产规模扩大时由自身内部因素所引起的收益或产量的增加。引起内在经济的主要因素有：①生产规模扩大，可以购置和使用更加先进的机器设备；可以提高专业化程度，提高生产效率；还可以实现资源的综合开发和利用，使生产要素效率得到充分发挥。②巨大的工厂规模能使厂商内部管理系统高度专业化，容易使各个部门的管理者成为某一方面的专家，从而提高管理水平和工作效率。③在大规模生产中，可以对副产品进行综合利用，可以更加快速地开发生产出许多相关产品，实行多元化生产。④在大规模生产中，可以对生产要素进行综合、大批量采购，对产品进行大批量运输，从而降低购销成本。同时，由于大规模生产相对容易形成生产经营上的垄断，因此有利于获取生产经营上的优势，获得递增的规模收益。

拓展资料 4-2

提高全要素生产率 促高质量发展

（2）内在不经济。它是指一个厂商由于本身生产规模过大而引起产量或收益的减少。引起内在不经济的原因主要有：①企业规模过大，会导致管理层次复杂、管理幅度过大。同时，庞大的管理机构可能降低企业的管理效率。②生产经营规模庞大、产品多样化，可能使销售费用增加。③生产规模大，可能会使生产要素、制成品和在制品积压，导致生产成本增加。

（3）外在经济。它是指由于整个行业生产规模的扩大，而给个别厂商带来的产量与收益的增加。引起外在经济的原因主要有：①可以从整个行业生产规模的扩大中得到更加便利的交通辅助设施，可以获得各种市场信息。②能够在行业内部实行更好的专业化协作，提高生产效率。③可以招聘到更多的人才和熟练的技术工人。④可以更加方便地实现企业间的规模连锁经营和扩张经营。

（4）外在不经济。它是指由于整个行业生产规模扩大，而给个别厂商带来的产量与收益的下降。引起外在不经济的原因主要有：①行业规模过大，可能会加剧企业之间的竞争，从而降低其收益；②行业规模过大，厂商之间互相争购原材料和劳动力，可能会导致生产要素价格上升、货币成本增加；③行业规模过大，会带来环境污染、交通拥挤等不利影响。

3）适度规模

适度规模是指两种生产要素的增加使规模扩大的同时，也使产量或收益递增达到最大。当收益递增达到最大时，就不再增加生产要素，并使这一生产规模维持下去。

对不同行业的厂商来说，适度规模的大小是不同的，并没有一个统一的标准。在确定适度规模时，应该考虑的因素主要有：①厂商的技术特点和生产要素的密集程度。一般来说，像钢铁、汽车、造船、重化工之类的资本密集型企业，投资规模大、技术复杂，适宜采用大规模生产；而像纺织业、服务业之类的劳动密集型企业，就适宜采用小规模生产。

补充阅读材料

必须实现高质量发展

②市场需求的影响。一般来说，生产市场需求量大、标准化程度高的产品的厂商，适度规模就应该大；相反，生产市场需求量小、标准化程度低的产品的厂商，适度规模就应该小。③自然资源状况。如矿山储藏量的大小、水力发电站水资源的丰裕程度等。

不同的国家和地区，由于经济发展水平、资源、市场等条件的差异，即使同一行业，规模经济的大小也不完全相同。但对于一些重要的行业，国际上通常有通行的规模经济标准，而我国大多数企业都没有达到规模经济的要求。随着技术的进步，许多行业的规模经济都有扩大的趋势。因此，对我国许多企业来说，适当地扩大企业规模是提高企业规模经济效益的客观需要。

小思考4-5

如果生产规模扩大了10%，带来产量增加了8%，这属于哪种情况？

答：属于规模收益递减。

知识掌握

知识梳理4

□ 选择题

1）等成本线平行向外移动，说明（　　）。

A.生产要素的价格按不同的比例提高了

B.产量增加了

C.货币成本增加了

2）边际收益递减规律的适用条件是（　　）。

A.生产技术没有发生重大变化

B.不考虑生产技术是否变化

C.生产技术发生变化

3）当其他生产要素不变时，一种生产要素增加，总产量会（　　）。

A.一直增加　　B.一直减少　　C.先增加而后减少

4）边际产量曲线与平均产量曲线相交于（　　）之点。

A.边际产量大于平均产量　　B.边际产量小于平均产量

C.边际产量等于平均产量

5）当总产量递增达到最大时，一种生产要素的投入会使（　　）。

A.边际产量为零　　B.边际产量等于平均产量　　C.边际产量为正数

6）企业规模正常情况下应该最大的为（　　）。

A.饮食业　　B.钢铁业　　C.纺织业

□ 判断题

1）可变技术系数是指在一定技术水平条件下，生产某种产品所需要的各种生产要素的组合比例不发生变化。（　　）

2）长期是指厂商可以根据其所要达到的产量来调整其全部生产要素的时期。（　　）

3）平均产量曲线可以和边际产量曲线在任何一点上相交。（　　）

4）规模收益递增是指产量的增加比例大于投入要素的增加比例。（　　）

5）由于规模过大可能会加剧企业之间的竞争，从而降低收益，这种情况属于内在不经济。（　　）

□ 简答题

1）什么是生产要素与生产函数？

2）用图来说明生产要素的最适组合。

3）用图来说明总产量曲线、平均产量曲线和边际产量曲线的特征及其相互之间的关系。

4）什么是适度规模？确定适度规模时应考虑哪些因素？

□ 计算题

已知某汽车制造厂的汽车产量与工人人数的关系见表4-3，请填写表4-3中的空缺部分。

表4-2　某汽车制造厂的汽车产量与工人人数的关系

工人人数（百人）	汽车产量（万辆）	平均产量（万辆）	边际产量（万辆）
0	0		
1	5		
2	8		
3	13		
4	16		
5	19		
6	22		
7	26		
8	30		

知识应用

□ 分析题

试用边际收益递减规律解释“一个和尚挑水吃，两个和尚抬水吃，三个和尚没水吃”的现象。

□ 案例题

专业化与规模经济

亚当·斯密在其名著《国民财富的性质和原因的研究》中，根据他对一个扣针厂的参观描述了一个例子。斯密所看到的工人之间的专业化和引起的规模经济给他留下了深刻的印象。他写道：“一个人抽铁丝，另一个人拉直，第三个人截断，第四个人削尖，第五个人磨光顶端以便安装圆头，做圆头要求有两三道不同的工序，装圆头是一项专门的业务，把针涂白是另一项业务，甚至将扣针装进纸盒也是一项业务。”

斯密说，由于这种专业化，扣针厂每天可以生产几千枚扣针。他得出的结论是，如果工人选择分开工作，而不是作为一个专业团队，“那他们肯定不能每人每天制造出20枚扣针，或许连1枚扣针也造不出来”。换句话说，由于专业化，大扣针厂可以比小扣针厂实现更高的人均产量，而且可以使每枚扣针的平均成本更低。

斯密在扣针厂观察到的专业化现象在现代经济中普遍存在。例如，如果你想盖一间房子，你可以自己努力去做每一件事；但大多数人会找建筑商，建筑商又会雇木匠、瓦匠、电工、油漆工和许多其他工种的工人。这些工人专门从事某种工作，而且，这使他们比作为通用性工人做得更好。实际上，以专业化实现规模经济是现代社会繁荣的一个重要原因。

问题：(1) 专业化分工是否可以使生产扣针的平均成本更低？

(2) 为什么运用专业化是实现规模经济的一个重要原因？

综合实训

【项目目标】

通过本项目的实训，学生能理解生产理论的相关内容，并能够运用生产理论解决经济工作中遇到的实际问题。

【项目内容及要求】

1）根据本章内容，上网或通过书刊查找有关资料，进行自拟题目分析。

2）全班分成若干小组，每组8～10人，实行组长负责制，完成综合实训项目。

3）各组分别进行讨论答辩，组长做总结性发言，各组之间进行评价，最后由教师进行总结，并给出考核成绩。

交互式测验4

【项目成果】

撰写生产理论实训报告。

第5章

成本与收益

思维导图

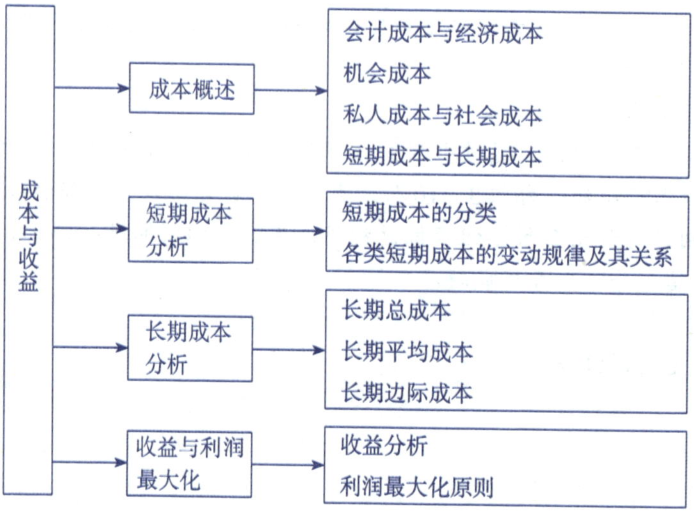

学习目标

【知识目标】

了解相关成本，并注意区别；理解长期成本的概念；熟悉长期平均成本的内容；掌握短期成本的概念与分类；掌握利润最大化原则。

【能力目标】

成本在经济中的实际应用；能区分各类短期成本的变动规律及其关系。

【素养目标】

做好人生规划，学会综合分析成本，做出理智的决策；树立正确的人生观，无论遇到多大的失败，不要沉溺于过去，培养勇往直前的精神；珍惜上大学的机会，发奋学习，积极锻炼自己。

案例导入　社会资本参与老旧小区改造的成本收益分析

老旧小区改造是国家推进城市更新的关键工作，但普遍面临政府投入大、收效有限、主体权责不明、统筹协调难以及社会资本介入门槛高等诸多难题。在此背景下，吸引社会资本参与老旧小区改造，多渠道筹集资金，成为当下的共识。

在经济学领域，企业参与经济活动往往基于“盈亏平衡分析”。对于老旧小区改造这类成本投入大、收益较小的项目，社会资本是否参与，关键在于能否实现“成本–收益”平衡。在成本方面，社会资本面临生产成本与交易成本的双重投入。生产成本涵盖项目筹备、建设、运营期的各项支出；交易成本则是在参与过程中产生的一系列费用。在收益方面，社会资本需综合考量短期收益与长期收益。短期收益主要来自建设阶段，长期收益则依赖后期运营服务所带来的稳定收益及资产增值。

以北京为例，其老旧小区改造工作具有独特性。相较于上海、广州等城市，北京受“首都定位”“减量发展”“疏解整治”等因素限制，在激发社会资本参与动力的方式上有所不同。北京更多是在“减量提质”下进行有机更新，面临更严格的更新约束与规划管控要求，这也导致激励机制相对匮乏，社会资本参与动力不足。

不过，随着《关于全面推进城镇老旧小区改造工作的指导意见》《关于引入社会资本参与老旧小区改造的意见》等系列文件出台，北京在探索老旧小区改造市场化模式上积累了不少经验。根据企业性质与投资偏好，社会资本参与北京老旧小区改造可大致分为民营企业参与运营的综合整治类项目和国有企业参与投资的拆除重建类项目。

民营企业参与运营的综合整治类项目，通常涉及公益性较强的基础类改造，多以政府资金支持、市场参与实施为主。对于小区内经营性较强、收益回报机制清晰的改造项目，社会资本会投资、建设并运营相关设施，形成政府授权、市场运营的“EPC+BOT/ROT”模式。国有企业参与投资的拆除重建类项目，则有其自身特点与收益模式。

从整体来看，社会资本参与老旧小区改造，若能在一定期限内满足“收益–成本＞0”的条件，便有参与动力。而激励社会资本参与的核心，在于通过政策供给和机制保障降低成本、增加收益。尽管交易成本和部分增值收益难以简单测度，但仍可通过制度激励降低前者、提高后者，从而激发社会资本参与老旧小区改造的积极性。后续，随着相关政策的持续完善与实践的深入推进，社会资本在老旧小区改造中的成本与收益平衡情况，以及对城市更新带来的实际成效，值得持续关注。

资料来源　刘思璐．社会资本参与北京老旧小区改造的经验与困境——基于“成本–收益”视角［EB/OL］．［2024-05-24］．https：//www.thepaper.cn/newsDetail_forward_27503230．有删减．

分析：社会资本参与老旧小区改造是复杂且具现实意义的经济行为。在成本端，生产成本涉及改造项目从筹备到运营全流程支出，涵盖建筑材料采购、工程施工费用、后期设施维护成本等，这是直接投入的物质资源成本。交易成本包含与政府部门沟通协调、获取项目审批手续，以及与小区居民协商改造方案等产生的费用，反映了参与过程中的制度性、社会性支出。

在收益方面，短期收益主要源于建设阶段的工程利润，这受项目建设规模、施工效率和成本控制影响。长期收益则依托运营服务收益及资产增值；同时，小区房产因改造实现价值提升，社会资本可从中获取资产增值收益。但目前，老旧小区改造存在政府投入大、收效有限等难题，意味着社会资本面临较高成本与相对有限收益的困境。要实现社会资本的积极参与，关键在于政策引导，通过降低交易成本，如简化审批流程、提供政策补贴等，增加长期收益预期，如保障运营期合理收费权益、明确资产增值分配机制等，使收益大于成本，达成经济上的可行性，推动城市更新的持续发展。

成本（生产费用），是生产中所使用的各种生产要素的支出。某种产品的生产成本，是该产品供给价格的主要决定因素。厂商愿意按照一定的供给价格提供一定数量的商品，厂商索取其产品的供给价格按什么依据来确定，最主要、最基本的决定因素就是产品的生产成本。因此，本章将在成本分析的基础上结合收益分析来研究厂商的利润最大化问题。

5.1 成本概述

什么是成本，什么是收益？简单地说，成本是你做一件事所耗费的时间、金钱、精力以及其他一切物质和精神方面的支出；收益则是你做一件事所得到的金钱、奖励、快乐等其他一切物质和精神方面的收获。

5.1.1 会计成本与经济成本

（1）会计成本。它是指企业在生产中按市场价格所购买的生产要素的货币支出。会计成本可以用货币来计量，且能够在会计账目上直接反映出来。会计成本是过去的支出，因此也称为历史成本；同时，这种成本在企业中是显而易见的，因此又称为显性成本。例如，企业雇用工人所支出的工资、向银行贷款所支付的利息、租用土地所支付的地租、购买原材料或动力所支付的费用等。

（2）经济成本。它是指企业在生产过程中所发生的显性成本与隐性成本之和。隐性成本是指生产者自有的资金、土地、厂房、人力等生产要素被用于该企业生产过程而支付的总价格。隐性成本包括生产者所拥有的和所使用的资源的成本。例如，企业自有资金的利息、自有土地的地租、自有厂房和设备等固定资产的折旧费、企业所有者自己所提供的劳务的报酬等。

（3）显性成本与隐性成本的区别。二者的区别强调了经济学家与会计师分析经营活动时的主要不同之处。经济学家研究的是企业如何做出生产和定价决策。由于这些决策既依据显性成本又依据隐性成本，因此，经济学家在衡量企业的成本时就同时考虑了这两种成本。与此相比，会计师的工作是记录流入和流出企业的货币，结果他们衡量了显性成本，却忽略了隐性成本。

小资料 5-1　**交通物流降本提质增效 助力实体经济加速奔跑**

中共中央办公厅、国务院办公厅印发《有效降低全社会物流成本行动方案》（以下简称《行动方案》）。《行动方案》提出，到2027年社会物流总费用与国内生产总值的比率力争降至13.5%左右。这一目标彰显了我国在交通物流领域降本增效的决心，体现了我国在交通物流领域的前瞻思维与深远布局。

推进降低全社会物流成本，交通物流是关键领域。我国是制造业大国，制造业物流总额占社会物流总额的比重接近90%，通过降低物流成本，能够有力提升制造业竞争力，促进生产力布局优化完善。作为连接生产与消费的桥梁，交通物流的效率与质量直接关系到实体经济运行成本和竞争力。加速交通物流领域降本提质增效，将为我国交通物流高质量发展注入强劲动力。据国家发展改革委测算，到2027年预计可节省1万亿元以上社会物流总费用。这部分费用也将转化为企业的实际利润，推动经济高质量发展。

优化运输结构是降低物流成本的重要途径。运输结构优化，关键在于各类运输方式间的高效衔接协同、提升运输转换效率。交通运输部提出，将加快推进铁路专用线进入港口堆场、物流园区、工矿企业，创新多式联运"一单制""一箱制"服务模式，这将促进运输方式间无缝对接，减少中转时间和成本，提高物流运输的效率和效益。

推进交通物流降本提质增效，需要注重创新物流模式和技术手段的应用。当今社会，人工智能的快速发展将对交通物流效率提升带来革命性变化，我们要锚定发展"人工智能+现代物流"的目标导向，加快发展智慧物流和绿色物流，积极开展重大物流技术攻关，加快智慧公路、港口、物流园区等新型设施发展，推进智慧物流创新发展。

资料来源　李蕾．交通物流降本提质增效 助力实体经济加速奔跑［EB/OL］．［2024-11-19］．https：//news.cnr.cn/comment/sp/20241129/t20241129_526993305.shtml.

小思考 5-1

企业雇用经营管理人员所付出的报酬是隐性成本还是显性成本？

答：是显性成本。因为企业雇用经营管理人员所付出的报酬可以在会计账目上直接反映出来。

5.1.2　机会成本

机会成本是指当把一定资源用于生产某种经济物品时所放弃的其他用途所能产生的最大收益。也就是说，决策者在资源既定的条件下，为获得某种收入所放弃的其他机会的最高收入。

在理解机会成本时应该注意以下问题：①机会成本不是做出某项选择时实际支付的费用或损失，而是一种观念上的成本或损失。②机会成本是做出一种选择时所放弃的其他若干种可能的选择中最好的一种。③机会成本并不全是由个人选择所引起的，其他人的选择也会给你带来机会成本，你的选择也会给其他人带来机会成本。④运用机会成本这一概念时，要考虑两个条件：一是被配置的资源有多种用途（可以有多个投向）；二是资源的用途不受限制。

在现实中，有很多企业在购进某种生产要素时，这种要素的市场价格较低，一段时间后，这种生产要素的市场价格上扬。这个时候，是按照原来的生产计划加工这种生产要素，还是直接出售这种生产要素呢？如果选择前者，那么直接销售可能获得的收益就是再加工的机会成本。机会成本和经济利润都可以用来衡量一项决策的经济利益。经济利润区别于会计利润，就在于它考虑了机会成本。

微课

机会成本

机会成本与会计成本的区别如下：①机会成本不是企业的实际支出；而会计成本是企业的实际支出。②机会成本在会计账目上反映不出来，又称为隐性成本；而会计成本能够在会计账目上反映出来，又称为显性成本。

实例 5-1

某人拥有10 000元的资金，可用于以下甲、乙、丙三种用途，所得收入及利润见表5-1。

表 5-1 甲、乙、丙用途所得的收入及利润情况表

单位：元

项目 用途	甲用途	乙用途	丙用途
预计各种用途可能获得的销售收入	12 000	16 000	19 000
预计各种用途可以得到的利润	2 000	6 000	9 000

在表5-1中，把资金用于甲用途，可以得到销售收入12 000元，失去了什么？

一是失去了10 000元的资金，把资源用于甲用途就失去了拥有10 000元资金的机会（机会成本为10 000元）；二是失去了用于乙、丙两种用途的机会，即失去了获得6 000元、9 000元利润的机会，这两个机会损失中最大的机会损失是9 000元，所以资金用于甲用途的第二个机会损失是9 000元（机会成本为9 000元）。

案例 5-1 对机会成本的理解

投资者王某考虑了股票和储蓄存款两种投资方式。他于2023年12月1日用1万元购进某种股票，经过一年多的操作，到2024年12月25日，投资股票的净收益为450元。如果当时他将这1万元存入银行，一年期定期储蓄存款的年利率为1.75%，则利息净收益为175元。

分析：从上述案例中可以看出，这175元就是王某投资股票而放弃储蓄存款的机会成本。到2024年12月25日，王某投资股票获得的净收益为450元，若考虑机会成本，他的实际收益则是275元。

5.1.3 私人成本与社会成本

私人成本是指私人生产者在生产过程中按要素市场价格直接支出的费用。它反映了生产者可以得到的资源的最好替代用途。私人成本通常按照企业所使用的资源的市场价格来计算。

社会成本是指整个社会为某个厂商或某一生产要素投入所付出的成本。例如，某炼铁

厂可能会向附近的河流排放废水，对工厂而言，排放废水的成本仅仅是把废水从工厂输送到河流里所发生的费用；但是对整个社会而言，排放废水会造成水污染，社会必须为此支付一笔费用以治理污染，从而构成了社会成本。

5.1.4 短期成本与长期成本

在短期中，厂商不能根据其所要达到的产量来调整其全部生产要素。其中，不能在短期内调整的生产要素的费用，如厂房和设备的折旧、管理人员的工资等，属于固定成本（Fixed Cost，FC）。固定成本不随产量的变动而变动。在短期内可以调整的生产要素的费用，如原料、燃料的支出，以及工人的工资等，属于可变成本（Variable Cost，VC）。可变成本随产量的变动而变动。

在长期中，厂商可以根据其所要达到的产量来调整其全部生产要素，因此一切成本都是可变的，不存在固定成本和可变成本的区别。

由此可见，短期与长期的区别就在于生产规模是否发生变化。无论短期还是长期，关于总可变成本、平均可变成本和边际成本关系的分析都是其中的基本组成部分，对于短期成本的分析，只要将其加上固定成本部分即可；对于长期成本的分析，其基本规律更是一致的，只要考虑到其同短期成本的关系，进一步加以具体化就可以。

小思考 5-2

短期成本分析和长期成本分析需要考虑的主要问题是什么？

答：在一个企业还未设立之前，投资者要对自己的投资能力以及市场对产品的需求程度进行投入产出分析，确定最佳生产规模，以实现利润最大化。投资者此时进行的成本分析属于长期成本分析。当企业购置厂房、设备等固定资产以后，就只能根据现有生产能力、产品市场及生产要素市场的价格变化来确定每日、每月或每个季度的实际产量，以实现利润最大化。此时企业所进行的成本分析就属于短期成本分析。

5.2 短期成本分析

5.2.1 短期成本的分类

短期成本包括短期总成本、短期平均成本和短期边际成本。

（1）**短期总成本**（Short-run Total Cost，STC）。它是指短期内生产一定量产品所需要的成本总和。短期总成本包括短期总可变成本和短期总固定成本，用公式表示为：

$$STC=STFC+STVC$$

式中：STC 表示短期总成本，STFC 表示短期总固定成本，STVC 表示短期总可变成本。

（2）**短期平均成本**（Short-run Average Cost，SAC）。它是指短期内生产每一单位产品平均所需要的成本。短期平均成本是短期总成本除以产量的商，用公式表示为：

$$SAC=STC/Q$$

式中：SAC表示短期平均成本；Q表示产量。

短期平均成本包括短期平均可变成本和短期平均固定成本。短期平均可变成本是短期可变成本除以产量的商，短期平均固定成本是短期固定成本除以产量的商，用公式表示为：

SAFC=STFC/Q

SAVC=STVC/Q

SAC=SAFC+ SAVC

式中：SAFC表示短期平均固定成本；SAVC表示短期平均可变成本。

（3）**短期边际成本**（Short-run Marginal Cost，SMC）。它是指厂商每增加一单位产量所增加的总成本量。用公式表示为：

SMC=ΔSTC /ΔQ

式中：SMC表示短期边际成本；ΔSTC 表示短期总成本的增量；ΔQ表示产量的增量。

短期总成本、短期平均成本、短期边际成本是互相联系、密切相关的，而其中短期边际成本的变动又是短期总成本和短期平均成本变动的决定性因素。

微课

各类短期成本的变动规律

5.2.2 各类短期成本的变动规律及其关系

各类短期成本随产量增加而变动的规律及其关系，可以通过表5-2所列短期成本变动情况的数据表示出来。同时，根据表5-2还可以绘出各类短期成本的曲线图。

表5-2 短期成本变动情况表

产量 Q （1）	短期总固定成本 STFC （2）	短期总可变成本STVC （3）	短期总成本 STC （4）＝（2）＋（3）	短期边际成本SMC （5）	短期平均固定成本 SAFC（6）＝（2）÷（1）	短期平均可变成本 SAVC（7）＝（3）÷（1）	短期平均成本SAC （8）＝（6）＋（7）
0	64	0	64	—	—	—	—
1	64	20	84	20	64	20	84
2	64	36	100	16	32	18	50
3	64	51	115	15	21.3	17	38.3
4	64	64	128	13	16	16	32
5	64	80	144	16	12.8	16	28.8
6	64	111	175	31	10.7	18.5	29.2
7	64	168	232	57	9.1	24	33.1
8	64	320	384	152	8	40	48

1）短期总固定成本、短期总可变成本和短期总成本

短期总固定成本曲线是一条平行于横轴的水平线，表明固定成本是一个既定的数量（本例为64），它不随产量的增减而改变。短期总可变成本是产量的函数，短期总可变成本曲线是一条向右上方倾斜的曲线。其变动规律是从原点出发，随着产量的增加，成本相应增加，也就是说，短期总可变成本随产量的增加，先以越来越慢的速度增加，而后转为以越来越快的速度增加。

短期总成本曲线是由短期总固定成本线与短期总可变成本曲线相加而成，其形状与短期总可变成本曲线一样，且在短期总可变成本曲线的正上方，只不过是短期总可变成本曲线向上平行移动一段相当于短期总固定成本大小的距离，即短期总固定成本曲线与短期总可变成本曲线在任一产量上的垂直距离等于短期总固定成本，但短期总固定成本曲线不影响短期总成本曲线的斜率。因此，短期总固定成本的大小与短期总成本曲线的形状无关，而只与短期总成本曲线的位置有关。短期总成本曲线也是产量的函数，短期总成本曲线的形状也取决于边际收益递减规律。STFC、STVC和STC曲线如图5-1所示，其中，横轴OQ表示产量，纵轴OC表示成本。

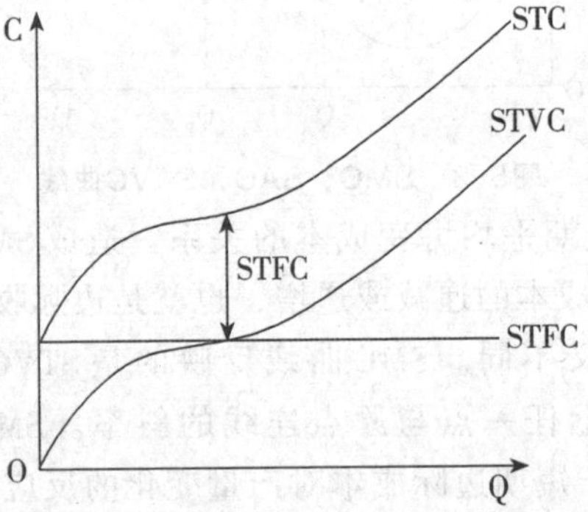

图5-1 STFC、STVC和STC曲线

2）短期平均固定成本、短期平均可变成本和短期平均成本

短期平均固定成本曲线是一条向右下方倾斜的曲线，开始比较陡，以后逐渐平缓，这表示随着产量的增加，短期平均固定成本一直在减少，但开始时减少的幅度大，以后减少的幅度越来越小。短期平均可变成本曲线和短期平均成本曲线均是“U”形曲线，表明随着产量的增加，短期平均可变成本和短期平均成本都是先下降而后上升。短期平均成本曲线在短期平均可变成本曲线的上方，开始时，短期平均成本曲线比短期平均可变成本曲线下降的幅度大，此后二者的变动规律相似。SAFC、SAVC和SAC曲线如图5-2所示。

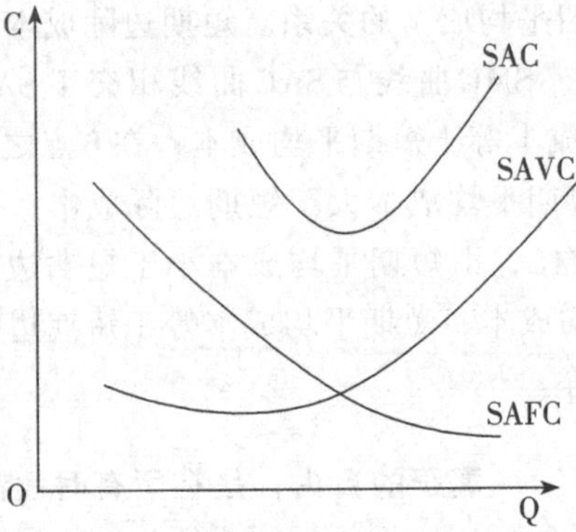

图5-2 SAFC、SAVC和SAC曲线

3）短期边际成本、短期平均成本和短期平均可变成本

短期边际成本曲线是一条先下降而后上升的“U”形曲线，开始时，边际成本随产量的增加而减少；当产量增加到一定程度时，边际成本就随产量的增加而增加。

SMC、SAC和SAVC曲线如图5-3所示。

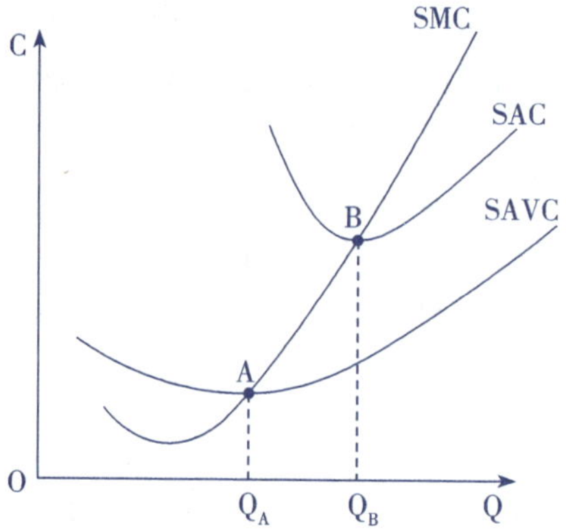

图5-3 SMC、SAC和SAVC曲线

（1）短期边际成本和短期平均可变成本的关系。造成SMC曲线和SAVC曲线呈“U”形都是由于投入要素的边际成本的递减或递增，也就是边际收益率的递增或递减，但两种成本的经济含义和几何含义不同。SMC曲线反映的是STVC曲线上某一点的斜率。而SAVC曲线则是STVC曲线上任一点与原点连线的斜率。SMC曲线与SAVC曲线相交于SAVC曲线的最低点A。由于短期边际成本对产量变化的反应要比短期平均可变成本灵敏得多，因此，不管是下降还是上升，SMC曲线的变动都快于SAVC曲线，SMC曲线比SAVC曲线更早到达最低点。在A点上，SMC=SAVC，即短期边际成本等于短期平均可变成本；在A点之左，SAVC在SMC之上，SAVC一直递减，SAVC>SMC，即短期边际成本小于短期平均可变成本；在A点之右，SAVC在SMC之下，SAVC一直递增，SAVC<SMC，即短期边际成本大于短期平均可变成本。A点被称为停止营业点，即在这一点上，价格收入只能弥补短期平均可变成本，这时的损失是不生产也要支付短期平均固定成本。因此，如果低于A点，价格收入就不能弥补短期平均可变成本，生产者无论如何也不能开工。

（2）短期边际成本和短期平均成本的关系。短期边际成本和短期平均成本的关系与短期平均可变成本的关系相同。SMC曲线与SAC曲线相交于SAC曲线的最低点B。在B点上，SMC=SAC，即短期边际成本等于短期平均成本；在B点之左，SAC在SMC之上，SAC一直递减，SAC>SMC，即短期平均成本大于短期边际成本；在B点之右，SAC在SMC之下，SAC一直递增，SAC<SMC，即短期平均成本小于短期边际成本。B点被称为收支相抵点，这时的价格为短期平均成本，短期平均成本等于短期边际成本，生产者的成本（包括正常利润在内）与收益相等。

小资料5-2 **真正的自由，是在所有时候都能控制自己**

一个人真正的优秀不是领导别人，而在于管理自己。人生有限，要学会放下、懂得“放弃”，才能使生命之舟更好地前行。已经付出且不可再收回的成本，如时间、精力、金钱等，在经济学中统称为“沉没成本”。优柔寡断、踟蹰不前，甚至意志消沉，这都会让“沉没成本”不断加大，形成恶性循环。最好的办法便是调整方向，及时止损。

有人买了一箱梨，因为天气太热，梨坏得很快。他怕坏了浪费，所以每天挑几个最差的吃掉，最后吃了一箱烂梨。每个人都厌恶损失，我花钱买了梨子，梨子坏了就是我的损失。但是如果为了挽回这份损失，我还要吃坏肚子，这实在是得不偿失。

学会放弃"沉没成本"，是自律的开始。不要去想自己曾经的付出，不必对舍去的过去念念不忘，它们终将会以另外的方式回归。

资料来源　作者根据相关资料整理.

5.3　长期成本分析

长期成本包括长期总成本、长期平均成本和长期边际成本。

5.3.1　长期总成本

长期总成本（Long-run Total Cost，LTC）是指长期中生产一定量产品所需要的成本总和。长期总成本随产量的变动而变动，没有产量时就没有总成本。LTC曲线是一条由原点出发向右上方倾斜的曲线，表示长期总成本随着产量的增加而增加，如图5-4所示。在开始生产时，要投入大量生产要素，当产量少时，这些生产要素无法得到充分利用，因此成本增加的比率大于产量增加的比率。当产量增加到一定程度后，生产要素开始得到充分利用，这时成本增加的比率小于产量增加的比率，这也是规模经济的效益。最后，由于规模收益递减，成本增加的比率又大于产量增加的比率。可见，长期总成本曲线与短期总可变成本曲线的形状是一致的。不同的是，短期总可变成本曲线的形状是由可变投入要素的边际收益率先递增后递减决定的；而在长期，由于所有投入要素都是可变的，因此，这里对应的不是要素的边际收益率问题而是要素的规模报酬问题，长期总成本曲线的形状是由规模报酬先递增后递减决定的。

图5-4　LTC曲线

小思考5-3

零单位产出的短期总成本和长期总成本各为多少？为什么？

答：零单位产出的短期总成本为固定成本的投入。因为在短期内，不生产也要投入固定成本。零单位产出的长期总成本为零投入。因为在长期内，如果不生产，最节约的方法就是不进行任何投入。

5.3.2 长期平均成本

拓展资料5-1

长期平均成本曲线

1）长期平均成本的定义

长期平均成本（Long-run Average Cost，LAC）是指长期中平均每一单位产品的成本。它等于长期总成本LTC与产量Q之商，用公式表示为：

LAC=LTC/Q

式中：LAC表示长期平均成本；LTC表示长期总成本；Q表示产量。

2）长期平均成本曲线的特征

长期平均成本曲线表明了当资本和劳动都可以变动时，可以达到的最低平均总成本与产量之间的关系。长期平均成本曲线随着产量的增加而变动，开始时呈递减趋势，达到最低点后转而递增，是一条先下降然后缓慢上升的“U”形曲线。LAC曲线如图5-5所示。

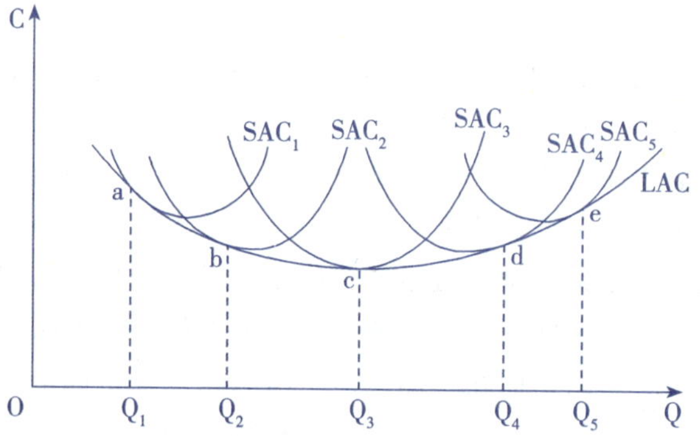

图5-5 LAC曲线

从图5-5可以看出，五条短期平均成本曲线分别表示不同生产规模下短期平均成本的变化情况，越是往右，代表生产规模越大，每条短期平均成本曲线与长期平均成本曲线相切，并且只有一个切点，从而形成一条包络曲线，这是为了降低成本而选择生产规模的结果。生产者要根据产量的大小来决定生产规模，其目标是使长期平均成本达到最低。需要注意的是，长期平均成本曲线并不是与所有的短期平均成本曲线的最低点相切，而只与其中的一条短期平均成本曲线的最低点相切，即图5-5中的c点，它也是长期平均成本曲线的最低点。其他规模的短期平均成本曲线则是和长期平均成本曲线的较低点相切。在c点的左侧，长期平均成本曲线与短期平均成本曲线最低点的左侧相切，如a点和b点；在c点的右侧，长期平均成本曲线与短期平均成本曲线最低点的右侧相切，如d点和e点。所以，长期平均成本曲线是由无数条短期平均成本曲线集合而成，从而表现为一条与无数条短期平均成本曲线相切的曲线。

在长期中，生产者按这条曲线做出计划，确定生产规模，因此，这条长期平均成本曲线又称为计划曲线或包络曲线。

长期平均成本曲线与短期平均成本曲线的区别在于：长期平均成本曲线无论在下降时还是上升时都比较平坦，这说明长期平均成本无论是减少还是增加都变动较慢。这是因为在长期中，全部生产要素都可以随时调整，从规模收益递增到规模收益递减之间有一个较长的规模收益不变阶段；而在短期中，规模收益不变阶段很短，甚至没有。

3）不同行业的长期平均成本

微课

不同行业的长期平均成本生产者均衡

以上对长期平均成本的讨论都假设生产要素的价格是不变的。如果考虑到生产要素价格的变动，则各行业长期平均成本变动的特点又有所不同。根据长期平均成本变动的情况，一般可以把不同的行业分为三种情况：成本不变、成本递增、成本递减。

（1）成本不变的行业。在这种行业中，各厂商的长期平均成本不受整个行业产量变化的影响，无论产量如何变化，长期平均成本是基本不变的。这一行业成本不变的原因主要有：①这一行业在经济中所占的比重很小。也就是说，与其他行业相比，它是非常微小的。这样，它所需要的生产要素在全部生产要素中所占的比例也很小，从而它的产量的变化不会对生产要素的价格产生影响。因此，这一行业中各厂商的长期平均成本也就不会由于这一行业产量的变动而变动了。②这一行业所使用的生产要素的种类与数量同其他行业呈反方向变动。这样，它的产量的变动也就不会引起生产要素价格的变动，从而能够保持长期平均成本不变。

（2）成本递增的行业。在这种行业中，各个厂商的长期平均成本会随着整个行业产量的增加而增加。这种行业在经济活动中较为普遍。这一行业成本递增的原因主要是：由于生产要素是有限的，因此整个行业产量的增加就会使生产要素价格上升，从而引起各厂商的长期平均成本增加。这也就是之前所说的，由于外部因素，一个行业规模的扩大给其中一个厂商所带来的“外在不经济”。这种情况在以自然资源为主要生产要素的行业中更为突出，如农业、矿业等行业。

（3）成本递减的行业。在这种行业中，各个厂商的长期平均成本会随着整个行业产量的增加而减少。这也就是之前所说的规模经济中的“外在经济”。这一行业成本递减的原因主要是外在经济的影响。例如，在同一地区建立若干个汽车制造厂，各厂商就会由于在交通、辅助服务等方面的节约而产生成本递减。但特别应该指出的是，这种成本递减的现象只是在一定时期内存在，在长期中，外在经济必然会变为外在不经济。因此，一个行业内的成本递减无法长期维持下去。

5.3.3　长期边际成本

长期边际成本（Long-run Marginal Cost，LMC）是指长期中厂商每增加一单位产品所增加的成本。用公式表示为：

$$LMC=\Delta LTC/\Delta Q$$

式中：LMC表示长期边际成本；ΔLTC表示长期总成本的增量；ΔQ代表产量的增量。

长期边际成本也是随产量的增加先减少而后增加的，因此，长期边际成本曲线也是一条先下降而后上升的“U”形曲线，但它比短期边际成本曲线要平坦一些。

长期边际成本和长期平均成本的关系与短期边际成本和短期平均成本的关系一样，即在长期平均成本下降时，长期边际成本小于长期平均成本（LMC＜LAC）；在长期平均成本上升时，长期边际成本大于长期平均成本（LMC＞LAC）；在长期平均成本的最低点，长期边际成本等于长期平均成本。LMC曲线如图5-6所示。

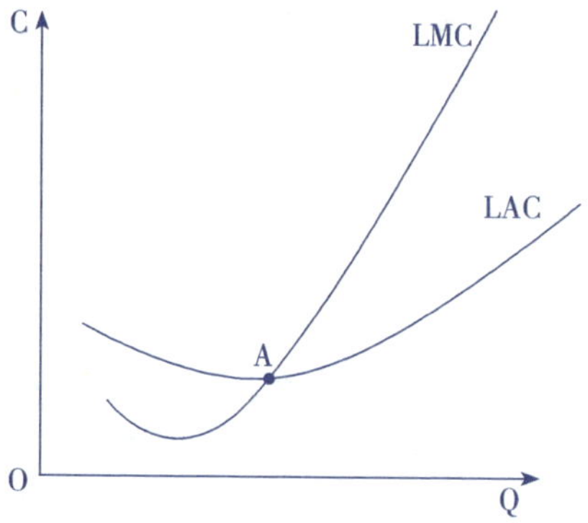

图5-6　LMC曲线

在图5-6中，LMC曲线为长期边际成本曲线，其与长期平均成本曲线LAC相交于LAC的最低点A。在A点，LMC=LAC，即长期边际成本等于长期平均成本。在A点之左，LAC在LMC之上，LAC一直递减，LAC>LMC，即长期平均成本大于长期边际成本；在A点之右，LAC在LMC之下，LAC一直递增，LAC<LMC，即长期平均成本小于长期边际成本。

小思考5-4

在长期生产过程中，企业员工积累的经验是否会引起长期平均成本下降？

答：会。这是由学习效应引起的，学习效应而导致的单位产品劳动投入量的下降，必然导致产品长期平均成本的下降。

5.4　收益与利润最大化

5.4.1　收益分析

为了说明厂商在各种市场中如何决定产量和价格，需要理解厂商收益及利润的概念，以及实现利润最大化的条件。

1）收益

厂商收益是指厂商出卖产品得到的全部货币收入，即价格与销售量的乘积。收益中既包括了成本，又包括了利润。这里要注意：收益并不等于利润，收益不是出售产品所赚的钱，而是出售产品所得到的钱。在所得到的钱中，既有用于购买各种生产要素而支出的成本费用，也有除去成本费用后所余下的利润。

2）收益的分类

（1）**总收益**（Total Revenue，TR）是指厂商销售一定量产品所得到的货币收入总额或全部的销售收入。它等于产品单价（P）乘以销售数量（Q），用公式表示为：

TR=P·Q

（2）**平均收益**（Average Revenue，AR）是指厂商销售每单位产品所得到的收入。它等于总收益除以总销售量，也就是单位产品的平均市场价格，用公式表示为：

AR=TR/Q=P·Q/Q=P

（3）**边际收益**（Marginal Revenue，MR）是指厂商每增加一单位产品的销售所增加的收益。它等于总收益的增量（ΔTR）除以总销售量的增量（ΔQ），用公式表示为：

MR=ΔTR/ΔQ

收益是销售量与价格的乘积。所以，如果不考虑价格的因素，收益就是销售量。以P代表价格，则总收益（TR）与总销售量（TP）、平均收益（AR）与平均销售量（AP）、边际收益（MR）与边际销售量（MP）之间的关系应该是：

TP·P=TR　AP·P=AR　MP·P=MR

如果不考虑价格因素，则有：

TP=TR　AP=AR　MP=MR

由此可以得出，总收益、平均收益和边际收益的变动规律与曲线形状和第4章中所介绍的总产量、平均产量和边际产量的变动规律与曲线形状是相同的。

拓展资料5-2

成本效益分析需要把握和解决四个问题

5.4.2　利润最大化原则

厂商从事生产或出售商品的目的是赚取利润。如果总收益大于总成本，就会有剩余，这个剩余就是利润。需要注意的是，这里讲的利润是指超额利润，不包括正常利润，正常利润包括在总成本中。如果总收益等于总成本，厂商不亏不赚，只获得正常利润；如果总收益小于总成本，厂商便要发生亏损。

利润是生产活动中一个重要的价值概念，是指生产中获得的总收益与投入的总成本之间的差额。如果以TR表示总收益，TC表示总成本，π表示利润，则有：

π=TR-TC

厂商从事生产或出售商品，不仅要求获取利润，而且要求获取最大利润。利润最大化原则就是产量的边际收益等于边际成本，即MR=MC。边际收益是最后增加一单位销售量所增加的收益，边际成本是最后增加一单位产量所增加的成本。这一利润最大化条件适用于所有类型的市场结构。

微课

企业利润最大化

为什么在边际收益等于边际成本时能实现利润最大化呢？

（1）如果边际收益大于边际成本，即MR＞MC，表明厂商每多生产一单位产品所增加的收益大于生产这一单位产品所增加的成本。这时，对该厂商来说，还有潜在的利润没有得到，厂商可能会继续扩大产量，也可能有新厂商进入该市场。也就是说，没有达到利润最大化。

补充阅读材料

以“稳增长”促进高质量发展

（2）如果边际收益小于边际成本，即MR＜MC，表明厂商每多生产一单位产品所增加的收益小于生产这一单位产品所增加的成本。这时，对该厂商来说，增加产量不仅不能增加利润，反而会发生亏损，更谈不上利润最大化了，因此厂商必然要减少产量或退出市场。

（3）无论边际收益大于还是小于边际成本，厂商都要调整其产量，说明没有实现利润最大化。只有在边际收益等于边际成本时，厂商才不会调整产量，表明厂商已把该赚的利润都赚到了，即实现了利润最大化。

小思考 5-5

利润最大化原则是什么？

答：边际收益等于边际成本，即MR=MC。

知识掌握

知识梳理5

□ 选择题

1）某厂商每年从企业的总收入中取出一部分作为自己所提供的生产要素的报酬，这部分资金被视为（　　）。

A.显性成本　　B.隐性成本　　C.经济利润

2）随着产量的增加，短期平均固定成本（　　）。

A.在开始时减少，然后趋于增加　　B.一直趋于减少　　C.一直趋于增加

3）短期边际成本曲线与短期平均成本曲线的相交点是（　　）。

A.短期平均成本曲线的最低点　　B.短期边际成本曲线的最低点

C.短期平均成本曲线下降阶段的任何一点

4）随着产量的增加，长期平均成本的变动规律是（　　）。

A.先增加而后减少　　B.先减少而后增加

C.按固定比率减少

5）利润最大化的原则是（　　）。

A.边际成本等于边际收益　　B.边际成本小于边际收益

C.边际成本大于边际收益

□ 判断题

1）在长期中，厂商可以根据其所要达到的产量来调整其全部生产要素，因此一切成本都是可变的，不存在固定成本和可变成本的区别。（　　）

2）短期总成本和长期总成本曲线一样，都是从原点出发向右上方倾斜的一条曲线。（　　）

3）SMC曲线与SAVC曲线相交于SAVC曲线的最低点，这一点被称为收支相抵点。（　　）

4）SMC曲线与SAC曲线相交于SAC曲线的最低点，这一点被称为停止营业点。（　　）

5）边际收益等于边际成本时，厂商的利润为零。（　　）

□ 简答题

1）什么是短期总成本、短期平均成本和短期边际成本？

2）短期边际成本与短期平均成本的关系如何？

3）利润最大化的原则是什么？为什么？

□ 计算题

某企业的短期成本变动情况见表5-3，请填写表5-3中的空缺部分。

表5-3 短期成本变动情况

产量	短期总固定成本	短期总可变成本	短期总成本	短期边际成本	短期平均固定成本	短期平均可变成本	短期平均总成本
0	3	0					
1	3	0.3					
2	3	0.8					
3	3	1.5					
4	3	2.4					
5	3	3.5					
6	3	4.8					
7	3	6.3					
8	3	8.0					
9	3	9.9					
10	3	12.0					

知识应用

□ 分析题

短期平均成本曲线与长期平均成本曲线都呈“U”形，这是什么原因造成的？如何利用短期平均成本曲线说明长期平均成本曲线的形成？

□ 案例题

大型零售商场为什么平时不延长营业时间？

春节期间，许多大型零售商场都延长了营业时间，为什么平时不延长时间呢？从理论上说，延长1小时，就要支付1小时所耗费的成本，这种成本既包括直接的物耗，如水、电等，也包括由于延时而需要的售货员的加班费，这种增加的成本就是边际成本。假如延长1小时增加的成本是1万元（注意这里讲的成本概念，包括成本和正常利润），在延时的1小时营业时间里，商场由于卖出商品而增加收益大于1万元，那么，作为一个精明的企业家，他应该将营业时间在此基础上再延长，因为这时他还有一部分能赚的钱没有赚到手；相反，如果在延长的1小时营业时间里，商场增加的成本是1万元，增加的收益不足1万元，在不考虑其他因素情况下，企业家就应该取消延时的经营决定，因为他延长1小时的成本大于收益。春节期间，人们有更多的时间去旅游购物，从而使商场的收益增加；而平时工作紧张、家务繁忙，没有更多的时间和精力去购物，就算延时服务也不会有更多的人光顾，延时所增加的销售额不足以抵偿延时所增加的成本。这就是在春节期间延长营业时间而在平时不延长营业时间的经济学道理。

问题：(1) 本案例是如何进行成本与收益对比的？

（2）假日消费是否可以给商场带来更多的利润？

综合实训

【项目目标】

通过本项目的实训，使学生理解成本与收益理论的相关内容，并能够运用成本与收益理论解决现实生活中存在的问题。

【项目内容及要求】

1）根据本章内容，上网或通过书刊查找有关机会成本的资料。

2）在调研的基础上，结合自身实际情况，分析青年人接受教育的机会成本。

3）全班分成两个组，实行组长负责制，完成综合实训项目。

各组分别进行讨论答辩，组长做总结性发言，最后由教师进行总结，并给出考核成绩。

交互式测验5

【项目成果】

撰写青年人接受教育的机会成本实训报告。

第6章

市场结构理论

思维导图

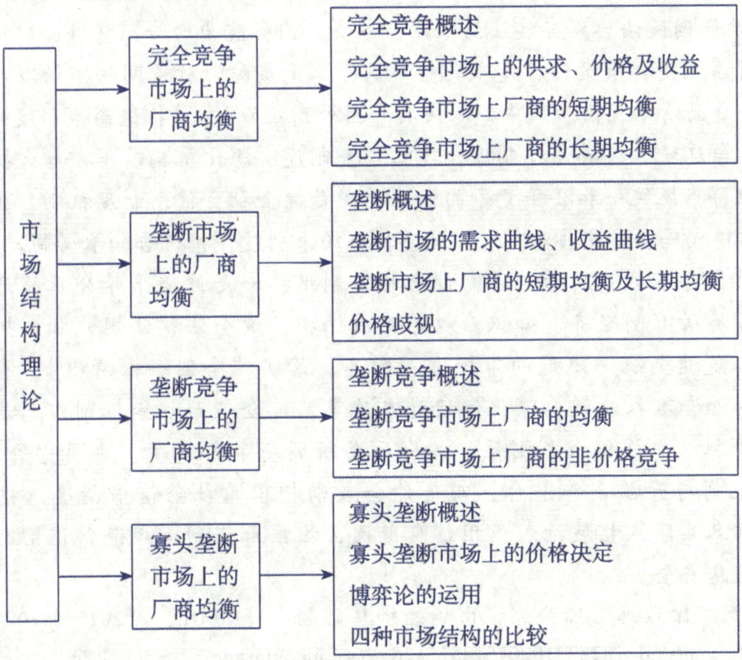

学习目标

【知识目标】

了解垄断竞争市场上的产品差别竞争；熟悉垄断市场上的短期均衡及长期均衡；理解寡头市场的价格决定；掌握四种市场结构的含义，以及完全竞争市场上的短期均衡与长期均衡。

【能力目标】

能对四种市场结构进行比较；能合理应用博弈论；会应用价格歧视解决现实经济问题。

【素养目标】

洞察市场结构前沿理论，提升科学素养；提升理性消费、勤俭节约的道德修养；增强信息安全意识和法律意识。

案例导入　　加快完善市场经济基础制度

习近平总书记在党的二十大报告及二十届三中全会强调完善市场经济基础制度，2024年国家发展改革委印发相关指引强化市场经济基础制度规则统一。新形势下完善该制度意义重大：其一，是社会主义市场经济体制有效运行的基本保障，产权制度作为基石，厘清权利边界，配合市场准入、公平竞争、社会信用制度，能减少不确定性，保障经济法治运行；其二，是发挥有效市场和有为政府作用的重要前提，通过制度明确二者边界，保护经营主体自主权，规范政府职能；其三，是推进经济体制改革的内在要求，我国发展进入新阶段，需破除制度机制障碍，从完善基础制度入手构建高水平体制。

党的十八大以来，我国市场经济基础制度建设成效显著：一是产权保护力度加大，《中华人民共和国民法典》夯实法治基础，中央、国务院出台专门文件，各地各部门清理法规，司法机关再审案件、发布典型案例；二是实施开放透明的市场准入制度，建立全国统一负面清单，出台《中华人民共和国外商投资法》，推进商事制度改革；三是营造公平竞争环境，完善法律制度，建立审查制度，深化机构改革，加大执法司法力度，清理阻碍市场统一和公平竞争的做法；四是健全社会信用制度机制，出台系列政策，建立信用代码、信息共享平台，完善失信约束制度，推行告知承诺制。

但目前仍存不足，新形势下需健全相关制度：一是健全平等公正的产权保护制度，涵盖各类所有制经济、知识产权等产权保护，健全法律法规，加大执法司法保护力度；二是健全统一规范的市场准入制度，落实“全国一张清单”，清理违规门槛，协同内外资准入政策，深化注册资本改革，健全破产注销机制；三是健全协同的公平竞争制度，强化审查刚性，健全反垄断调查审查制度，协同竞争立法执法，建立协调机制与开放合作平台；四是健全激励相容的社会信用制度，推进法规建设，加强信息共享，拓展纳入信用信息范围，推广承诺制，规范信用信息应用与修复，保障信息安全。

资料来源　徐致远．加快完善市场经济基础制度［EB/OL］．［2025-04-07］．https：//baijiahao.baidu.com/s?id=1828731020761851642&wfr=spider&for=pc.

分析：完善市场经济基础制度在当下经济发展进程中至关重要。其涵盖产权保护、市场准入、公平竞争、社会信用等方面，是社会主义市场经济体制有效运行的根基，能保障市场主体财产权益，实现资源优化配置；是处理好政府和市场关系的前提，明确二者边界，充分发挥市场与政府的协同作用；也是推进经济体制改革的内在动力，破除阻碍市场活力的制度障碍。党的十八大以来，我国在该领域成果丰硕，从强化产权保护力度，到实施开放透明的市场准入制度、营造公平竞争环境、健全社会信用制度机制等，均取得显著进展。

市场结构是指市场在组织和构成方面的一些特点，它影响着企业的行为和活动，与企业竞争力有关。经济学家划分市场结构的依据在于市场上厂商的数量、产品的差异性、资源流动的自由程度和信息是否对称，他们一般把市场分为四种类型：完全竞争市场、垄断市场、垄断竞争市场和寡头垄断市场。市场结构理论是对生产理论的补充和发展。因此，本章主要考察价格决定和厂商均衡问题。

6.1 完全竞争市场上的厂商均衡

6.1.1 完全竞争概述

完全竞争（纯粹竞争）是指一种竞争不受任何阻碍、干扰和控制的市场结构。“不受任何阻碍、干扰和控制”的含义是：不存在垄断现象，不受政府影响。实现完全竞争的条件包括：

（1）市场上有许多生产者与消费者。每个生产者与消费者的规模都很小，即任何一个市场主体所占的市场份额都极小，都无法通过自己的行为影响市场价格和市场的供求关系，因而每个主体都是既定市场价格的接受者，而不是决定者。

（2）市场上的产品是同质的，即不存在产品差别。产品差别是指同种产品在质量、包装、牌号或销售条件等方面的差别，不是指不同种类产品之间的差别，如创维彩电与长虹彩电的差别，而不是彩电与空调的差别。因此，厂商不能凭借产品差别对市场实行垄断。

（3）各种资源都可以完全自由流动而不受任何限制。任何一个厂商都可以按照自己的意愿自由地扩大或缩小生产规模，进入或退出某一完全竞争的行业。

（4）市场信息是畅通的。厂商与消费者双方都可以获得完备的市场供求信息，双方不存在相互欺骗的现象。

具有上述条件的市场就叫作完全竞争市场。很显然，在现实中很少存在这样的市场结构，比较符合条件的有农产品市场和没有大户操纵的证券市场。但是，分析完全竞争市场的厂商行为具有重要的理论意义。

6.1.2 完全竞争市场上的供求、价格及收益

（1）完全竞争市场上的供求和价格。在完全竞争市场的条件下，对整个行业来说，需求曲线是一条向右下方倾斜的曲线，供给曲线是一条向右上方倾斜的曲线。整个行业的产品价格就由这种需求与供给决定，如图6-1（a）所示。但对个别厂商来说，情况就不一样了。当市场价格确定之后，对个别厂商而言，这一价格就是既定的，无论其如何增加产量，都不能影响市场价格。因此，市场对个别厂商产品的需求曲线就表现为一条与横轴平行的水平线，如图6-1（b）所示。

在图6-1（b）中，需求曲线的需求价格弹性系数为无限大，即在市场价格既定时，对个别厂商产品的需求是无限的。在完全竞争市场上，个别厂商的需求曲线D与平均收益曲线AR和边际收益曲线MR三条线重合在一起。

（2）完全竞争市场上的收益。在各种类型的市场上，平均收益与价格都是相等的，即AR=P，因为每单位产品的售价就是其平均收益。只有在完全竞争市场上，对个别厂商来说，平均收益和边际收益都与价格相等，即AR=P=MR，因为只有在这种情况下，个别厂商销售量的增加才不影响价格。在完全竞争市场上，厂商每增加一单位产品的销

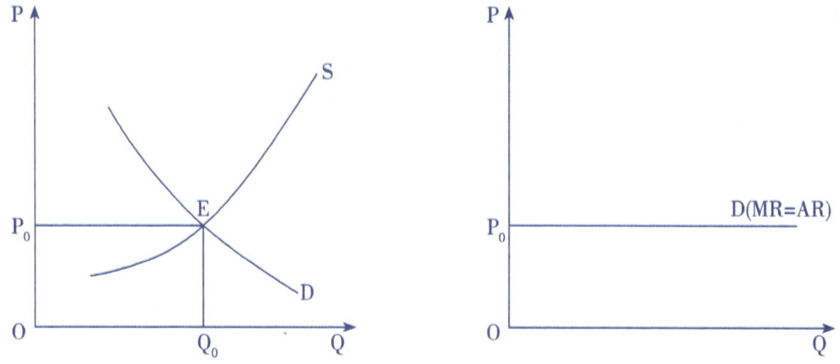

（a）市场供需与均衡　　（b）个别厂商的需求曲线

图6-1　市场价格的决定与个别厂商的需求曲线

售，市场价格仍然不变，从而每增加一单位产品销售的边际收益MR也不会变，边际收益也等于价格。

6.1.3　完全竞争市场上厂商的短期均衡

视频

三种市场结构的短期均衡

当一个厂商获得最大利润时，其既不会增加生产也不会减少生产，所以处于均衡状态。前面已经证明，边际收益等于边际成本，即MR=MC，是利润最大化的条件。短期均衡是指厂商不能根据市场行情调整其生产规模，也不能变换某一行业的均衡。在完全竞争条件下，MR=AR=P，所以，完全竞争市场上厂商的短期均衡即取得最大利润的必要条件是：MC=MR=AR=P。完全竞争市场上厂商的短期均衡随着均衡价格的变化，可能会发生以下四种情况：

（1）供不应求状况下的短期均衡——厂商获得超额利润。对个别厂商来说，其需求曲线D是从行业市场价格OP引出来的一条平行线，该曲线同时也是平均收益曲线AR和边际收益曲线MR。SMC为短期边际成本曲线，SAC为短期平均成本曲线。

在产品供不应求的情况下，由于D线在短期平均成本曲线与短期边际成本曲线交点的上方，即市场价格大于个别厂商的平均成本，因此该厂商有利润存在。

厂商为了实现利润最大化，就必须满足边际收益等于边际成本，即MR=MC。边际收益曲线MR与边际成本曲线MC的交点E决定了厂商利润最大化时的产量为OQ^*。这时该厂商的总收益（TR）等于平均收益（AR）乘以产量（OQ^*），即图6-2中的OQ^*EP^*；总成本（TC）等于平均成本（AC）乘以产量（OQ^*），即图中的OQ^*FG。由于TR＞TC，因此该厂商可获得的超额利润为图6-2中的$GFEP^*$（TR−TC）。

由于超额利润的存在会吸引更多厂商进入，其结果是整个行业的投资增加、生产规模扩大、产出增加，从而在整个行业出现供过于求的状况，导致市场价格下降，部分厂商出现亏损。

（2）供求平衡状况下的短期均衡——厂商获得正常利润。在供求平衡的情况下，由于D线通过短期平均成本曲线与短期边际成本曲线的交点，即市场价格等于个别厂商的平均成本，因此MR=MC=AR=AC，此时厂商的总收益（TR）等于平均收益（AR）乘以产量

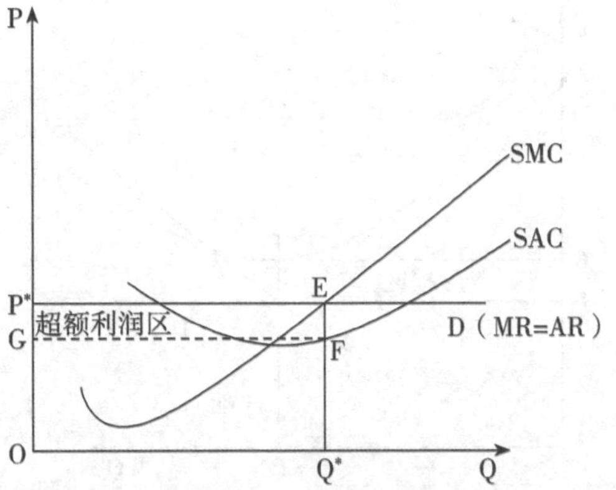

图6-2　供不应求状况下的短期均衡

（OQ*），总成本（TC）等于平均成本（AC）乘以产量（OQ*）。所以，总收益（TR）等于总成本（TC）。此时，厂商没有超额利润，可以获得正常利润，因为正常利润是总成本的一部分。这时现有厂商都不愿意离开这个行业，也没有新的厂商愿意加入这个行业，如图6-3所示。

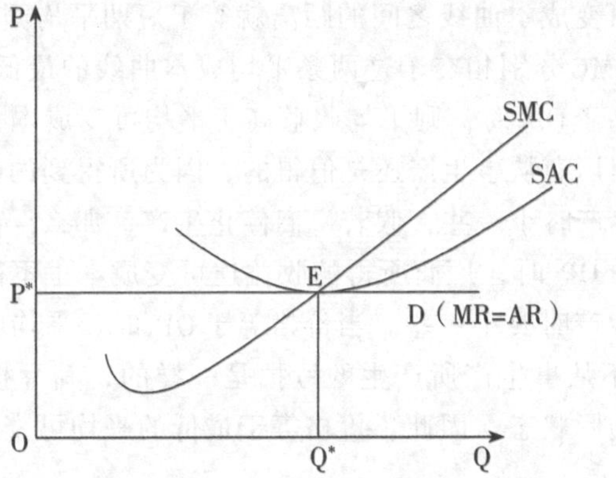

图6-3　供求平衡状况下的短期均衡

（3）供过于求状况下的短期均衡——厂商遭受亏损。在供过于求的情况下，由于D线在短期平均成本曲线与短期边际成本曲线交点的下方，即市场价格低于个别厂商的平均成本，因此AR＜AC，该厂商面临亏损。厂商为了最大限度减少亏损，必须满足边际收益等于边际成本（MR=MC）。边际收益曲线与边际成本曲线的交点E决定了厂商亏损最小化时的产量为OQ*。这时，该厂商的总收益（TR）等于平均收益（AR）乘以产量（OQ*），即图6-4中的OQ*EP*；总成本（TC）等于平均成本（AC）乘以产量（OQ*），即图6-4中的OQ*FG。由于TR＜TC，因此该厂商的亏损额为图6-4中的GFEP*（TR-TC）。

由于亏损的存在，因此部分亏损厂商退出该行业，其结果是整个行业的投资减少、生产规模缩小、产出下降，从而在整个行业出现供求平衡甚至供不应求的状况，市场价格上升，最终出现行业盈利的状况。如此循环往复，最终会趋于市场的长期均衡。

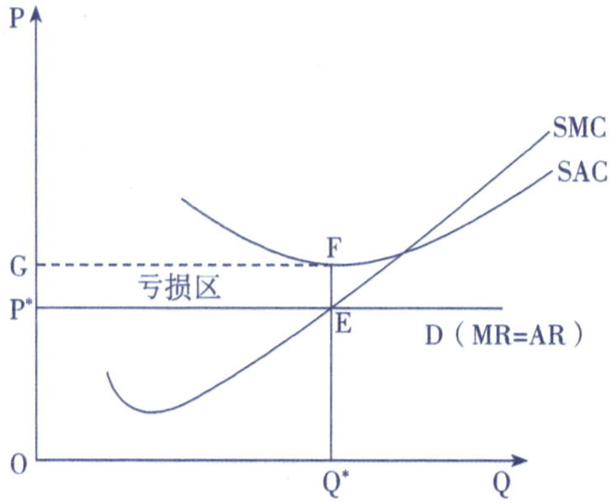

图6-4　供过于求状况下的短期均衡

（4）停止营业点。如果行业市场价格低于个别厂商的平均成本，厂商的平均收益不足以弥补平均成本的支出，该厂商就面临着收支相抵的问题，至于是否要停止生产，还要看平均可变成本与行业市场价格之间的关系。

在图6-5中，SAC为短期平均成本曲线，SAVC为短期平均可变成本曲线。短期平均成本曲线与短期平均可变成本曲线之间的距离就等于短期平均固定成本。从第5章的分析可知，短期成本曲线SMC分别相交于这两条平均成本曲线的最低点，如图6-5中A点和B点所示。当市场价格高于OP_A时，则平均收益高于平均可变成本，但仍小于平均成本。这时，虽然发生亏损，但厂商从事生产还是值得的，因为所得到的收益能弥补一部分固定成本，使得亏损额比不生产时小一些；假若厂商停止生产，那么厂商将负担全部的固定成本损失。当市场价格低于OP_A时，厂商所得的收益连可变成本也不能补偿。这时，停止生产所产生的亏损比从事生产时要小一些。当价格等于OP_A时，平均收益恰好等于平均可变成本，厂商从事生产和不从事生产所产生的亏损是一样的，其亏损额都等于固定成本。这时，厂商处于营业的边际状态。因此，价格等于最低的平均可变成本这一点（图6-5中的A点）就叫作停止营业点。

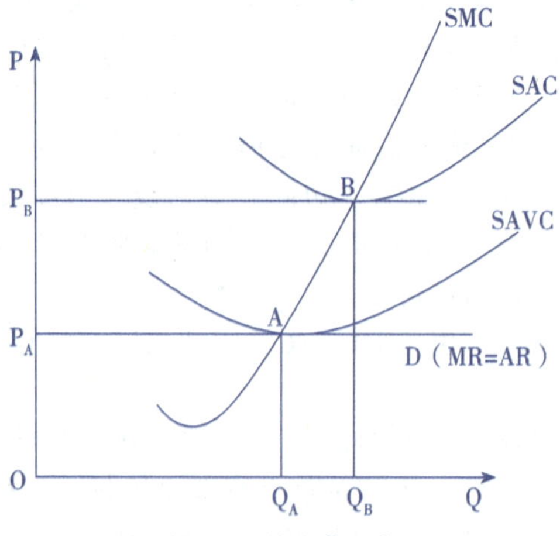

图6-5　停止营业点

案例6-1　　销售经理决策的失误

某机床生产公司以3 500元/台的价格将其生产的某一型号机床出售给某电器集团公司。经过一段时期的试用后，电器集团公司提出订货100台，出价2 900元/台。机床生产公司销售部经理向生产管理部和财务部了解后，得知这种机床的平均成本为3 150元/台，认为售价低于平均成本，明显得不偿失。因此，销售部经理在谈判中采取了强硬态度，要求售价不得低于3 250元/台。最终，谈判未能使双方达成销售协议。事过半年后，机床生产公司的控股公司对其进行财务核查，得到有关这种机床生产的几个成本指标数据，即平均成本为3 150元/台，其中平均固定成本为1 520元/台，平均可变成本为1 630元/台，在了解到前述谈判内容后，认为机床生产公司存在明显的决策失误，最后机床生产公司总裁将销售部经理降职。

分析：在完全竞争市场中，只要产品价格高于可变成本，厂商在短期内虽亏损，但会继续生产。由于没有接受这批订货，机床生产公司闲置了一部分生产能力。如果当初接受了这批订货，由于P＜AC，因此损失了25 000元（（3 150−2 900）×100）。但由于P＞AVC，因此该机床生产公司不仅可以收回全部可变成本，还可以收回一部分固定成本，收回的固定成本为127 000元（（2 900−1 630）×100）。这就是说，机床生产公司销售部经理的决策失误使本可收回的成本化为泡影。

6.1.4　完全竞争市场上厂商的长期均衡

完全竞争市场上厂商的长期均衡是指在完全竞争市场条件下，每个厂商都可以根据市场价格来调整全部生产要素和生产，并可以自由进入或退出所属行业的均衡生产状态。这样，整个行业供给的变动就会影响市场价格，从而影响各个厂商的均衡。

在完全竞争市场结构中，厂商的长期均衡的实现过程是动态性的。其作用过程如下：①当行业存在着超额利润时，新资本大量进入→行业规模扩大→供给增加→市场价格下降→AR=MR=P随之下降→超额利润逐渐消失。②当行业出现亏损时，部分资本退出→行业规模缩小→供给减少→市场价格上升→AR=MR=P随之上升→亏损消除。③当行业既无超额利润，又无亏损时，整个行业的供求均衡，各个厂商的产量也不再调整，于是就实现了长期均衡。完全竞争市场上厂商的长期均衡如图6-6所示。

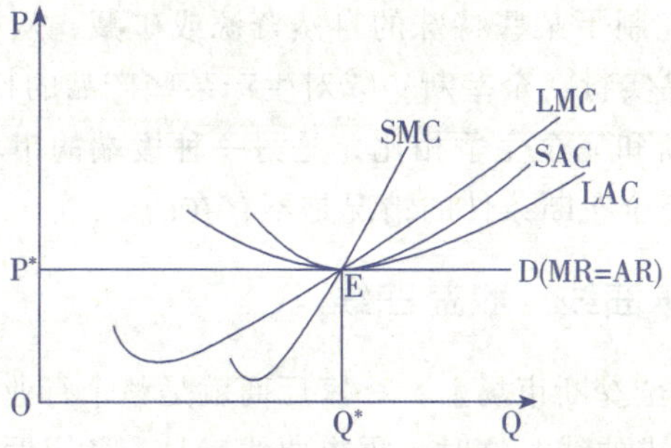

图6-6　完全竞争市场上厂商的长期均衡

在图6-6中，完全竞争企业将长期均衡于E点。均衡价格为OP^*，均衡产量为OQ^*。厂商的需求曲线D与四条成本曲线（SMC、LMC、SAC、LAC）相切（或相交）于E点。所以，完全竞争市场的长期均衡条件是：P=MR=SMC=SAC=LMC=LAC。

因此，在完全竞争市场上，厂商在短期可能获得超额利润，也可能遭受亏损；但在长期，厂商只能得到正常利润。短期均衡与长期均衡的区别在于：短期均衡不要求价格等于平均成本，但长期均衡要求价格等于平均成本。

理解完全竞争市场上厂商的长期均衡时应注意以下几点：①长期均衡点就是第5章所说的收支相抵点，即总成本=总收益（TC=TR）。②厂商尽管没有超额利润，但可获得作为生产要素之一的企业家才能获得的报酬——正常利润。③厂商只要获得正常利润，就实现了利润最大化，即满足MR=MC。④在长期均衡点上，由于LMC=MR=LAC=AR=P，因此平均成本最小，表明在完全竞争市场条件下的经济运行效率最高。

小思考6-1

当一个完全竞争企业的销售量翻一番时，其产品价格和总收益会发生怎样的变化？

答：其产品价格与原来相同，但总收益会翻一番。

6.2 垄断市场上的厂商均衡

6.2.1 垄断概述

完全垄断（垄断）是指整个行业的市场完全处于一家厂商所控制的状态，即一家厂商控制了某种产品的市场。完全垄断企业与完全竞争企业不同，它是价格的制定者而不是价格的接受者，它可以自行决定自己的产量和销售价格，从而使自己的利润最大化。完全垄断企业可以根据获取利润的需要在不同的销售条件下实行不同的价格，即实行差别价格。

垄断市场的特征：①市场上只有一家企业生产和销售产品；②产品缺乏近似替代品；③其他企业不可能进入该行业；④企业独自决定价格。

拓展资料6-1

实现平台经济更加规范更有活力更高质量发展

形成完全垄断的条件主要有：①政府借助于政权对某一行业进行完全垄断；②政府特许私人完全垄断；③某些产品市场需求很小，只要有一家厂商生产即可满足全部需求，这样该厂商就很容易实行对这些产品的完全垄断；④某些厂商控制了某些特殊的自然资源或矿藏，从而做到对用这些资源和矿藏生产的产品实行完全垄断；⑤对生产某些产品的特殊技术的控制。

完全垄断和完全竞争相比，是另一种极端的市场类型。在西方国家，完全符合上述完全垄断条件的情况是不存在的。

6.2.2 垄断市场的需求曲线、收益曲线

（1）需求曲线。在完全垄断市场上，一家厂商就是整个行业。因此，整个行业的需求曲线也就是一家厂商的需求曲线。这时，需求曲线就是一条表明需求量与价格呈反方向变动的向右下方倾斜的曲线。作为市场上唯一的供给者，垄断企业可以制定任何其想要的价格，但向右下方倾斜的需求曲线又决定了企业如果提高价格，其销售量必然会相应下降。

（2）收益曲线。在完全垄断市场上，每一单位产品的售价就是它的平均收益，也就是它的价格，即AR=P。因此，平均收益曲线AR仍然与需求曲线D重合。

但是，在完全垄断市场上，当销售量增加时，产品的价格就会下降，从而边际收益减少，边际收益曲线就再也不与需求曲线重合了，而是位于需求曲线的下方。而且，随着产量的增加，边际收益曲线与需求曲线的距离越来越大，这表示边际收益比价格下降得更快，同时平均收益大于边际收益。总收益、平均收益、边际收益的关系可以用表6-1来说明。

表6-1　总收益、平均收益、边际收益的关系

价格P （1）	销售量Q （2）	总收益TR （3）=（1）×（2）	平均收益AR （4）=（3）÷（2）	边际收益MR （5）=Δ（3）÷Δ（2）
7	0	0	—	—
6	1	6	6	6
5	2	10	5	4
4	3	12	4	2
3	4	12	3	0
2	5	10	2	-2
1	6	6	1	-4

根据表6-1，可以画出垄断市场的需求曲线和收益曲线，如图6-7所示。

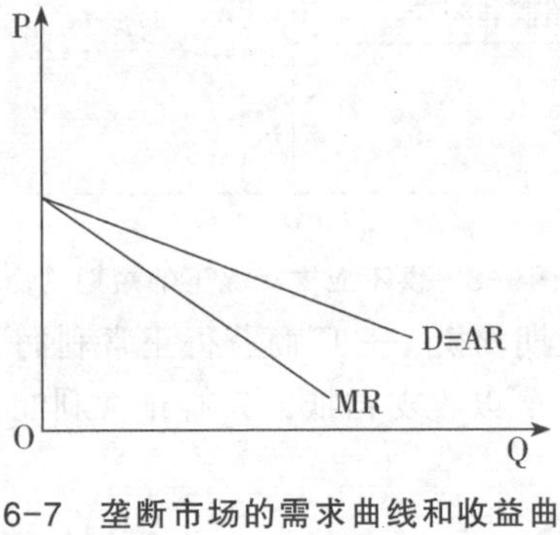

图6-7　垄断市场的需求曲线和收益曲线

在图6-7中，D是需求曲线，AR是平均收益曲线，MR是边际收益曲线。边际收益曲线MR在重合的需求曲线D与平均收益曲线AR的左下方。边际收益曲线MR、需求曲线D和平均收益曲线AR都向右下方倾斜。

6.2.3　垄断市场上厂商的短期均衡及长期均衡

1）垄断市场上厂商的短期均衡

与完全竞争市场厂商一样，垄断厂商生产的目的也是利润最大化。但居于垄断地位的厂商也不能为所欲为，它同样受到市场需求的限制。如果定价过高，消费者就会减少需求

或寻求替代品。所以，在短期内，厂商产量的调整也要受到固定生产要素的限制。垄断厂商虽然也根据利润最大化原则来决定产出数量和价格，但也要考虑短期市场的需求状况。也就是说，垄断厂商也会面临供过于求或供不应求的情况。当出现供过于求时，就会出现亏损；当出现供不应求时，就会获得超额利润；当供求相等时，就会获得正常利润。在这里，对垄断厂商短期均衡的分析，与对完全竞争厂商短期均衡的分析基本是一样的。垄断厂商不仅通过调整产量来实现利润最大化，而且通过调整价格来实现利润最大化。

垄断厂商虽然可以通过调整产量和价格来实现利润最大化，但在短期内，产量的调整会受到固定生产要素无法调整的限制。和完全竞争厂商一样，垄断厂商在短期内可能出现以下几种情况：

（1）供不应求状况下的短期均衡——厂商获得超额利润。在供不应求的情况下，边际收益曲线与边际成本曲线的交点E决定了厂商的产量为OQ^*，从Q^*点引向上的垂线与需求曲线D相交于H点，从而决定了价格水平为OP^*。这时该厂商的总收益（TR）等于平均收益（AR）乘以产量（OQ^*），即图6-8中的OQ^*HP^*；总成本（TC）等于平均成本（AC）乘以产量（OQ^*），即图6-8中的OQ^*FG。由于TR>TC，因此该厂商可获得的超额利润为图6-8中的$GFHP^*$（TR-TC）。

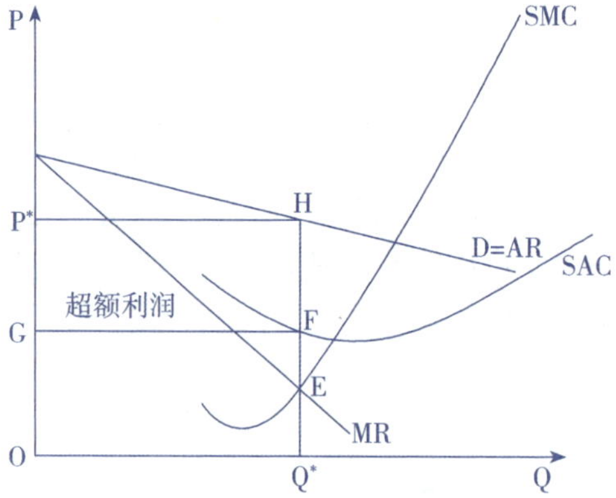

图6-8　供不应求状况下的短期均衡

（2）供求平衡状况下的短期均衡——厂商获得正常利润。在供求平衡状况下，总收益与总成本相等，都为OQ^*FP^*，所以收支相抵，只有正常利润，如图6-9所示。

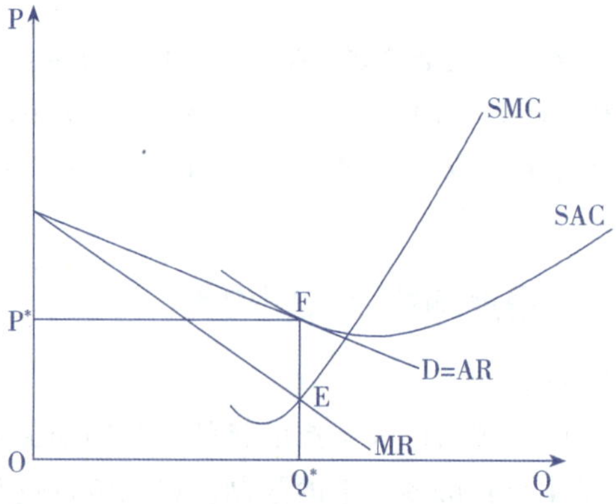

图6-9　供求平衡状况下的短期均衡

(3) 供过于求状况下的短期均衡——厂商遭受亏损。在供过于求的情况下，厂商的总收益TR为OQ^*HP^*，总成本TC为OQ^*FG。由于TR<TC，因此该厂商的亏损额为图6-10中的$GFHP^*$。平均可变成本曲线AVC与平均收益曲线AR相切于H点，可以维持产量OQ^*，此时H点为停止营业点，因为如果价格再低，就无法生产了，如图6-10所示。

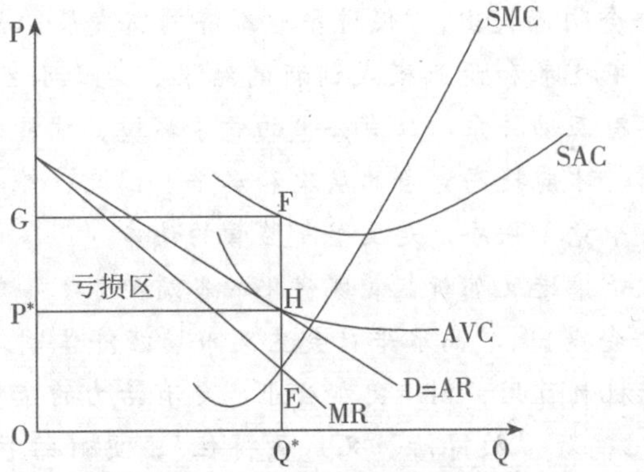

图6-10 供过于求状况下的短期均衡

综上，垄断市场上厂商的短期均衡条件是：MR=MC。

2）垄断市场上厂商的长期均衡

垄断厂商的长期均衡是指厂商根据市场需求的变化，不断调整生产规模，在长期内实现利润最大化的均衡生产状态。在长期生产过程中，由于垄断市场上只有一家厂商，因此垄断厂商有能力，也有条件把价格和产量调整到对自己最有利的位置上，从而实现利润最大化，所以，垄断市场上厂商的长期均衡条件是：MR=LMC=SMC。

在图6-11中，短期边际成本曲线SMC、长期边际成本曲线LMC和边际收益曲线MR相交于E点，E点确定的均衡产量为OQ^*。此时，垄断厂商可以在长期内获得最大利润，其垄断利润为$GFHP^*$。

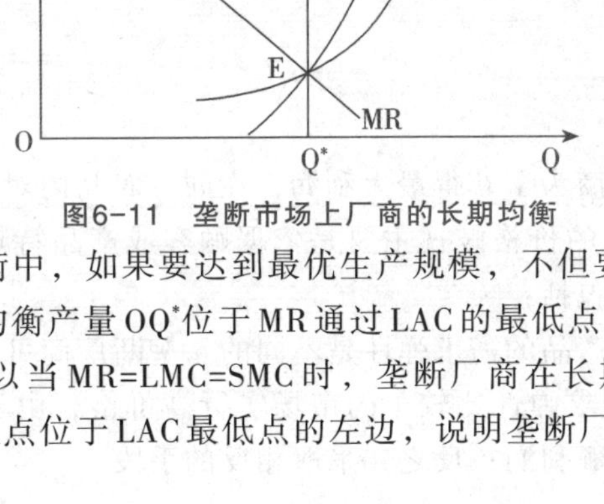

图6-11 垄断市场上厂商的长期均衡

垄断厂商在长期均衡中，如果要达到最优生产规模，不但要求MR=LMC=SMC，还要求LAC最低，这就要求均衡产量OQ^*位于MR通过LAC的最低点。由于LMC一定在LAC的最低点与LAC相交，所以当MR=LMC=SMC时，垄断厂商在长期均衡中达到最优生产规模。如果MR与LMC的交点位于LAC最低点的左边，说明垄断厂商处于长期均衡时的规模小于最优生产规模；如果MR与LMC的交点位于LAC最低点的右边，说明垄断厂商处于长期均衡时的规模大于最优生产规模。

小资料6-1　　加强反垄断常态化监管 持续促进平台经济创新发展

党的二十届三中全会明确提出，“促进平台经济创新发展，健全平台经济常态化监管制度”。平台经济是数字技术和商业模式创新的结果，是牵引经济高质量发展的重要引擎。竞争与创新天然具有互动关系。只有公平的竞争环境，才能繁荣创新，进而更好驱动和引领发展；只有创新，才能提高竞争的层次和水平。因此，维护平台经济创新发展所必需的有效竞争机制和公平竞争秩序，是反垄断监管的使命。

一、提升监管质效是推进反垄断监管现代化的本质要求

党的二十届三中全会提出，“高水平社会主义市场经济体制是中国式现代化的重要保障。必须更好发挥市场机制作用，创造更加公平、更有活力的市场环境，实现资源配置效率最优化和效益最大化，既‘放得活’又‘管得住’，更好维护市场秩序、弥补市场失灵，畅通国民经济循环，激发全社会内生动力和创新活力”。对反垄断监管而言，既“放得活”又“管得住”，就是监管质效、能力与水平的“试金石”。

二、反垄断常态化监管是规范和促进平台经济创新发展的重要保障

公平竞争是市场经济的基本原则，是市场机制高效运行的重要基础。可以说，没有公平竞争就没有市场经济，维护公平竞争就是维护市场经济。毫无疑问，垄断行为会扭曲竞争机制、破坏竞争秩序，进而抑制创新，损害消费者利益和社会公共利益。作为市场经济体系的重要组成部分，平台经济的健康发展自然需要反垄断保驾护航。而且，平台经济越成熟，就越需要科学有效的反垄断常态化监管为其创造更加公平、更有活力的市场环境。

三、反垄断合规是培育市场公平竞争环境和文化的有效举措

企业是公平竞争的源头活水，引导企业自觉守法是公平竞争秩序得以维持的内在要求。遵守反垄断法律是企业的应尽义务，引导企业依法合规经营是反垄断监管的重要内容。在健全平台经济治理机制的过程中，反垄断监管部门不能将企业仅仅置于监管对象的被动角色，而是要在常态化的监管活动中，通过引导、帮助、激励和依法处罚等机制，强化企业的公平竞争法律意识，促使企业自觉合规经营，由被动合规向主动合规转变，并与反垄断监管形成协同格局，共同维护平台经济领域的公平竞争、规范经营和创新发展。

资料来源　时建中. 加强反垄断常态化监管 持续促进平台经济创新发展 [N]. 经济日报，2024-09-05.

6.2.4　价格歧视

价格歧视是指垄断厂商为了获得最大利润，在同一时间内对同一种产品向不同的购买者收取不同的价格。常见的价格歧视主要是依据顾客或产品特点的不同，制定不同的价格。实行价格歧视的条件包括：

（1）不同市场对同种产品的需求弹性是不同的。垄断厂商可以针对需求弹性不同的市场实行不同的价格。在需求弹性比较小的市场实行高价格，由于消费者对价格上升不敏感，因此厂商可以获取高额利润；反之，采取相反的手段。

(2) 市场存在着不完善性或分割性。这是指市场不存在竞争，市场信息不畅通，或由于其他原因使市场分割。也就是说，消费者不了解其他市场的价格，这样垄断厂商就可以实行价格歧视。

(3) 企业有定价的权力。在完全竞争市场中，企业只是价格的执行者，只有在其他三种市场类型中，企业才有定价的权力，这是市场给予的权力。

案例6-2 经营者不得实施“价格歧视”“大数据杀熟”

近十多年来，我国经济社会快速发展，尤其是平台经济等新业态、新模式不断涌现，消费者权益保护工作面临一些新情况、新问题。《中华人民共和国消费者权益保护法实施条例》(以下简称《条例》)在立法过程中，司法部与市场监管总局紧密合作，聚焦当前消费者关注的痛点、堵点、难点问题，在消费者权益保护法的基本框架内完善相关规定。

一是细化和补充《中华人民共和国消费者权益保护法》的有关规定，对经营者保障消费者人身财产安全、缺陷产品处理、明码标价、使用格式条款等义务，以及老年人、未成年人消费者权益保护等方面的义务作了进一步细化和补充。

二是完善网络消费相关规定，规定经营者不得强制消费者购买商品或者接受服务，不得实施“价格歧视”“大数据杀熟”。直播营销平台经营者应当依法履行消费者权益保护义务。

三是规范预付式消费经营活动，明确了经营者收取、退还预付款的有关规则等。

四是强化政府消费者权益保护职责，规定有关行政部门应当及时处理消费投诉举报，加大监督检查和执法力度。

五是明确了消费者协会的履职要求，充分发挥消费者协会在保护消费者合法权益方面的积极作用。

在强化消费者权益保护的同时，更加注重重塑良好市场经营秩序。比如，针对投诉举报和惩罚性赔偿适用等问题，《条例》在畅通投诉举报渠道、健全受理机制的同时，强调消费者应当依法维权，不得利用投诉举报牟取不正当利益。明确了不适用于惩罚性赔偿的具体情形；同时，规定对于通过夹带、掉包、造假、捏造事实等方式骗取赔偿或者对经营者敲诈勒索的，依照《中华人民共和国治安管理处罚法》等有关法律予以处理。《条例》在进一步明确经营者义务的同时，也为经营者合法经营创造良好市场环境。

资料来源 梁秋坪，周静圆．经营者不得实施“价格歧视”“大数据杀熟”[EB/OL]．[2024-04-09]．https://baijiahao.baidu.com/s?id=1795848946769093269&wfr=spider&for=pc.

分析：从价格歧视角度看，《条例》的出台意义重大。随着平台经济兴起，“大数据杀熟”等价格歧视现象频现，损害消费者权益、扰乱市场秩序。《条例》明令禁止经营者实施“价格歧视”这一举措精准直击痛点，约束了经营者利用数据优势对不同消费者制定差异化高价的行为，促使市场价格回归合理区间，既保障消费者公平交易权，让其免受价格欺诈，又为经营者营造公平竞争环境，避免劣币驱逐良币，推动市场健康、有序发展。

价格歧视的类型包括：

(1) **一级价格歧视**(完全价格歧视)是指垄断厂商对不同的消费者，对每一单位产品都要求取得尽可能高的价格。在一级价格歧视的情况下，每一单位产品都要出售给对其评价最高、愿意支付最高价格的个人。因此，企业可以使消费者得不到消费者剩余，消费者剩余完全被生产者剥夺了。由于很难获得消费者的确切信息，因此一级价格歧视是一种很少见的情况。

微课

买手机的故事

（2）**二级价格歧视**是指垄断厂商根据不同的购买量或消费量实行不同的价格。购买量或消费量是由若干个商品单位组成的，并不是对每个单位分别计价，而是对不同的若干个商品单位组成的购买批量确定不同的价格。例如，居民用电量在第一阶梯实行一种价格，在第二阶梯实行一种价格，在第三阶梯实行另一种价格。与一级价格歧视相比较，在二级价格歧视的情况下，消费者剩余要多一些，因此二级价格歧视的实施会更普遍一些。

（3）**三级价格歧视**是指垄断厂商对不同的市场和不同的消费者实行不同的价格。实行三级价格歧视需要具备两个重要条件：第一，存在着可以分割的市场。第二，被分割的各个市场的需求价格弹性不同。例如，电力部门根据用电对象的不同，将其产品分为工业用电、农业用电、商业用电、居民用电，其价格也各不相同。又如，公园根据消费者群体的不同，实行成人票、儿童票、老人票、学生票等。在这种情况下，厂商就可以在实行高价格的市场上获得超额利润，即把这个市场上的消费者剩余变为超额利润。

小思考 6-2

为什么许多大学为贫困学生提供奖学金？

答：这种政策可以看成是一种价格歧视。通过收取高学费并有选择地提供奖学金，学校实际上是根据学生们对上大学的支付意愿来收取学费的，因此这种行为与实施价格歧视的垄断者的行为相似。

6.3 垄断竞争市场上的厂商均衡

6.3.1 垄断竞争概述

垄断竞争与寡头垄断是市场结构中介于完全竞争与垄断两个极端之间的一种中间情形。

垄断竞争是一种既有垄断又有竞争，既不是完全竞争又不是完全垄断的市场结构。垄断竞争市场的主要特征有：

（1）市场上有众多的消费者和厂商，每个厂商所占的市场份额较小。一个企业竞争策略的制定和实施不必考虑其他企业的反应。也就说，企业之间是彼此独立的。

（2）企业生产的产品存在着差别，即有很大的替代性，而这种差别的存在是垄断竞争形成的基本条件。企业之间的竞争不仅是价格竞争（完全竞争企业由于产品没有差别，因此企业之间的竞争只是价格竞争），而且存在着质量竞争、服务竞争等非价格竞争。

（3）企业面对的需求曲线是一条略微向下倾斜的曲线。需求曲线的倾斜程度与需求价格弹性有关，垄断竞争企业的需求价格弹性不再像完全竞争企业那样是无穷大的，这说明企业有了一定程度的价格制定权。因此，每个企业面对的需求曲线都是一条向右下方倾斜的曲线。

(4) 企业进入或退出一个行业是自由的。由于企业的规模较小，所花费的资金较少，因此企业进入或退出一个行业比较容易。

在现实市场中，垄断竞争是一种普遍现象。最明显的垄断竞争市场有零售商店、饭店、轻工业品市场等。

小资料6-2　平台经济离不开良法善治

平台经济再迎政策利好。近期，国家税务总局会同国家市场监督管理总局研究起草了《互联网平台企业涉税信息报送规定（征求意见稿）》，将进一步规范互联网平台企业向主管税务机关报送平台内经营者和从业人员的涉税信息，营造法治公平税收秩序，推动平台经济健康发展。

平台经济是以互联网为平台提供各类生产生活服务的经济活动总称。如今，从衣食住行到商旅办公，在经济社会发展的各个领域，几乎没有事情能与平台“绝缘”。所谓键盘一响，黄金万两。而平台经济成长中也伴随着烦恼。且不说强行提高服务费率、对消费者“大数据杀熟”等问题，就是最近网友吐槽的智慧停车泄露个人隐私、未成年人绕开“防沉迷”只需4元等话题，桩桩件件都离不开平台。更不能忽视的还有强者愈强的马太效应——平台之间的竞争，也会影响不少弱势从业者的发展。

近年来，我国相继修订《中华人民共和国反垄断法》，发布《经营者集中反垄断合规指引》，出台《关于促进平台经济规范健康发展的指导意见》《关于维护新就业形态劳动者劳动保障权益的指导意见》等一系列重要制度和政策举措，平台经济监管取得积极进展。中央经济工作会议也提出，加强监管，促进平台经济健康发展。

无规矩不成方圆。平台经济发展初期，制定相关政策大多只能摸着石头过河。如今，发挥平台经济在扩内需、稳就业、惠民生等方面的作用，适时出台针对性的措施，将有效市场和有为政府更好结合，考验着管理部门的治理能力与水平。平台经济发展的实践证明，不仅“运动员”在奋力向前、勇于探索，“裁判员”也在不断学习和把握平台经济特征规律，二者互动离不开良法善治。

资料来源　年巍. 平台经济离不开良法善治［N］. 经济日报，2025-01-20.

6.3.2 垄断竞争市场上厂商的均衡

(1) 垄断竞争市场上厂商的短期均衡。在短期均衡的实现过程中，垄断竞争市场同垄断市场一样，也会出现超额利润、收支相抵、亏损三种情况。与垄断厂商不同的是，垄断竞争厂商面对的市场需求曲线的斜率较小。在考虑生产成本因素之后，垄断竞争厂商会选择在边际成本与边际收益相等的条件下生产，即图6-12中的E点。E点所决定的产量为OQ^*，价格为OP^*。由于此时的短期平均成本为OG，因此垄断竞争厂商是有利润的，其利润为$GFHP^*$。所以，垄断竞争市场上厂商的短期均衡条件是：MR=MC。

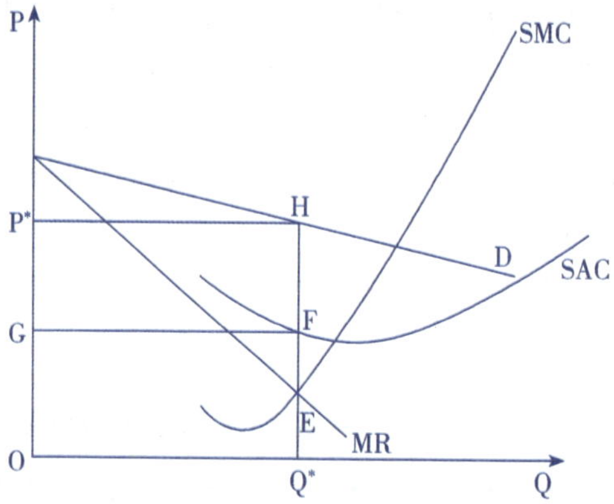

图6-12 垄断竞争市场上厂商的短期均衡

垄断竞争厂商在决定产量和价格时的方式与垄断厂商完全相同。另外，垄断竞争厂商也可能会有损失出现。在图6-12的产量OQ*下，如果短期平均收益低于短期平均成本，垄断竞争厂商就会亏损。但无论是盈利还是亏损，在短期内都不会吸引其他厂商加入或使原有厂商退出。长期的情形则不同，因为在垄断竞争市场下，每家厂商的规模都不大，而且厂商数目很多，厂商进出市场都非常自由。所以，当厂商在短期内有利润存在时，就会吸引新的厂商加入；当厂商有亏损时，就会有厂商退出。

（2）垄断竞争市场上厂商的长期均衡。在长期内，厂商可以任意变动一切生产要素的投入。如果某一行业出现超额利润或亏损，该行业就会通过新厂商的进入或原有厂商的退出，最终使超额利润或亏损消失，因此在达到长期均衡时，整个行业的超额利润为零。所以，垄断竞争与垄断不同（垄断长期拥有超额利润），而是与完全竞争一样，在长期内由于总收益等于总成本，厂商只能获得正常利润，如图6-13所示。

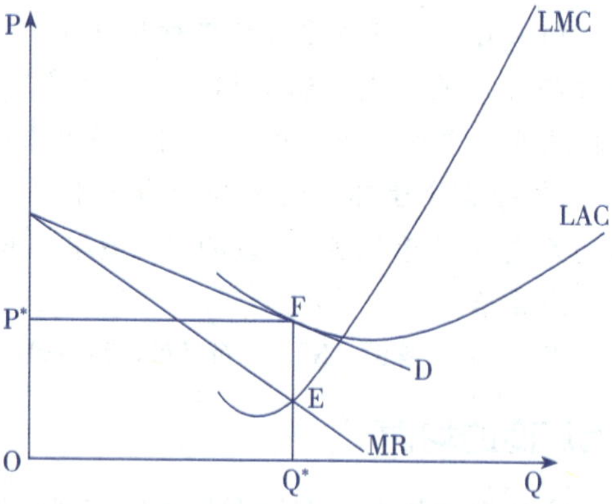

图6-13 垄断竞争市场上厂商的长期均衡

在图6-13中，在长期内，垄断竞争厂商仍然会维持在MR=MC的条件下生产，即图6-13中的E点。E点所决定的产量为OQ*，价格为OP*。在长期均衡时，平均收益等于平均成本，因此利润为零。此时，垄断竞争市场达到长期均衡。综上，垄断竞争市场上厂商的长期均衡条件是：MR=MC，P=AR=AC。

6.3.3 垄断竞争市场上厂商的非价格竞争

在垄断竞争市场中，企业之间不仅存在着价格竞争，而且存在着非价格竞争。非价格竞争的例子表现在更好的服务、产品保证、免费送货、更吸引人的包装、广告等方面。非价格竞争的结果是垄断竞争企业在长期中获得的经济利润为零，企业只能获得正常利润。如果有一家创新的企业发现一种把它的需求曲线向右移动的方法，比如说提供更优质的服务或更吸引人的广告，那么在短期中，它就可能获得利润。这意味着其他缺乏创新的企业的需求曲线将向左移动，这些企业损失的销售额转向了创新的竞争对手。

接下来，所有的企业都将效仿它们之中最成功者的做法。如果是产品保障使得某些企业取得了经济利润，那么所有的企业都将提供产品保障；如果是广告起作用，那么所有的企业都将投入广告战。在长期中，我们可以预测所有的垄断竞争企业都要开展广告宣传、重视售后服务以及采纳被行业中其他企业证明有盈利可能的任何措施。所有这些非价格竞争都要在企业广告、产品保障、员工培训等方面支付费用，而这些成本又必须包含在每个企业向上移动的平均成本曲线之中。

动画

垄断竞争市场的非价格竞争

在短期内，企业可能盈利是因为有相对较少的竞争者，或是发现了吸引消费者的新方法。但在长期中，盈利的企业会发现，由于新企业的进入，其成功的非价格竞争做法将被仿效，从而使它的需求曲线向左移动。最后，平均成本曲线与需求曲线相切，该企业仍将取得零经济利润。

小思考6-3

在垄断竞争市场上，企业在短期与长期是否可以获得经济利润？

答：企业在短期可以获得正的或负的经济利润，但在长期，自由进入和退出将使每个企业取得零经济利润。

6.4 寡头垄断市场上的厂商均衡

6.4.1 寡头垄断概述

寡头垄断（少数企业垄断市场）是指几家大厂商控制了一种产品的全部或大部分产量和供给的市场结构。其与垄断市场和垄断竞争市场不同。垄断市场只有一家厂商，这家厂商的供给和需求就是一个行业的供给和需求。垄断竞争市场则有较多的厂商，每家厂商只是行业中的一小部分。

寡头垄断市场在当代经济生活中占有十分重要的地位，它是一种普遍存在的市场结构。一般来说，寡头垄断市场形成的原因主要有以下几个方面：①这一行业产品的生产经营是建立在规模经济基础上的；②这一行业产品的生产技术不容易为一般中小型厂商所掌握和模仿；③寡头厂商采取了种种排他性措施；④政府对寡头厂商的扶植和支持。

寡头垄断市场主要有两种类型：①无差别寡头（纯粹寡头），即寡头厂商生产的产品无差别，如冶金、石油、建材等行业的寡头；②有差别寡头，即寡头厂商生产的产品有差别，如飞机、汽车、机械、香烟等行业的寡头。

寡头垄断市场的特征包括：

（1）寡头厂商之间存在着相互依存性。由于行业中只有少数几家大厂商，因此它们的供给量均占有市场的较大份额，各个寡头厂商之间容易达成某种形式的相互勾结和妥协。

（2）寡头厂商的决策互相影响，其决策产生什么样的结果具有很大的不确定性。因为任何一个寡头厂商在做出决策时，都必须考虑竞争对手对其做出的反应。

（3）寡头厂商的竞争手段是多种多样的，价格和产量一旦确定，就具有相对的稳定性。也就是说，各个寡头由于难以捉摸对手的行为，一般不会轻易变动已确定的价格与产量水平。

6.4.2 寡头垄断市场上的价格决定

寡头垄断市场上的价格决定也要区分存在或不存在勾结。在不存在勾结的情况下，价格决定的方法是价格领先制和成本加成法；在存在勾结的情况下，价格决定的方法则是卡特尔。

1）价格领先制

价格领先制（价格领导制）是指一个行业的价格通常由某一寡头率先制定，其余寡头追随其后确定各自的价格。领价者往往既不是自封的，也不是共同推选的，而是自然形成的。这种自然形成的领价者或者说价格领袖，一般有以下三种情况：

（1）支配型价格领袖。领先确定价格的厂商是本行业中最大的、最具有支配地位的厂商。由于其在市场上占有份额最大，因此其对价格的决定具有举足轻重的作用。支配型厂商根据自己利润最大化的原则确定产品价格及其变动，其余规模较小的寡头就像完全竞争厂商一样，是价格的接受者，需根据支配型厂商的价格来确定自己的价格以及产量。

（2）晴雨表型价格领袖。这种厂商在本行业中并不一定规模最大、成本最低、效率最高，但其在掌握市场行情变化或其他信息方面明显优于其他厂商。这种厂商的价格变动实际上首先传递了某种市场信息，因此，其价格在该行业中具有晴雨表的作用，其他厂商会参照这家厂商的价格变动而变动自己的价格。

（3）效率型价格领袖。这种厂商是本行业中成本最低、效率最高的厂商。其对价格的确定也使其他厂商不得不随之变动。高成本厂商如果按自己利润最大化的原则确定价格，就会丧失销路，得不偿失。

2）成本加成法

成本加成法是寡头垄断市场上最常用的定价方法。这种方法就是在核定成本的基础上，加上一个百分比或预期利润额来确定价格。这是按利润最大化原则事先确定利润目标的定价方法。成本加成法之所以能为市场接受，是因为垄断组织控制着生产和市场销售的最大份额。

3）卡特尔

卡特尔是生产同类产品的厂商在划分销售市场、规定商品产量、确定商品价格等方面签订协定而成立的同盟。通过建立卡特尔，几家寡头企业协调行动，共同确定价格，就有可能像垄断企业一样，使整个行业的利润达到最大。但卡特尔各成员之间存在矛盾，有时达成的协议也很难兑现，还可能导致卡特尔解体。此外，各寡头还能通过暗中串通来确定价格。

6.4.3 博弈论的运用

博弈论是研究人们在面对各种策略的情况下如何行事的方法。这里的“策略”是指每个人在决定采取什么行动时，必须考虑其他人对这种行动会做出什么反应的状况。由于寡头垄断市场上企业的数量很少，因此每家企业都必须按策略行事。每个企业都知道，自己的利润不仅取决于自己生产多少，而且取决于其他企业生产多少。在做生产决策时，寡头市场上的每个企业都必须考虑自己的决策会如何影响其他企业的生产决策。

拓展资料6-2

“算法要向善”选择背后的伦理博弈

“囚徒困境”是博弈论中最经典的例子之一，讲的是A、B两名嫌疑犯作案后被警察抓住，隔离审讯，警方的政策是“坦白从宽，抗拒从严”。如果两人都坦白，则各判8年；如果一人坦白，另一人不坦白，坦白的放出去，不坦白的判10年；如果都不坦白，则因证据不足，各判1年。由此可以推想，如果甲、乙之间互不合作，他们很快就会发现，无论对方选择坦白还是抗拒，自己总是选择坦白最有利。如果对方坦白，则自己坦白要比抗拒少判2年徒刑；如果对方抗拒，则自己坦白便可无罪释放。显然，两个囚徒最终都会“聪明”地选择坦白。“囚徒困境”反映了个人理性追求利益最大化的自利行为将导致集体非理性的矛盾，见表6-2。

表6-2 囚徒困境

类别		囚徒B	
		坦白	不坦白
囚徒A	坦白	-8，-8	0，-10
	不坦白	-10，0	-1，-1

寡头在力图达到垄断结果时的博弈也类似于两个处于困境的囚徒的博弈。垄断结果对寡头是共同理性，但每个寡头都有违背协议的激励。正如利己使囚徒坦白一样，利己也使寡头难以维持低产量、高价格和垄断利润的合作结果。

微课

囚徒困境

小资料6-3　互利共赢是大势所趋

近期，美国以各种借口宣布加征所谓“对等关税”，严重侵犯各国正当权益，严重损害以规则为基础的多边贸易体制，严重冲击全球经济秩序稳定。对此，中国以精准反制坚定维护自身合法权益，同时再次强调，贸易战、关税战没有赢家。作为全球第二大经济体和第二大商品消费市场，无论国际风云如何变幻，中国对外开放的大门只会越开越大。这充分体现中国与世界共享发展机遇、实现互利共赢的一贯立场，为世界经济发展注入更多稳定性和确定性。

开放是当代中国的鲜明标识。从1978年做出改革开放的伟大决策，到加入世界贸易组织融入全球经济体系，再到如今构建全方位、多层次、宽领域的全面开放新格局，通过与世界深度交融、共同成长，中国创造出经济快速发展和社会长期稳定两大奇迹，同时也成为150多个国家和地区的主要贸易伙伴。中国市场成为各国企业发展沃土，中国对全球经济增长的贡献率长期保持在30%左右。

历史反复证明，开放合作已成潮流，互利共赢是人心所向。在经济贸易往来中唯有追求合作共赢，寻找各国利益汇合点，才能实现彼此成就。相反，搞零和博弈和赢者通吃已失去市场，以邻为壑的经济霸凌终将反噬自身。

互利共赢的国际合作不断扩展深化。共建“一带一路”倡议作为中国实行高水平对外开放的重大举措，当前已推动一大批标志性项目和惠民生的“小而美”项目落地生根。未来，随着中国支持高质量共建“一带一路”八项行动稳步推进，将释放出更大国际合作发展活力。

中国始终是开放型世界经济体制的坚定维护者。面对美国关税壁垒等保护主义行径，中国始终坚定支持联合国、世界贸易组织、世界卫生组织等朝着更有利于推动多边主义的方向改革。同时，作为最大的发展中国家，中国还积极关切全球发展不平衡问题，坚持为“全球南方”国家提供更多合作机会和发展动力，推动经济全球化朝着更加开放、包容、普惠、均衡的方向发展。

资料来源　郭言．互利共赢是大势所趋［N］．经济日报，2025-04-08.

6.4.4 四种市场结构的比较

1）四种市场结构的特点比较

四种市场结构的特点比较见表6-3。

表6-3　四种市场结构的特点比较表

项目 市场结构	完全竞争市场	垄断竞争市场	寡头垄断市场	垄断市场
产量	最大	中等	较小	最小
长期平均成本	最低	中等	较高	最高
市场价格	最低	中等	较高	最高
超额利润	零	零	有	有
经济运行效率	最高	中等	较低	最低
企业数目	非常多	许多	几个	一个
产品性质	无差别	有差别	标准或有差别	唯一
价格与产出决策	MR=MC	MR=MC	考虑到战略依存	MR=MC
进出市场情况	进出市场容易	进出市场容易	进入市场困难	几乎无法进入市场
举例说明	农副产品、证券业	饭店业、服饰业	汽车行业、电子产品行业	公用事业、水电行业

2）四种市场结构的优缺点比较

完全竞争市场的优点：①可以实现社会供给与需求的大体均衡；②通过完全竞争和资源的自由流动，生产要素能够得到比较有效的利用；③消费者在既定收入下能够得到较多的消费者剩余。缺点：①各个厂商的最低平均成本并不一定就是最低的社会成本；②产品没有差别这一假设是不现实的。

垄断竞争市场的优点：①在平均成本上，垄断竞争市场的平均成本高于完全竞争市场，低于垄断市场；②在价格上，垄断竞争市场的价格水平高于完全竞争市场，低于垄断市场；③在产量上，垄断竞争市场的产量水平高于垄断市场，低于完全竞争市场；④垄断竞争有利于刺激厂商进行创新。缺点：在垄断竞争条件下，厂商的销售成本会增加，从而使总成本和平均成本增加。

寡头垄断市场的优点：①可以实现规模经济，降低成本，提高经济效益；②可以促进科技的进步。缺点：寡头之间往往达成价格协议，共同抬高价格，从而使消费者利益和整个社会的经济福利受损。

补充阅读材料

防止资本无序扩张　推动经济高质量发展

垄断市场的优点：垄断厂商的经济实力雄厚，可以促进技术的进步，尤其是政府对某些公用事业的垄断，并不是追求垄断利润。缺点：①在垄断市场上，垄断厂商可以通过高价销售获得超额利润，但销量较少，会使资源无法得到充分利用；②垄断厂商完全左右市场价格，使消费者剩余减少；③垄断利润是垄断厂商对整个社会的剥削，会引起社会居民收入分配不公。

小思考6-4

列举现实中“囚徒困境”的实例。

答：两个国家的军备竞赛；当两个企业用广告来吸引相同的顾客时，这两个企业面临与囚徒困境类似的问题；在公共资源的占有方面也存在着囚徒困境问题。

知识掌握

知识梳理6

□ 选择题

1）下列接近完全竞争市场的行业有（　　）。

A.原油　　B.小麦　　C.电影

2）完全竞争市场上厂商的短期均衡条件是（　　）。

A.平均收益等于边际收益

B.平均收益等于平均成本

C.价格、平均收益、边际收益与边际成本均相等

3）垄断市场上厂商的长期均衡条件是（　　）。

A.边际收益等于平均成本　　B.边际收益等于长期平均成本

C.边际收益等于长期边际成本

4）垄断竞争市场上厂商的短期均衡条件是（　　）。

A.平均收益等于平均成本　　B.边际收益等于边际成本

C.总收益等于总成本

5）采用价格领先定价的市场是（　　）。

A.寡头垄断市场　　　　B.完全竞争市场　　　　C.垄断市场

□ 判断题

1）实现完全竞争的条件之一是不存在产品差别。（　　）

2）在完全竞争市场上，任何一家厂商都可以成为价格的决定者。（　　）

3）在完全垄断市场上，一家厂商就是一个行业。（　　）

4）引起垄断竞争的基本条件是产品无差别。（　　）

5）由于寡头之间可以进行勾结，因此寡头之间并不存在竞争。（　　）

□ 简答题

1）实现完全竞争的条件是什么？

2）如何理解寡头垄断市场上的价格决定？

3）比较四种市场结构的异同。

□ 计算题

某企业的产量、总成本与总收益之间的关系见表6-4。根据表6-4，计算每种产量情况下的利润、边际收益，以及企业达到利润最大化时的产量。

表6-4　　某企业的产量、总成本与总收益之间的关系

产量（件）	0	1	2	3	4	5	6	7
总成本（元）	8	9	10	11	13	19	27	37
总收益（元）	0	8	16	24	32	40	48	56

知识应用

□ 分析题

用图形解释完全竞争市场上厂商的短期均衡。

□ 案例题

老张家的那口井还真是个“宝贝”，传说乾隆下江南时，喝过井里的水，喝完之后赞不绝口。这井水清凉甘甜不说，据说老张用这口井还真的发家致富了呢。

老张是个头脑灵活的人，改革开放后，就用家里这口井的水在公路边摆了个水摊。老张的村子离最近的镇子也有十几千米的路程，那时候骑车的人多，尤其是夏天，许多人都喜欢到老张的水摊上喝上一杯。对四里八乡的人，老张真是童叟无欺，一元钱一杯，价格公道；可是对路过的外乡人，老张就没那么“客气”了。那年夏天，气温近40摄氏度，两个看起来是城里大学生模样的人走进了水摊。老张一看，这两个人八成是骑车出来旅游的，一看就是随身的水喝光了，渴了一段时间了。于是，当两人问起水多少钱时，老张毫不犹豫地说：“五元钱一杯。”大学生大呼太贵，但由于实在太渴，经过讨价还价，最后以每杯水四元钱成交。一杯水显然不解渴，大学生提出每人再买一杯，讨价还价的结果是每杯三元钱成交。大学生要每人再买第三杯，老张开始坚持每杯仍是三元钱，但大学生说：“第三杯还卖这个价的话，我们就不买了，就继续上路，有已经喝下的两杯水垫底儿，我们骑上一会儿，到前面的镇上肯定能买到水。”在大学生的“威胁”下，老张最后以每杯

两元钱的价格出售了第三杯水。与平时卖的水比起来，这次卖出的三杯水都太贵，但两位大学生却心满意足地离开了。

后来，市场上出现了一种瓶装的水，叫矿泉水，老张喝过这种水，觉得还没有自家井里的水好喝，看起来用瓶子把水装起来卖是一个不错的主意。于是，老张和家人商量，开了一个小水厂，将家中井里的水装到瓶子里卖。一是价格便宜，二是开了这么多年的水摊，好多人都喜欢喝老张家的水了。还别说，这水卖得真不错，四里八乡买水的人真不少。为了扩大销路，老张决定，对水按量进行定价，10瓶以上算批发，价格是零售价格的60%。这样一来，不少村里的小商店也到老张这进水去卖，水的销量一下子多了不少。

再后来，村里开发旅游区，就是将村后那座山作为一个旅游景点。老张村里的那座山，可真是峰峦叠翠、美不胜收，游客络绎不绝。见景点游人多，老张和村委会商量，买下了旅游区商品水的独家经营权，出售自家的井水。在水的定价上，老张可真是动了脑筋。在景区，游客的休息点一共是三个，山脚下一个，半山腰一个，山顶一个。老张认为，在这三个休息点上，水的价格不能一样。山脚下的水应该最便宜，因为这时游客们还不是很渴，水运到山脚下也比较省力，还有就是有些游客带了水，在这里并不想买水。半山腰上的水要贵一些，这主要是考虑游客到这里已经比较渴了，买水的需求比较大，另外就是水运到这里比较费力，要从山下搬上来。山顶的水是最贵的，除了搬运成本较高外，还有就是游客对水的需求也比较大，如果游客没有在半山腰买水的话，到这里已经是嗓子冒烟了，就是带了水的人到这里也该把水喝得差不多了。

有一天，老张将他卖水的事和城里的一位游客说了，那个人笑着说，您这经营的过程还真是符合经济学的某些规律呢。

问题：(1) 案例中，老张卖水的三个阶段分别体现了价格差别的哪级差别？

(2) 三级价格差别是针对不同市场制定的，在价格弹性较小的市场和价格弹性较大的市场，老张是如何利用价格差别来实现利润最大化的呢？

(3) 在经营过程中，老张算不算垄断经营？

综合实训

【项目目标】

通过本项目的实训，学生能够分析市场结构的类型，实地调查所在地区的市场结构类型，并写出调研报告。

【项目内容及要求】

1）根据本章内容，上网或通过书刊查找有关资料，针对所在地区市场，选取不同的市场结构类型进行调研。

2）全班分成若干个小组，每组8～10人，实行组长负责制，完成综合实训项目。

3）各组分别设计调研内容、进行实地调查、写出调研报告，组长做总结性发言，各组之间进行评价，最后由教师做总结性点评，并给出考核成绩。

【项目成果】

撰写所在地区市场结构类型调研报告。

交互式测验6

第7章

分配理论

思维导图

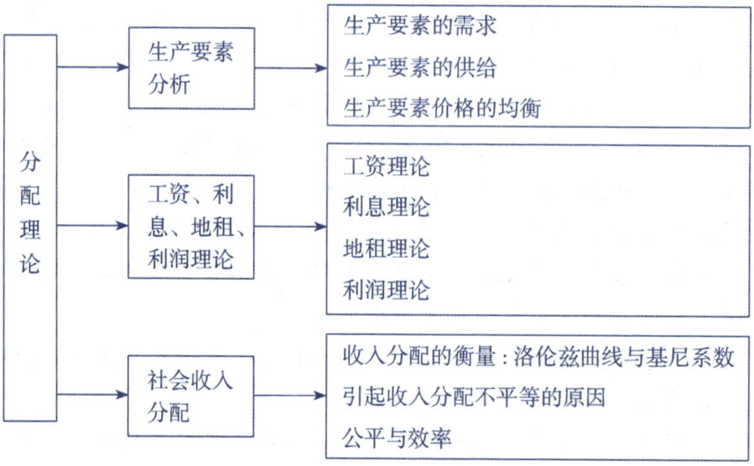

学习目标

【知识目标】

了解生产要素的供给；熟悉生产要素的价格决定；理解引起收入和财产不平等的原因；掌握工资、利息、地租、利润理论。

【能力目标】

能运用洛伦兹曲线与基尼系数衡量收入分配；合理处理公平与效率。

【素养目标】

培养学生学会辩证地看待问题；熟悉我国收入分配改革政策，增强制度自信；培养学生关注时政，关注国家政策，树立远大理想抱负。

案例导入　　分配制度是促进共同富裕的基础性制度

党的二十大报告指出，“坚持按劳分配为主体、多种分配方式并存，构建初次分配、再分配、第三次分配协调配套的制度体系”。构建收入分配的基础性制度体系，旨在从根本上解决当前社会分配不公和收入差距过大的问题，为实现共同富裕奠定制度基础。

在近半个世纪的改革开放进程中，我国经济实现了举世瞩目的高速增长，居民收入水平较改革开放初期增长数十倍，人民生活实现了从温饱不足到全面小康的历史性跨越。然而，发展过程中逐渐暴露出城乡二元结构固化、区域发展失衡等深层次矛盾，突出表现为农村居民收入增速滞后于城镇、东中西部发展梯度差持续扩大等问题。这些结构性矛盾长期制约着经济可持续发展，至今尚未形成系统性解决方案，已成为掣肘社会主义现代化强国建设进程、影响共同富裕目标实现的关键障碍。从社会认知层面看，人民群众对共同富裕的核心期待已明确指向构建更公平的分配机制——通过制度性改革显著缩小收入差距，让发展成果更具普惠性。为了实现更高水平的社会公平，需要从解决收入分配的不公平和收入差距过大问题入手，重点是构建起初次分配、再分配、第三次分配的基础性制度体系。

一、构建与市场经济相适应的初次分配制度

在初次分配方面，需要特别重视生产领域中分配制度建设和改革。通过制度建设，使得各种生产要素获得公平合理的要素报酬，企业、劳动者和政府之间的分配关系更加协调，劳动报酬份额保持在一个合理水平。初次分配制度的改革重点是完善要素市场体系，让生产要素市场不仅在资源配置方面起到决定性的作用，而且在决定要素回报方面也起到更多的作用。

二、加大再分配制度的调节力度

在再分配领域，要加大政府再分配的作用，制度改革的重点是提高税收和转移支付的调节力度。2021年中央财经委员会第十次会议明确提出，通过加大税收、社保、转移支付等政策手段的力度来调节收入分配。应该说，我国政府收入再分配的政策取向是对的，这三大收入再分配政策手段也是发达国家一直在使用并有很大成效。一些国际比较研究结果表明，一些发达国家通过再分配的政策手段可以使收入差距的基尼系数下降30%左右，有的国家甚至达到40%。相比来说，我国收入再分配政策仍有较大发挥效能的空间。

三、建立中国特色的第三次分配制度

在第三次分配领域，改革重点是破除限制和困扰社会公益组织和慈善事业发展的各种体制机制因素。从现实来看，我国的第三次分配的制度建设是相对滞后的，与社会主义市场经济体制和经济发展水平不相适应。而且，第三次分配制度的不完善和政策措施的不足已经严重影响了社会公益和慈善事业的发展，造成了第三次分配不能有效发挥调节收入分配的功能。我们不仅要鼓励一部分人先富起来，更要大力提倡先富人群带动后富人群，投身社会公益和慈善事业，形成一种人人做公益、富人做慈善的社会风尚。鼓励社会公益组织和慈善机构的发展和壮大，使得我国的慈善事业发展步入快车道。

资料来源　李实．分配制度是促进共同富裕的基础性制度［N］．学习时报，2025-03-31.

分析：我国围绕收入分配构建“三次分配”协调配套制度体系意义重大且迫在眉睫。初次分配聚焦生产要素公平报酬，从劳动力、资本、土地多领域改革，力求破除市场分割与扭曲；再分配着力强化政府调节，优化税收、社保与转移支付结构，推进公共服务均等化、精准“提低”；第三次分配着眼破除公益慈善发展阻碍，激励先富群体回馈社会。整套体系瞄准分配不公、差距过大问题，多管齐下，为迈向共同富裕筑牢根基，彰显社会主义制度优越性与发展决心。

分配理论要解决为谁生产的问题，即生产出来的商品和服务如何分配给社会各阶层，它涉及劳动、资本、土地和企业家才能四种基本生产要素。本章从生产要素的需求与供给入手，依次介绍了工资、利息、地租和利润理论，并从社会的角度来研究分配问题。

7.1 生产要素分析

7.1.1 生产要素的需求

生产要素是指进行社会生产经营活动时所需要的各种社会资源，它是维系国民经济运行及市场主体生产经营过程中所必须具备的基本因素。生产要素是经济学中的一个基本范畴。生产要素包括劳动、土地、资本、企业家才能四种，随着科技的发展和知识产权制度的建立，技术、信息、数据也作为相对独立的要素投入生产。这些生产要素通过市场交换，形成了各种各样的生产要素价格及其体系。例如，一家软件编程企业，它需要程序员的时间（劳动）、机构所处的实际空间（土地）、办公楼和电脑设备（资本），以及管理者的管理（企业家才能）。对应的生产要素价格为工资、地租、利息和利润，进行这些要素交易的市场被称为要素市场。就要素的供给来看，它不是来自厂商，而是来自个人或家庭。个人或家庭在消费者行为理论中是消费者，在要素价格理论中是生产要素所有者。个人或家庭拥有并向厂商提供各种生产要素。个人或家庭、厂商、产品市场与要素市场的关系如图 7-1 所示。

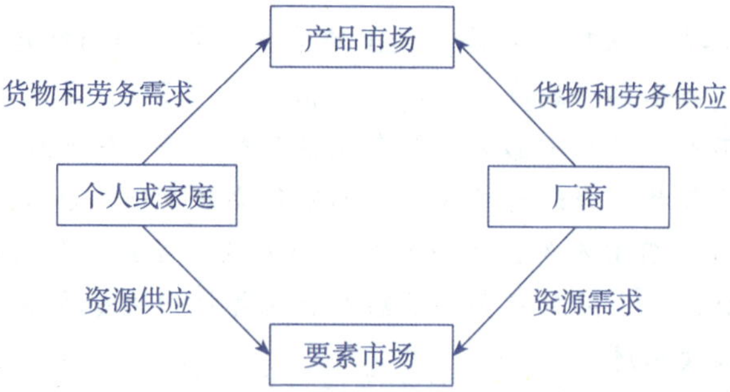

图7-1　个人或家庭、厂商、产品市场与要素市场的关系

动画

生产要素的需求

1）生产要素需求的性质

（1）生产要素的需求是一种派生需求，厂商对生产要素的需求是从人们对生产要素所产出的商品的需求派生出来的。厂商对生产要素的需求不同于一般消费者对消费品的需求。消费者对消费品的需求是一种直接需求，也就是为了满足自己的欲望；厂商购买生产要素是为了用生产要素来生产商品，以满足市场需求。所以，与消费者对商品的需求取决于商品的效用和边际效用不同，厂商对生产要素的需求取决于生产要素所具有的生产出商品的能力。

（2）生产要素的需求是一种联合需求或相互依存的需求。任何生产行为所需要的都不是一种生产要素，而是多种生产要素，这样各种生产要素之间就是互补的。如果只增加一种生产要素而不增加另一种生产要素，就会出现边际收益递减现象。同时，在一定的范围内，各种生产要素也可以相互替代。生产要素相互之间的这种关系说明，它们的需求之间也是相关的。

2）影响生产要素需求的因素

（1）市场对产品的需求以及产品的价格。市场对某种产品的需求越大，该产品的价格越高，生产这种产品所用的各种生产要素的需求就越大；反之，就越小。

（2）生产技术水平。生产技术水平决定了对某种生产要素需求的大小。如果技术是资本密集型的，则对资本的需求大。

（3）生产要素的价格。厂商一般用低价格的生产要素替代高价格的生产要素。

3）生产要素的需求曲线

厂商对生产要素的需求取决于该要素的边际生产力。边际生产力（Marginal Productivity）是指在其他条件不变的情况下，每增加一个单位生产要素的投入所增加的产量。以实物来表示生产要素的边际生产力，称为边际物质产品（MPP）；以收益来表示生产要素的边际生产力，称为边际收益产品（MRP）。

由于边际收益递减规律的存在，因此生产要素的边际收益曲线是一条向右下方倾斜的曲线，这条曲线也就是生产要素的需求曲线，如图7-2所示。

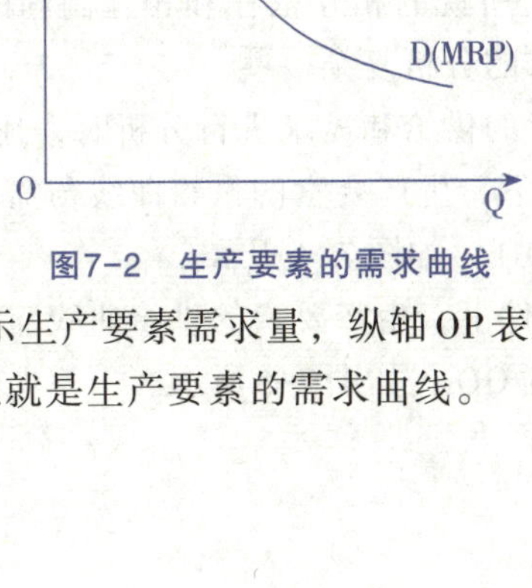

图7-2 生产要素的需求曲线

在图7-2中，横轴OQ表示生产要素需求量，纵轴OP表示生产要素价格，MRP曲线是生产要素的边际收益曲线，也就是生产要素的需求曲线。

7.1.2 生产要素的供给

就生产要素的供给来看，它不是来自厂商，而是来自个人或家庭。个人或家庭在消费者行为理论中是消费者，在要素价格理论中是生产要素所有者。个人或家庭拥有并向厂商提供各种生产要素。

生产要素的供给是指在不同的报酬下，生产要素市场上所提供的要素数量。生产要素的供给价格是指生产要素所有者对提供一定数量生产要素所愿意接受的最低价格。一般来说，如果某种生产要素的价格提高，这种生产要素的供给就会增多；如果某种生产要素的价格降低，这种生产要素的供给就会减少。生产要素的供给数量与价格呈同方向变化。所以，生产要素的供给曲线表现为一条向右上方倾斜的曲线，如图7-3所示。

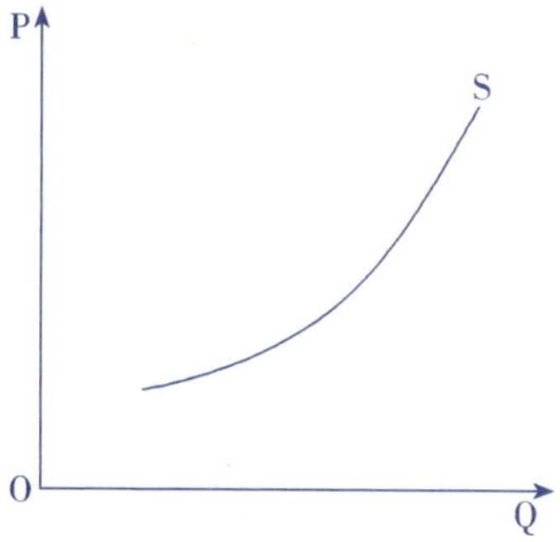

图7-3 生产要素的供给曲线

在图7-3中，横轴OQ表示生产要素供给量，纵轴OP表示生产要素价格，S表示生产要素的供给曲线。完全竞争市场的特点为：要素的需求者和供给者人数众多，单个卖者和买者的要素供给量和需求量变化不影响要素价格。所以，在完全竞争市场上，生产要素的供给曲线是一条与横轴平行的直线；在不完全竞争市场上，生产要素的供给曲线是一条向右上方倾斜的曲线。

7.1.3 生产要素价格的均衡

拓展资料7-1

瑞典——贫富差距最小的国家

同商品的价格（和产销数量）是由商品的供给和需求共同决定的一样，生产要素的价格（和使用量）也是由生产要素的供给和需求共同决定的。但由于厂商对要素的需求取决于人们对产品的需求，而商品的供求与要素的供求之间存在着如上所说的相互依存和相互制约的关系，因此对要素需求的分析要比对商品需求的分析复杂一些。

在对生产要素的供给和需求进行分析时，还必须区分各种不同情况。

（1）在完全竞争市场条件下，生产要素的供给曲线与需求曲线相交于E点，相对应的均衡价格为OP_e，均衡数量为OQ_e，如图7-4所示。

（2）在不完全竞争市场条件下，生产要素的供给曲线与需求曲线相交于E点，相对应的均衡价格为OP_e，均衡数量为OQ_e，如图7-5所示。

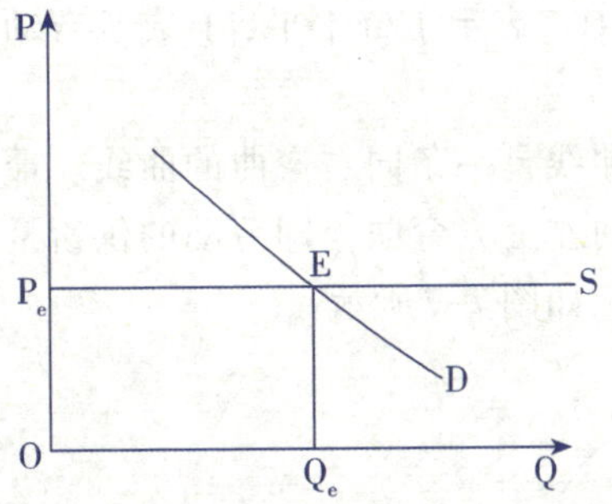

图7-4　完全竞争市场上的厂商均衡

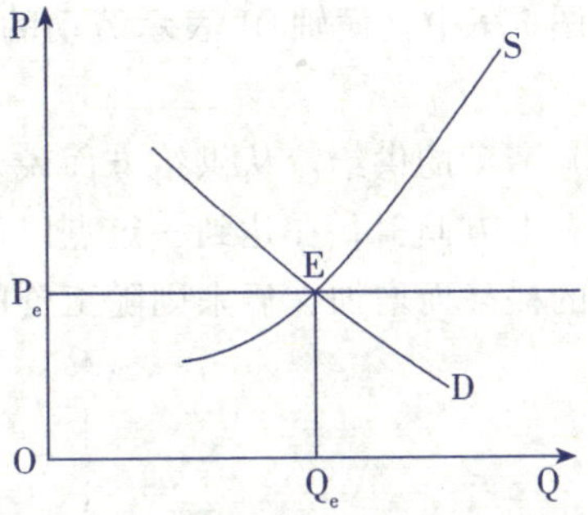

图7-5　不完全竞争市场上的厂商均衡

小思考7-1

“四位一体”公式概括了哪些内容？

答：“四位一体”公式是由英国经济学家马歇尔在法国经济学家萨伊提出的“三位一体”公式的基础上进行完善的。“四位一体”公式是经济学分配理论的中心，即劳动（工资）、资本（利息）、土地（地租）、企业家才能（利润）。

7.2　工资、利息、地租、利润理论

7.2.1　工资理论

工资是劳动的价格，或劳动力所提供的劳务的报酬。劳动的价格是在劳动市场上形成的。同一般商品的价格决定一样，在完全竞争市场和不完全竞争市场上，工资的决定也有不同的情况。

1）完全竞争市场上工资的决定

这里所说的完全竞争是指在劳动市场上的完全竞争状况，无论是劳动的买方还是卖方，都不存在对劳动的垄断。在这种情况下，工资完全是由劳动的供求关系决定的。

（1）劳动的需求。从需求方面说，劳动的价格取决于劳动这一要素的边际收益，也就是取决于劳动的边际生产力。随着劳动这一要素数量的增加，劳动的边际收益产量递减，所以劳动的需求曲线是一条向右下方倾斜的曲线，表明劳动的需求量与工资呈反方向变动，如图7-6所示。

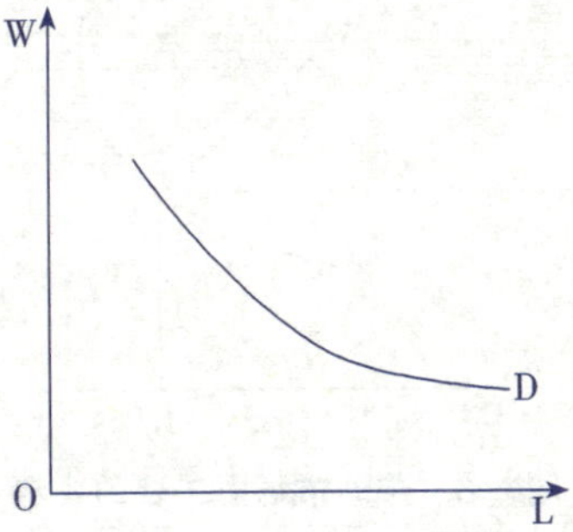

图7-6　劳动的需求曲线

在图7-6中，横轴OL表示劳动的需求量，纵轴OW表示工资水平，D表示劳动的需求曲线。

（2）劳动的供给。从供给方面说，劳动的供给曲线是一条向右弯曲的曲线。最初从左下方向右上方倾斜，在达到一定点以后，便开始转向左上方弯曲，即劳动的供给量开始时随工资的提高而增加，后来则随工资的提高而降低，如图7-7所示。

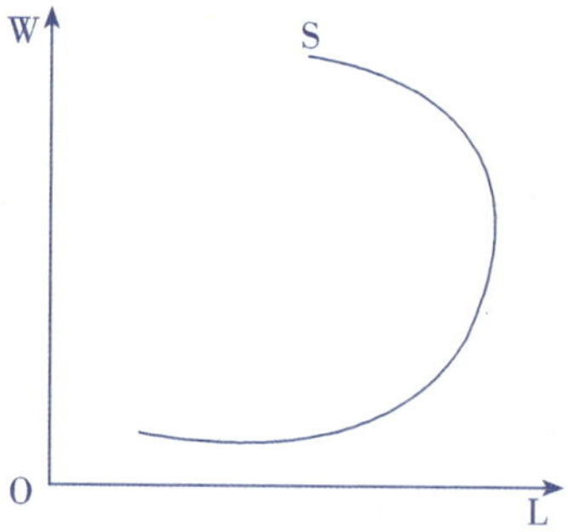

图7-7　劳动的供给曲线

在图7-7中，横轴OL表示劳动的供给量，纵轴OW表示工资水平，S表示劳动的供给曲线。

劳动的供给主要取决于劳动的成本，这种劳动的成本包含实际成本和心理成本。一般来说，工资收入的增加固然可以为劳动者增加效用，但也由此牺牲了劳动者的闲暇时间，这又是一种负效用；当收入达到一定程度后，由工资收入给劳动者增加的正效用不足以抵消劳动的负效用，劳动者宁愿减少工作时间而增加闲暇时间，从而劳动供给就会减少。劳动供给取决于工资变动引起的替代效应和收入效应。随着工资的增加，由于替代效应的作用，劳动者用工作代替闲暇，从而使劳动供给增加；同时，随着工资的增加，由于收入效应的作用，家庭需要更多的闲暇，从而使劳动供给减少。当替代效应大于收入效应时，劳动供给随工资增加而增加；当收入效应大于替代效应时，劳动供给随工资增加而减少。一般的规律是，当工资较低时，替代效应大于收入效应；当工资达到某个较高水平时，收入效应大于替代效应。因此，劳动供给曲线是一条向右弯曲的供给曲线。

微课

劳动的供给曲线

（3）劳动市场上工资的决定。劳动的需求与供给共同决定了完全竞争市场上的工资水平，如图7-8所示。

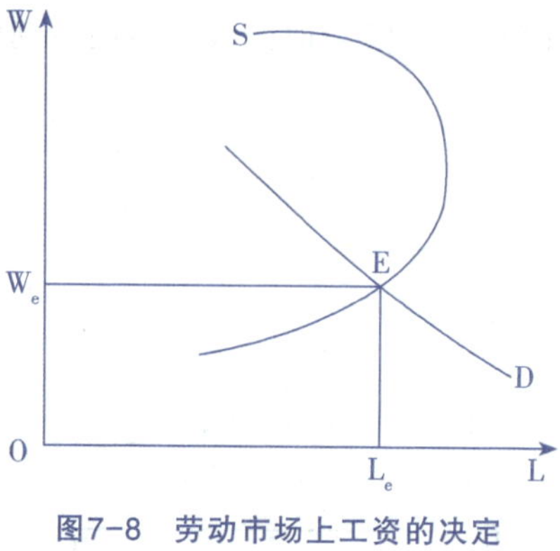

图7-8　劳动市场上工资的决定

在图7-8中，横轴OL表示劳动的供给量，纵轴OW表示工资水平。劳动的需求曲线D向右下方倾斜，劳动的供给曲线S开始向右上方倾斜，过一定点后，转而向左上方弯曲。曲线D和曲线S的交点E，决定了劳动要素的均衡数量为L_e，均衡价格为W_e。

根据供求定理，在劳动供给不变的条件下，通过增加劳动的需求，不但可以使工资增加，而且可以增加就业；在劳动需求不变的条件下，通过减少劳动的供给，同样也可以使工资增加，但这种情况会使就业减少。

2）不完全竞争市场上工资的决定

不完全竞争是指劳动市场上存在着不同程度的垄断，它包括三种情况：①厂商对劳动购买的垄断，劳动的购买者是“独家买主”的厂商，劳动的供应者则是众多的相互竞争的劳动者。②劳动者对劳动的垄断，即劳动者组成工会，垄断了劳动的供给。③“双边垄断”，即卖方与买方都有一定的垄断，主要是劳动者组成的工会通过集体谈判与买方垄断者“独家买主”协定工资和其他雇佣条件。

劳动市场上卖方垄断（工会存在）条件下工资的决定有以下几种情况：

（1）工会通过提倡保护关税、扩大出口等办法扩大产品销路，从而提高对劳动的需求，也可以提高工资，如图7-9所示。

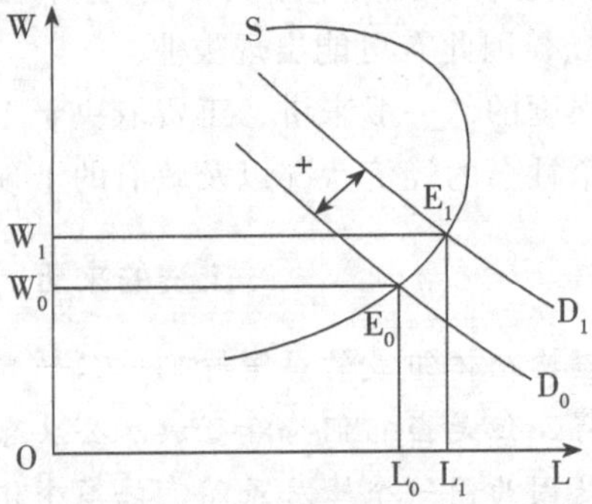

图7-9　需求增加引起的工资变动

在图7-9中，劳动的需求曲线从D_0右移增加到D_1，工资水平和劳动数量分别从W_0、L_0上升到W_1、L_1，说明工资水平提高了，就业水平也提高了。

（2）工会通过限制非会员、移民、童工的使用，以及缩短工作时间、实行强制退休等办法来减少劳动的供给，从而提高工资，如图7-10所示。

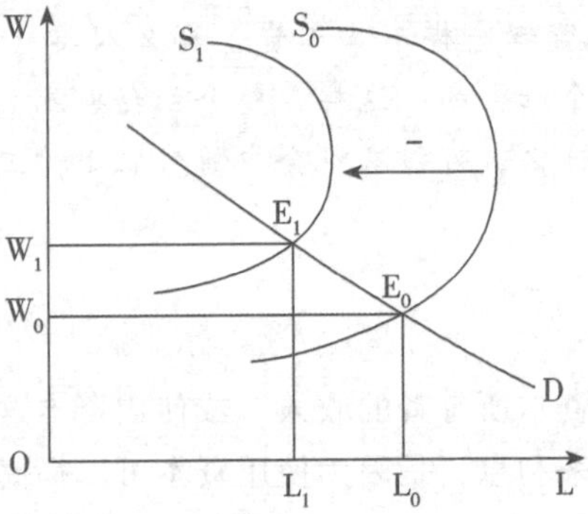

图7-10　供给减少引起的工资变动

在图 7-10 中，劳动的供给曲线从 S_0 左移减少到 S_1，工资水平从 W_0 上升到 W_1，劳动数量从 L_0 减少到 L_1，说明工资水平提高了，就业水平下降了。

（3）工会迫使政府通过立法规定最低工资，从而使工资维持在较高的水平上，如图 7-11 所示。

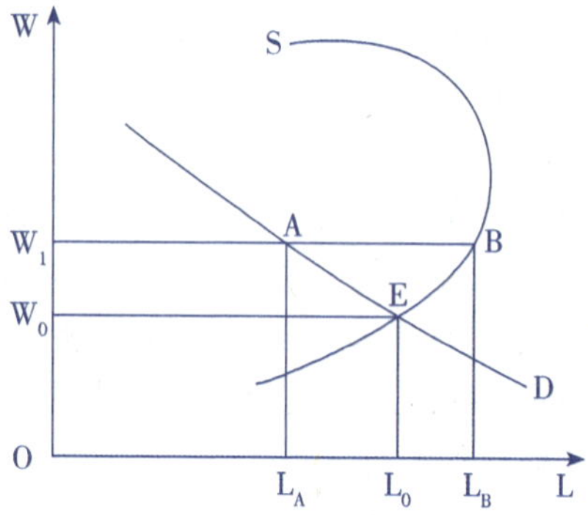

图7-11　最低工资法

在图 7-11 中，劳动的供给曲线 S 与需求曲线 D 相交于 E 点，决定了工资水平为 W_0，劳动数量为 L_0。最低工资法规定最低工资水平为 W_1，这样就使工资维持在较高水平，但劳动的供给量 L_B 大于需求量 L_A，因此有可能出现失业。

工会对工资的影响是有限度的，一般来讲，工资取决于工会本身力量的大小、工会与资本家双方力量的对比、整个社会的经济状况以及政府的干预程度等。

案例 7-1　　**工资的来历**

蜜蜂的社会是由大量的蜜蜂个体组成的。蜜蜂们一只一只地离开蜂房去采集蜂蜜，虽然蜂蜜是每个蜜蜂的劳动所得，但是当它们将蜂蜜放入公共仓库以后，它们并没有获得什么工资。这是为什么呢？这是因为同一个蜂房虽然有许多个体，但它们都是一家，它们将蜂蜜放在公共的仓库中就是放在自己家的仓库中。它们可以随时取用，就像人到自己家的仓库中取食品一样。所以，蜜蜂不需要获得工资，否则就是多此一举。而人就不同了，人分成了许多家庭，相应地，人的财产也是分开的，分为你的财产、我的财产。工人在工厂中上班，使工厂得以运行，而工厂是别人家的，不是工人的。所以，工厂主必须付给工人工钱，以使工人可以养活自己的家庭，这样工资就出现了。

分析：如果要工人也像蜜蜂一样不拿工资，那么人类就必须像蜜蜂一样只有一个家庭，相应的财产也是属于整个社会的。这样，整个社会也就成了一个工厂，工厂也就是工人自己的工厂，工人们需要什么，可以从社会中随时取用，工人们自然也就不再需要什么工资了。

7.2.2　利息理论

利息是资本的价格，是资本所有者的收入，或使用资本这一生产要素的报酬。西方经济学认为，资本之所以能带来利息，是因为使用资本可以提高生产效率。利息的多少用利率来表示。

1）对资本支付利息的原因

（1）时间偏好。在未来消费与现期消费中，人们更加偏好现期消费。也就是说，现在多增加一单位消费所带来的边际效用大于将来多增加一单位消费所带来的边际效用。究其原因主要有三个：一是人们预期未来的物品稀缺性会减弱；二是人们认为人生短促，也许自己活不到享受未来物品的时候；三是人们不太重视未来的欢乐和痛苦，习惯于低估未来的需要、低估满足未来需要的物品的效用。时间偏好的存在，决定了人们总是偏好现期消费。一旦人们放弃现期消费而把它变成资本，就应该得到利息作为补偿。例如，人们对现在或两年后购买同一台液晶电视的效用评价。

（2）迂回生产与资本净生产力。**迂回生产**是指先生产生产资料（或称资本品），然后用这些生产资料去生产消费品。迂回生产可以提高生产效率，而且迂回的过程越长，生产效率越高。例如，用猎枪比用弓箭、石头打猎效率更高。现代生产的特点就在于迂回生产，但实现迂回生产必须有资本。利用资本进行迂回生产，可以提高资本的生产效率，这种因使用资本而提高的生产效率叫作资本的净生产力。资本具有净生产力是资本能带来利息的根源。

2）利率的决定

利率取决于对资本的需求与供给。资本的需求主要是企业投资的需求，因此，可以用投资来代表资本的需求。资本的供给主要是储蓄，因此，可以用储蓄来代表资本的供给。这样就可以用投资与储蓄来说明利率的决定。

（1）资本的需求。企业之所以要借入资本进行投资，是因为资本的使用可以提高生产效率，实现利润最大化，即在于资本具有净生产力。由于投资的边际效率随投资的增加（即资本存量的增加）而递减，因此资本的需求曲线是一条向右下方倾斜的曲线。它表示在利润率既定时，利率与投资呈反方向变动，如图7-12所示。

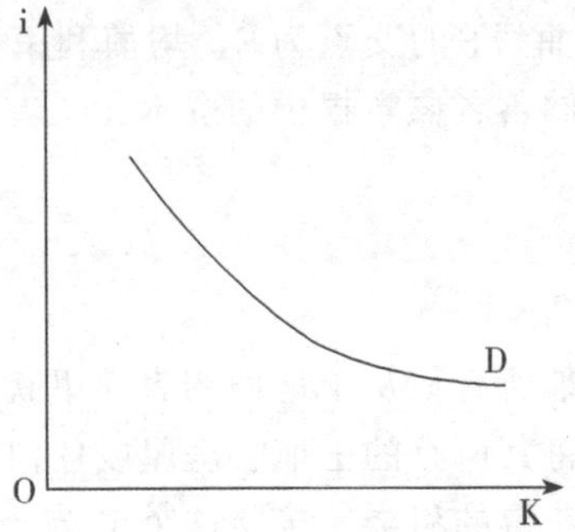

图7-12　资本的需求曲线

在图7-12中，横轴OK表示资本的需求量，纵轴Oi表示利率水平，D表示资本的需求曲线。

（2）资本的供给。资本的供给就是资本的所有者在各个不同的利率水平上愿意且能够提供资本的数量。它依存于人们的收入用于个人消费以后的余额——储蓄。利息是为了诱使人们抑制或推迟眼前的消费，对人们的储蓄行为提供一种资本的补偿。这种补偿随着放弃现时消费量的增加而递增，只有相应地提高利率，人们才愿意提供更多的资本，所以资本的供给曲线是一条向右上方倾斜的曲线，它表示利率与储蓄呈同方向变动，如图7-13所示。

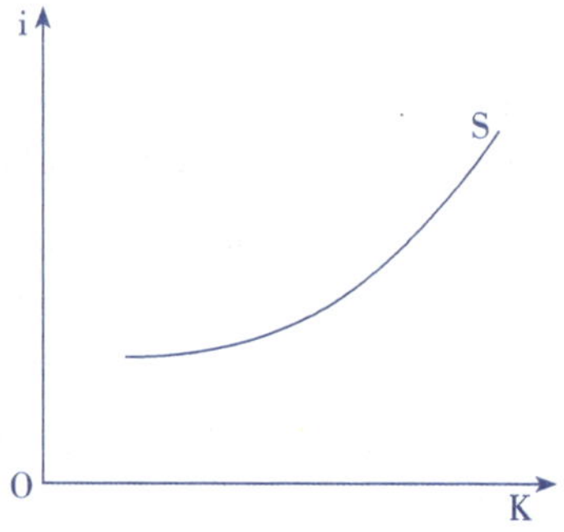

图7-13 资本的供给曲线

在图7-13中，横轴OK表示资本的供给量，纵轴Oi表示利率水平，S表示资本的供给曲线。

（3）资本市场上利率的决定。利率是由资本的需求与供给双方共同决定的，如图7-14所示。

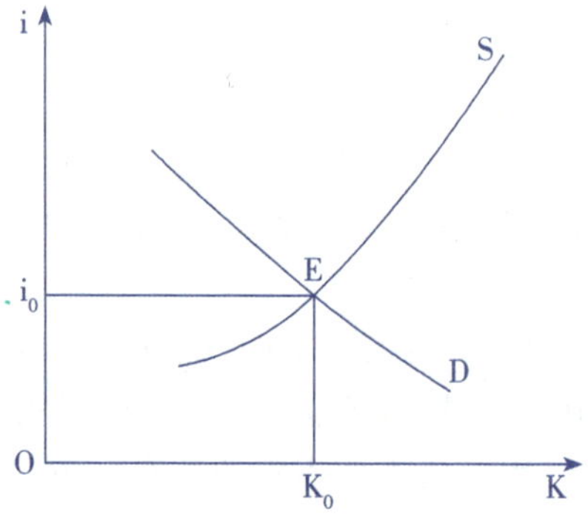

图7-14 资本市场上利率的决定

资本的需求曲线D和供给曲线S的交点为E，均衡利率为i_0，它表示利率水平为i_0时，投资者对资本的需求恰好等于储蓄者愿意提供的资本，二者均为K_0。

7.2.3 地租理论

1）地租的含义

地租是土地所有者凭借土地所有权从土地使用者那里获得的报酬。在某些场合下，西方经济学家把地租定义为物主将其所有的土地、房屋或任何财产租给他人使用所获得的报酬，并不一定专指出租土地而获得的租金。按照这个定义，地租可分为契约地租和经济地租两类。契约地租又称商业地租，是指物主将土地或其他财物出租给承租者，承租者按租赁契约支付给物主的租金。经济地租又称理论地租，它有广义和狭义之分。从广义上讲，经济地租是指人们使用任何生产要素所获得的超额利润；从狭义上讲，经济地租是指人们利用土地所获得的超额利润，即土地总收益扣除总成本的剩余部分。一般所称地租，是针对狭义地租而言的。

同劳动和资本一样，地租的高低也由土地的供求决定，租地人对土地的需求取决于土地的边际生产力。但由于土地这种自然资源并非人类劳动的产物，也不能通过人类劳动增加其供应量，它具有数量有限、位置不变，以及不能再生产的特点，因此地租具有与劳动的工资和资本的利息不完全相同的特点。

由于土地的供给量是固定不变的，因此土地的供给曲线是一条与横轴垂直的线。又由于土地的边际生产力是递减的，因此土地的需求曲线是一条向右下方倾斜的曲线。两条曲线的交点决定了地租水平，如图7-15所示。

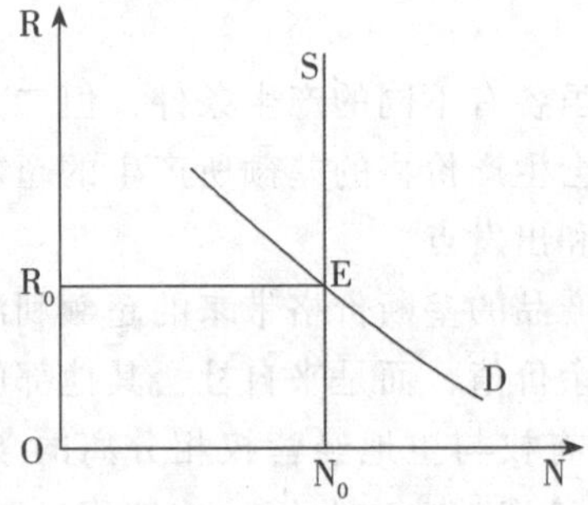

图7-15　地租的决定

在图7-15中，横轴ON代表土地量，纵轴OR代表地租，垂线S为土地的供给曲线，表示土地的供给量固定为N_0，D为土地的需求曲线，D与S相交于点E，决定了地租为R_0。

随着经济的发展，人们对土地的需求不断增加，而土地的供给不能增加，这样，地租就有不断上升的趋势，如图7-16所示。

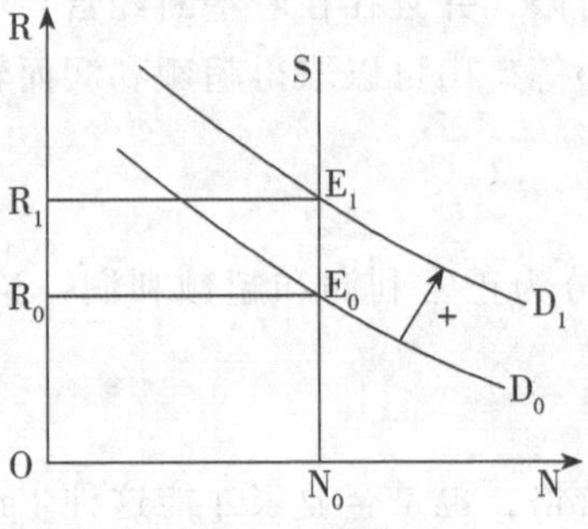

图7-16　地租的变动

在图7-16中，土地的需求曲线由D_0向右方移动到D_1，表明土地的需求增加了，但土地的供给曲线仍然为S，均衡点由E_0移动到E_1，相应地，地租由R_0上升到R_1，说明由于人们对土地的需求增加了，因此地租上升了。

2）地租的分类

（1）绝对地租。它是指土地所有者凭借土地所有权垄断所取得的地租。绝对地租既不是农业产品的社会生产价格与其个别生产价格之差，也不是各级土地与劣等土地之间社会生产价格之差，而是个别农业部门产品价格与生产价格之差。因此，农业资本的有机构成低于社会平均资本的有机构成是绝对地租形成的条件，而土地所有权的垄断才是绝对地租形成的根本原因。绝对地租的实质和来源是农业工人创造的剩余价值。

（2）级差地租。马克思认为，资本主义的级差地租是经营较优土地的农业资本家获得的，并最终归土地所有者占有的超额利润。级差地租来源于农业工人创造的剩余价值，即超额利润，它不过是由农业资本家手中转移到土地所有者手中。形成级差地租的条件有三种：①土地肥沃程度的差别；②土地位置的差别；③在同一地块上连续投资产生的劳动生产率的差别。马克思按级差地租形成条件的不同，将级差地租分为两种形式：级差地租第一形态（级差地租Ⅰ）和级差地租第二形态（级差地租Ⅱ）。级差地租Ⅰ是指农业工人利用肥沃程度和位置较好的土地所创造的超额利润转化成的地租（由前两个条件产生）。级差地租Ⅱ是指对同一地块连续追加投资，由于各次投资的生产率不同而产生的超额利润转化成的地租。

级差地租Ⅰ和级差地租Ⅱ虽各有不同的产生条件，但二者的实质是一样的，它们都是由产品的个别生产价格低于社会生产价格的差额所产生的超额利润转化而成的。级差地租Ⅰ是级差地租Ⅱ的前提、基础和出发点。

（3）垄断地租。它是指由产品的垄断价格带来的超额利润转化成的地租。垄断地租不是来自农业雇佣工人创造的剩余价值，而是来自社会其他部门工人创造的价值。

（4）分离地租。在土地所有权与土地经营权相分离的条件下，不论租用农地或非农地，都必须支付地租。马克思论述的非农业用地的地租，是指建筑地段和矿山地段的地租。建筑地段地租是指工商业资本家为了获得多种建筑物所需的土地而支付给土地所有者的地租。建筑地段地租同农业地租的明显区别在于：农业中土地的肥沃程度和位置对级差地租起决定作用；对于建筑地租，则是位置起决定作用，同时，垄断价格对建筑地租也起着很大作用。矿山地段地租是指工业资本家为了取得采掘地下矿藏的权利而向土地所有者支付的地租。由于矿山的数量有限，并且存在着垄断经营，使矿产品必须按劣等生产条件决定的生产价格出售，因此优中等矿山可以取得超额利润而转化为矿山地段地租。

7.2.4 利润理论

在经济学上，一般把利润分为正常利润和超额利润。这两种利润的性质与来源都不相同。

1）正常利润

正常利润是企业家才能的价格，也是企业家才能这种生产要素所得到的收入。它包含在成本之中，其性质与工资类似，也是由企业家才能的需求与供给决定的。不同的是，由于企业家需求和供给的特殊性（边际生产力大和培养成本高），因此正常利润的数额远远高于一般劳动所得的工资。

因为正常利润包含在经济学分析的成本之中，所以收支相抵就是获得了正常利润。在完全竞争市场中，利润最大化就是获得正常利润。超过正常利润的超额利润在完全竞争市场中并不存在。

2）超额利润

超额利润是指超过正常利润的那部分利润，又称为纯粹利润或经济利润。根据来源和性质的不同，超额利润具体可分为以下几种情况：

（1）垄断与超额利润。由垄断而产生的超额利润称为垄断利润。垄断可以分为卖方垄断和买方垄断。卖方垄断是指对某种产品出售权的垄断。垄断者可以抬高商品卖价，通过损害消费者的利益而获得超额利润。卖方垄断能够为厂商提供超过正常利润的纯利润。例如，一家厂商享有某种产品的专利权或声誉卓著的商标，因此它能够赚得超过正常利润的垄断利润。买方垄断是指对某种产品或生产要素购买权的垄断。垄断者可以压低收购价格，通过损害生产者或生产要素供给者的利益而获得超额利润。垄断产生的超额利润是不合理的，是市场竞争不完全的结果。

（2）创新与超额利润。经济学家熊彼特的创新是指对原有均衡的突破。也就是说，创新是指企业家对生产要素实行新的组合。创新主要涉及五个方面：第一，提供新产品；第二，发明新技术和新工艺；第三，开辟新市场；第四，控制原材料的新来源；第五，建立新的组织形式。创新是社会进步的动力，创新能够提高生产效率、促进经济增长。因此，由创新获得的超额利润是合理的，是对创新者的鼓励和补偿。

拓展资料7-2

鼓励相关企业建立超额利润分享机制

（3）风险与超额利润。超额利润也可以看成企业进行冒险所承担风险的一种报酬。风险是指厂商决策所面临的亏损的可能性。决策多是面向未来的，而未来是不确定的，因此企业决策总是存在风险的。一家企业可以从未曾预料到的事件中获得意外的利润，也可能蒙受意外的损失。其中，意外的利润像其他超过正常利润的企业利润一样，可以列入超额利润的范畴。因此，由于承担风险而产生的超额利润也是合理的，从事具有风险的生产就应该以利润的形式得到补偿。

微课

超额利润的界定和创新

总之，利润是经济社会进步的动力，它能够激励企业家努力工作，有利于节约资源，也有利于资源的合理配置。

小资料7-1

熊彼特利润的背景和假设

熊彼特以“创新理论”解释资本主义的本质特征，解释资本主义发生、发展和趋于灭亡的结局，从而闻名于资产阶级经济学界，影响颇大。他在《经济发展理论》一书中提出“创新理论”以后，又相继在《经济周期》和《资本主义、社会主义和民主主义》两本书中加以运用和发挥，形成了以“创新理论”为基础的独特的理论体系。“创新理论”的最大特色就是强调生产技术的革新和生产方法的变革在资本主义经济发展过程中的至高无上的作用。但在分析中，他抽掉了资本主义的生产关系，掩盖了资本家对工人的剥削实质。

按照熊彼特的观点和分析，创新就是建立一种新的生产函数，把一种从来没有过的关于生产要素和生产条件的新组合引入生产体系。在熊彼特看来，作为资本主义“灵魂”的企业家的职能就是实现创新，引进新组合。经济发展就是指整个资本主义社会不断地实现新组合。资本主义就是这种“经济变动的一种形式或方法”，即“不断地从内部革新经济结构”的“一种创造性的破坏过程”。因此，在熊彼特假定存在的一种所谓循环运行的均衡情况下，不存在企业家，没有创新，没有变动和发展，企业总收入等于总支出，生产管理者所得到的只是“管理工资”，因而不产生利润，也不存在资本和利息。只有在他所说的实现了创新的发展的情况下，才存在企业家和资本，才产生利润和利息。这时，企业总收入超过总支出，这种余额或剩余就是企业家利润，是企业家由于实现了新组合而应得到的合理报酬。

小思考 7-2

地租上升的原因是什么？

答：由于人们对土地的需求不断增加，而土地的供给不能增加，因此地租有不断上升的趋势。

7.3 社会收入分配

7.3.1 收入分配的衡量：洛伦兹曲线与基尼系数

1）洛伦兹曲线

洛伦兹曲线是用来衡量社会收入分配（或财产分配）平均程度的曲线。它是由美国统计学家洛伦兹提出的。

假设某国家的人口与收入分布见表7-1。把全部人口从最低收入A到最高收入E分为五组，各组人数分别占人口总数的20%，同时说明每组的收入在所有人口总收入中所占的百分比。例如，A组的20%人口为最低收入人口，其收入占所有人口总收入的5%；E组的20%人口为最高收入人口，其收入占所有人口总收入的40%。

表7-1　某国家的人口与收入分布表

组别	人口（%）		收入（%）	
	占人口总数的百分比	合计	占所有人口总收入的百分比	合计
A	20	20	5	5
B	20	40	12	17
C	20	60	18	35
D	20	80	25	60
E	20	100	40	100

根据表7-1中人口与收入百分比的合计，画出洛伦兹曲线，如图7-17所示。

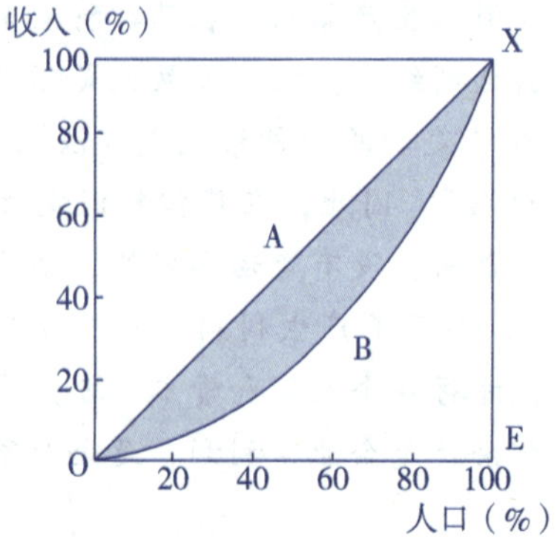

图7-17　洛伦兹曲线

在图7-17中，横轴代表人口的百分比，纵轴代表收入的百分比。OX线为45°线，在这条线上，每20%的人口得到20%的收入，表明收入分配绝对平均，称为绝对平均线。折线OEX表明收入分配绝对不平均，称为绝对不平均线。实际的洛伦兹曲线应该介于这两条线之间，利用洛伦兹曲线可以表明收入或财产分配的不平等程度。洛伦兹曲线离绝对平均线越近，表明收入或财产分配越平等；洛伦兹曲线离绝对不平均线越近，表明收入或财产分配越不平等。

运用洛伦兹曲线可以比较同一个国家不同时期或同一时期不同国家的收入分配的平均状况与变化状况，如图7-18所示。

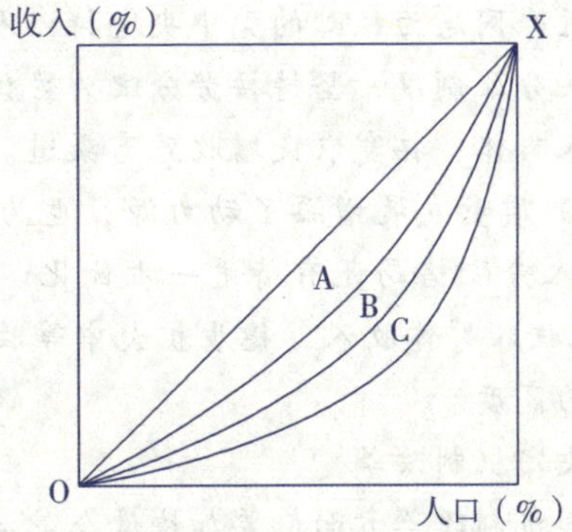

图7-18　洛伦兹曲线的变动

在图7-18中，假如A、B、C三条洛伦兹曲线分别表示甲、乙、丙三个国家的实际洛伦兹曲线，那么可以看出，甲国收入分配最平等，丙国收入分配最不平等。假如把A、B两条洛伦兹曲线作为实施一项政策前后的洛伦兹曲线，那么可以看出，在实施该项政策后，收入分配更不平等了。

2）基尼系数

微课

洛伦兹曲线和基尼系数

20世纪初，有学者根据洛伦兹曲线找出了判断收入分配平等程度的指标，这一指标称为基尼系数。如果实际收入线与绝对平均线之间的面积用A来表示，实际收入线与绝对不平均线之间的面积用B来表示，则基尼系数的计算公式为：

基尼系数=A/（A+B）

当实际收入线与绝对平均线之间的面积为0时，收入分配绝对平等，基尼系数为0。当实际收入线与绝对不平均线之间的面积为0时，收入分配绝对不平等，基尼系数为1。基尼系数总是大于0而小于1。基尼系数越小，收入分配越平等；基尼系数越大，收入分配越不平等。世界上基尼系数超过0.5的国家只有10%左右，主要发达国家的基尼系数一般为0.24～0.36。

案例7-2　　**完善收入分配制度 切实增强群众获得感**

党的二十届三中全会通过的《中共中央关于进一步全面深化改革、推进中国式现代化的决定》（以下简称《决定》）提出“完善收入分配制度，健全保障和改善民生制度体系”，它是在党的二十大报告的基础上，紧紧围绕增加收入、扩大消费的痛点、堵点、增长点，进一步深化改革，强调加强制度建设、完善体制机制，切切实实增加普通劳动者收入报酬和社会各阶层的幸福感、获得感。可以说，《决定》聚焦进一步全面深化改革，强调加强制度建设、完善体制机制，有不少新举措。

一、提高“两个比重”，健全按要素分配政策制度

首先，提高居民收入在国民收入分配中的比重，提高劳动报酬在初次分配中的比重。其次，完善劳动者工资决定、合理增长、支付保障机制。最后，完善按要素分配政策制度，探索多种渠道增加中低收入群众要素收入，多渠道增加城乡居民财产性收入。

二、坚持“两个规范”，健全完善分配制度体系

党的十八大以来，以习近平同志为核心的党中央坚持以人民为中心的发展思想，不断健全和完善中国特色社会主义分配制度，坚持按劳分配为主体、多种分配方式并存，优化分配结构，发展壮大中等收入群体，拓宽农民增收致富渠道。这些让最广大人民群众不断增加获得感的有效举措，给高质量发展增添了动力源，也为实现共同富裕奠定了坚实基础。与此同时，当前我国收入分配格局还有待进一步优化。因此，党的二十届三中全会《决定》把“形成有效增加低收入群体收入、稳步扩大中等收入群体规模、合理调节过高收入”上升到“制度体系”的高度。

三、深化国有企业工资决定机制改革

在进一步深化市场化经营机制改革方面，要加快健全灵活高效的市场化经营机制，经理层成员任期制和契约化管理要在“刚性兑现”“提质扩面”上下功夫，要更大范围、分层分类落实管理人员经营管理责任，管理人员竞争上岗、末等调整和不胜任退出等机制要在“更广”“更深”上下功夫；从健全保障和改善民生制度体系、完善收入分配制度的角度，在设计结构性薪资总额时，要加强兜底保障，向基层苦脏险累一线岗位倾斜。要合理确定并严格规范国有企业各级负责人薪酬、津贴补贴等，要多样化薪资结构设计，把短期的薪酬收入与中长期的股票、期权等相结合，物质报酬激励与精神激励相结合，为实现物质文明和精神文明协调发展的中国式现代化做出应有贡献。

资料来源 王君超. 完善收入分配制度 切实增强群众获得感［N］. 河南日报，2024-11-06.

分析：党的二十届三中全会围绕收入分配与民生保障推出系列关键举措，意义深远。一方面，聚焦提高“两个比重”，既确保居民与劳动报酬占比提升，让劳动者共享发展成果，又针对务工人员权益短板，完善工资相关机制，同时深化要素分配改革挖掘增收潜能；另一方面，秉持“两个规范”，对低收入、中等收入、高收入群体精准施策，助低收入者增收、扩中等收入规模、合理调节高收入，防范两极分化。此外，深化国企工资改革直击“委托代理”等痛点，优化经营与分配机制，保障公平，为构建公平合理、可持续的收入分配格局，推动中国式现代化筑牢根基。

小资料 7-2　国际通用的基尼系数

基尼系数是国际上通用的衡量贫富差距的最可行的方法。联合国有关组织规定的基尼系数见表 7-2，国际上一般以 0.4 为警戒线。

表7-2 联合国有关组织规定的基尼系数

基尼系数	收入分配平等程度	基尼系数	收入分配平等程度
0	绝对平等	0.4～0.5	差距较大
小于0.2	高度平等	大于0.5	差距悬殊
0.2～0.3	比较平等	大于0.6	高度不平等
0.3～0.4	基本合理	1	绝对不平等

近十年，中国居民收入基尼系数呈现出先降后稳的态势。自2008年达到0.491的高点后，开始逐年回落，到2012年为0.474，此后虽有波动但基本稳定在0.465左右，如2023年为0.465，2024年为0.466。这表明中国收入分配差距在一定程度上得到改善，这得益于脱贫攻坚、乡村振兴等政策对农村及低收入群体收入的提升，以及区域协调发展战略对地区差距的调节。然而，我国基尼系数仍高于国际公认的0.4警戒线，说明收入差距问题依旧存在。未来，需持续深化收入分配制度改革，加大再分配调节力度，以进一步缩小居民收入差距。

基尼系数的优点为：便于了解、掌握和比较。人们可以对一个国家不同时期的基尼系数进行比较，也可以对不同国家同一时期的基尼系数进行比较。基尼系数的缺点为：①它不能说明收入不平等的全部情况；②不同国家可能采用不同的统计口径和资料，可比性差。

7.3.2 引起收入分配不平等的原因

在现实经济生活中，收入不平等是客观事实。引起这种收入不平等的原因主要有以下几个方面：

（1）由历史原因决定的初始财产分配状态的不平等造成。财产的集中，一般是通过以往的高收入的积蓄、持有普通股股票或不动产取得的投机收入、大量天然资源的发现、新产品和新工艺的发明等来实现的。例如，家庭越富裕，越倾向于多储蓄和多留遗产，这样可以把家庭的财产传给下几代。由于财产的拥有具有无限性和可继承性，因此财产的拥有量成为决定收入不平等的重要因素。

（2）劳动力的差异，即能力（智能和体能）的不同，决定了具有不同能力的劳动者的收入的差距。一个人赚钱的能力由身高、体重、力量等体力因素，以及记忆力、数学与逻辑思维能力、语言能力等智力因素决定。此外，特殊行业和危险部门具有较高的报酬率和较高的风险，这些因素也是造成收入不平等的原因。

（3）由要素报酬率的不平等造成。这是由于在现实经济生活中，大致相同的各种生产要素的相对供给量、健全的市场体制和要素的安全自由流动等条件，很难在现实中得到满足。例如，政府的最低工资法和工会的集体谈判可能会使已就业工人的工资高于由完全竞争市场决定的均衡工资率；地理上或专业上的固定性，会阻碍生产要素转移到可能获得更高收入的经济部门等。所以，各种要素之间的相对稀缺性和市场竞争的不完全性会阻碍生产要素获得自己边际生产力的价值，导致要素报酬的不平等，从而引起收入分配的不平等。此外，种族、性别或年龄上的歧视也会严重阻碍许多工人得到自己的全部边际价值产品；经济衰退和失业则会使许多劳动者根本无任何收入。

案例7-3　2023年和2024年我国居民收入情况

图7-19为2023年和2024年全国及分城乡居民人均可支配收入。

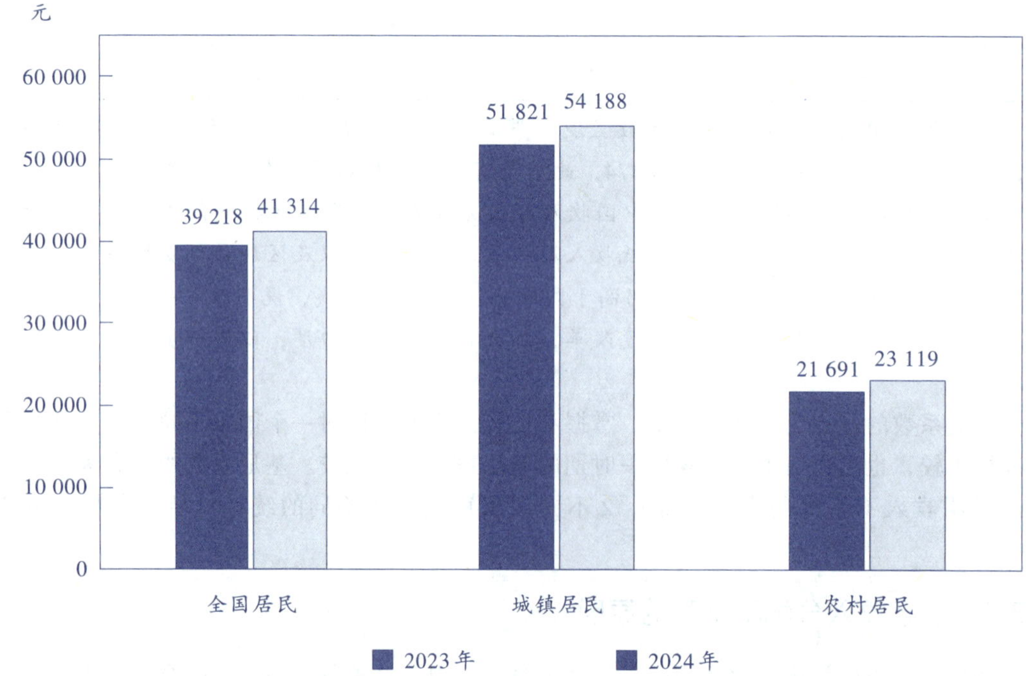

图7-19　2023年和2024年全国及分城乡居民人均可支配收入

分析：2024年，全国居民人均可支配收入为41 314元，比上年名义增长5.3%，扣除价格因素，实际增长5.1%。分城乡看，城镇居民人均可支配收入为54 188元，同比增长4.6%，扣除价格因素，实际增长4.4%；农村居民人均可支配收入为23 119元，同比名义增长6.6%，扣除价格因素，实际增长6.3%。

按收入来源分，2024年，全国居民人均工资性收入为23 327元，同比增长5.8%，占人均可支配收入的比重为56.5%；人均经营净收入为6 908元，同比增长5.6%，占人均可支配收入的比重为16.7%；人均财产净收入为3 435元，同比增长2.2%，占人均可支配收入的比重为8.3%；人均转移净收入为7 644元，同比增长5.3%，占人均可支配收入的比重为18.5%。

2024年，全国居民人均可支配收入中位数为34 707元，同比增长5.1%，中位数是平均数的84.0%。其中，城镇居民人均可支配收入中位数为49 302元，同比增长4.6%，中位数是平均数的91.0%；农村居民人均可支配收入中位数为19 605元，同比增长4.6%，中位数是平均数的84.8%。

7.3.3　公平与效率

1）公平

公平是指待人处事中合乎人的正当情感和正义之理，是调节人们相互关系的一种行为准则，是分配社会权利和义务时必须遵循的价值尺度。公平一般是对分配关系而言的，它属于道德范畴。就我国而言，公平是指每个公民在政治、经济、文化思想等各个方面都真正地拥有同等的权利。这种平等是社会主人翁之间平等的实际权利和义务。这种平等是建立在社会主义公有制的经济和政治体系以及社会主义核心价值观念基础上的社会公平。从横向看，公平包括经济利益公平、政治利益公平、社会公共产品享有的公平；从纵向看，公平包括机会公平、起点公平、过程公平、结果公平。

2）效率

效率是指劳动、工作中所消耗的劳动量与所获得的劳动效果的比率，它属于生产力的范畴。对于一个企业或社会来说，最高效率意味着资源处于最优配置状态，从而使特定范围内的需要得到最大满足、福利或财富得到最大增加，社会已经实现了人尽其才、物尽其用，不存在任何浪费资源的现象，每个劳动者都实现了经济收入最大化。

3）公平与效率的矛盾

效率优先实际上是指对于一切有效率的事情、方法，我们都应该采纳、实行、去做；公平为主是指一切有违公平的事项，一律不能允许，且不能实行。公平为主是为了保障有公平存在的效率能优先产生，优先得到存在。人与人之间、行业与行业之间、单位与单位之间，素质优劣、能力大小、生产效益好坏是不一样的，因此其生产效率和贡献也不可能一样。按劳分配也好，按生产要素分配也好，所得报酬也不可能一样。在社会主义初级阶段，在分配问题上，只考虑公平，不讲究效率，就不利于调动人们的积极性和创造性；只考虑效率，又会过分拉大收入差距，不利于实现社会公平。因此，正确的做法是，重效率，但不唯效率；讲公平，但不搞一刀切。

4）科学认识和理解公平与效率之间的关系

（1）从社会发展的角度来看，公平与效率是一种相对立的关系。这种相对立的关系表现为两种不同的价值，存在于不同的领域或同一领域的不同层次，它们之间存在着此消彼长的相互排斥现象。如果一个社会十分重视公平的价值，公平的程度就会不断提高，久而久之，就会在一定程度上削弱人们的进取心，导致效率水平下降；反之，如果一个社会十分重视效率的价值，效率程度就会逐步提高，而这又会在一定程度上扩大人们之间的贫富差距，导致公平程度下降。这种对立的关系又表现为二者的同步性与不同步性的矛盾。同步是人们的主观愿望，不同步是客观存在的事实。效率向公平转化时存在一个过程，不是有效率立刻就会有公平。

（2）公平与效率是一种相统一的关系。这种相统一的关系表现为效率与公平互相依存，互相离不开。一方面，效率是公平的基础。从人类历史发展的规律上看，只有当社会生产力的效率提高到一定程度，产生了剩余物质之后，才出现了如何实现公平的问题。如果经济发展效率低下，在没有或者很少有剩余产品的情况下去谈公平，那就是毫无意义的。从各国经济发展的历

拓展资料7-3

为什么说促进共同富裕要正确处理效率和公平的关系

史趋势来看，只有当物质财富日益丰富时，公平才会随之向前发展，高效率才能为高水平的公平奠定雄厚的物质基础；没有生产力的极大发展和效率的极大提高，是不可能实现全体人民共同富裕的。另一方面，公平能促进效率。一般来讲，公平的竞争秩序、公平的社会权力、公平的分配原则，有利于发挥制度的激励和调节作用，从而提高经济运行效率，推动生产力的发展。此外，公平与效率的统一性还表现在它们之间是一种内在的互相依存和共生共荣的关系。从理论上讲，公平与效率的统一性还在于它们都是社会主义的核心价值，追求公平与效率的统一和兼得是社会主义的内在要求。

发挥分配的功能和作用，处理好效率和公平关系，构建初次分配、再分配、三次分配协调配套的基础性制度安排。初次分配主要由市场调节，坚持以效率为主的分配原则。再次分配过程是指财政转移支付的社会产品的再分配。再分配中侧重公平，公平不等于绝对的平等，是指通过社会再分配使每个社会成员的基本生活都有保障，尤其是弱势群体。三次分配是指在初次分配、再分配基础上进行的实物社会转移，是通过个人收入转移和个人自愿缴纳及捐献等自觉自愿的方式再一次进行分配，更强调主体责任，体现道德力量。如果太不公平，就会影响效率的进一步提高，进而影响社会的稳定和谐，也不符合我国社会主义国家的性质，因此也要关注公平，以促进效率的提高。共同富裕是中国特色社会主义的本质要求。

补充阅读材料

统筹好财富创造和分配

小思考 7-3

一个有效率的社会是否是一个公平的社会？

答：一个有效率的社会不一定是一个公平的社会。例如，大多数人很穷而极少数人暴富的社会仍然可能是有效率的，但我们认为这种社会是不公平的。

知识掌握

知识梳理 7

□ 选择题

1）在完全竞争市场上，生产要素的需求曲线是（　　）。

A.边际成本曲线

B.边际收益产品曲线

C.边际产品价格曲线

2）劳动的供给主要取决于劳动的（　　）。

A.收益　　B.成本　　C.所得

3）就一国的全部土地而言，土地的报酬即地租取决于（　　）。

A.土地的供给量　　B.土地的需求量　　C.土地供求均衡

4）经济学家认为，（　　）的超额利润可以作为剥削收入。

A.由于承担风险所获得　　B.由于创新所获得　　C.由于垄断所获得

5）收入分配绝对不平等时，基尼系数为（　　）。

A.1　　B.0　　C.大于0且小于1

□ 判断题

1）劳动的需求主要取决于劳动的边际生产力。（　　）

2）现代经济的特征之一是迂回生产的过程变长，从而生产效率提高。（　　）

3）利率与投资呈正方向变动，与储蓄呈反方向变动。（　　）

4）超额利润是对企业家才能这种特殊生产要素的报酬。（　　）

5）A、B两国的基尼系数分别为0.3和0.4，说明A国的收入分配要比B国平等。（　　）

□ 简答题

1）劳动市场上工会存在的条件下，工资是如何决定的？

2）为什么要对资本支付利息？

3）创新主要涉及哪几个方面？

知识应用

□ 分析题

用图形来解释地租的决定水平，并分析闹市中心的商店、餐馆要价比较高的原因。

□ 案例题

加快构建适应发展新质生产力的收入分配体系

按照发展新质生产力的要求，当前，亟须加快构建与发展新质生产力相适应的收入分配体系。由于新质生产力更多体现了市场化的资源配置方式，因此，应充分发挥市场机制的重要作用，不断完善劳动、知识、技术、管理、资本和数据等各类生产要素共同参与的收入分配机制，充分激发各类生产要素的活力。继续坚持和完善按劳分配为主体、多种分配方式并存的初次分配制度，确保劳动者在参与发展新质生产力过程中获得合理的劳动报酬。同时，如果单靠市场机制的调节，容易出现两极分化和收入差距不断扩大的趋势，因此，还应通过完善收入再分配制度，让广大人民共享发展成果，从而更好地推动社会全面进步。

第一，充分运用市场参与初次分配机制激发科技创新活力。新质生产力代表了先进生产力和前沿科学技术，因此，应充分运用市场参与初次分配机制的重要作用，激发科技创新活力，从而推动经济高质量发展。发展新质生产力的关键是人才，应高度重视人才的培养、使用、评价、考核与激励。

第二，推动企业完善按知识、技能和创新贡献参与初次分配机制。企业在发展新质生产力过程中承担着重要的主体作用，因此，应高度重视企业在培养与发展新质生产力相匹配的知识型、技能型、创新型产业工人队伍中的关键性作用。此外，企业还应培养劳动者主动适应数字技术的快速发展，不断提高劳动者的技能水平，激励更多劳动者特别是青年人才走技能成才、技能报国之路，培育更多知识型、技能型、创新型产业工人踊跃投身国家改革建设与创新，为发展新质生产力贡献力量。

第三，优化数据要素参与收入分配机制。数字经济时代，数据已成为关键性的生产要素，因此，应按照“谁投入、谁贡献、谁受益”原则，保护数据要素各参与方的投入与产出收益，依照法律法规保护数据资源资产权益。一方面，应重点推动数据要素收益向数据价值和使用价值的创造者合理倾斜，确保开发挖掘数据价值各个环节的投入都能获得相应报酬，强化基于数据价值创造与价值实现的正面激励导向作用。另一方面，应充分发挥政府在数据要素收入分配中的引导与调节作用，更加关注弱势群体在数据要素收入分配中的平等地位。

第四，建立与发展新质生产力相适应的数字税收体系。随着数字经济的快速发展，税源结构发生较大变化，亟须建立与数字经济发展相适应的数字税收体系。此外，由于我国数字经济还处在不断发展过程中，政府应给予研发相关产品的企业和个人税收减免和优惠政策，积极鼓励和引导企业和个人更多地投入研发和创新活动中，促进新质生产力的快速发展，实现高质量发展。

第五，依靠政府的收入再分配制度，让广大人民共享发展成果。充分发挥政府的收入再分配调节作用，加快推进基本公共服务均等化，缩小收入分配差距，通过体制机制设计让广大人民共享发展新质生产力的成果。首先，健全失业保险、社会救助制度，完善灵活就业人员参加社会保险制度和劳动者权益保障制度。其次，加强社会保障体系建设，提高养老、医疗、失业、住房、教育等社会保障水平，加快推进基本公共服务均等化，确保人民基本生活得到有效保障。再次，实施差别化的税收政策，对高收入居民进行适当调节，同时加大对低收入居民的税收减免力度，减轻其生活压力。

资料来源　谢琦. 加快构建适应发展新质生产力的收入分配体系［N］. 工人日报，2024-07-01.

问题：

（1）发展新质生产力时，我国怎样优化数据要素分配机制，平衡数据创造者收益与防止资本垄断？

（2）大学生毕业后进企业，知识、技能等参与初次分配机制对其职业、收入有何影响？

（3）建立数字税收体系给研发企业和个人优惠，如何保障政策落地，助力大学生创新创业项目？

综合实训

【项目目标】

通过本项目的实训，学生能够理解收入分配理论的相关内容，能够运用收入分配理论解决现实中存在的实际问题。

【项目内容及要求】

1）根据本章内容，上网或通过报刊查找有关资料，分析目前我国存在的公平与效率问题或自拟题目分析。

2）全班分成若干小组，每组8～10人，实行组长负责制，完成综合实训项目。

3）各组分别进行讨论答辩，组长进行总结性发言，各组之间进行评价，最后由教师进行总结性点评，并给出考核成绩。

交互式测验7

【项目成果】

撰写《收入分配理论实训报告》。

第8章

市场失灵与政府干预

思维导图

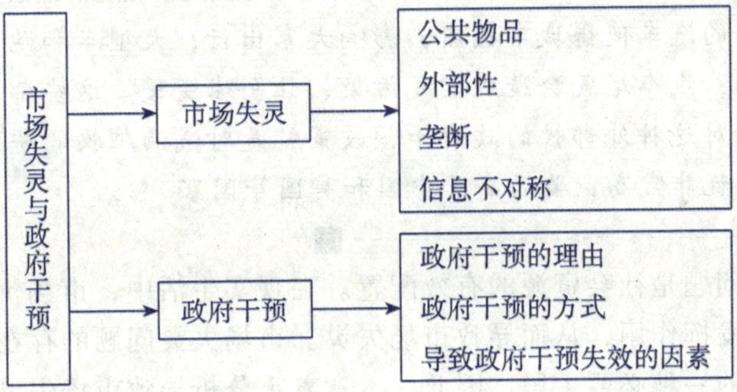

学习目标

【知识目标】

了解导致政府干预失效的因素；熟悉生产要素的价格决定；理解政府干预的理由及方式；掌握公共物品、外部性的含义和种类。

【能力目标】

能解释垄断、信息不对称所引起的市场失灵；会运用逆向选择和道德风险说明现实的经济问题。

【素养目标】

培养学生的国家政策认同感；增强学生的环保意识、诚信意识；知晓市场失灵引发的社会问题，市场经济是诚信经济、法治经济。

案例导入　　为什么对汽油征收的税如此之重

在许多国家，汽油是经济生活中税负最重的物品。汽油税是一种旨在消除与开车相关的三种负外部性的矫正税。

拥挤：如果你滞留在一辆汽车接一辆汽车的公路上，你也许希望路上的车少一些。通过征收汽油税，鼓励人们乘坐公共交通工具，或共乘一辆车，并选择离工作地点近的地方居住，能够减少拥挤。

车祸：一旦一个人买了一辆大型车或跑车，对他个人来说也许是较为安全了，但却使周围的人处于危险中。美国高速公路交通安全管理局曾指出，一辆普通车与一辆跑车相撞，车主死亡的可能性是与一辆普通车相撞的五倍。汽油税是让驾驶给其他人带来危险的大型耗油型车的人进行支付的一种间接方式，从而使他们在选择购买什么汽车时考虑到这种风险。

污染：汽油之类的矿物燃料的燃烧被普遍认为会引起全球变暖。对于其危险性有多大，专家们的看法并不一致，但毫无疑问，通过征收汽油税来减少汽油的使用，降低了这种危险。

因此，汽油税并不像大多数税收那样引起无谓损失，实际上它会使经济运行得更好。汽油税意味着更少的交通拥挤、更安全的道路和更清洁的环境。

资料来源　曼昆. 经济学原理［M］. 梁小民，梁砾，译. 7版. 北京：北京大学出版社，2015.

分析：过多的汽车使得城市拥堵，影响大家出行；大型车和跑车使得人们遭遇车祸的概率提高；汽车尾气会造成空气污染，让全球变暖。这些都是汽车带给人们的负外部性，针对这种外部性的政府干预政策就是对汽油征收的矫正税，所以许多欧洲国家的汽油税非常高，要远高于中国和美国等国家。

经济学的核心问题是社会资源的有效配置。在现实生活中，市场价格机制在某些领域不能或不能有效地发挥作用，从而导致市场失灵。市场失灵问题的存在，使政府干预成为提高资源配置效率的一种必要手段。因此，本章着重分析导致市场失灵的各种因素，并提出政府干预的手段。

8.1　市场失灵

市场失灵是指市场价格机制在某些领域、场合不能或不能完全有效地发挥作用而导致社会资源无法得到最有效配置的情况。导致市场失灵的因素主要有四个，即公共物品、外部性、垄断和信息不对称。

8.1.1　公共物品

1）私人物品的含义

在讨论公共物品之前，我们先讨论私人物品的含义。在经济学中，我们讨论的物品是指私人物品，如我们用的课本、吃的午餐、购买的电影票等。**私人物品**是指数量随任何人对其消费的增加而减少的物品。私人物品在消费上具有两个特点：第一是竞争性；第二是排他性。竞争性是指一个人使用一种物品，需要支付一定的成本，而且将减少其他人对该物品使用的特性。排他性是指一种物品具有的可以阻止其他人使用该物品的特性。之前章节提到的市场机制只有在具备上述两个特点的私人物品的场合才真正起作用，才有效率。

2）公共物品的含义

在经济学中还存在着一些不满足竞争性或排他性特点的商品。**公共物品**是指私人不愿意或无能力生产而由政府提供的具有非排他性或非竞争性的物品。一国的国防、警务、公共卫生、道路、广播电视等都属于公共物品。一种物品要成为公共物品，必须具备以下特性：

（1）非排他性。非排他性是指无论是否付费，任何人都无法排除他人对该产品的消费。之所以会出现“不支付便消费”的状况，是因为要么技术上不允许，要么由于收费的成本太大而放弃收费。

（2）非竞争性。非竞争性是指任何人对某一物品的消费，都不会给他人对该产品的消费造成影响，即人们无法排斥他人对同一物品的共同享用，也不会由于自己的加入而减少他人对该公共物品享用的质量与数量。

（3）不可分割性。不可分割性是指公共物品的供给与消费不是面向哪部分人或利益集团，而是面向所有人；公共物品也不能分成细小的部分，只能作为一个整体被大家享用。

3）公共物品的种类

动画

灯塔的故事

根据公共物品所具有的非排他性和非竞争性的程度不同，公共物品可以分成纯公共物品和准公共物品两类。

（1）纯公共物品。**纯公共物品**是指同时具有非排他性和非竞争性的物品，如国防、外交、天气预报等。纯公共物品必须以不拥挤为前提，否则随着消费者数量的增加，就会影响他人的消费，从而影响公共物品的性质。例如，在节日期间，免费的露天广场就会由于拥挤而具有了竞争性。

（2）准公共物品。**准公共物品**是指具有不完全排他性和竞争性的物品。准公共物品分为两类：一类是俱乐部物品，即具有非竞争性和排他性的物品，如有线电视、社区绿化等；另一类是公共资源，即具有非排他性和竞争性的物品，如公海中的鱼类资源、拥挤的免费道路等。

由此，我们可将物品的分类用表8-1来表示。

表8-1　**物品的分类**

性质	非排他性	排他性
竞争性	公共资源	私人物品
非竞争性	纯公共物品	俱乐部物品

4）公共物品的特性导致市场失灵

公共物品本身所具有的特性，使得任何私人部门都不愿意或不能充分提供。因此，其产量会低于合理的水平，即达不到帕累托最优状态下的产量水平，由此会造成社会福利的减少和资源的浪费。此时，市场机制在公共物品的提供上不能较好地发挥作用，从而导致市场失灵。

（1）公共物品的非排他性导致市场失灵。非排他性使得任何购买公共物品的人都不能独自占有该物品所能提供的全部效用或收益，都不能阻止他人无偿地享用该物品。因此，尽管公共物品的社会潜在收益大于它给单个购买者带来的收益，但潜在的购买者决定支付决策时并不会将他人的潜在收益考虑在内，公共物品的提供者就要独自承担提供该物品的全部成本。这样一来，任何人都想无偿地享用他人提供的公共物品，继而出现了“搭便车”行为。“搭便车者”的增多，就会使得公共物品的提供者减少或几乎没有，最终导致资源配置效率低下，造成市场失灵。

小资料 8-1

“搭便车者”一词的由来

“搭便车者”一词的英文是“free rider”，它来源于美国西部城市道奇城的一个故事。当时，美国西部到处都是牧场，大多数人以放牧为生。在牧场露天圈养的大量马匹对一部分人产生了诱惑，于是出现了以偷盗马匹为业的盗马贼。在道奇城这个城市，盗马贼十分猖獗。为避免自己的马匹被盗，牧场主就联合组织了一支护马队，每个牧场主都必须派人参加护马队并支付一定的费用。但是，不久就有一部分牧场主退出了护马队。因为他们发现，即使自己不参加，只要护马队存在，他就可以免费享受别的牧场主给他带来的好处。这种个别退出的人就成了“free rider”。后来，几乎所有人都想通过自己退出护马队来占集体的便宜。于是，护马队解散了，盗马贼又猖獗起来。后来，人们把这种为得到一种收益而避开为此支付成本的行为称为“搭便车”，这样的人被称为“搭便车者”。

资料来源　樊纲. 市场机制与经济效率［M］. 北京：生活 · 读书 · 新知三联书店，上海：上海人民出版社，1995.

（2）公共物品的非竞争性导致市场失灵。公共物品的非竞争性也使得任何一个消费者消费单位商品的成本为零。也就是说，没有任何消费者要为他所消费的公共物品与其他人竞争，那么他就会尽量少支付给生产者钱财以换取消费公共物品的权利。如果每个消费者都这样行事，那么消费者支付的数量就将不足以弥补公共物品的生产成本。这样，任何私人部门都不愿意或不能充分提供公共物品。最终，市场机制在公共物品的提供上就不能较好地发挥作用，导致市场失灵。

小思考 8-1

由政府提供的物品一定是公共物品吗？

答：不一定。判断某一物品是否是公共物品，要看它是否具备公共物品的特性，即非排他性、非竞争性和不可分割性。政府提供的物品，如养老金、失业保险、邮政服务等，并不是公共物品。

8.1.2　外部性

1）外部性的含义

外部性是指某种经济活动给与这项活动无关的主体带来的影响。也就是说，这些活动会产生一些不由活动行为人享受的利益或承担的成本。当市场交易对交易双方以外的第三者产生影响，并且这种影响又不能反映市场价格时，就会出现外部性。外部性是一方对另一方的非市场影响，通过市场发生的影响不是外部性。例如，周围人吸烟会给你带来危害，但你却不能要求赔偿；当你欣赏到邻居家阳台的鲜花时，会有一种美的享受，但却不必付费，这些都是外部性的表现。

2）外部性的种类

根据外部性对他人福利造成的影响，可以将其分为正外部性和负外部性；根据外部性发生的领域，可以将其分为生产外部性和消费外部性。

（1）生产正外部性。当某个厂商的生产经营活动对其他厂商或别人产生有利的影响，即带来收益时，就会产生生产正外部性。例如，在你公司接受过业务培训的职工跳槽到其他单位，此时，你公司的行为就给其他单位提供了技术更高的劳动力，有利于其他单位的生产，但却不能从其他单位索要培训费用。

（2）生产负外部性。当某个厂商的生产经营活动对其他厂商或别人产生不利的影响，即带来损失时，就会产生生产负外部性。例如，上游化工厂排放的污水导致下游鱼苗死亡，渔民却无法追偿损失。

（3）消费正外部性。当某个消费者的行为对他人产生有利的影响，即带来收益时，就会产生消费正外部性。例如，某人进行了肝炎疫苗接种，不但可使自己不患肝炎，并且由于减少了肝炎传染源而使他人感染此病的概率大大降低，有利于他人身体健康。

（4）消费负外部性。当某个消费者的行为对他人产生不利的影响，即给他人造成损失或产生不利影响时，就会产生消费负外部性。例如，私人轿车方便了个人的出行，但汽车尾气的排放会污染环境，损害他人的身体健康。

上述各种外部影响可以说是无所不在、无时不在的。尽管单个生产者或消费者所造成的外部性对整个社会来说也许是微不足道的，但所有这些消费者和生产者加总起来，所造成的外部性的总效果是巨大的。外部性的分类见表8-2。

表8-2　**外部性的分类**

分类标准		发生领域	
		生产	消费
对他人的影响	收益	生产正外部性	消费正外部性
	损失	生产负外部性	消费负外部性

3）外部性导致市场失灵

动画

从公地悲剧看负外部性

在完全竞争的市场中，当存在只增加社会福利而不增加个人收益的正外部性时，企业和个人的产量可能会低于社会最优产量；当存在只增加社会成本而不增加个人成本的负外部性时，企业和个人的产量可能会超过社会最优产量。因此，外部性的存在，使私人的边际成本或边际收益与社会的边际成本或边际收益发生背离。所以，个人在进行决策时，为了实现个人利益最大化，就会忽略其行为带给他人或其他企业的效益或成本，从而使竞争的结果变得没有效率，资源的配置达不到最优水平，最终导致整个社会福利下降。

案例8-1　**公地悲剧**

设想一个小镇，该镇的人从事许多经济活动，其中最重要的一种活动是养羊。镇上的许多家庭都有自己的羊群，并依靠出售用来做衣服的羊毛养家。

所有居民的羊在镇周围的草地上吃草，这块地被称为镇公地。这块草地不归任何一个家庭所有，而是归镇上的居民集体所有，允许所有的居民在草地上放羊。只要草地足够广阔，每个人都可以得到他们想要的优质草地，都是幸福的。

随着小镇的繁荣，镇上的人口在增加，镇上的羊也在增加。由于草地的数量是固定的，因此草地开始失去了自我养护的能力。最后，在草地上放牧的羊越来越多，草地变得寸草不生。没有了草，养羊就不可能了，羊毛也就没有了，许多家庭失去了生活的来源。

资料来源　曼昆．经济学原理［M］．梁小民，梁砾，译．7版．北京：北京大学出版社，2015.

分析：这个悲剧的产生是因为负外部性。当一个家庭的羊群在公地上吃草时，它降低了其他家庭可以得到的土地质量。由于人们决定自己养多少羊时并不考虑这种负外部性，结果是羊的数量过多，就产生了公地悲剧。

小思考 8-2

拓展资料 8-1

列车的“外部性”

所有给交易双方之外的第三方造成的影响都属于外部性吗？

答：不是。那些对第三方造成的可以通过市场价格得到体现的影响不属于外部性。

8.1.3 垄断

垄断是市场不完善的表现，垄断市场是一个产量较低而价格较高的市场。它的存在，不仅会造成资源浪费和市场效率低下，而且会使社会福利减少。

（1）垄断造成市场效率低下。在垄断市场条件下，垄断厂商为实现自身利益最大化，也会像竞争厂商一样努力将生产定在边际收益等于边际成本的点上，但与竞争企业不同的是，垄断市场的价格不是等于而是大于边际收益。因此，垄断厂商最终会选择在价格大于边际成本的点上组织生产。垄断厂商不需要被动地接受市场价格、降低成本，而是可以在既定的成本水平之上加入垄断利润形成垄断价格。所以，垄断市场的价格比竞争市场高，产量比竞争市场低。

一方面，垄断导致厂商丧失了降低成本、提高效率的动力；另一方面，抬高的垄断定价成为市场价格，扭曲了正常的成本价格关系，会对市场资源配置产生误导，造成一种供不应求的假象，导致更多的资源流向该行业。

小资料 8-2　　**垄断药品与非专利药品**

药品市场具有垄断市场和竞争市场的结构。当一个企业开发一种新药时，专利法使企业垄断了这种药品的销售，但在药品专利过期后，任何公司都可以生产并销售这种药品。这时，市场就从垄断市场变为竞争市场。

在药品专利过期后，其他公司迅速进入并开始销售非专利药品。这种药品的化学成分与之前垄断者的品牌产品相同，而且其他公司的非专利药品的价格大大低于垄断者之前制定的价格。

但是，专利到期并没有使垄断者失去全部的市场。一些消费者仍然忠于有品牌的药品，这也许是因为他们担心新的非专利药品的成分与品牌药品的成分不一样。因此，以前的垄断者可以继续制定至少比新竞争者略高一点的价格。

资料来源 曼昆. 经济学原理［M］. 梁小民，梁砾，译. 7版. 北京：北京大学出版社，2015.

（2）垄断造成社会福利损失。垄断对社会福利造成的损失主要表现为使消费者剩余大大减少。消费者剩余是指消费者愿意为某种商品或服务支付的最高价格与他实际支付的价格之差。垄断造成社会福利损失如图8-1所示。

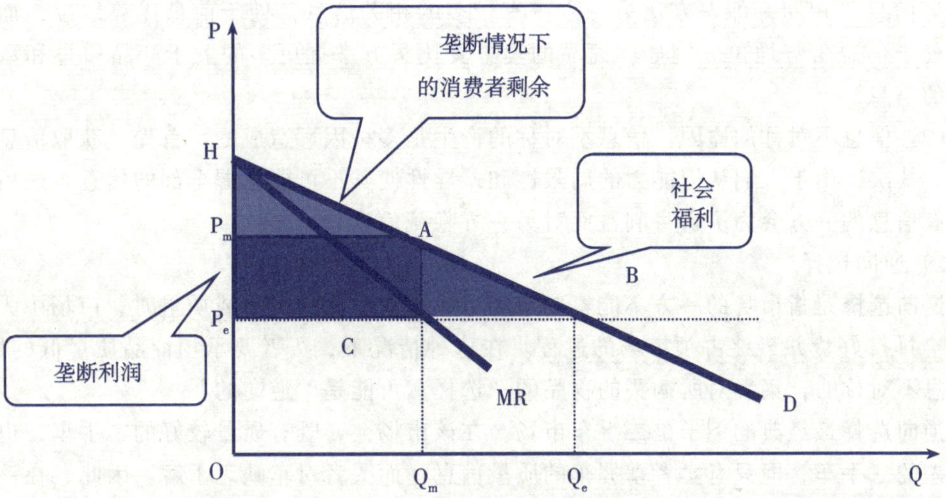

图8-1 垄断造成社会福利损失

在图8-1中，Q代表产量，P代表价格，D是需求曲线，MR是边际收益曲线。在完全竞争条件下，在均衡价格P_e的价格水平线以上、需求曲线D以下的部分，即△HBP_e部分就是消费者剩余。在垄断条件下，在垄断价格P_m的价格水平线以上、需求曲线D以下的部分，即△HAP_m部分就是消费者剩余。显然，前者大于后者，二者之差是梯形AP_mP_eB部分。其中矩形ACP_eP_m部分为垄断利润，而△ABC部分就是社会福利损失，即垄断产量限制对社会福利造成的损失。

动画

消费者剩余

（3）垄断造成寻租。**寻租**是指那些通过公共权力参与市场经济，从而谋取非法收益的非生产性活动。在垄断市场条件下，垄断厂商为获取垄断利润，就必须保持其垄断地位，为此而付出的花费和开支就是寻租成本。例如，向政府游说或贿赂立法者、采取合法手段规避政府的管制，以及进行反垄断调查等发生的费用都属于寻租成本。由于寻租成本未用于生产性经营活动，因此会造成社会资源的浪费和社会福利水平的降低。

小思考8-3

如何度量垄断造成的社会福利损失？

答：垄断造成的社会福利损失可以用消费者剩余的减少来度量。

8.1.4 信息不对称

1）信息不对称的含义及原因

（1）信息不对称的含义。完全竞争市场上能够实现市场机制最优配置状态的一个重要假定就是完全信息，即市场交易双方对交易产品掌握充分的信息。然而，在现实生活中，人们对信息的掌握是不完全的，而这种不完全又往往表现为信息的不对称。**信息不对称**是指市场交易的各方所拥有的信息不对等，买卖双方所掌握的商品或服务的价格、质量等信息不相同，即一方比另一方占有较多的相关信息，处于信息优势地位，而另一方则处于信息劣势地位。例如，商品的卖方要比买方掌握更多的关于产品质量和数量等方面的信息。

（2）信息不对称的原因。信息不对称的产生是多种因素造成的。首先，获取信息需要成本。其次，由于人们认识能力的局限性和差异性使其不可能掌握全部的信息。最后，充分占有信息的一方会为了自身利益而对另一方隐藏信息。

2）逆向选择

逆向选择是指市场的一方不能察知市场另一方的商品的类型或质量时，市场中大量的劣货会排挤好货并最终占领市场的过程。在这种情况下，买者要承担商品质量低的风险。在信息不对称时，买者对所购买的物品的“选择”可能是“逆向的”。

逆向选择最经典的例子是二手车市场。在该市场上，既有质量较好的二手车，也有质量很差的二手车，但只有卖者掌握车的质量信息，而买者对车缺乏了解。因此，在该市场上，双方的信息是不对称的。买者担心自己买回去的不仅是“旧品”，而且是“次品”。买者由于无法识别商品质量的优劣，此时的出价会介于质量较好的二手车价格与质量很差的二手车价格之间。这样一来，质量较好的二手车，质量高于价格，车主不愿进入或退出此市场；而质量很差的二手车，价格高于质量，车主愿意进入或留在此市场，最终导致该市场上的车都是质量较差的二手车。优质品价格被低估而退出市场交易，结果只有劣质品成交，这就进入一个恶性循环，甚至可能导致整个二手车交易的萎靡、停止。

另一个例子出现在保险市场上。例如，购买医疗保险的人比保险公司更了解自己的健康问题，由于有较多隐蔽性健康问题的人比其他人更可能购买医疗保险，因此，医疗保险的价格反映的是病人的成本而不是普通人的成本。结果，高价格可能会阻止正常、健康的人购买医疗保险。

3）道德风险

道德风险是指人们享有自己行为的收益，将成本转嫁给别人，从而造成他人损失的可能性。也就是说，从事经济活动的人在最大限度地增加自身效用的同时，会有不利于他人的行动。

例如，对有车族来说，他们在购买保险之前，都会十分在意自己汽车的安全问题，会采取非常严密的防盗措施，如雇用保安巡逻或将车放在上锁的车库里。如果保险公司表示愿意为他们的汽车投保，但赔偿额较低时，他们依然会比较注意做好防盗措施，因为一旦汽车丢失，他们要承担大部分损失；当赔偿额较高时，他们可能会较少关注汽车安全问题，因为此时大部分损失要由保险公司承担；当保险公司赔偿全部时，他们可能根本不会再关心汽车的安全问题，也不再采取任何的防范措施，因为如果汽车被盗走，他们将得到全额赔付，自己几乎没有损失，而采取安全措施除了会给他们带来支出之外，几乎没有任何收益。再比如，投保了火险的房东可能很少买灭火器，因为房东要承担买灭火器的费用，而保险公司却因此得到了许多利益。保险公司并没有关于房东谨慎程度的完全信息，道德风险问题不可避免。另外，雇佣关系中也存在着道德风险，雇员在没有受到充分监督时，存在责任心下降的可能性。

微课

道德风险的具体表现

经济生活中的信息不对称，使逆向选择和道德风险问题普遍存在。一方面造成了交易市场的严重萎缩，另一方面导致社会资源的极大浪费，影响了资源的配置效率。

小资料 8-3　**制度教育技术多维度发力 构建道德风险防控新生态**

道德风险的有效治理需通过制度创新、教育赋能与技术革新形成合力。国家发展改革委 2024 年发布的《2024—2025 年社会信用体系建设行动计划》明确提出，通过信用法规制度完善、信用信息共享平台建设及信用分级分类监管，构建“不敢失德、不能失德、不想失德”的社会生态。

在制度层面，企业年金制度通过信息披露与市场化竞争，截至 2023 年末覆盖 3 144 万职工，基金规模达 3.19 万亿元，实现职工福利与企业凝聚力的双赢；国家金融监督管理总局 2024 年新规要求金融机构设置首席合规官，某银行通过内部监管机制将员工违规行为发生率降低 70%，客户满意度提升至 92%。在教育领域，北京电影学院等院校将职业道德课纳入必修，教育部 2023 年师德集中学习教育覆盖全国教师群体，推动行业人才“德艺双馨”发展。在技术应用方面，AI 换脸技术帮助剧组规避艺人失德风险，某古装剧通过技术处理将延期损失降低 60%。上海虹口区 2024 年推行“蒲公英”信用积分系统，通过道德积分引导市民践行诚信，失信行为投诉量下降 45%，并打造白玉兰广场诚信计量示范商圈，实现消费环境与商业信用的双重提升。

小思考 8-4

你还能举几个发生道德风险问题的例子吗？

答：例如，贷款银行与贷款人之间由于存在信息不对称，也容易导致道德风险问题的发生。

8.2　政府干预

市场失灵产生以后，私人部门已无法很好地解决资源的配置问题，此时往往需要政府部门的介入，即采取政府干预的手段来提高资源配置效率。

8.2.1　政府干预的理由

(1) 社会收入分配不公问题的存在。现实生活中，由于人们在家庭出身、劳动观念、生活习惯、教育机会，以及拥有生产资源数量等方面的差异，往往会出现收入不均、贫富悬殊等问题。这些问题的出现，一方面，不利于社会的安定和经济的发展；另一方面，市场自身无法解决，必须由政府出面才能实现社会公平。

（2）恶性竞争和垄断的存在。适度的竞争有利于市场的发展，但竞争一旦发展成恶性竞争或形成垄断，则会降低经济效率，导致整个社会资源的浪费和社会福利的减少。政府可以通过制定反不正当竞争法和反垄断法等法律来规范经济主体的行为，鼓励竞争的良性发展。

（3）信息不对称现象的存在。市场机制不能解决所有的信息不对称和信息不完全问题，而政府可以通过增加市场透明度等方法对信息进行管理和调控，使交易参与者得到较为充分和正确的信息。

（4）负外部性导致的环境污染等问题的存在。环境污染问题越来越成为阻碍经济发展的一大社会问题。国家可以通过制定环境保护法规等政策来维持一个良好的生态环境，以最大限度地降低社会成本，增加社会收益。

（5）公共产品供给问题的存在。公共产品的性质使私人部门不能或无法全部提供，而政府可以在这方面发挥较大的作用。

小思考 8-5

你能用一句话来概括政府干预的理由吗？

答：市场失灵是政府干预的根本原因。

8.2.2 政府干预的方式

市场失灵是公共物品、外部性、垄断和信息不对称等不同因素共同作用的结果。因此，政府在实施干预时，必须根据市场失灵的原因有针对性地采取政策和措施，最大限度地解决资源配置效率问题。

1）针对公共物品原因导致的市场失灵

针对公共物品原因导致的市场失灵，政府干预主要是决定是否提供公共物品和提供多少公共物品的问题，其主要方式有：

（1）政府在确定某一公共物品是否值得提供以及提供多少时，往往采用成本效益分析法。首先，估算提供某一公共物品的成本和获得的收益；其次，将二者加以比较；最后，根据结果确定该公共物品是否值得提供。如果有几个可供选择的公共物品，则应分别比较其成本与收益，最后选择提供社会净收益较大的公共物品。

（2）具体来说，政府往往通过以下方式提供公共物品：一是由政府直接经营企业并生产公共物品；二是政府与私人部门签订合同，共同提供公共物品；三是政府以授权、许可的形式委托私人部门提供公共物品；四是政府对私人部门提供补贴，鼓励其提供公共物品。

2）针对外部性原因导致的市场失灵

针对外部性原因导致的市场失灵，政府干预的方式主要有：

（1）税收与补贴。政府对产生负外部性的企业征税，其数额应该等于该企业给社会其他成员造成的损失，从而使其私人成本等于社会成本。例如，在产生污染的情况下，政府向污染企业收税，其税额应等于治理污染所需要的费用。

政府对产生正外部性的企业进行补贴，使其私人收益等于社会收益。无论何种情况，只要是政府采取措施使得私人成本和私人利益与相应的社会成本和社会利益相等，则资源配置就可以达到最优。

（2）实行“内部化”政策。一个企业对另一个企业可能产生正外部性或负外部性，但当政府将两个企业进行合并，在合并后的企业内部核算成本与收益时，就消除了外部性影响，即使其“内部化”了。

（3）界定产权。在多数情况下，外部影响之所以资源配置失当，是因为财产权不明确。如果财产权是完全确定的并得到充分保障，则有些外部影响就可能不会发生。例如，河流上游的污染者使下游用水者受到损害。如果给予下游用水者以使用一定质量水源的财产权，则上游的污染者将会因为把下游的水降低到特定质量之下而受罚，罚金就可以用来治理受到污染的河水；或者上游污染者可以把这种权利从下游用水者那里买过来，下游用水者出售权利的收入就可以用来治理河水。总之，由于污染者为其不好的外部影响支付了代价，其私人成本与社会成本相等。

这种界定“产权”的政策，可以看成一般化的科斯定理。科斯认为，只要解决了财产权的界定和交易费用过高的问题，则无论将财产权赋予谁，都可以通过市场交易解决外部性问题。

拓展资料8-2

为什么黄牛没有绝种

3）针对垄断原因导致的市场失灵

针对垄断原因导致的市场失灵，政府干预的方式主要有：

（1）制定反垄断法。反垄断法就是反对垄断和保护竞争的法律制度。它是市场经济国家基本的法律制度。《中华人民共和国反垄断法》已由中华人民共和国第十届全国人民代表大会常务委员会第二十九次会议于2007年8月30日通过，自2008年8月1日起施行。2022年6月24日，十三届全国人大常委会第三十五次会议通过修改《中华人民共和国反垄断法》的决定，自2022年8月1日起施行。此次反垄断法修改坚持规范与发展并重，针对反垄断法实施中存在的突出问题，进一步完善反垄断相关制度，加大对垄断行为的处罚力度，为强化反垄断和防止资本无序扩张提供更加明确的法律依据和更加有力的制度保障。我国反垄断法已形成“立法修订-执法强化-司法配套-学术支撑”的完整体系，未来将继续以“有效市场+有为政府”为导向，推动公平竞争与创新发展的平衡。

（2）公共管制。政府对垄断的管制主要是政府对垄断价格进行管制并进而影响价格。价格管制就是使管制之下的垄断厂商制定的价格等于边际成本。这样可以将垄断造成的社会福利损失降低到最低限度，以实现资源的优化配置。

4）针对信息不对称原因导致的市场失灵

针对信息不对称原因导致的市场失灵，政府干预的方式主要有：

（1）解决逆向选择问题的方式。一是政府规定企业对出售的产品提供质量保证；二是政府引导企业对出售的产品提供不同的产品保修年限；三是政府鼓励企业树立品牌，通过“声誉”来分辨优质产品与劣质产品；四是政府鼓励企业通过广告等宣传方式来区分优质产品与劣质产品；五是政府鼓励企业实现产品标准化。

（2）解决道德风险问题的方式。对于保险方面的道德风险问题，可以通过保险单的免赔责任和免赔条款来防范。对于雇员的道德风险问题，可以通过预付保证金、订立合同、实行绩效工资等来防范。

小思考 8-6

政府提供公共物品与生产公共物品相同吗？

答：不同。前者是指政府通过预算安排或政策安排等某种适当方式将公共物品委托给私人企业进行生产，后者是指政府建立企业直接生产公共物品。

8.2.3 导致政府干预失效的因素

当市场失灵时，政府在公共部门中所起的作用十分明显。是不是政府对经济的干预总能发挥有效作用呢？答案是否定的。政府干预也有失效的时候，我们称为政府失灵。总的来说，导致政府干预失效主要有以下几个原因：

（1）政府的偏好。政府同个体一样，也有自己的偏好和利益目标。当下级政府的目标与上级政府的政策出现矛盾时，下级政府会做出与上级政府的政策相悖的选择，从而导致政府失灵。同时，政府在制定政策时，其偏好也起着重要作用，稍有不慎，出现失误也会导致政府干预失效。

（2）官员的素质。通常，官员的素质较经济学家、科学家要低，因此，他们在制定和执行政策时往往存在不当之处；同时，有些官员把公共权力当作私人权力来满足个人偏好，权钱交易、权权交易现象普遍，人们对政府不信任，这也致使政府干预失效。

（3）利益集团的寻租行为。当政府制定政策时，利益集团的游说活动、个体的寻租活动都会使政府的决策偏离社会最优选择，推出的政策往往只代表利益集团的利益而不是全社会的利益。当政府执行政策时，寻租活动会使政策的执行效率或执行过程偏离政策本身。

（4）信息不对称。当信息不对称现象普遍存在时，政府不可能全面把握遇到的问题，这会使其制定的政策存在偏差，出现政府失灵。同时，信息不对称还会影响政府对其各部门和代理人的监督，并会引起政策在传递过程中的耗散，从而导致政策在执行阶段出现政府干预失效。

补充阅读材料

技术溢出、产业政策与专利保护

（5）政府干预的成本与收益。由于意识形态等方面的影响，很难对政府干预的作用进行实证的评价。

（6）政府实行干预的法令、规章等都具有刚性，不能根据经济的具体情况变化及时进行调整，从而导致政府对经济干预的盲目性。

小思考 8-7

你认为要达到帕累托最优，即实现资源的最优配置，应让市场机制自发起作用，还是采取政府干预的形式？

答：采取任何一种形式都无法实现帕累托最优状态。因为在经济生活中，市场失灵与政府失灵同时存在，二者在某一时间、某一领域都可能无法发挥或不可能充分发挥调节资源配置的作用。只有二者相互作用、相互配合、相互补充，才有可能最终实现资源配置的最高效率。

知识掌握

□ 选择题

知识梳理8

1）市场失灵是指（　　）。

A.市场价格机制的运行不再具有灵活性

B.商品需求对价格变化的敏感程度下降

C.市场对稀缺性资源的配置无效率

D.收入分配不均

2）物品的非竞争性是指（　　）。

A.只有一个消费者　　B.只有一个生产者

C.生产成本为零　　D.增加一个消费者的边际成本为零

3）物品的非排他性是指（　　）。

A.只有支付价格才能获得消费权利　　B.不支付价格也能获得消费权利

C.只有一个消费者　　D.只有一个生产者

4）在下列产品或劳务中，市场失灵问题最不显著的是（　　）。

A.国防　　B.教育　　C.电视节目　　D.饮料

5）“搭便车”现象源于（　　）问题。

A.公共物品　　B.私人物品　　C.社会福利　　D.不完全信息

6）周围人吸烟会给你带来危害属于（　　）。

A.生产正外部性　　B.消费正外部性　　C.消费负外部性　　D.生产负外部性

7）针对垄断原因导致的市场失灵，政府干预的方式主要有（　　）。

A.制定反垄断法　　B.实行“内部化”政策

C.界定产权　　D.税收与补贴

8）在次品市场上商品价格下降导致销售数量减少的现象可以称为（　　）。

A.道德风险　　B.搭便车　　C.公共物品　　D.逆向选择

9）卖主比买主知道更多关于商品生产和质量信息的情况称为（　　）。

A.道德风险　　B.搭便车　　C.排他性　　D.不对称信息

□ 判断题

1）同国防、外交一样，有线电视也属于纯公共物品。（　　）

2）所有对交易双方之外的第三方造成的影响都属于外部性。（　　）

3）逆向选择和道德风险问题普遍存在的原因是外部性。（　　）

4）当市场失灵时，政府干预就能实现资源的最优配置，即达到帕累托最优状态。（　　）

□ 简答题

1）导致市场失灵的因素主要有哪些？

2）为什么信息不对称会导致市场失灵？

3）当出现外部性导致市场失灵时，政府干预的方式有哪些？

□ 计算题

上游化工厂排放的废水给下游渔民造成了15 000元的损失。如果双方谈判的成本是每方各承担5 000元，界定产权对该问题的解决是否有效？若成本是双方各承担20 000元呢？

知识应用

□ 分析题

1）举例说明什么是逆向选择和道德风险。

2）试分析“搭便车”行为产生的原因及后果。

□ 案例题

政府市场协同发力 构建高水平社会主义市场经济体制

在社会主义市场经济中，政府通过制度创新与精准监管实现“有效市场”与“有为政府”的深度融合。2024年，国家市场监督管理总局审结经营者集中案件643件，其中无条件批准623件、附加限制性条件批准1件，通过反垄断执法筑牢公平竞争防线。针对日本JX金属株式会社收购拓自达电线株式会社股权案，监管部门通过全链条竞争影响评估，最终附加限制性条件批准交易，既保障市场配置资源功能，又预防垄断风险，维护国内下游企业选择权与公平交易权。这种“严执法”与“促发展”的平衡，体现了政府在维护市场秩序中的关键作用。

政府通过优化制度供给激发市场活力。2024年9月施行的《关于完善市场准入制度的意见》明确，全面取消制造业领域外资准入限制，同步放宽电信、医疗等服务业准入，并建立全国统一的市场准入负面清单管理模式，严禁清单外违规增设准入障碍。此举推动民营经济主体总量达1.8亿户，占经营主体总量的96.37%，杭温高铁等民资控股重大项目顺利落地。同时，国家发展改革委建立不当干预全国统一大市场建设行为约谈机制，在新能源汽车、能源资源等领域纠治地方保护问题，推动长三角区域50余项市场监管事项“一网通办”，降低制度性交易成本。

市场与政府的关系本质是“有效市场”与“有为政府”的辩证统一。党的二十届三中全会明确，市场在资源配置中起决定性作用，政府则通过宏观调控、公共服务、市场监管弥补市场失灵，实现“放得活”与“管得住”的动态平衡。例如，市场监管总局修订《国务院关于经营者集中申报标准的规定》，将申报营业额标准提高，使2024年申报数量同比下降15%，企业投资并购效率显著提升；同时构建“1+3+7”智慧监管体系，审查时间缩短24%，在减轻企业负担的同时强化事中事后监管。这种“宽进严管”模式，既释放市场主体活力，又通过数字化手段提升监管效能，彰显了社会主义市场经济体制的独特优势。

实践表明，政府通过反垄断执法、市场准入改革、智慧监管创新等举措，既能破除行政垄断和地方保护，又能为技术创新、产业升级提供制度保障。当“无形之手”与“有形之手”协同发力，社会主义市场经济体制的优越性便转化为高质量发展的澎湃动力，为中国式现代化注入持久活力。

资料来源　国家市场监督管理总局反垄断执法二司．以严执法筑公平之基 以智监管赋发展之势——市场监管总局2024年经营者集中反垄断监管工作成果扫描［EB/OL］．［2025-02-27］．https：//www.samr.gov.cn/fldes/sjdt/gzdt/art/2025/art_9b6fcd07fd3b46c59702ff36c587e1d3.html．有删改．

问题：(1) 在社会主义市场经济中，政府具体怎样做可以更好地发挥作用，成为真正的"有为政府"?

(2) 市场与政府的关系要如何来界定?

综合实训

【项目目标】

通过本项目的实训，使学生能够正确认识政府干预的力度，并应用所学知识分析政府应采取哪些合理干预才能根治、减少或杜绝经济发展的负外部性。

【项目内容及要求】

1) 根据本章内容，上网或通过书刊查找有关资料，调研学校或家庭附近的污染企业、居民和相关机构，了解产生污染的原因及当前采取的治理措施。询问治理污染的措施于何时开始，是企业主动治理还是迫于外界压力? 目前对污染的治理是否达到要求? 抑或尚未采取污染治理措施，为什么?

2) 运用所学知识分析怎样才能更好地减少或根除污染。

3) 全班分成若干小组，每组8～10人，实行组长负责制，完成综合实训项目。

4) 进行分组讨论答辩，组长总结性发言，各组之间评价，教师进行最后总结性评价，给出考核成绩。

【项目成果】

撰写《如何治理污染的调研报告》。

交互式测验8

第9章

国民收入核算理论与方法

思维导图

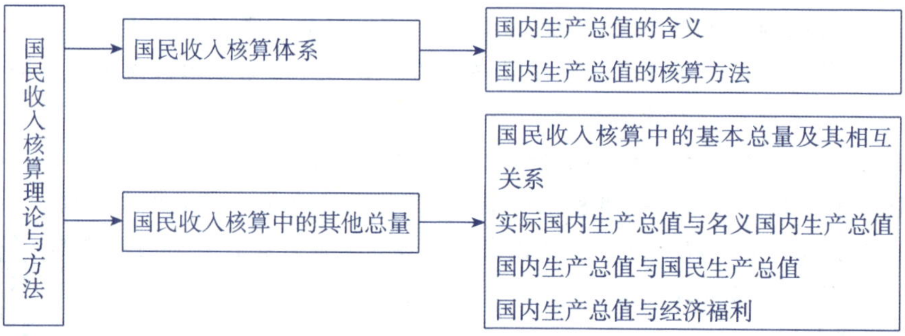

学习目标

【知识目标】

了解国民收入决定理论在宏观经济体系中的重要性；理解国内生产总值的含义；熟悉国民收入核算中基本总量的概念及其相互关系；了解实际国内生产总值与名义国内生产总值之间的关系；理解国内生产总值与国民生产总值、经济福利之间的关系。

【能力目标】

能通过网络等手段获取我国国民收入的相关数据；能对获得的我国国民收入的相关数据进行简单分析。

【素养目标】

培养学生人道主义精神；体会中国制造带来的国际影响力，增强民族自豪感；培养学生的国家政策认同感。

案例导入　新能源汽车产业驱动 GDP 增长的核算实践

2024年，中国新能源汽车产业成为国民经济增长的核心引擎，其发展轨迹深刻体现了国民收入核算理论的实际应用。根据国家统计局2025年2月28日发布的《2024年国民经济和社会发展统计公报》，全年国内生产总值（GDP）达134.91万亿元，同比增长5.0%，其中新能源汽车产量1 316. 万辆，同比激增38.7%，直接拉动制造业增加值增长6.1%，高技术制造业增长8.9%。这一产业通过消费、投资、出口三驾马车协同发力，成为支撑经济增长的重要动能。

从支出法视角看，新能源汽车消费端表现亮眼，零售额同比增长超30%；投资端，产业链（如电池、充电桩）全年投资增长显著；出口方面，出口量突破500万辆，同比增长60%。从生产法视角分析，新能源汽车产业带动上下游协同发展，上游锂电池制造业、中游整车制造业、下游充电服务与电池回收等服务业均实现高速增长，形成“制造+服务”的全产业链增值模式。

国家政策持续加码新能源汽车产业发展，延续购置税减免政策并推动政府采购比例提升，进一步释放市场需求。技术创新方面，6C超级快充技术取得突破，华为巨鲸电池2.0实现10分钟快充，固态电池研发加速，卫蓝新能源、清陶能源等企业计划2027年实现全固态电池规模化量产。区域产业集群效应显著，深圳、合肥等地形成产业高地，带动区域经济发展。

资料来源　作者根据2024年国民经济和社会发展统计公报整理.

分析：新能源汽车产业的爆发式增长生动诠释了国民收入核算的多维逻辑。从支出法看，其通过居民消费升级（购车支出）、企业扩大再生产（设备投资）、国际市场拓展（出口创汇）三方面直接贡献GDP增量；从生产法看，全产业链的价值增值（从原材料到终端服务）完整呈现了各环节增加值的累加过程。这种“制造+服务”的双轮驱动模式，不仅验证了GDP核算的科学性，更凸显了绿色产业对高质量发展的引领作用。

宏观经济学以整个国民经济活动作为分析对象，它研究的是整个国家的经济运行情况，如物价或通货膨胀问题、就业或失业问题、经济增长与经济周期问题。其核心理论是国民收入决定理论。要想从总体上把握整个国民经济活动，就必须有一套定义和计量总产出或总收入的方法，这套方法就是通常所说的国民收入核算体系。经济学已经建立了一整套相对科学、系统和合理的国民收入核算体系。

9.1　国民收入核算体系

9.1.1　国内生产总值的含义

国内生产总值（Gross Domestic Product，GDP）是指一国或一个地区在一定时期内运用生产要素所生产的全部最终产品（商品和服务）的市场价值。理解这个定义应该注意以下几个方面的内容：

（1）国内生产总值是一个市场价值的概念，用货币来衡量。其计算公式为：

市场价值=单位价格×产量

（2）国内生产总值只测定最终产品（包括商品和服务）的价值，而不计算中间产品价值。最终产品是指最后使用者购买的全部商品和服务；中间产品是指用于再出售而供生产别种产品用的产品和劳务。在实际经济中，某些产品既可以作

动画

酿酒的故事

为最终产品，也可以作为中间产品。例如，煤炭在用作燃料发电时是中间产品，而用作人们生活中的燃料时是最终产品。这样，把哪部分煤炭计入最终产品，哪部分煤炭计入中间产品就不容易界定了。为了解决这个问题，在实际计算当中就应该采用增值法，即只计算在各生产阶段上所增加的价值。

实例 9-1

一件上衣从生产到消费者最终使用要经过五个阶段，即种棉—纺纱—织布—制衣—销售。最终产品价值的核算如图 9-1 所示。

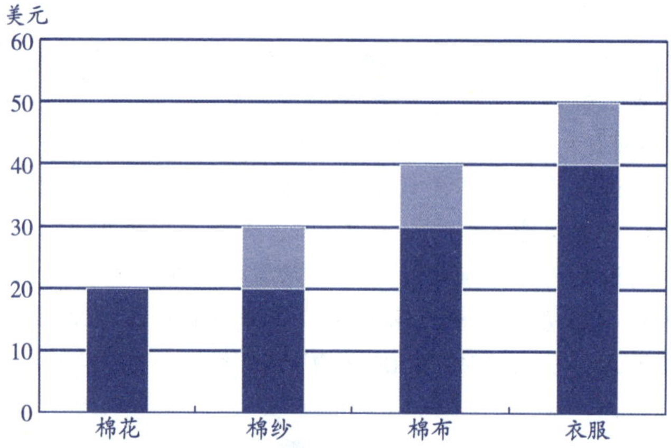

图9-1　最终产品价值的核算

最终产品价值=各个环节增加值总和

在此例中，上衣作为最终产品，其价值采用增值法计算为 50 美元（20+10+10+10），如果不区分最终产品和中间产品，则会得到 140 美元的总价值，其中含重复计算 90 美元的产品价值。可见，用增值法可以避免重复计算的问题。

（3）国内生产总值一般以 1 年为统计核算期限。也就是说，某年的国内生产总值不能包括以前年度生产出来的商品和服务，只能是当年生产出来的商品和服务。按此规则，出售以前年度生产的存货所得收入就不能计入当年的国内生产总值。

（4）国内生产总值是一个地域概念，是指一个国家国境内所创造的全部最终产品的市场价值，而不管国境内的生产要素是不是本国的，它主要侧重衡量一国本土所具备的生产能力。

（5）国内生产总值只衡量市场活动所产生的价值。那种用于自己消费的自给性商品和服务，因为不用于市场交换，因而没有价格，不能计入国内生产总值。例如，家政公司的家政工作人员替别人打扫房屋时获得的收入要计入国内生产总值，而家庭主妇清扫自家房屋时却没有收入，无法反映在国内生产总值中。

小资料 9-1　中国 GDP 稳健增长：新质生产力引领高质量发展

2024 年，中国经济在复杂国际环境下展现强劲韧性，全年国内生产总值达 134.91 万亿元，同比增长 5.0%，稳居世界第二大经济体地位。这一成绩背后，是新质生产力培育、数字经济崛起与绿色转型深化的多重驱动，生动诠释高质量发展动能。

从增长结构看，消费、投资、出口“三驾马车”协同升级。最终消费支出对GDP增长贡献率达44.5%，社会消费品零售总额突破48万亿元，智能家居、文旅消费等新兴领域成为亮点。投资端，高技术产业投资增长8.0%，数字基础设施加速完善，5G基站与算力规模持续扩大，为产业升级注入动力。出口方面，货物贸易总额达43.85万亿元，高端装备出口显著增长，成为全球产业链升级的重要引擎。

区域协同发展与新质生产力培育成效显著。长三角、京津冀等区域通过数字经济产业集群建设，带动区域经济增速领跑全国。国家高新区成为创新高地，人工智能、量子信息等未来产业初步形成竞争优势。绿色能源投资规模创新高，风电、光伏装机容量持续扩大，储能产业加速布局，零碳产业园示范效应显著。

政策支持与创新驱动是关键支撑。研发投入强度达2.68%，超过欧盟平均水平，基础研究经费增长10.5%，企业有效发明专利产业化率稳步提升。延续消费以旧换新、数字经济专项扶持等政策，直接降低企业成本并释放市场需求。技术创新方面，人工智能大模型在工业、医疗等领域实现规模化应用，量子计算原型机关键技术取得突破，推动高端制造与数字经济深度融合。

资料来源 参见2024年国民经济和社会发展统计公报.

9.1.2 国内生产总值的核算方法

国内生产总值的核算方法有三种，即支出法、收入法和部门法。

1）支出法

支出法是通过核算在一定时期内整个社会购买最终产品的总支出（即最终产品的总卖价）来计量*GDP*。那么谁是最终产品的购买者呢？从产品的使用角度看，最终产品的使用者就是最终产品的购买者。在现实生活中，产品和劳务的最后使用，除了居民消费外，还有投资支出、政府购买和净出口。

居民消费（C），包括购买耐用消费品、非耐用消费品和服务等支出。耐用消费品包括家庭轿车和家用电器等，而居民用于住宅的支出则没有被包括在内。非耐用消费品包括食物、衣服等。服务包括医疗、教育培训、旅游和理发等。居民消费是国内生产总值中最大的一个部分，约占2/3；在居民消费中，服务又是最大的部分，约占1/2。

投资支出（I），包括固定资产投资和存货投资。固定资产投资是指厂房、设备和住宅投资；存货投资是指厂商持有的存货价值的变动。

政府购买（G），是指各级政府部门对商品和服务的购买支出，主要包括政府在军事设施和物资方面的支出，以及政府雇员的薪金支出等。需要强调的是，并非所有的政府支出都要计入国内生产总值，如政府以失业保险、失业救济、抚恤金、各种困难补助和国债利息等形式对个人的单方面的支出，即转移支付不能计入国内生产总值。

净出口（X−M），表示本国的最终产品有多少通过外国人的支出而实现交换，反映的是国外对本国商品和服务的净购买情况，是出口减去进口得到的差额。对于不同的国家来说，净出口数值可正可负。

把上述四个项目加总求和，即可得到用支出法计算国内生产总值的公式：

GDP=C+I+G+（X-M）

表9-1以中国2015—2023年按支出法计算国内生产总值的构成情况为例来加以说明。

表9-1　中国2015—2023年按支出法计算国内生产总值的构成情况　单位：亿元

年度	最终消费		资本形成		货物和服务净出口	GDP
	居民消费	政府消费	固定资本	存货变动		
2015	267 379.8	114 213.0	292 361.9	7 856.3	22 346.5	704 157.5
2016	298 101.1	124 839.2	312 702.5	8 053.7	16 975.6	760 672.1
2017	330 096.0	139 833.1	350 973.2	9 586.0	14 578.4	845 066.7
2018	364 515.0	157 591.7	396 684.6	8 737.3	6 052.8	933 581.3
2019	395 830.9	172 517.3	424 984.6	4 216.6	9 173.5	1 006 722.8
2020	394 993.4	182 176.0	433 086.0	7 481.7	24 507.9	1 042 244.9
2021	450 442.5	191 934.2	485 400.7	15 613.5	29 718.8	1 173 109.7
2022	466 181.2	205 622.6	508 826.5	13 852.0	38 930.5	1 233 412.8
2023	512 120.6	222 474.2	523 590.3	8 740.0	27 346.7	1 294 271.7

2）收入法

微课

收入法与GDP核算

收入法是通过计算一定时期内整个社会所有的生产要素获得的收入来核算国内生产总值。严格说来，最终产品市场价值除了生产要素收入构成的成本外，还有间接税、折旧和企业未分配利润等内容。其计算公式为：

国内生产总值=工资+利息+租金+非公司业主收入+公司税前利润+企业转移支付+企业间接税+资本折旧

（1）工资、利息和租金等生产要素的报酬。工资，包括所有工作的酬金、津贴和福利费，也包括工资收入者必须缴纳的所得税和社会保险税。利息，是指人们给企业所提供的货币资金获得的利息收入，如银行存款利息、企业债券利息等，但政府公债利息和消费信贷利息不包括在内。租金，包括出租土地、房屋等获得的收入，以及专利、版权等收入。

（2）非公司业主收入。其包括医生、律师、农民和商户的收入，他们使用自有资金并且自我雇用，其工资、利息、利润和租金等经常混在一起作为非公司业主收入。

（3）公司税前利润。它是公司销售收入扣除工资、利息、租金后的剩余，包括企业所得税、社会保险税、股东红利和企业未分配利润等。

（4）企业转移支付和企业间接税。这些虽然不是生产要素创造的收入，但要通过产品价格转嫁给购买者，故也应该视为成本。企业转移支付包括对非营利组织的社会慈善捐款和消费者呆账；企业间接税包括货物税或销售税、周转税等。

（5）资本折旧。它是指在经济活动核算期内损耗的固定资本价值，这些虽不是要素收入，但包括在总投资中，也应该计入国内生产总值。

3）部门法

部门法是指按提供产品与劳务的各个部门的产值来计算国内生产总值，即计算一个国家一定时期内所有部门和企业生产的全部产品与劳务的价值减去生产过程所使用的中间产品的价值总和。这种计算方法反映了国内生产总值的来源，所以又称生产法。

在用这种方法计算时，各物质生产部门要把所使用的中间产品的产值扣除，仅计算本部门的增值；商业和服务等部门也按增值法计算；卫生、教育和行政等无法计算增值的部门，则按该部门职工的工资收入来计算，以工资代表他们所提供的劳务的价值。

支出法、收入法和部门法从不同的角度来衡量和计算国内生产总值，因为所统计的对象是一样的，所以从理论上讲，三种方法得出的结果应该是一致的。但在实际中，由于统计误差和相关数据可获得性的差异，这三种方法所得出的结果往往并不一致。国民经济核算体系以支出法为基本方法，即以支出法所计算出的国内生产总值为标准，如果按收入法和部门法计算的结果与此不一致，就要进行误差调整，使之达到一致。

案例9-1　一国的国内生产总值与其公民的生活水平密切相关

确定国内生产总值有用性的一个方法是把国内生产总值作为经济福利的衡量指标来考查国际数据。富国与穷国人均国内生产总值水平差异巨大。如果高的国内生产总值导致了高的生活水平，那么我们就可以认为国内生产总值与生活质量是密切相关的。事实上我们也是这样做的。

表9-2显示了6个国家2024年人均国内生产总值的情况。

表9-2　6个国家2024年人均国内生产总值的情况

国别	人均国内生产总值（美元）	人口（万）
美国	83 320	34 542.7
日本	33 215	12 375.3
中国	13 057	141 932
俄罗斯	14 203	14 482
印度	2 713	145 094
也门	471	3 508

资料来源　国际货币基金组织（IMF）、世界银行、中国国家统计局等.

分析：根据世界卫生组织统计，日本人的平均寿命居全球第一，2024年日本的平均预期寿命为84.5岁，其中男性平均年龄为81.09岁，女性平均寿命为87.14岁，而且几乎所有人都识字；在一些穷国，人们一般只能活到50多岁，而且只有一半人识字。尽管生活质量其他方面的数据还不完全，但这些数据也说明了类似的情况。在人均国内生产总值低的国家，婴儿出生时一般体重较轻，婴儿死亡率、产妇死亡率和儿童营养不良的比率都很高，而且

拓展资料9-1

2021年全球人均国内生产总值最高的三个国家

人们不能普遍得到安全的饮用水。在人均国内生产总值低的国家，学龄儿童实际在校生人数较少，而且学校师资严重不足。在这些国家，收音机、电视机、电话和道路等生活用品和公共设施都很匮乏，拥有电器的家庭也少。相关数据表明，一国的国内生产总值与其公民的生活水平密切相关。

9.2 国民收入核算中的其他总量

9.2.1 国民收入核算中的基本总量及其相互关系

在国民收入核算体系中，除了国内生产总值以外，还有国民生产总值、国内生产净值、国民生产净值、国民收入（狭义）、个人收入，以及个人可支配收入等相关概念，这些概念和国内生产总值一起统称为国民收入。

国民生产总值（GNP）是指一个国家或地区在一定时期内，本国国民拥有的全部生产要素所生产的全部最终产品（商品和服务）的市场价值。

国内生产净值（NDP）是指一国国境内一年创造出来的净增加值。国内生产总值是一个国家一年内全部最终产品的市场价值，最终产品的价值既包括当年新增加的产值，也包括生产过程的资本消耗，即折旧的价值。国内生产净值等于国内生产总值减去所有常住单位的固定资产折旧。

国民生产净值（NNP）是指一国国民在一年内创造出来的净增加值，是国民生产总值扣除折旧后的价值。

国民收入（NI）（这里的国民收入是指狭义的国民收入），是一国生产要素在一定时期内提供服务所获得的报酬的总和，即工资、利息、租金和利润的总和。从国民生产净值中扣除企业间接税和企业转移支付，加上政府补助金就得到这一狭义的国民收入。企业间接税和企业转移支付是列入产品价格的，但并不代表生产要素创造的价值或者说收入，因此计算狭义的国民收入时必须扣除。相反，政府给企业的补助金不列入产品的价格，但成为生产要素收入，因此应当加上。

个人收入（PI）是指个人实际得到的收入。国民收入不是个人收入，一方面，国民收入中有三个主要项目不会成为个人收入，即企业未分配利润、企业所得税和社会保险税；另一方面，政府转移支付（包括公债利息）虽然不属于国民收入（生产要素报酬），却会成为个人收入。因此，从国民收入中减去企业未分配利润、企业所得税和社会保险税，加上政府转移支付，就能得到个人收入。

个人可支配收入（PDI）是指缴纳了个人所得税以后留下的可以为个人所支配的收入，即人们可以用来消费或储蓄的收入。

国民收入总量指标的关系可以用以下等式表示：

GNP=GDP-外国人在本国的收入+本国人在外国的收入

NDP=GDP-折旧

NI=NDP-企业间接税-企业转移支付+政府补助金

PI=NI-企业所得税-企业未分配利润-社会保险税+政府转移支付

PDI=PI-个人所得税

小思考9-1

为什么要核算国内生产总值以外的其他经济总量？

答：国内生产总值指标有其自身的核算角度和目标，不能全面、精确地反映和衡量一国经济发展总体水平和国民生活水平，所以需要核算国民生产总值等其他总量指标加以补充。

9.2.2　实际国内生产总值与名义国内生产总值

由于国内生产总值是用货币价值来衡量的，因此，一国国内生产总值的变动有两个影响因素：一个是生产的商品和服务的数量的变动；另一个是商品和服务价格的变动。对于一国来讲，由于价格上升而导致国内生产总值的上升是没有任何意义的，因为商品和服务的数量没有增加，人们的消费水平没有得到提高。所以，有必要将国内生产总值变动中的价格因素抽象出来，只研究商品和服务的数量变化。这就需要区别名义国内生产总值和实际国内生产总值两个概念。

名义国内生产总值是用生产商品和服务的那个时期的价格计算出来的国内生产总值，而**实际国内生产总值**是用基年的价格计算出来的国内生产总值。例如，2024年某国的国内生产总值有两种核算方法：一种是用2024年的价格乘以2024年生产的全部最终产品的数量，这样得到的是当年的名义国内生产总值；另一种是用2011年的价格（假设基年为2011年）乘以2024年生产的全部最终产品的数量，这样得到的是当年的实际国内生产总值。

假设某国只生产两种产品：面包和外套，以2011年为基年，现在需要核算2024年的名义国内生产总值和实际国内生产总值，相关资料见表9-3。

表9-3　　名义国内生产总值与实际国内生产总值

项目	2011年名义国内生产总值	2024年名义国内生产总值	2024年实际国内生产总值
面包	15万单位×1元=15万元	20万单位×1.5元=30万元	20万单位×1元=20万元
外套	5万单位×40元=200万元	6万单位×50元=300万元	6万单位×40元=240万元
合计	215万元	330万元	260万元

从表9-3中可以看出，从2011年到2024年，国内生产总值名义上从215万元增加到了330万元，但实际只增长到260万元，即扣除物价上涨因素，国内生产总值只增长了20.9%（（260-215）÷215×100%），而名义上却增长了53.5%（（330-215）÷215×100%）。

通过比较2024年名义国内生产总值和实际国内生产总值，可以得到当年与基期年份相比价格变动的程度126.9%（（330÷260）×100%），说明2011—2024年该国平均价格水平上升了26.9%，其中，126.9%称为国内生产总值折算指数。可见，国内生产总值折算指数是名义国内生产总值和实际国内生产总值的比率。名义国内生产总值、实际国内生产总值和国内生产总值折算指数这三者的关系是：

实际国内生产总值=名义国内生产总值÷国内生产总值折算指数

9.2.3 国内生产总值与国民生产总值

国内生产总值与国民生产总值的区别在于二者统计的对象有所区别。

国内生产总值是指按照国土原则，以地理上的国境为统计标准，一年内在本国领土所生产的最终产品的市场价值总和。其人口包括居住在本国的本国公民和居住在本国的外国公民，不包括居住在外国的本国居民。

国民生产总值是指按照国民原则，以本国公民为统计标准，一年内本国常住居民所生产的最终产品的市场价值的总和。本国居民包括居住在本国的本国公民和暂居外国的本国公民，不包括居住在本国的外国公民。

例如，诺基亚中国公司归芬兰所有，所以该公司在中国经营得到的利润，虽是中国国内生产总值的一部分，但不被统计为中国国民生产总值，而应归入芬兰国民生产总值。类似地，中国海尔在美国工厂的利润，应作为美国国内生产总值的一部分，但应被统计为中国的国民生产总值。

动画

GDP与GNP

对任何一个对外开放的国家来说，都可以核算出国内生产总值和国民生产总值，而且在大多数情况下，这两个数值并不相等，二者的关系是：

国民生产总值 = 国内生产总值 + 本国居民来自国外的要素收入 − 本国支付给外国居民的要素收入

随着国际经济联系的加强，强调身份区别的国民生产总值的相对重要性下降，重视地域范围的国内生产总值的相对重要性上升，从而使国内生产总值成为一项越来越重要的总产出指标。

9.2.4 国内生产总值与经济福利

国内生产总值作为国民收入核算体系中最重要、最核心的指标，代表了一国国民在一定时期内可以消费的商品和服务的数量，因而能从总体上代表一国国民的经济福利水平，但国内生产总值也并非衡量经济福利的完美指标。其原因主要有以下几个方面：

（1）国内生产总值不能完全反映一国的真实产出。国内生产总值的统计数据是依据市场交换获得的，因此至少有两个方面的产出得不到反映：一是非市场性经济活动，如自给性产品和家务劳动；二是地下经济活动，包括赌博、走私、贩毒和黑市交易等非法活动，以及通过现金交易，避开政府税务系统，免纳增值税、所得税等逃税行为。非市场性经济活动由于不到市场上交换，因而无法在国内生产总值中得到反映；地下经济活动由于各种原因无法公开化和合法化，因而也不能在国内生产总值中得到反映。可见，一国国民的总经济福利水平有可能比国内生产总值要高。

（2）国内生产总值不能完全反映一国居民的真实生活水平。国内生产总值所衡量的实质上是一个国家的产出水平。一方面，产出并不等于消费，有些产品生产出来后却销售不出去，进而积压，这样的产品尽管生产出来了，却不能提高人们的生活水平；另一方面，闲暇、良好的工作条件是人们生活水平的一个重要组成部分，而国内生产总值却不能反映这方面的状况。

（3）国内生产总值不能反映经济增长的代价及经济增长的效率和效益。例如，有些国家的经济增长造成了巨大的环境污染和生态破坏，在这种情况下，尽管国内生产总值增长了，人们的实际生活水平却不一定会提高。有的国家的经济增长是低消耗、高效率的，而有的国家的经济增长是高消耗、低效率的。对于后一类国家，其往往会为了发展经济而拼命地消耗资源，对资源采用低效的、掠夺式的利用，这样极有可能伤及一国的持续发展能力。

拓展资料9-2

季节性周期和季节性调整

（4）国内生产总值指标无法反映一国的商品和服务的分配情况。如果A国与B国的国内生产总值总量相同，但A国的收入分配比较均等，而B国的收入差距悬殊，显然这两国国民的生活水平是不相同的。

可见，国内生产总值并不能与一国国民的经济福利水平完全相等，正是由于国内生产总值存在上述不足，所以有一些比较偏激的看法，如有的人认为国内生产总值就是国内总污染。经济学家正在力图对现行国民收入核算体系进行改进和完善，但至今尚未发现比国内生产总值更能说明问题的总量指标和核算方法。所以，尽管国内生产总值还存在诸多不足，还是被作为衡量一国经济总体发展水平和经济福利水平的总量指标。

补充阅读材料

改革开放以来我国国民收入增长情况

小思考9-2

如何获得我国国民收入的有关数据？

答：目前，获得我国国民收入有关数据最常见的方法是登录各级政府统计部门的官方网站，通过百度（www.baidu.com）等搜索引擎，输入国家统计局、上海市统计局、浙江省统计局等，即可获得这些统计部门的官方网址。进入这些统计部门的官方网站后，通过查询其提供的统计年鉴、国民经济和社会发展统计公报等文献与资料，即可获得有关国民收入的历史数据与近期数据，浏览这些统计年鉴即可获得近年来我国国民收入的详尽数据。

知识掌握

□ 选择题

知识梳理9

1）以下关于国内生产总值含义的解释，错误的是（　　）。

A.通常核算的是一年内创造的价值

B.核算的是最终产品和劳务的价值

C.将市场活动和非市场活动都核算在内

D.仅核算流量而不考虑存量

2）下列不能计入当年国内生产总值的是（　　）。

A.出口到国外的一批货物　　B.政府给贫困家庭发放的一笔救济金

C.家政工人的劳动　　D.当年生产的衣服

3）一国的国内生产总值大于国民生产总值，说明该国公民在外国取得的收入与外国公民在该国取得的收入的关系为（　　）。

A.大于　　B.小于　　C.等于　　D.不确定

4）国内生产总值的最终产品是指（　　）。

A.有形的商品　　B.无形的服务

C.既包括有形的商品，也包括无形的服务　　D.自由物品

5）按支出法，应计入私人消费的是（　　）。

A.耐用消费用品支出　　B.私人购房支出

C.政府购买支出　　D.进口支出

6）如果一个人收入为570元，个人所得税为90元，消费430元，利息支付总额为10元，个人储蓄为40元，那么这个人可支配收入等于（　　）元。

A.500　　B.480　　C.470　　D.400

□ 判断题

1）商品数量和商品价格的变化都会引起实际国内生产总值的变化。（　　）

2）个人收入就是个人可支配收入。（　　）

3）国内生产总值与国内生产净值的差额是企业未分配利润。（　　）

4）政府发放的失业救济金属于政府的转移支付。（　　）

□ 简答题

1）什么是国内生产总值？

2）中间产品和最终产品的区别是什么？

3）写出五个基本的国民收入总量，并说明它们之间的关系。

4）为什么要同时核算名义国内生产总值和实际国内生产总值？

□ 计算题

1）现有最终产品价值的核算资料见表9-4。

表9-4　**最终产品价值的核算资料**　单位：万元

生产阶段	产品价值	中间产品成本	增值
小麦	100	—	
面粉	120		
面包			30
合计			

（1）理解中间产品和最终产品的含义，填写表9-4。

（2）最终产品面包的价值是多少？

（3）如不区分中间产品和最终产品，按各个阶段的产值计算，总产值为多少？

（4）各个生产阶段的增值和是多少？

（5）重复计算（即中间产品）的成本是多少？

2）根据支出法的原理，填写表9-5。

表9-5 国内生产总值及其构成 单位：亿元

国内生产总值及其构成	金额
国内生产总值	4 070
1.私人消费支出	2 600
耐用品	360
非耐用品	
劳务	1 340
2.私人国内总投资	
固定资产投资	640
存货投资	10
3.政府购买支出	800
4.净出口	20
出口	
进口	360

3）假设某国生产A、B、C、D、E五种产品，它们在2023年和2024年的产量和价格见表9-6。

表9-6 五种产品在2021年和2022年的产量和价格

产品	2023年产量（件）	2023年价格（元）	2024年产量（件）	2024年价格（元）
A	25	1.50	30	1.60
B	50	7.50	60	8.00
C	40	6.00	50	7.00
D	30	5.00	35	5.50
E	60	2.00	70	2.50

（1）计算2023年和2024年的名义国内生产总值。

（2）如果以2023年作为基年，则2024年的实际国内生产总值为多少？

（3）计算2023—2024年的国内生产总值价格指数，2024年价格比2023年价格上升了多少？

知识应用

□ 分析题

1）结合本章有关内容，思考改革开放以来我国国内生产总值总量和人均国内生产总值快速增长的原因。

2）如果你想要修理自己的汽车，这种服务的花费是否包括在国内生产总值内？为什么？

□ 案例题

国内生产总值的衡量与生活质量

国内生产总值实际上是一个估计值，它估计了一个国家的产出状况。但是，即使在计算技术高度发达的今天，计算总产出的过程中也存在着一些困难。

（1）对质量改变的衡量非常困难。经济的发展日新月异，即使是同种产品，今天的与50年前的相比差别巨大，而其价格可能差不多或者更低，这种差别该如何衡量呢？

我们以计算机市场为例。如果把今天的计算机和50年前的计算机相比，每个人都知道，其差别大得惊人，但从价格上来说，今天的计算机价格却比50年前或者说10年前便宜得多（即使不考虑整体价格水平的上涨），那么是总产出减少了吗？当然不是。但是，在计算总产出时，如何对这种现象予以修正，以真实地反映经济水平，是一件很困难的事情。

（2）如何衡量服务的价值。从事实物的生产，可以以其客观的产出作为指标来衡量其价值，但是从事服务行业的人创造的价值该如何衡量呢？他们创造的价值也同样是一国总产出的重要组成部分。例如，对于一个教师来说，难道只是简单地以他的工作时间作为衡量指标吗？可能有的老师即使很卖力地干一天，获得的薪水却不如另外一些只用一上午的时间来完成任务的人。

（3）对非市场活动的衡量问题。在对总产出的核算中，我们计算的一般是指市场活动产生的价值，家务劳动、自给自足生产等非市场活动不计入国内生产总值中。但实际上，这些自给自足的产品或家务劳动同样应构成一国总产出的组成部分。如果这些产品用于出售，或者雇用别人来做家务，那就算作总产出，为什么由自己消费的产品和从事的家务就不计入总产出呢？

虽然国内生产总值的计算并不完美，但用其来衡量经济增长、生活状况却很有意义。当国内生产总值用于国际比较时，它较好地衡量了一国人民的生活质量，高的国内生产总值往往导致高的生活水平。联合国的官方统计显示，一个国家人均国内生产总值与该国公民的生活水平和受教育的程度等都密切相关。

问题：（1）为什么国内生产总值是衡量一国经济水平最重要的一个指标？

（2）说明什么是计算国内生产总值的收入法和支出法。

综合实训

【项目目标】

通过本项目的实训，使学生学会通过网络查询和分析我国有关的国民收入数据。

【项目内容及要求】

登录中华人民共和国国家统计局网站（www.stats.gov.cn），查询和比较近三年来我国东、中、西部地区的人均国内生产总值、城镇居民的人均可支配收入、农村居民的人均纯收入等数据，列出其中的最高水平与最低水平，分析差距产生的原因。

【项目成果】

撰写《我国东、中、西部国民收入水平比较与分析报告》，包含内容如下：

1）近三年来我国东、中、西部地区国民收入情况（如人均国内生产总值、城镇居民的人均可支配收入、农村居民的人均纯收入等）。

2）对我国东、中、西部地区国民收入差距较大的主要原因进行分析。

3）对缩小我国东、中、西部地区国民收入差距的对策进行思考。

交互式测验9

第10章

国民收入决定理论

思维导图

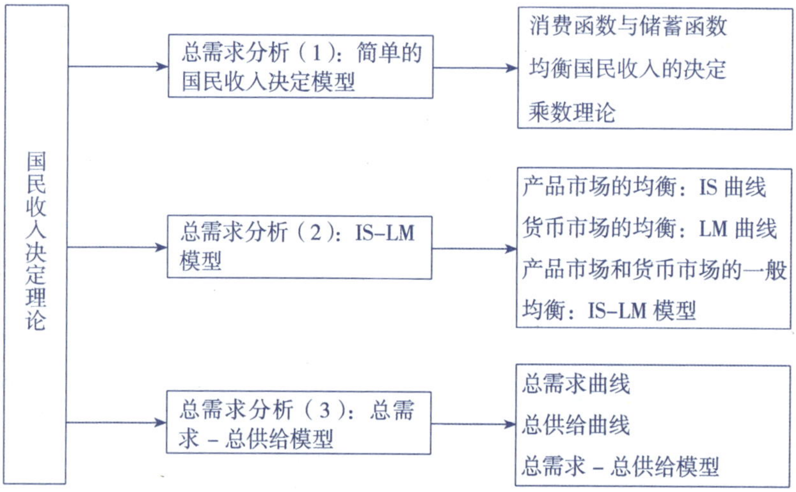

学习目标

【知识目标】

理解消费函数、储蓄函数；熟悉两部门、三部门、四部门经济中均衡国民收入的决定；了解乘数理论；理解产品市场与货币市场的内涵及其相互之间的关系；理解产品市场、货币市场的一般均衡；理解总需求曲线、总供给曲线和总需求-总供给模型下国民收入的决定。

【能力目标】

能熟练运用简单的国民收入决定模型分析我国的国民收入决定；能运用IS-LM模型分析我国的国民收入决定；能运用总需求-总供给模型分析我国的国民收入决定。

【素养目标】

养成实事求是的科学态度，学会客观地分析市场经济中出现的各种社会现象；树立只有遵循市场经济规律才能办好事情的观念。

案例导入　　青海玛尔挡水电站建设驱动区域经济增长

位于青海省果洛藏族自治州的玛尔挡水电站是国家“西电东送”重点工程，总投资238亿元，装机容量232万千瓦，2024年年底全部机组投产发电。该项目通过“绿电”产业带动区域经济发展，形成“基建投资—就业增收—消费升级”的良性循环。工程建设直接拉动当地GDP增长，2023年带动果洛州固定资产投资增长18%，吸引上下游企业入驻，形成水电装备制造、工程服务等产业集群，新增就业岗位超5 000个，其中本地牧民占比达35%，人均年收入提升至5.8万元。牧民收入增长刺激本地消费，2024年上半年果洛州社会消费品零售总额同比增长12%，餐饮、住宿等服务业收入增长25%，其中拉加镇新建商铺出租率达90%。“绿电”外送（如“青豫直流”工程）推动东部省份产业升级，2024年上半年青海省可再生能源发电量达1.56万亿千瓦时，外送电量占比超40%，间接创造就业岗位约2万个。

资料来源　佚名．从一度“绿电”看经济发展“密码”［EB/OL］．［2024-08-14］．http://www.sasac.gov.cn/n2588025/n2588139/c31425484/content.html.

分析：玛尔挡水电站建设体现了凯恩斯投资乘数效应，政府主导的238亿元投资通过产业链带动上下游企业扩张，形成“投资—收入—消费”的循环。假设当地边际消费倾向为0.7，根据投资乘数公式，理论上可创造约800亿元总产出。牧民收入增长直接提升消费，2023年果洛州居民消费率从45%升至52%，进一步拉动区域经济增长。政府支出通过“央企主导+地方配套”模式撬动社会资本，每1元政府投资带动3.2元社会资本，激活欠发达地区资源潜力。这一实践印证了国民收入决定理论中投资、消费与政府支出对经济增长的核心作用。

整个宏观经济体系包括两个子系统：一个是商品和服务运行的市场，简称产品市场；另一个是货币和金融产品运行的市场，简称货币市场。本章主要介绍总需求分析和总需求-总供给模型等内容。

10.1　总需求分析（1）：简单的国民收入决定模型

国民收入的决定同时受到产品市场和货币市场运行的影响。为了便于理解，本节假定宏观经济中只存在产品市场而没有货币市场，这样的国民收入决定模型我们称为简单的国民收入决定模型。

10.1.1　消费函数与储蓄函数

（1）消费函数。消费是指人们为了满足自身的各种需要而购买商品和服务的经济活动。影响人们消费的因素有很多，如消费者的收入水平、商品价格的水平、消费者自身的偏好和风俗习惯等。在这些因素中，具有决定性影响的是收入水平。

消费函数（Consumption Function）是用来描述消费与收入之间依存关系的函数。在其他条件不变的情况下，消费随着收入的增加而增加，但是随着人们收入的增加，增量收入中用于消费的比重将逐渐递减。也就是说，随着人们收入的增加，消费以递减的速度增加。消费函数可以表示为：

C=C（Y）=a+bY

式中：C表示消费；Y表示收入；a表示收入为零时的消费，称为自发消费，是指人们的基本生活消费；b的经济含义是指增加的每单位收入中用于消费部分的比率；bY是随着收入变化而变化的消费量，被称为引致消费。

由此引入两个表示消费与收入关系的概念，即平均消费倾向（APC）和边际消费倾向（MPC）。

平均消费倾向是指消费在收入中所占的比例，APC是大于零的正数。其计算公式如下：

APC=C/Y

边际消费倾向是指增加的每单位收入中用于消费部分的比率，即消费函数中的系数b。由定义可知，b的取值范围为0~1。其计算公式如下：

MPC=ΔC/ΔY

当收入增量和消费增量均极小时，边际消费倾向的计算公式还可以写成导数形式：

MPC=dC/dY

案例10-1

2024年消费市场引领经济增长

2024年，我国消费市场持续回暖，最终消费支出对经济增长贡献率达44.5%，稳居经济增长第一拉动力。全年社会消费品零售总额48.8万亿元，同比增长3.5%，其中服务消费表现突出，服务零售额增长6.2%，居民人均服务性消费支出占比提升至46.1%。新能源汽车等新型消费快速扩张，新能源乘用车零售量增长40.7%，渗透率突破47%。县域消费活力显著增强，乡村消费品零售额增长4.3%，增速高于城镇0.9个百分点，农村居民人均消费支出实际增长5.8%，高于城镇居民1.3个百分点。

资料来源　作者根据国家统计局网站的相关资料整理.

分析：居民收入增长直接提升消费能力，带动总需求扩张。服务性消费占比提升至46.1%，反映了消费结构向更高层次升级，推动服务业增加值增长，形成“收入—消费—就业”的良性循环。新能源汽车等新型消费爆发式增长，既拉动了制造业投资（如动力电池、智能驾驶产业链），又通过“以旧换新”政策撬动了社会资本，激活上下游产业。县域消费崛起缩小了城乡差距，农村消费增速快于城镇，表明下沉市场成为消费增量的重要来源，为经济均衡发展提供支撑。

（2）储蓄函数。储蓄是指收入中未被消费的部分。在其他条件不变的情况下，储蓄随着收入增加而增加，并且随着收入的增加，增量收入中用于储蓄的比重逐渐递增。也就是说，随着收入的增加，储蓄以递增的速度增加。储蓄函数是用来描述储蓄与收入之间依存关系的函数，其表达式如下：

S=S（Y）=Y-C=Y-（a+bY）=-a+（1-b）Y

式中：S表示储蓄；Y表示收入；-a表示自发储蓄；b的经济含义是增加的每单位收入中用于储蓄部分的比率；bY是随着收入变化而变化的储蓄量；（1-b）Y也被称为引致储蓄。

由此引入两个表示储蓄与收入关系的概念，即平均储蓄倾向（APS）和边际储蓄倾向（MPS）。

平均储蓄倾向是指储蓄在收入中所占的比例。其计算公式如下：

$$APS=S/Y$$

边际储蓄倾向是指增加的每单位收入中用于储蓄部分的比率，即边际储蓄倾向消费函数中的系数b。由定义可知，b的取值范围为0~1。边际储蓄倾向计算公式如下：

$$MPS=\Delta S/\Delta Y$$

当收入增量和储蓄增量均极小时，边际储蓄倾向的计算公式还可以写成导数形式：

$$MPS=dS/dY$$

（3）消费函数与储蓄函数的关系。由于全部的收入分为消费和储蓄，因此消费函数与储蓄函数的关系为：第一，消费函数与储蓄函数互为补数，二者之和等于总收入，即C（Y）+S（Y）=Y；第二，平均消费倾向（APC）与平均储蓄倾向（APS）的和为1；第三，边际消费倾向（MPC）与边际储蓄倾向（MPS）的和也为1。

（4）消费函数与储蓄函数的图形。由于消费函数和储蓄函数都是线性函数，并且这两个函数又是互补的，因此可以在一个图中画出这两个函数的图形。

实例10-1

设自发消费水平为100，边际消费倾向为0.75，由此可得消费函数和储蓄函数分别为：C=100+0.75Y，S=−100+0.25Y。假设纵轴代表消费，横轴代表国民收入，则消费函数和储蓄函数的图形如图10-1所示。

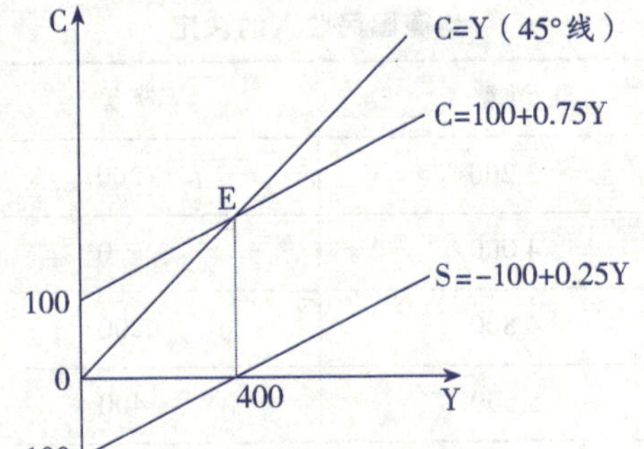

图10-1　消费函数与储蓄函数

10.1.2　均衡国民收入的决定

1）两部门经济中均衡国民收入的决定

（1）两部门经济的总供求分析。均衡的国民收入是指总需求与总供给相等时的国民收入。在国民收入核算中，社会各部门对商品和服务的总支出代表了整个社会的总需求水平，而参与生产的所有社会生产要素得到的收入则代表了整个社会的总供给水平。当整个社会的总支出等于总收入，即总需求等于总供给时，整个国民经济处于均衡状态。

两部门经济是指一个只有企业和居民两个部门的简单社会。其总支出由两个部分构成，即消费支出（C）和投资支出（I）；其总收入最终分解成两个部分，即储蓄（S）和消费（C）。由此，可以得到两部门经济的总需求与总供给的构成：

总支出=总需求（AD）=消费（C）+投资（I）

总收入=总供给（AS）=消费（C）+储蓄（S）

由此可得国民收入均衡的条件是：C+I=C+S。

（2）消费函数与均衡国民收入的决定。在两部门经济中，总需求由消费和投资构成，即Y=C+I，其中消费C=a+bY，此时如果知道投资即可求出国民收入。为了使分析简化，在国民收入决定的简单模型中，可以把投资看作一个外生变量，是一个不随利率和国民收入水平变化而变化的常量。根据这个假定，可设I=I_0（I_0为一个常量）。此时，均衡国民收入的决定模型如下：

$$\begin{cases} Y = AD \\ AD = C + I \\ C = a + bY \\ I = I_0 \end{cases} \Rightarrow Y=\frac{a + I_0}{1 - b}$$

实例 10-2

假设消费函数C=800+0.8Y，投资为400亿元，计算均衡国民收入。

根据公式，求出均衡国民收入：

Y=（800+400）÷（1−0.8）=6 000（亿元）

下面用表格和图形的形式来说明均衡国民收入的决定。表10−1显示了消费函数C=800+0.8Y及自发投资为400亿元时均衡收入决定的情况。

表10−1　均衡国民收入的决定　单位：亿元

收入	消费	储蓄	投资
3 000	3 200	−200	400
4 000	4 000	0	400
5 000	4 800	200	400
6 000	5 600	400	400
7 000	6 400	600	400

从表10−1中可以看出：

第一，当收入为6 000亿元时，总需求为6 000亿元（Y=C+I=5 600+400），总供给为6 000亿元（Y=C+S=5 600+400）。此时，总需求等于总供给，说明6 000亿元是均衡的国民收入。

第二，当收入为5 000亿元时，总需求为5 200亿元（Y=C+I=4 800+400），总供给为5 000亿元（Y=C+S=4 800+200）。在这种情况下，总需求大于总供给，厂商扩大生产是有利可图的，厂商会增雇工人、扩大产量，从而使收入向均衡的国民收入靠拢。

第三，当收入为7 000亿元时，总需求为6 800亿元（Y=C+I=6 400+400），总供给为7 000亿元（Y=C+S=6 400+600）。在这种情况下，总供给大于总需求，厂商只有减少产量才能销出其滞销的存货，厂商会裁减工人、降低产量，从而使收入向均衡的国民收入靠拢。

均衡国民收入的决定也可以用图形来表示。图10-2表示消费加投资曲线与45°线相交决定的均衡国民收入（所用数据来自表10-1）。

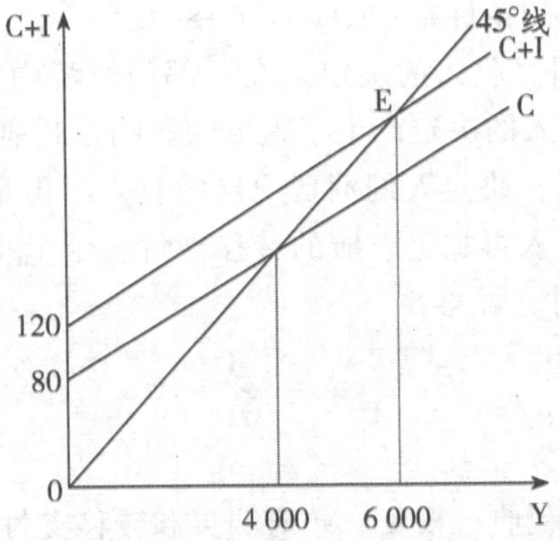

图10-2　均衡国民收入的决定

在图10-2中，横轴表示收入，纵轴表示消费加投资，在消费曲线（C）上加投资（I）得到消费投资曲线C+I，这条曲线即总支出（总需求）曲线。由于假定投资为400亿元，因此，总需求曲线与消费曲线总是平行的，两条线之间的垂直距离即400亿元，总需求曲线与45°线相交于E点，E点的收入水平是6 000亿元。此时，总需求与总供给相等，6 000亿元就是均衡的国民收入。

（3）储蓄函数与均衡国民收入的决定。由上述分析可知，当国民收入处于均衡状态时，投资等于储蓄，即I=S=Y−C，同时储蓄函数S=−a+（1−b）Y，假定投资为一常量I_0，此时，均衡国民收入决定模型如下：

动画

岳阳楼记

$$\begin{cases} I = Y - C = S \\ S = -a + (1 - b)Y \Rightarrow Y = \dfrac{a + I_0}{1 - b} \\ I = I_0 \end{cases}$$

通过上述模型即可得出由储蓄函数决定的均衡国民收入。

可见，通过储蓄函数求出来的均衡国民收入决定模型与根据消费函数求出来的均衡国民收入决定模型完全相同。

仍以【实例10-2】来说明，消费函数C（Y）=800+0.8Y，则储蓄函数S（Y）=−800+0.2Y，投资为400亿元。当国民收入处于均衡状态时，投资等于储蓄，即当储蓄等于400亿元时，均衡收入为6 000亿元（400=−800+0.2Y⇒Y=6 000）。可见，通过储蓄函数求得的均衡国民收入与通过消费函数求得的均衡国民收入完全相同。这也不奇怪，因为储蓄函数与消费函数本来就是一对互补的函数。

同理，也可以用表格和图形来说明储蓄函数是如何决定均衡国民收入的，其原理和方法与消费函数的完全相同，这里不再重复。

2）三部门经济中均衡国民收入的决定

（1）三部门经济的总供求分析。三部门经济包括企业、居民和政府三个经济部门，与两部门经济相比，其总支出除了消费和投资外，还多了一个政府的购买支出（G）；其总收入除了消费和投资外，还包括政府的税收收入（T）。因此，三部门经济的总供求构成如下：

总支出=总需求（AD）=消费（C）+投资（I）+政府购买（G）

总收入=总供给（AS）=消费（C）+储蓄（S）+税收（T）

由此得到国民收入均衡的条件是：C+I+G=C+S+T。

（2）三部门经济均衡国民收入的决定。在三部门经济中，政府是一个重要的组成部分，其行为对于均衡国民收入的决定产生了重要的影响。政府的行为包括征税、购买支出和转移支付。在这种情况下，决定人们消费支出的收入不再是总收入，而是可支配收入，可支配收入是人们的税后收入再加上政府的转移支付。令 Y_D 为可支配收入，T 为税收，G 为政府购买，TR 为转移支付，可得：

$$Y_D=Y-T+TR$$

消费函数由此可以写成：

$$C=a+bY_D=a+b(Y-T+TR)$$

再假定政府税收是固定税收，投资、政府购买和转移支付均为外生变量，是常量，由总需求和消费函数可求得均衡国民收入。此时，均衡国民收入的决定模型如下：

$$\begin{cases} Y = AD \\ AD = C + I + G \\ C = a + bY_D \\ Y_D = Y - T + TR \\ I = I_0 \\ G = G_0 \\ T = T_0 \\ TR = TR_0 \end{cases} \Rightarrow Y = \frac{1}{1-b}(a - bT_0 + bTR_0 + I_0 + G_0)$$

可见，在三部门经济中，除了消费、投资以外，政府行为也对均衡国民收入的决定产生重大影响。

实例 10-3

假定某社会的消费函数 $C=100+0.8Y_D$，投资支出为 50 亿元，政府购买支出为 200 亿元，政府税收收入为 250 亿元，政府转移支付为 62.5 亿元，计算该三部门经济中的均衡国民收入。

根据已知条件，可列如下方程组：

$$\begin{cases} Y = AD = C + I + G \\ C = 100 + 0.8Y_D = 100 + 0.8(Y - T + TR) \\ I = 50 \\ T = 250 \\ G = 200 \\ TR = 62.5 \end{cases}$$

$$\Rightarrow Y=\frac{1}{1-0.8}(100-0.8\times250+0.8\times62.5+50+200)=1\,000\text{（亿元）}$$

可见，该三部门经济的均衡国民收入为 1 000 亿元。

3）四部门经济中均衡国民收入的决定

在一个对外开放的经济体系中，除了企业、居民、政府等经济部门外，还增加了外国的企业、居民和政府，宏观经济学中统称为国外。与三部门经济相比，四部门经济中的总需求中增加了出口（X），总供给中增加了进口（M）。其中，出口是国外对本国商品的需求，一般视作外生变量；进口则是本国对国外商品的需求，它随着收入的变动而变动。进口一般写作：

$$M=M_0+mY$$

式中：M_0表示自发进口，与国民收入变动无关；m表示进口率（$0<m<1$）；Y表示国民收入；M表示进口。

由此，可以得到四部门经济中总需求与总供给的构成：

总支出=总需求（AD）=消费（C）+投资（I）+政府购买（G）+出口（X）

总收入=总供给（AS）=消费（C）+储蓄（S）+税收（T）+进口（M）

因此，国民收入均衡的条件是：

$$C+I+G+X=C+S+T+M$$

或 $$C+I+G+X-M=C+S+T$$

此时，四部门经济中均衡国民收入的决定模型如下：

$$\begin{cases} Y = AD \\ AD = C + I + G + X - M \\ C = a + bY_D \\ YD = Y - T + TR \\ I = I_0 \\ G = G_0 \\ X = X_0 \\ M = M_0 + mY \\ T = T_0 \\ TR = TR_0 \end{cases}$$

$$\Rightarrow Y=\frac{1}{1-b+m}(a-bT_0+bTR_0+I_0+G_0+X_0-M_0)$$

这是四部门经济中完整的国民收入决定模型。从这个模型可以看出，消费、投资、政府行为和进出口都通过不同的方式对均衡的国民收入产生着不同的影响。

案例10-2 消费、投资和净出口“三驾马车”对我国国内生产总值增长的贡献与拉动作用

由于政府购买最终会被分解为消费和投资，因此，在国家统计局公布的拉动经济增长的总支出中，包括消费（最终消费支出）、投资（资本形成总额），以及净出口（货物和服务净出口）三项支出，这三项支出被称为拉动我国经济增长的“三驾马车”。“三驾马车”对我国国内生产总值增长的贡献和拉动（2015—2024年）见表10-2。

表10-2 “三驾马车”对我国国内生产总值增长的贡献和拉动（2015—2024年）

项目 \ 年份	2024	2023	2022	2021	2020	2019	2018	2017	2016	2015
最终消费支出对国内生产总值增长贡献率（%）	44.5	85.6	49.3	60.1	-4.3	58.7	66.1	56.3	67.4	69.3
最终消费支出对国内生产总值增长拉动（百分点）	2.2	4.6	1.5	5.2	-0.1	3.6	4.5	3.9	4.6	4.8
资本形成总额对国内生产总值增长贡献率（%）	25.2	25.8	37.1	19.7	75.1	29.0	42.6	39.1	43.7	22.5

续表

项目＼年份	2024	2023	2022	2021	2020	2019	2018	2017	2016	2015
资本形成总额对国内生产总值增长拉动（百分点）	1.3	1.4	1.2	1.7	1.8	1.8	2.9	2.7	3.0	1.6
货物和服务净出口对国内生产总值增长贡献率（%）	30.3	−11.4	13.6	20.2	29.1	12.3	−8.7	4.6	−11.1	8.2
货物和服务净出口对国内生产总值增长拉动（百分点）	1.5	−0.6	0.4	1.7	0.7	0.7	−0.6	0.3	−0.8	0.6

资料来源　作者根据国家统计局网站相关资料整理.

分析：从表10-2中可以看出，2015年以来，“三驾马车”对我国经济增长的贡献率发生了较大的变化。其中，最终消费支出的贡献率波动幅度较大，2023年贡献率达到85.6%；资本形成总额的贡献率整体保持在一定的比例范围内，但2020年资本形成总额的贡献率高达75.1%；货物和服务净出口的贡献率波动幅度也比较大，经过2023年−11.4%的低谷，2024年贡献率转为30.3%。

10.1.3　乘数理论

动画

乘数理论

1）乘数的含义

在引入乘数以前，我们先考察一下两部门经济中均衡国民收入的影响因素。两部门经济中均衡国民收入的决定模型是：

$Y=(a+I_0)\div(1-b)$

从上式可以看出，在两部门经济中，均衡国民收入受到三个因素的影响，即自发消费（a）、边际消费倾向（b）或边际储蓄倾向（1−b）、投资（I_0）。在这三个因素中，自发消费和边际消费倾向是人们的消费行为参数，是比较稳定的；而投资则是厂商的行为参数（当然也包括居民的住房投资支出），是比较容易变动的。因此，宏观经济学非常关心计划投资的变动对均衡国民收入的影响。

实例10-4

假设消费函数C=80+0.8Y，投资为40亿元，则均衡国民收入为多少？再假设其他因素不变，投资上升至50亿元，则此时均衡国民收入为多少？

根据公式$Y=(a+I_0)\div(1-b)$，可得均衡国民收入为：

$Y=(80+40)\div(1-0.8)=600$（亿元）

假设其他因素不变，投资上升至50亿元，此时的均衡国民收入为：

$Y=(80+50)\div(1-0.8)=650$（亿元）

由【实例10-4】可知，投资的增加引起了均衡国民收入的增加。具体来说，ΔI为10亿元（50−40），ΔY为50亿元（650−600），则ΔY/ΔI=5。也就是说，国民收入的增加量是投资的增加量的5倍。

这里的倍数在经济学中被称为**乘数**，即均衡国民收入的变化量与引起这一变动的变量的变化量之间的比率。根据这个定义，投资乘数即国民收入的增加量与投资的增加量的比率。令K为投资乘数，根据定义，收入投资乘数的公式为：

$K=\Delta Y/\Delta I$

在宏观经济学中，乘数有双重含义：一是指均衡国民收入的变化量与引起这一变动的变量的变化量之间的比率；二是特指投资乘数。

拓展资料10-1

释放“科技+养老”乘数效应

2）两部门经济中的乘数

由乘数的定义可知，乘数是衡量国民收入影响因素的变化量与国民收入的变化量之间倍数关系的一个指标，那么，为什么国民收入影响因素的变化会引起国民收入成倍的变化呢？下面以投资乘数为例来说明这个问题。

假定在一个两部门经济社会中，投资增加了1 000亿元，边际消费倾向是0.8，当1 000亿元被用于购买投资品时，投资品生产部门得到1 000亿元的收入，引起社会收入第一次增加1 000亿元。由于边际消费倾向是0.8，增加的1 000亿元中的800亿元被用来购买消费品，消费品生产部门得到800亿元的收入，引起社会收入第二次增加了800亿元。同样，消费品生产部门也会将800亿元中的640亿元用于消费，引起社会收入第三次增加了640亿元。依此类推，国民收入最终增加的情况见表10-3。

表10-3　投资增加1 000亿元导致的收入增量　单位：亿元

收入增加次数	每次收入增量	以bΔI表示的每次收入增量
第一次	1 000	ΔI
第二次	1 000×0.8=800	$b\Delta I$
第三次	1 000×（0.8）^{2}=640	$b^2\Delta I$
⋮	⋮	⋮
第n次	1 000×（0.8）$^{n-1}$	$b^{n-1}\Delta I$
国民收入总增加量	$1\,000+1\,000\times0.8+1\,000\times0.8^2+\cdots+1\,000\times0.8^{n-1}$	$\Delta I+b\Delta I+b^2\Delta I+\cdots+b^{n-1}\Delta I$

根据表10-3的第二列可以计算出国民收入总增加量，计算过程如下：

$$\Delta Y=1\,000+1\,000\times0.8+1\,000\times0.8^2+\cdots+1\,000\times0.8^{n-1}$$

$$\Delta Y=1\,000\times(1+0.8+0.8^2+\cdots+0.8^{n-1})$$

$$\Delta Y=1\,000\times\frac{1}{1-0.8}=5\,000\text{（亿元）}$$

也就是说，投资增加1 000亿元，最终导致国民收入增加了5 000亿元，投资乘数为5。同样，根据表10-3的第三列，可以计算出国民收入增量与投资增量之间用边际消费倾向表示的倍数关系：

$$\Delta Y=\Delta I+b\Delta I+b^2\Delta I+\cdots+b^{n-1}\Delta I$$

$$\Delta Y=\Delta I\times(1+b+b^2+\cdots+b^{n-1})$$

$$\Delta Y=\Delta I\times\frac{1}{1-b}$$

可见，在两部门经济中，投资乘数$K=\frac{\Delta Y}{\Delta I}=\frac{1}{1-b}=\frac{1}{1-MPC}=\frac{1}{MPS}$，从这个公式来看，乘数的大小与边际消费倾向（边际储蓄倾向）有关。边际消费倾向越大，或者说边际储蓄倾向越小，乘数就越大，投资增加带来的国民收入增量也就越大。

3）三部门经济中的乘数

在三部门经济中，政府的诸多行为，如购买支出、税收、转移支付等，均会对国民收入产生影响，因此除了投资乘数外，还有政府购买乘数、税收乘数和政府转移支付乘数等。在三部门经济中，国民收入的决定模型为：

$$Y = \frac{1}{1 - b}(a - bT_0 + bTR_0 + I_0 + G_0)$$

通过这一模型，可以求出投资乘数、政府购买乘数、税收乘数和政府转移支付乘数等。

（1）投资乘数。它是指国民收入变化量与引起国民收入变化的投资变化量的比率。假定其他条件不变，只有投资额发生变动，令投资为 I_1 和 I_2 时的收入分别为 Y_1 和 Y_2，$\Delta Y=Y_1-Y_2$，$\Delta I=I_1-I_2$，投资乘数记作 K_I，则：

$$K_I=\frac{\Delta Y}{\Delta I} = \frac{1}{1 - b}$$

（2）政府购买乘数。它是指国民收入变化量与引起国民收入变化的政府购买支出变化量的比率。假定其他条件不变，只有政府购买支出额发生变动，令政府购买支出为 G_1 和 G_2 时的收入分别为 Y_1 和 Y_2，$\Delta Y=Y_1-Y_2$，$\Delta G=G_1-G_2$，投资乘数记作 K_G，则：

$$K_G = \frac{\Delta Y}{\Delta G} = \frac{1}{1 - b}$$

（3）税收乘数。它是指国民收入变化量与引起这种变动的税收变化量的比率。假定其他条件不变，只有税收发生变动，令税收为 T_1 和 T_2 时的收入分别为 Y_1 和 Y_2，$\Delta Y=Y_1-Y_2$，$\Delta T=T_1-T_2$，税收乘数记作 K_T，则：

$$K_T = \frac{\Delta Y}{\Delta T} = \frac{-b}{1 - b}$$

与投资乘数不同的是，税收乘数为负值。也就是说，税收与国民收入是反向变动的，政府增加税收会导致国民收入减少；相反，政府减少税收会导致国民收入增加。

（4）政府转移支付乘数。它是反映国民收入变化量与引起这种变动的政府转移支付变化量的比率。采用与投资乘数相同的计算方法，可得政府转移支付乘数为：

$$K_{TR} = \frac{\Delta Y}{\Delta TR} = \frac{b}{1 - b}$$

可以看出，政府转移支付乘数的绝对值与税收乘数的绝对值相等，但政府转移支付乘数为正值。也就是说，政府转移支付与国民收入呈同方向变动，政府转移支付增加会使得国民收入增加，政府转移支付减少会使得国民收入减少。

实例10-5

假定某社会的消费函数 $C=100+0.8Y_D$，投资支出为50亿元，政府购买支出为200亿元，政府税收收入为250亿元，政府转移支付为62.5亿元，计算该三部门经济中的均衡国民收入和各种乘数。

将已知条件代入三部门经济中均衡国民收入的决定模型，可得均衡国民收入为1 000亿元，根据乘数的公式求各种乘数如下：

$$K_I = \frac{1}{1 - b} = \frac{1}{1 - 0.8} = 5$$

$$K_G = \frac{1}{1-b} = \frac{1}{1-0.8} = 5$$

$$K_T = \frac{-b}{1-b} = \frac{-0.8}{1-0.8} = -4$$

$$K_{TR} = \frac{b}{1-b} = \frac{0.8}{1-0.8} = 4$$

4）四部门经济中的乘数

采取同样的方法，再根据四部门经济中均衡国民收入的决定模型，可以得到四部门经济中的各种乘数：投资乘数K_I、政府购买乘数K_G、税收乘数K_T、政府转移支付乘数K_{TR}和对外贸易乘数K_M。其中，对外贸易乘数K_M反映的是一国净出口变动对其国民收入变动的影响，是三部门经济中所没有的。

$K_I=1\div(1-b+m)$

$K_G=1\div(1-b+m)$

$K_T=-b\div(1-b+m)$

$K_{TR}=b\div(1-b+m)$

$K_M=1\div(1-b+m)$

从上述几个公式中可以看出，四部门经济中的乘数与三部门经济中的乘数并不相同。由于$0<m<1$，因此，$1\div(1-b)>1\div(1-b+m)$。

可见，有了对外贸易以后，不仅净出口的变动对国民收入变动的影响发生了变化，而且投资、政府支出、税收的变动对国民收入变动的影响也发生了变化。在三部门经济中，投资、政府购买支出每增加1单位，国民收入增加$1\div(1-b)$倍；在四部门经济中，投资、政府购买支出每增加1单位，国民收入则增加$1\div(1-b+m)$倍，国民收入增加的倍数缩小了。这主要是因为增加的收入的一部分用到进口商品中去了。

小思考10-1

经济收缩导致投资减少，国民收入如何变动？

答：由于投资乘数的存在，因此在其他条件不变的情况下，当投资减少时，国民收入也会减少，并且减少的数量是投资减少的数量的数倍。

小思考10-2

为什么一国政府在抑制经济过快增长时会采用增加税收的政策？

答：税收乘数是负值，也就是说，税收与国民收入是反向变动的。由于税收乘数的存在，因此在其他条件不变的情况下，当政府增加税收时，国民收入会减少，并且减少的数量是税收增量的数倍，也就达到了其抑制经济过快增长的目的。

10.2 总需求分析（2）：IS-LM模型

上述简单的国民收入模型是在假设宏观经济中只存在产品市场而没有货币市场的前提条件下得到的，正如前文所述，在现实经济中，产品市场和货币市场同时对国民收入决定产生影响。本节要介绍的就是一个将产品市场和货币市场联系起来讨论国民收入决定的模型，简称IS-LM模型。

IS-LM模型分析的是一个没有对外开放的三部门经济体系，其核心思想是产品市场与货币市场互相影响，两个市场共同决定均衡的国民收入。在IS-LM模型中，IS曲线描述了产品市场的均衡，LM曲线描述了货币市场的均衡，在一个包括产品市场和货币市场的宏观经济体系中，只要有一个市场没有实现均衡，国民收入就不会稳定，只有产品市场和货币市场同时实现均衡时的国民收入才是均衡的国民收入，其思想可以通过下面的循环过程来表达：

产品市场中收入变化→货币市场中货币需求变化→利率变化→私人支出部门的投资支出变化→产品市场总需求变化→国民收入变化→货币市场中货币需求变化……

10.2.1 产品市场的均衡：IS曲线

1）投资函数与利率

IS曲线是指产品市场均衡时，利率和国民收入组合的轨迹。IS曲线描述的是产品市场的均衡。产品市场中的投资支出是总需求的重要构成部分，在有了货币市场的宏观经济体系中，投资支出受利率水平高低的影响。当利率水平上升时，投资支出减少；当利率水平下降时，投资支出增加。也就是说，投资支出和利率水平呈反方向变动。

在IS曲线中的利率不同于通常所说的利率，这是因为：第一，这里的利率是指实际利率，而不是名义利率。所谓实际利率，是指名义利率扣除通货膨胀率以后的利率水平。第二，这里的利率不是指某一种具体的利率，如半年期储蓄存款利率或一年期贷款利率等，而是指市场利率，即针对某一时期，在整个货币市场上，当货币需求和货币供给相等时的利率。假定投资函数是个线性方程，则有：

$I=I(R)=e-dR$

式中：I表示私人投资支出；R表示利率；e表示自发投资，即利率为零时的投资支出；d表示投资支出的利率弹性，即当利率变化1单位时投资支出的变化量，这里的d为正值。

投资函数也可以用几何图形来说明，如图10-3所示。在图10-3中，纵轴代表利率，横轴代表投资支出，投资曲线是一条向右下方倾斜的曲线。当利率为R_1时，投资支出为I_1；当利率为R_2时，投资支出为I_2。投资支出与利率呈反方向变动。

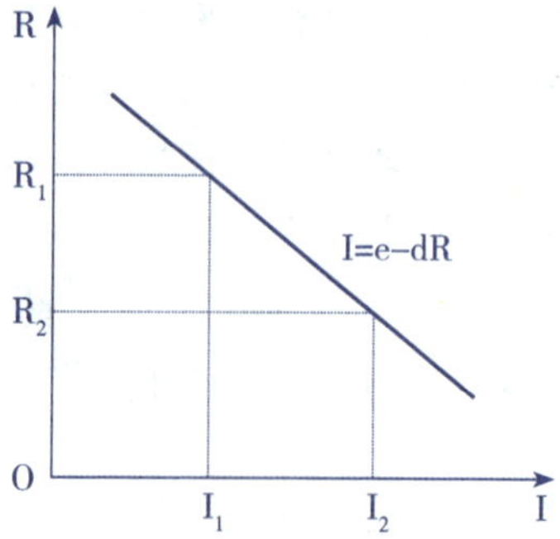

图10-3 投资函数

2）IS曲线的移动

下面分析投资（储蓄）、政府购买、政府转移支付和税收等诸多因素变动对IS曲线的影响。

（1）投资（储蓄）变动。由于某种原因，如国外资本进入，或者企业家对未来的预期转好，或者投资利润率上升等，在同样的利率水平下，投资需求增加，会使总需求随之增加，从而国民收入上升。这种情况在图10-3中表现为IS曲线向右上方移动，表明在同样的利率水平下，收入增加了。相反，如果某种原因导致储蓄增加（即投资下降），则IS曲线将向左下方移动，说明在同样的利率水平下，收入减少了。

（2）政府购买支出和转移支付变动。政府购买支出的增加导致总需求增加，国民收入随之增加，在图10-3中IS曲线向右上方移动；相反，政府购买支出下降将会导致IS曲线向左下方移动。政府转移支付并不能直接增加总需求，但由于政府转移支付多为向弱势群体的单方面无偿支付，如支付给失业人员失业金、支付给贫困人口救济金等，弱势群体在获得政府转移支付后多用于当期消费以改善生活，所以政府转移支付也会间接增加社会总需求。因此，当政府转移支付增加时，IS曲线向右上方移动；政府转移支付减少时，IS曲线向左下方移动。

（3）税收变动。政府税收的变动对社会总需求的影响极大。如果政府增加税收，则会使得企业和居民的生产积极性下降，同时也使得企业和居民的实际消费和投资下降，因而总需求下降，IS曲线向左下方移动；反之，如果政府减少税收，则总需求上升，IS曲线向右上方移动。

10.2.2 货币市场的均衡：LM曲线

1）货币的需求

LM曲线是描述货币市场达到均衡时，利率与收入之间关系的曲线。LM曲线描述的是货币市场的均衡，而货币市场均衡与否，关键在于货币的供给与需求之间的对比。一般来说，货币的实际供给量（用M表示）由国家控制，可以看作一个外生变量，因此，货币需求是LM曲线分析的重点。

人们接受货币不是因为货币本身，而是因为用货币能够购买到所需要的商品和服务。货币与其他非货币形态的金融资产（如股票、债券、商业票据）的区别在于，其具有使用上的灵活性，即可以直接购买到商品和服务。非货币形态的金融资产与现金相比有利有弊：有利的一面是非货币形态的金融资产可以获取收益（如股票可以获得股息、债券可以获得利息等），不利的一面是非货币形态的金融资产不能直接实现和商品、服务的交换，它先要换成现金（即通常所说的金融资产的流动性），变现时可能会面临时间的拖延和实际购买力的损失。因此，凯恩斯认为，人们对货币有“流动性偏好”，即人们有宁愿牺牲利息、股息等收入而持有一定量的不生息的货币来保持财富的心理倾向。一般来说，人们持有货币的动机有三种：交易性动机、预防性动机和投机性动机。

（1）交易性动机。交易性动机是指人们为了进行日常交易而持有货币的动机。由于收入和支出在时间上不是同步的，因而个人和企业必须有足够的货币资金来支付日常交易需求的开支。个人和企业出于这种交易动机所需要的货币量，取决于收入水平、惯例和商业制度等因素，而惯例和商业制度在短期内一般不会有太大变化，所以出于交易动机的货币需求量主要取决于收入，收入越高，交易数量越多，所交换的商品和服务的数量越多，从而为应付日常开支所需的货币量就越大。

（2）预防性动机。预防性动机又称谨慎动机，是指为预防意外支出而持有一部分货币的动机，如个人或企业为应对事故、失业、疾病等意外事件而需要事先持有一定数量的货币。因此，如果说货币的交易性需求产生于收入和支出之间，缺乏同步性，则货币的预防性需求产生于未来收入和支出的不确定性。从整个社会的角度来看，预防性动机大体上也和收入成正比，是收入的函数。

因此，如果用L_1表示交易性动机和预防性动机所产生的全部实际货币需求量，用Y表示实际收入，则这两种货币需求量与收入的关系可以表示为$L_1=L_1$（Y）或者$L_1=kY$。式中，k为出于上述两种动机所需货币量同实际收入的比例关系，Y为具有不变购买力的实际收入。

（3）投机性动机。投机性动机是指人们为了抓住有利的购买有价证券的机会而持有一部分货币的动机。人们的金融资产有两种形式，即货币和非货币金融资产。持有货币没有收益，而持有非货币金融资产可以获得一定的收益。一般来说，非货币金融资产（如债券、股票）的价格都随着利率的变化而变化。例如，债券的价格与利率的关系是：利率上升，债券的价格下降；利率下降，债券的价格上升。投机者就是利用利率水平与非货币金融资产的价格之间的变化关系进行投机活动的，凡预计债券的价格将上涨（即预计利率将下降）的人，就会用货币买进债券以备日后以更高的价格卖出；反之，凡预计债券价格将下跌（即预计利率将上升）的人，就会卖出债券保留货币以备日后债券价格下跌时再买进。这种预计债券价格将下跌而需要把货币保留在手中的情况，就是对货币的投机性需求。可见，对货币的投机性需求取决于利率。如果用L_2表示投机性需求，用R表示利率，则这一货币需求量和利率的关系可表示为：$L_2=L_2$（R）。

2）流动性偏好陷阱

上面的分析说明这样一个问题，即对利率的预期是人们调节货币需求和非货币金融资产比例的重要依据，利率越高，货币需求量越小，当利率极高时，这一需求量等于零。因为人们认为这时利率不大可能再上升，或者说非货币金融资产的价格不大可能再下降，因而将所持有的货币全部换成非货币金融资产；反之，当利率极低时，人们会认为这时利率不大可能再下降，或者说非货币金融资产的价格不大可能再上升而只会下跌，因而会将所持有的非货币金融资产全部换成货币。人们有了货币也绝不肯再去买非货币金融资产，以免非货币金融资产价格下跌时遭受损失，人们不管有多少货币都愿意持有在手中，这种情况被称为"流动性偏好陷阱"。

动画

流动偏好陷阱

"流动性偏好"是指人们持有货币的偏好。人们之所以产生对货币的偏好，是由于货币是流动性或者说灵活性最大的资产，随时可进行交易，随时可以应对不时之需，随时可用来投机，人们对货币的偏好就称为流动性偏好。货币需求关于利率的系数就称为流动性偏好的利率系数。当利率极低时，人们手中无论增加多少货币，都不会再去购买有价证券，都要留在手中，因而流动性偏好趋向无限大，这时即使银行增加货币供给，也不会再使利率下降。

3）货币需求函数

对货币的总需求是人们对货币的交易需求、预防需求和投机需求的总和，货币的交易需求和预防需求取决于收入水平，而货币的投机需求取决于利率，因此，对货币的总需求函数可以描述为：

$L=L_1+L_2=L_1(Y)+L_2(R)=kY-hR$

式中：L、L_1和L_2都表示对货币的实际需求，即具有不变购买力的实际货币需求量；Y表示收入；R表示利率；k表示货币需求对于收入变动的系数；h表示货币需求对于利率变动的系数。

名义货币量和实际货币量是有区别的。名义货币量是不管货币购买力如何而仅计算其票面值的货币量。把名义货币折算成具有不变购买力的实际货币量，必须用价格指数加以调整。如用M、m和P依次表示名义货币量、实际货币量和价格指数，则有$M=P\times m$。

由于$L=kY-hR$仅代表对货币的实际需求量或者说需要的实际货币量，因此，名义货币需求函数还应是实际货币需求函数乘以价格指数，即$L=(kY-hR)\cdot P$。货币需求函数可以用图10-4表示。

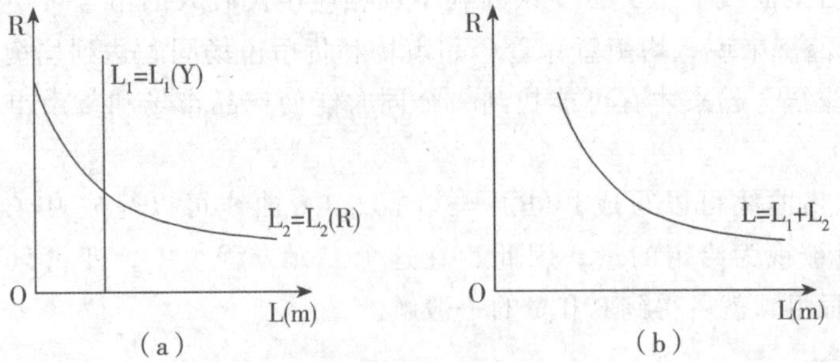

图10-4 货币需求函数

图10-4（a）中的直线L_1表示满足交易性动机和预防性动机的货币需求曲线，它和利率无关，因此垂直于横轴。曲线L_2表示满足投机性动机的货币需求曲线，它起初向右下方倾斜，表示货币的投机需求量随利率下降而增加，最后为水平状，表示“流动性偏好陷阱”。图10-4（b）中的曲线L则是包括L_1、L_2的全部货币需求曲线，图中纵轴表示利率，横轴表示货币需求量。这条货币需求曲线表示在一定收入水平上货币需求量和利率的关系，利率上升时，货币需求量减少；利率下降时，货币需求量增加。

4）货币的供给

货币供给量是一个存量概念，它是指一个国家在某一个时点上所保持的不属于政府和银行的所有硬币、纸币和银行存款的总和。一般来说，货币供给量是由政府用货币政策来调节的，因而是一个外生变量，其多少与利率高低无关，因此货币供给曲线是一条垂直于横轴的直线。如图10-5中的直线m，这条货币供给曲线和货币需求曲线L的交点E决定了利率的均衡水平（R_0），它表示只有当货币供给等于货币需求时，货币市场才能达到均衡状态。如果市场利率水平低于均衡利率，则说明货币需求超过货币供给，这时人们感到手中持有的货币太少，就会卖出有价证券，证券价格将会下降，也就是说利率水平要上升，对货币需求的减少一直要持续到货币供求相等时为止。相反，当利率高于均衡利率时，说明货币供给超过货币需求，这时人们感到手中持有的货币太多，就会用多余的货币买进有价证券，于是有价证券的价格上升，也就是说利率水平将下降，这种情况也一直要持续到货币供求相等时为止。只有当货币供求相等时，利率才不再变动。

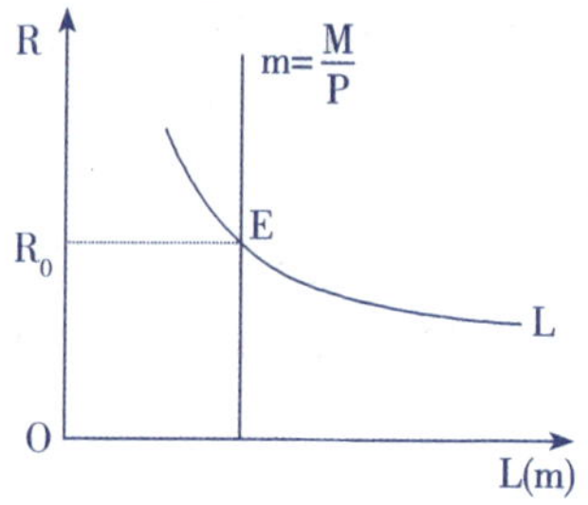

图10-5 货币的供给函数

10.2.3 产品市场和货币市场的一般均衡：IS-LM模型

1）IS-LM模型概述

前面的分析表明，在IS曲线上，有一系列利率与相应国民收入的组合可使得产品市场达到均衡，在LM曲线上，又有一系列利率和相应国民收入的组合可使得货币市场达到均衡。对于宏观经济来说，均衡意味着产品市场和货币市场同时达到均衡，因此，只有将IS曲线和LM曲线结合起来才有可能找到一个同时能使产品市场和货币市场达到均衡的收入与利率的组合。

一般说来，IS曲线可以写成I（R）=S（Y），LM曲线可以写成$M=L_1$（Y）$+L_2$（R）。由于货币供给量被视为给定的量，因此，在这个二元方程组中，变量只有利率R和收入Y，解出这个方程组，就可得到R和Y的一般解。

实例10-6

假定投资函数为I=1 250−250R，消费函数为C=500+0.5Y，货币的交易需求函数为$m_1=L_1$（Y）=0.5Y，对货币投机需求函数为$m_2=L_2$（R）=1 000−250R，实际货币供给量m为1 250亿元。请分析当货币市场均衡时，整个宏观经济是如何达到均衡的。

IS曲线：I=1 250−250R，S=−500+0.5Y，当I=S时，Y=3 500−500R。

LM曲线：m=1 250，L=0.5Y+1 000−250R，当L=m时，Y=500+500R。

两个市场同时均衡时：Y=3 500−500R=500+500R，可得R=3，Y=2 000亿元。

据此，可以画出IS-LM模型，如图10-6所示。

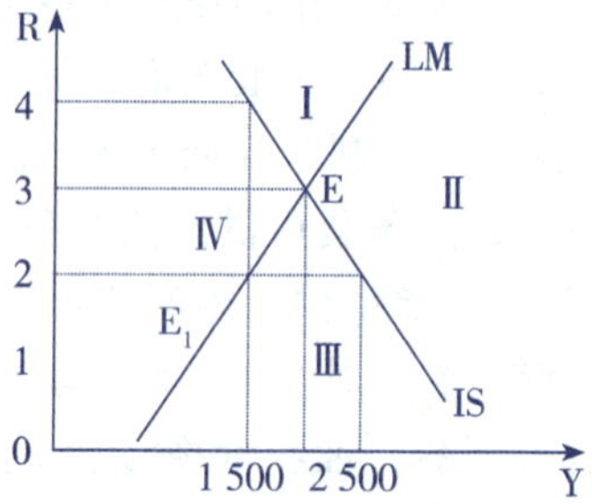

图10-6 IS-LM模型

从图10-6中可以看出，E点代表的2 000亿元和3%是能使产品市场和货币市场同时实现均衡的国民收入和利率。这时投资I=1 250-250×3=500（亿元），储蓄S=-500+0.5×2 000=500（亿元），因而实现了产品市场的均衡。同时，货币需求L=0.5×2 000+1 000-250×3=1 250（亿元），正好等于货币供应量，从而货币市场也实现了均衡。

除了E点以外，图10-6中所有的点均不能同时使产品市场和货币市场达到均衡，IS曲线和LM曲线将坐标平面分成四个区域：区域Ⅰ、区域Ⅱ、区域Ⅲ和区域Ⅳ。这四个区域中都存在着产品市场和货币市场的非均衡状态。例如，区域Ⅰ中的任何一点，一方面在IS曲线右上方，因此有投资小于储蓄的非均衡，另一方面又在LM曲线左上方，因此有货币需求小于供给的非均衡。其余三个区域中的非均衡关系也可以这样推知。这四个区域中的非均衡关系见表10-4。

表10-4 IS-LM模型中的非均衡关系

区域	产品市场	货币市场
Ⅰ	I<S有超额产品供给	L<M有超额货币供给
Ⅱ	I>S有超额产品需求	L<M有超额货币供给
Ⅲ	I>S有超额产品需求	L>M有超额货币需求
Ⅳ	I<S有超额产品供给	L>M有超额货币需求

各个区域中存在的各种不同组合的IS和LM非均衡状态会得到调整。IS不均衡导致国民收入变动：投资大于储蓄会导致国民收入增加，投资小于储蓄会导致国民收入减少。

不均衡会导致利率变动：货币需求大于货币供给会导致利率上升，货币需求小于货币供给会导致利率下降。这种调整最终都会趋向均衡利率和均衡国民收入。

2）均衡国民收入和均衡利率的变动

有了消费函数或者储蓄函数、投资函数，货币的交易性需求、预防性需求和投机性需求函数和一个既定数量的货币供给量，就可以导出一个IS-LM模型。同时，前文的分析告诉我们，在三部门经济条件下，IS曲线的位置还会受到政府支出和税收的影响。

在其他条件不变的情况下，如果IS曲线向右上方移动，均衡国民收入增加，均衡利率上升；如果IS曲线向左下方移动，均衡国民收入减少，均衡利率下降。在其他条件不变的情况下，如果LM曲线向右下方移动，均衡国民收入增加，均衡利率下降。因此，各种影响IS曲线和LM曲线位置的因素的变化都会改变均衡国民收入和均衡利率。具体而言，有以下7种情况：

（1）当消费增加时，IS曲线向右上方移动，引起均衡国民收入增加，均衡利率上升；当消费减少时，IS曲线就会向左下方移动，引起均衡国民收入减少，均衡利率下降。

（2）当储蓄增加时，IS曲线向左下方移动，引起均衡国民收入减少，均衡利率下降；当储蓄减少时，IS曲线就会向右上方移动，引起均衡国民收入增加，均衡利率上升。

（3）当投资增加时，IS曲线会向右上方移动，引起均衡国民收入增加，均衡利率上升；当投资减少时，IS曲线会向左下方移动，引起均衡国民收入减少，均衡利率下降。

（4）当政府购买支出增加或者税收减少时，IS曲线就会向右上方移动，引起均衡国民收入增加，均衡利率上升；当政府购买支出减少或者税收增加时，IS曲线就会向左下方移动，引起均衡国民收入减少，均衡利率下降。

（5）当货币的交易性需求和预防性需求增加时，LM曲线会向左上方移动，引起均衡国民收入减少，均衡利率上升；当货币的交易性需求和预防性需求减少时，LM曲线会向右下方移动，引起均衡国民收入增加，均衡利率下降。

（6）当货币的投机性需求增加时，LM曲线就会向右下方移动，引起均衡国民收入增加，均衡利率下降；当货币的投机性需求减少时，LM曲线就会向左上方移动，引起均衡国民收入减少，均衡利率上升。

（7）当货币供给增加时，LM曲线就会向右下方移动，引起均衡国民收入增加，均衡利率下降；当货币供给减少时，LM曲线就会向左上方移动，引起均衡国民收入减少，均衡利率上升。

均衡国民收入和均衡利率变化后，又会引起其他宏观经济变量的变化。例如，当均衡国民收入增加后，就会引起消费需求的增加；考虑到劳动力市场，国民收入的增加还会引起就业量的增加和失业率的下降；当均衡利率下降后，就会引起投资需求的增加，从而引起总需求的增加等。

小思考10-3

在IS模型和LM模型中，利率是如何影响国民收入决定的？

答：在IS模型中，在产品市场处于均衡状态且其他条件不变的情况下，利率下降，投资需求增加，总需求增加，均衡国民收入增加；反之，利率上升，投资需求下降，总需求减少，均衡国民收入减少。

在LM模型中，在货币市场处于均衡状态且其他条件不变的情况下，在国民收入增加时，货币需求增加，为使货币市场保持均衡，市场利率必须相应上升；反之，在国民收入减少时，货币需求减少，为使货币市场保持均衡，市场利率必须相应下降。

10.3 总需求分析（3）：总需求-总供给模型

在前面两节讨论国民收入决定的分析中，均假设总供给是可以适应总需求的增加而增加的，因而社会总价格水平保持不变。但是在现实生活中，总供给不能无限增加，物价水平也在不断变化，且在产品市场和货币市场之外，现实经济中还存在着劳动力市场，这些因素都会影响到国民收入的决定。因此，本节将拓展前两节的分析，将上述这些因素纳入总需求-总供给模型来讨论国民收入是如何决定的。

10.3.1 总需求曲线

总需求（Aggregate Demand，AD）是指整个经济社会在每一价格水平（这里的价格水平指的是社会总价格水平，而不是指某一种具体商品的价格）上对商品和服务的需求总量。社会总需求决定了社会总支出水平，因此通常用社会总支出水平来衡量总需求，在一个对外开放的经济社会中，经济主体包括居民、厂商、政府和国外，其各自的支出分别为消费需求、投资需求、政府购买需求和净出口需求。如果用AD表示总需求，C表示消费需求，I表示投资需求，G表示政府购买需求，X-M表示净出口需求，则AD=C+I+G+X-

M。由此可以画出总需求曲线，该曲线表明了产品市场与货币市场同时达到均衡时总需求与价格水平之间的关系，如图10-7所示。

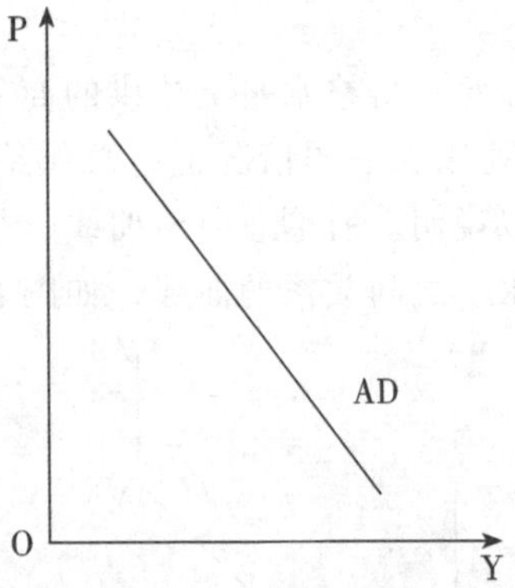

图10-7 总需求曲线

在图10-7中，横轴OY表示国民收入，纵轴OP表示价格水平，总需求曲线AD是一条向右下方倾斜的曲线。这说明总需求与价格水平呈反方向变动，即价格水平上升，总需求减少；价格水平下降，总需求增加。

总需求之所以与价格水平呈反方向变动，可以用IS-LM模型解释。在IS-LM模型中，货币供给量是指实际货币供给量，取决于名义货币供给量和价格水平，即M=m·P。当名义货币供给量不变时，实际货币供给量与价格水平呈反方向变动，即价格上升，实际货币供给量减少；价格下降，实际货币供给量增加。在货币需求不变的情况下，实际货币供给量减少使利率上升，利率上升又使投资减少，总需求减少；反之，实际货币供给量增加使利率下降，利率下降又使投资增加，总需求增加。这样，总需求与价格水平就呈反方向变动。

总需求的变动会引起总需求曲线的移动。总需求增加时，总需求曲线向右上方平行移动；总需求减少时，总需求曲线向左下方平行移动。总需求由消费需求、投资需求、政府购买需求和国外的净出口需求四部分构成。这四部分中的任何一部分发生变动，总需求曲线都将发生变化。例如，在其他条件不变的情况下，居民的消费欲望增强了，消费需求的增加导致总需求增加，总需求曲线向右上方平行移动，在图10-8中表现为曲线AD平行移动到曲线AD_2。再如，在其他条件不变的情况下，政府实施紧缩性的财政政策，居民的购买需求下降，导致总需求下降，总需求曲线向左下方平行移动，在图10-8中表现为曲线AD平行移动到曲线AD_1。

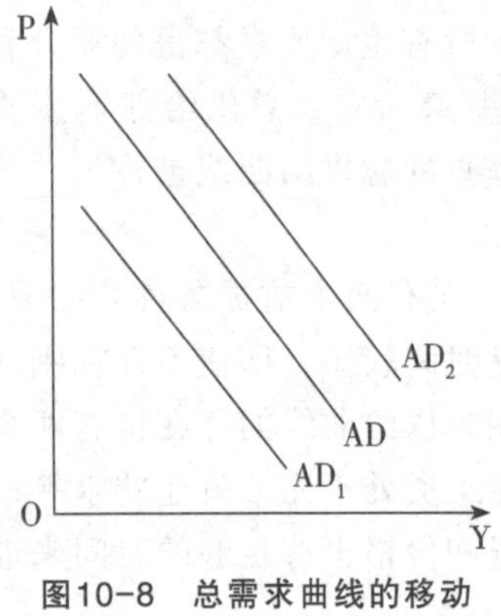

图10-8 总需求曲线的移动

10.3.2 总供给曲线

1）总供给与总供给曲线

总供给是指整个经济社会在每一价格水平上提供的商品和服务的总量。总供给取决于资源的利用情况。在不同资源利用水平的情况下，总供给与价格水平之间的关系是不同的，可以利用总供给曲线来加以说明。所谓总供给曲线，是指产品市场和货币市场同时达到均衡时，表示总供给与价格水平之间关系的曲线，如图10-9所示。

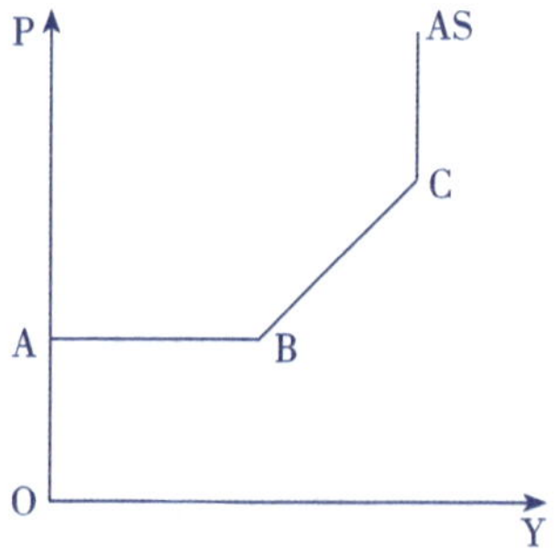

图10-9 总供给曲线

2）总供给曲线的三种形态

从图10-9中可以看出，总供给曲线有三种形态：

（1）资源未充分利用阶段，即AB段。这时总供给曲线是一条与横轴平行的线，这表明总供给的增加不会引起价格水平的变动，造成这种情况的原因只有一个，即社会上有大量资源闲置，所以可以在不提高价格水平的情况下，增加总供给。这种情况是由凯恩斯提出来的，所以这种水平的总供给曲线也称为“凯恩斯主义总供给曲线”。

（2）资源接近充分利用阶段，即BC段。这时总供给曲线是一条向右上方倾斜的线，这表明总供给的增加会引起价格的变动，这是因为在资源接近充分利用的情况下，产量增加会引起生产要素价格的上升，从而使成本增加，进而导致总价格水平上升。由于这种情况是在短期中存在的，因此这种向右上方倾斜的总供给曲线被称为“短期总供给曲线”。

（3）资源充分利用阶段，即C以上部分。这时总供给曲线是一条垂线，这表明无论价格水平如何上升，总供给都不会增加。这是因为从长期来看，人类所拥有的资源总是有限的，当资源得到充分利用时，即经济中实现了充分就业（宏观经济学中的充分就业是指包括资本、劳动和自然资源在内的所有生产要素都得到充分利用的状态，而不仅仅指劳动人口的充分就业状态），无论如何提高价格，总供给都不会增加。从长期来看，资源总是会得到充分利用的，因此，这种垂直的总供给曲线被称为“长期总供给曲线”。

3）总供给曲线的移动

凯恩斯主义总供给曲线的存在有两个前提条件：一是货币工资和价格均具有向上刚性，即只会上升不会下降；二是时间较短，即使不存在刚性工资和价格，工资和价格也没有足够的时间来进行调整。长期总供给曲线的存在也有两个前提条件：一是货币工资和价格可以迅速自行调节，使得实际工资处于充分就业的水平；二是在长期中，即使货币工资和价格不能迅速自行调节，工资和价格也有足够的时间来进行调整，使得实际工资处于充分就业的水平。从现实经济的运行来看，很难具备凯恩斯主义总供给曲线和长期总供给曲线存在的前提条件，因此，这两条总供给曲线是两种极端情况。

但短期总供给曲线是可以变动的，在价格不变的情况下，影响短期总供给的因素主要有两个：技术进步因素和资源供给因素。在价格不变的情况下，生产技术提高了，同样的资源供给会有更高的产出水平，因此，总供给增加，总供给曲线向右下方移动；在价格和生产技术不变的情况下，资源供给增加也会产生更高的产出水平，因此，总供给增加，总供给曲线向右下方移动；反之，如果资源供给减少，则总产出水平下降，即总供给减少，总供给曲线向左上方移动。

10.3.3　总需求-总供给模型

总需求-总供给模型是将总需求曲线和总供给曲线结合在一起来说明均衡国民收入与均衡的价格水平是如何决定的，可以用图10-10来说明总需求-总供给模型。

视频

总需求-总供给模型

在图10-10中，总需求曲线AD与总供给曲线AS相交于E点，此时总需求等于总供给，国民经济处于均衡状态，E点对应的Y_0即均衡国民收入，P_0为均衡价格水平。

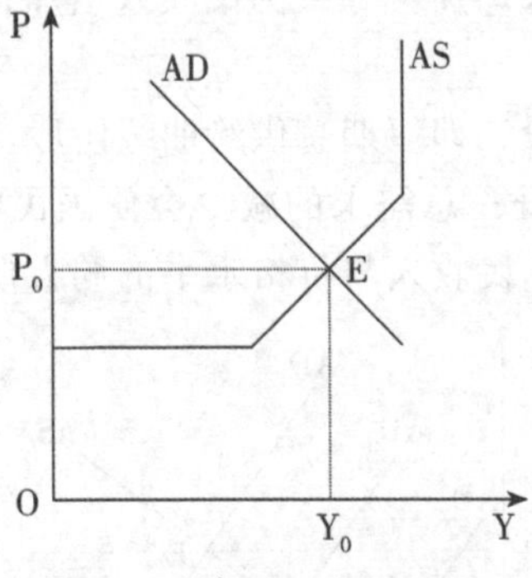

图10-10　总需求-总供给模型

与IS-LM模型不同的是，总需求-总供给模型综合考虑了产品市场、货币市场和劳动市场三个市场的均衡，同时也分析了国外对于本国产品的需求情况（即净出口X-M部分），因而更加接近现代宏观经济体系的实际运行情况，对于一个对外开放国家的经济运行状况也更有解释力。

1）总需求变动对国民收入与价格水平的影响

由于总供给曲线由三种形态组成，所以利用总需求-总供给模型分析总需求变动对国民收入和价格水平的影响时，必须考虑到总供给曲线的不同情况。依据总供给曲线的不同情况，可以将其分成三个阶段：

（1）资源未充分利用阶段。此时经济运行一般处于萧条时期。经济萧条时期是指实际国民收入水平低于潜在国民收入的时期，此时大量的资源闲置，因而总供给曲线是一条水平直线，即前文所说的凯恩斯主义总供给曲线，如图10-11所示。由于存在多余的资源，因而总需求的增加不会引起价格水平的上升，而只会使得国民收入水平上升。

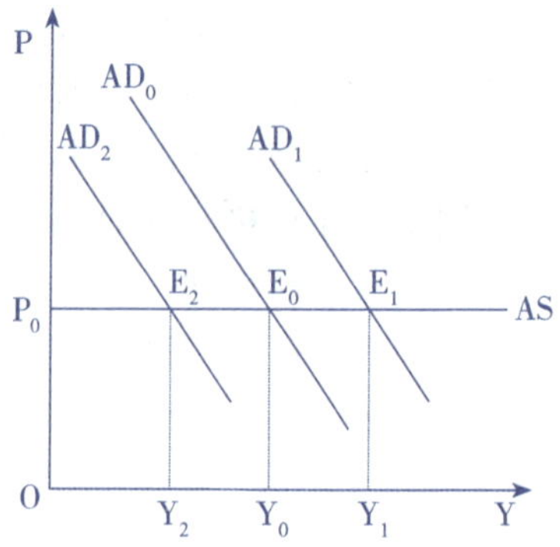

图10-11　凯恩斯主义总供给曲线

在图10-11中，AS为水平直线，与AD_0相交于E_0点，决定了国民收入为Y_0，价格水平为P_0。此时，如果总需求增加，即总需求曲线从AD_0向右上方平行移动到AD_1，AD_1与AS相交于E_1点，决定了新的国民收入为Y_1，而价格水平仍为P_0。这就说明了总需求的增加使国民收入由Y_0增加到Y_1，而价格水平不变。相反，如果总需求减少，即总需求曲线从AD_0向左下方平行移动到AD_2，AD_2与AS相交于E_2点，决定了国民收入为Y_2，价格水平还为P_0。这表明了总需求减少使国民收入从Y_0下降到Y_2，而价格水平不变。总之，在有大量资源闲置的情况下，总需求增加会导致国民收入增加，总需求减少会导致国民收入减少，而价格水平均保持不变。

（2）资源接近充分利用阶段，即短期总供给曲线阶段。此时，总需求的增加会使国民收入增加，价格水平也随之上升；总需求的减少会使国民收入减少，价格水平也会下降。也就是说，总需求的变动引起国民收入与价格水平的同方向变动，如图10-12所示。

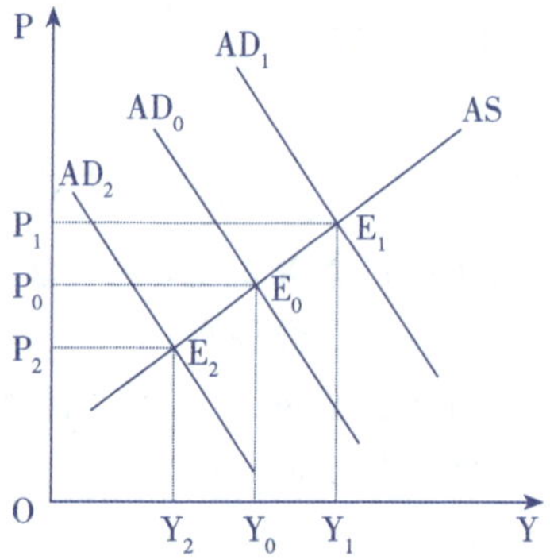

图10-12　短期总供给曲线

在图10-12中，AS为短期总供给曲线，AS与AD_0相交于E_0点，决定了国民收入为Y_0，价格水平为P_0。如果总需求增加，总需求曲线由AD_0平行移动到AD_1，这时AD_1与AS相交于E_1点，决定了国民收入为Y_1，价格水平为P_1。这表明总需求增加使国民收入由Y_0增加到Y_1，使价格水平由P_0上升为P_1。如果总需求减少，总需求曲线由AD_0平行移动到AD_2，这时AD_2与AS相交于E_2点，决定了国民收入为Y_2，价格水平为P_2。这表明总需求减少使国民收入由Y_0减少到Y_2，使价格水平由P_0下降到P_2。

（3）资源充分利用阶段，即长期总供给曲线阶段。由于资源已经得到了充分利用，总供给曲线为一条垂直于横轴的直线，所以总需求的增加只会使价格水平上升，而国民收入不会变动；同样，总需求的减少也只会使价格水平下降，而国民收入不会变动，即总需求的变动会引起价格水平的同方向变动，而不会引起国民收入的变动。这种情况可用图10-13来说明。

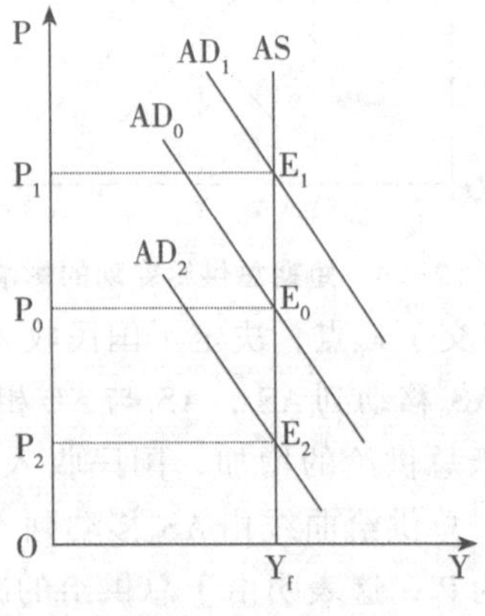

图10-13　长期总供给曲线

在图10-13中，AS为长期总供给曲线，AD_0与AS相交于E_0点，决定了充分就业时的国民收入水平为Y_f，价格水平为P_0。如果总需求增加，总需求曲线由AD_0向右上方平行移动到AD_1，这时AD_1与AS相交于E_1点，决定了国民收入仍为Y_f，价格水平为P_1。这就表明，总需求增加使价格水平由P_0上升到P_1，而国民收入仍为Y_f。如果总需求减少，总需求曲线由AD_0向左下方平行移动到AD_2，这时AD_2与AS相交于E_2点，决定了国民收入仍为Y_f，价格水平为P_2。这就表明，总需求减少使价格水平由P_0下降到P_2，而国民收入仍为Y_f。

综合上面的三种情况可知，总需求变动会对国民收入和价格水平产生如下影响：当总供给曲线处于水平阶段时（凯恩斯主义总供给曲线阶段），总需求变动不会引起价格水平的变动，总需求增加会导致国民收入增加，总需求减少会导致国民收入减少；当总供给曲线处于向右上方倾斜阶段时（短期总供给曲线阶段），总需求增加会导致国民收入和价格水平同时上升，总需求下降会导致国民收入和价格水平同时下降；当总供给曲线处于垂直阶段时（长期总供给曲线阶段），总需求变动不会引起国民收入变动，总需求增加，则价格水平上升；总需求下降，则价格水平下降。

2）总供给变动对国民收入和价格水平的影响

拓展资料10-2

提升供给体系对国内需求的适配性

前文提到过，凯恩斯主义总供给曲线和长期总供给曲线是两种极端情况，现实经济中较常见的是短期总供给曲线，因此，在讨论总供给变动对国民收入和价格水平的影响时通常只讨论短期总供给变动的情况。

短期总供给是会变动的，这种变动同样会影响国民收入与价格水平，在总需求不变时总供给的增加，即产量的增加，会使国民收入增加，价格水平下降；而总供给的减少，即产量的减少，会使国民收入减少，价格水平上升。这种情况可用图10-14来说明。

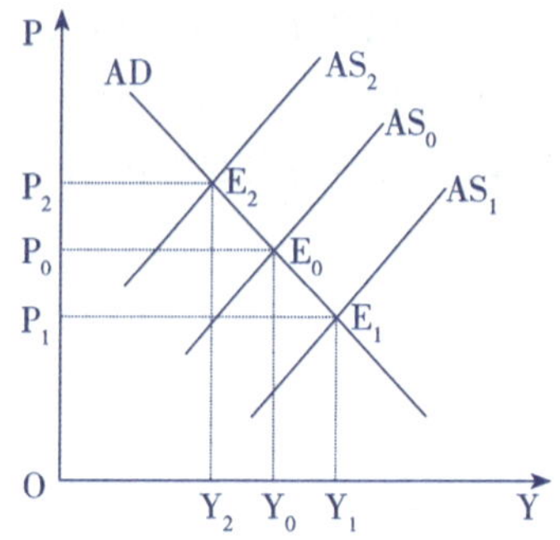

图10-14　短期总供给变动的影响

在图10-14中，AS_0与AD相交于E_0点，决定了国民收入水平为Y_0，价格水平为P_0。当总供给增加时，总供给曲线由AS_0移动到AS_1，AS_1与AD相交于E_1点，决定了国民收入为Y_1，价格水平为P_1，这表明由于总供给的增加，国民收入由Y_0增加到Y_1，而价格水平由P_0下降到P_1。当总供给减少时，总供给曲线由AS_0移动到AS_2，AS_2与AD相交于E_2点，决定了国民收入为Y_2，价格水平为P_2，这表明由于总供给的减少，国民收入由Y_0减少到Y_2，而价格水平由P_0上升为P_2。

国民收入决定理论是宏观经济学的核心，它为分析各种宏观经济问题提供了一种重要的分析工具，国民收入决定理论对于失业、通货膨胀、经济周期和经济增长等问题均具有较强的分析价值，以下各章将一一加以详细介绍。

小思考 10-4

补充阅读材料

论经济学的发展及中国特色社会主义政治经济学的建设

根据总需求-总供给模型来分析宏观经济政策，有效果吗？

答：总需求-总供给模型告诉我们，政府的宏观经济政策在特定情况下是有效果的。当总供给曲线处于凯恩斯主义总供给曲线阶段和短期总供给曲线阶段时，政府宏观经济政策是可以改变国民收入水平和价格水平的；但当总供给曲线处于长期总供给曲线阶段时，政府任何的宏观经济政策只会影响价格水平，而不会影响国民收入水平，因而在长期中，宏观经济政策是无效果的。

知识掌握

知识梳理 10

□ 选择题

1）政府支出是（　　）。

A.政府购买各种产品与劳务的支出

B.政府支付的救济金

C.政府支付的公务员工资

2）根据简单国民收入决定模型，引起国民收入减少的原因是（　　）。

A.消费减少　　B.储蓄减少　　C.政府购买支出增加

3）IS曲线向左下方平行移动的条件是（　　）。

A.总需求减少　　B.总需求增加　　C.价格水平上升

4）利率提高时，货币的投机需求将（　　）。

A.增加　　B.不变　　C.减少

5）在LM曲线不变的情况下，总需求增加会引起（　　）。

A.国民收入增加，利率上升　　B.国民收入增加，利率不变

C.国民收入增加，利率下降

6）总需求曲线向右上方平移的原因是（　　）。

A.政府支出减少　　B.货币供给量增加　　C.私人投资减少

7）长期总供给曲线显示了（　　）。

A.资源已得到充分利用　　B.资源接近充分利用　　C.资源未充分利用

8）短期总供给曲线是一条（　　）。

A.向右上方倾斜的直线　　B.垂直于横轴的直线　　C.水平的直线

□ 判断题

1）均衡的国民收入一定等于充分就业的国民收入。（　　）

2）乘数在宏观经济学中专指投资乘数。（　　）

3）IS曲线上任何一点都表示货币市场的均衡。（　　）

4）IS-LM模型适用于不对外开放的三部门宏观经济体系。（　　）

5）LM曲线是一条向右下方倾斜的直线。（　　）

6）总供给曲线的不同形态主要取决于资源的利用情况。（　　）

□ 简答题

1）什么是乘数？

2）什么是IS曲线和LM曲线？

3）什么是总供给曲线？它有哪三种不同的形态？

□ 计算题

假定某经济社会的消费函数C=100+0.8Y，投资为50亿元，计算其均衡收入、消费、储蓄和投资乘数，并计算当投资增加到100亿元时均衡收入的增量。

知识应用

□ 分析题

在IS和LM两条曲线相交时所形成的均衡收入是否就是充分就业的国民收入？为什么？

□ 案例题

我国消费与储蓄的结构性变迁

2024年我国居民收入与消费呈现结构性变化，消费函数与储蓄函数的动态关系在现实经济中得到充分体现。消费函数显示，全国居民人均可支配收入实际增长5.1%，带动人均消费支出同步增长5.1%，边际消费倾向接近1，表明居民在满足基本消费（自发消费）后，新增收入主要用于发展型消费。例如，服务消费占比提升至46.1%，教育文化娱乐支出增长9.8%，反映消费结构向更高层次升级。储蓄函数则显示，储蓄随收入增加但增速放缓，2024年居民人均消费支出增速与收入增速持平，储蓄率增长空间收窄。

储蓄率受多重因素制约。收入水平方面，居民人均可支配收入达41 314元，但消费支出同步增长导致储蓄率未显著提升。社会保障体系完善降低了预防性储蓄需求，2024年基本养老保险参保率突破95%，医疗保障覆盖超13.6亿人。消费观念转变方面，服务消费占比提升至46.1%，年轻群体更倾向通过信贷平滑消费。资产配置结构上，房地产贷款余额达41.7万亿元，房贷占家庭负债的80%，高杠杆购房挤压了储蓄空间。我国储蓄率下降至24.3%的直接原因是消费升级与负债增加的双重挤压：服务性消费支出增长7.4%，新能源汽车消费增长40.7%，同时房贷占家庭收入的42.3%。这种变化表明，我国正从“高储蓄–高投资”模式向“消费驱动–创新引领”转型，储蓄率下降是经济高质量发展的必然伴随现象。

资料来源 作者根据国家统计局官网的相关资料整理.

问题：(1) 解释下列名词：消费函数，储蓄函数。

(2) 根据所学知识说明决定一国储蓄率的因素，并简要说明我国储蓄率下降的原因。

综合实训

【项目目标】

通过本项目的实训，使学生能运用相关国民收入决定理论解释和分析一国GDP的增长情况。

【项目内容及要求】

1）2014年以来，我国货币供应量快速增加，反映货币供应量的社会融资规模增量指标从2014年的不到16万亿元，经过10年发展，到2023年达到将近36万亿元的历史最高纪录。表10–5显示了2014—2023年我国社会融资规模等指标的变化情况。

表10–5　2014—2023年我国社会融资规模等指标的变化情况　单位：亿元

指标	2023年	2022年	2021年	2020年	2019年	2018年	2017年	2016年	2015年	2014年
社会融资规模增量	355 799	320 101	313 407	347 917	256 735	224 920	261 536	177 999	154 063	158 761
人民币贷款社会融资规模	222 240	209 149	199 403	200 310	168 835	156 712	138 432	124 372	112 693	97 452
外币贷款社会融资规模	2 206	−5 254	1 715	1 450	−1 275	−4 201	18	−5 640	−6 427	1 235
企业债券社会融资规模	16 254	20 508	32 866	43 748	33 384	26 318	6 244	29 865	29 388	24 329
非金融企业境内股票社会融资规模	7 931	11 757	12 133	8 923	3 479	3 606	8 759	12 416	7 590	4 350

资料来源 《中国统计年鉴2024》.

根据上述材料，收集相关资料，与同学讨论并回答下列问题：

(1) 是什么原因导致了2014年以来我国货币供应量的快速增长？

(2) 货币供应量大幅上升会对利率和国内生产总值产生何种影响？为什么？

(3) 除了对国内生产总值产生影响外，货币供应量大幅上升还会对我国产生哪些影响？

2）长期以来，外需一直是拉动我国经济增长的重要因素。表10-6为2015—2024年最终消费支出、资本形成总额、货物和服务净出口对国内生产总值增长的贡献率和拉动情况。可以看出，货物和服务净出口对我国国内生产总值增长的贡献度呈波动趋势，2016年为-0.8个百分点（对当年国内生产总值增长的贡献率为-11.1%），至2024年递增达到了1.5个百分点（对当年国内生产总值增长的贡献率为30.3%）。

表10-6　　2015—2024年三大需求对国内生产总值增长的贡献率和拉动情况

年份	最终消费支出		资本形成总额		货物和服务净出口	
	贡献率（%）	拉动（百分点）	贡献率（%）	拉动（百分点）	贡献率（%）	拉动（百分点）
2015	69.3	4.8	22.5	1.6	8.2	0.6
2016	67.4	4.6	43.7	3.0	-11.1	-0.8
2017	56.3	3.9	39.1	2.7	4.6	0.3
2018	66.1	4.5	42.6	2.9	-8.7	-0.6
2019	58.7	3.6	29.0	1.8	12.3	0.7
2020	-4.3	-0.1	75.1	1.8	29.1	0.7
2021	60.1	5.2	19.7	1.7	20.2	1.7
2022	49.3	1.5	37.1	1.2	13.6	0.4
2023	85.6	4.6	25.8	1.4	-11.4	-0.6
2024	44.5	2.2	25.2	1.3	30.3	1.5

资料来源　国家统计局网站.

根据上述材料，收集相关资料，与同学讨论并回答下列问题：

（1）是什么原因导致了我国净出口对国内生产总值的拉动？

（2）净出口增长波动会对我国国内生产总值产生何种影响？为什么？

（3）除对国内生产总值产生影响外，净出口增长波动还会对我国产生哪些影响？

【项目成果】

撰写：

1）《2015年以来我国社会融资规模增长情况分析》，包含内容如下：

（1）2015年以来我国社会融资规模增长情况。

（2）2015年以来我国社会融资规模大幅增长的原因分析。

（3）未来2～3年我国社会融资规模增长情况的预测。

2）《2015年以来我国净出口增长情况分析》，包含内容如下：

（1）2015年以来我国净出口增长波动的原因分析。

（2）2015年以来我国净出口增长波动对国民经济的影响分析。

交互式测验10

第11章

失业与通货膨胀理论

思维导图

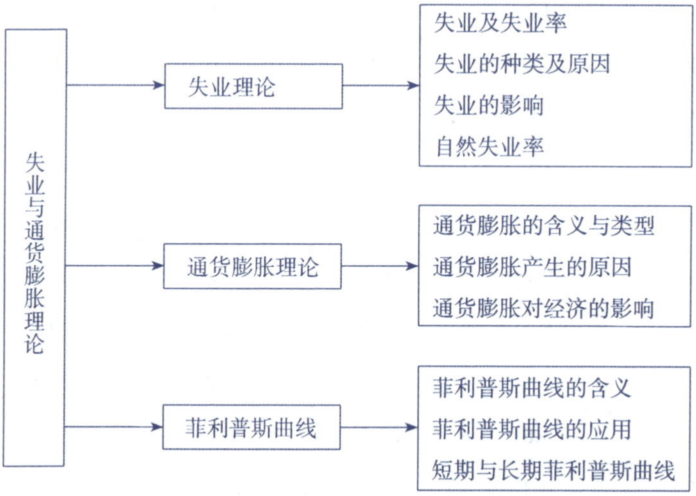

学习目标

【知识目标】

熟悉失业的含义、种类及原因，理解失业对经济的影响；熟悉通货膨胀的含义、类型及原因，理解通货膨胀对经济的影响；了解统计CPI、PPI、GDP指标；理解（长、短期）菲利普斯曲线的含义。

【能力目标】

能正确运用失业理论和通货膨胀理论研判宏观经济运行情况；能正确运用菲利普斯曲线研判宏观经济政策的有效性。

【素养目标】

培养学生对国家调控政策的认同感，使学生理解国家政策尤其是国家宏观调控政策对当前经济的影响。

案例导入 **结构性调整中的失业治理与低通胀增长**

——中国宏观经济政策的协同实践

近年来，我国经济在高质量发展进程中面临结构性调整压力，传统产业转型与新兴产业培育的双重任务对就业市场产生深刻影响。2023年，全国城镇新增就业1 244万人，城镇调查失业率稳定在5.1%，制造业、房地产等行业因技术替代和需求收缩出现阶段性失业压力。与此同时，数字经济、绿色能源等新兴领域快速发展，人工智能、高端装备制造等战略性新兴产业增加值增长8.9%，创造了大量高技能岗位，但劳动力技能错配问题凸显，形成"就业难"与"招工难"并存的结构性矛盾。

为应对这一挑战，我国构建了"产业升级+技能重塑+政策协同"的立体化就业治理体系。在产业层面，通过供给侧结构性改革推动传统制造业向智能化、绿色化转型，2025年政府工作报告明确提出新增1 200万个城镇就业目标，重点投向新质生产力、基建等领域。在技能培训领域，实施"十四五"职业技能培训规划，2025年计划开展补贴性职业技能培训1 500万人次，覆盖数字技术、新能源等18个新兴工种，并建立终身职业技能培训制度。政策协同方面，财政赤字率提高至4%，专项债重点支持产业链升级项目，同时通过阶段性降低失业保险费率、发放创业担保贷款等措施稳定市场主体。

在通胀控制领域，我国坚持"就业优先+结构优化"的政策组合。2025年CPI同比仅上涨0.1%，全年增幅0.2%，通过产业升级提高全要素生产率，降低对资源密集型产业的依赖，从供给端缓解成本推动型通胀压力。货币政策精准发力，2025年设立5 000亿元服务消费与养老再贷款，引导金融资源向实体经济倾斜，既促进消费回暖，又避免货币超发引发通胀风险。这种政策协同使我国在低通胀环境下实现了经济增长与就业扩容的平衡，2025年一季度GDP增速达5%，城镇新增就业308万人，同比增加5万人。

资料来源　参见2025年《国务院政府工作报告》.

分析：我国治理失业与通胀实践体现宏观经济政策精准性与创新性。结构性失业源于劳动力供给与产业需求错配，政府通过"传统产业转型+新兴产业培育"及职业技能培训缓解矛盾。在通胀控制方面，突破传统理论，靠产业升级、政策协同实现"低通胀、稳增长、扩就业"，彰显宏观经济治理制度优势。

失业和通货膨胀现象存在的普遍性，已引起了各国的注意。本章将介绍有关失业与通货膨胀的基本知识、菲利普斯曲线以及对通货膨胀的治理等内容。

11.1 失业理论

11.1.1 失业及失业率

劳动就业是每个人的权利，也是绝大多数人获得收入、维持生存的主要手段。但是在现实生活中，总是有一部分人无法就业。如果不能在短时间内找到合适的工作，这部分人的生活就会陷入困境。当然，失业现象并非仅存在于我国，目前世界上所有的国家，无论是发达国家，还是发展中国家，都不同程度地存在着失业问题。

宏观经济学有四大目标，即充分就业、经济增长、物价稳定和国际收支平衡。其中，充分就业是宏观经济学的第一目标，可见宏观经济学对就业问题的重视。宏观经济学中对充分就业有两种理解：一种是广义的理解，是指所有的生产要素都参与生产的状态，即所有的生产要素都就业才是充分就业；另一种是狭义的理解，专指劳动这种生产要素，即经济中消灭周期性失业的状态。由于衡量资本和自然资源的就业比较困难，所以通常所说的充分就业是指劳动这种生产要素参与生产的状态。

失业是指有劳动能力、愿意接受现行工资水平但仍然找不到工作的现象。所有那些未曾受雇以及正转换工作岗位或未能按当时通行的实际工资率找到工作的、有劳动能力的人都是失业者。失业人口与就业人口的和就是劳动人口，失业人口占劳动人口的比重即失业率。

小资料11-1　　我国的城镇登记失业人员与城镇登记失业率

《中国统计年鉴2024》中相关资料显示，在我国，城镇登记失业人员指有非农业户口、在一定的劳动年龄内（16周岁至退休年龄）、有劳动能力、无业而要求就业，并在当地劳动保障部门进行失业登记的人员。城镇登记失业率是指城镇登记失业人员与城镇单位就业人员（扣除使用的农村劳动力、聘用的离退休人员、聘用的我国港、澳、台地区及外方人员）、城镇单位中的不在岗职工、城镇私营业主、城镇个体户主、城镇私营企业和个体就业人员、城镇登记失业人员之和的比。城镇登记失业率的计算公式为：

$$\text{城镇登记失业率}=\text{城镇登记失业人员}\div\left[\left(\text{城镇单位就业人员}-\text{使用的农村劳动力}-\text{聘用的离退休人员}-\text{聘用的我国港、澳、台地区及外方人员}\right)+\text{城镇单位中的不在岗职工}+\text{城镇私营业主}+\text{城镇个体户主}+\text{城镇私营企业和个体就业人员}+\text{城镇登记失业人员}\right]\times100\%$$

城镇调查失业率=城镇调查失业人数÷城镇调查劳动力人口×100%

表11-1为2011—2024年我国城镇登记失业人数与城镇登记失业率。

表11-1　　2011—2024年我国城镇登记失业人数与城镇登记失业率

年份	城镇登记失业人数（万人）	城镇登记失业率（%）
2011	922	4.1
2012	917	4.1
2013	926	4.1
2014	952	4.1
2015	966	4.1
2016	982	4.0

续表

年份	城镇登记失业人数（万人）	城镇登记失业率（%）
2017	972	3.9
2018	974	3.8
2019	945	3.6
2020	1 160	4.2
2021	1 040	4.0
2022	1 203	5.6
2023	1 074	5.2
2024	—	5.1

资料来源　国家统计局网站.

注：2022以来我国逐步以调查失业率作为主要就业指标。

11.1.2　失业的种类及原因

（1）自愿失业与非自愿失业。失业有很多种，根据主观愿望是就业与否可分为自愿失业与非自愿失业。自愿失业，是指工人所要求的实际工资超过其边际生产率，或者说不愿意接受现行的工作条件和收入水平而未被雇用造成的失业。由于这种失业是由劳动人口主观不愿意就业而造成的，所以被称为自愿失业，无法通过经济手段和政策来消除，因此不是经济学研究的范围。非自愿失业是指有劳动能力、愿意接受现行工资水平但仍然找不到工作的现象。这种失业是由客观原因所造成的，因而可以通过经济手段和政策来消除。经济学中所讲的失业是指非自愿失业。

微课

摩擦性失业、结构性失业与周期性失业

（2）摩擦性失业、结构性失业和周期性失业。非自愿失业又可分为摩擦性失业、结构性失业和周期性失业。摩擦性失业是指生产过程中难以避免的、由于转换职业等原因而造成的短期的、局部的失业。这种失业的性质是过渡性的或短期性的。它通常起源于劳动的供给一方，因此被看成一种求职性失业，即一方面存在职位空缺，另一方面存在与此数量对应的寻找工作的失业者。这是因为劳动力市场信息不完备，企业找到所需雇员和失业者找到合适工作都需要花费一定的时间。摩擦性失业在任何时期都存在，随着经济结构的变化有增强的趋势，但从经济和社会发展的角度来看，这种失业的存在是正常的。

结构性失业是指劳动力的供给和需求不匹配所造成的失业。其特点是既有失业，也有职位空缺，失业者或者没有合适的技能，或者居住地点不当，因此无法填补现有的职位空缺。结构性失业是长期的，而且通常起源于劳动力的需求方。结构性失业是由经济变化导致的，这些经济变化引起特定市场和区域中特定类型劳动力的需求相对低于其供给。这可能由以下原因导致：①技术变化。原有劳动者不能适应新技术的要求，或者技术进步使得对劳动力的需求下降。②消费者偏好的变化。消费者对商品和服务的偏好的改变，使得某些行业规模扩大而另一些行业规模缩小，处于规模缩小行业的劳动力因此失去工作岗位。③劳动力的不流动性。流动成本的存在制约着失业者从一个地方或一个行业流动到另一个地方或另一个行业，从而使得结构性失业长期存在。

周期性失业是指在经济周期中的衰退期或萧条期，因社会总需求下降而造成的失业。当经济发展处于一个周期中的衰退期时，社会总需求不足，因而厂商的生产规模缩小，从而出现较为普遍的失业现象。周期性失业对不同行业的影响是不同的，一般来说，需求的收入弹性越大的行业，对周期性失业的影响越严重。也就是说，随着人们收入的减少，产品需求大幅度下降的行业，周期性失业情况比较严重。通常用紧缩性缺口来说明这种失业产生的原因。紧缩性缺口是指实际总需求小于充分就业的总需求时二者之间的差额。图11-1说明了紧缩性缺口与周期性失业之间的关系。

微课

紧缩性缺口与周期性失业

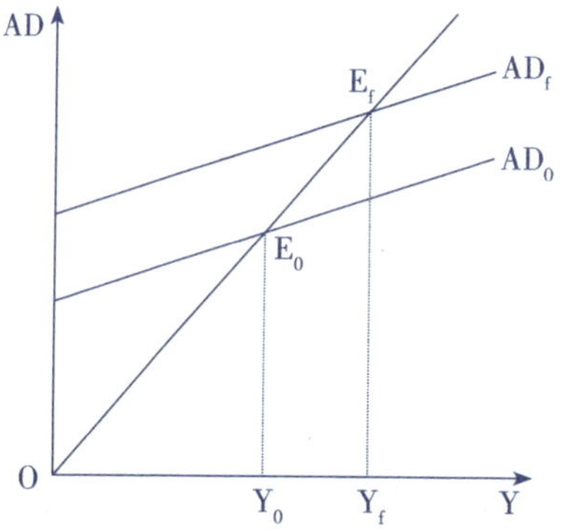

图11-1　紧缩性缺口与周期性失业之间的关系

在图11-1中，横轴Y代表国民收入，纵轴AD代表总需求。当国民收入为Y_f时，经济中实现了充分就业，Y_f为充分就业时的国民收入，实现这一国民收入水平所要求的总需求水平为AD_f，即充分就业的总需求。但实际的总需求为AD_0，这一总需求水平决定的国民收入为Y_0，Y_0小于Y_f，这就必然引起失业。Y_0小于Y_f是由AD_0小于AD_f造成的。因此，实际总需求AD_0与充分就业总需求AD_f之间的差额就是造成这种失业的根源。这种失业是由总需求不足引起的，故而也称为“需求不足的失业”。

除了这几种主要的失业类型外，经济学中常说的失业类型还包括隐藏性失业。隐藏性失业，是指表面上有工作，但实际上对产出并没有做出贡献，即有“职”无“工”。也就是说，这些工作人员的边际生产力为零。当经济中就业人员减少而产出水平没有下降时，即存在着隐藏性失业。美国著名经济学家阿瑟·刘易斯曾指出，发展中国家的农业部门存在着严重的隐藏性失业。

11.1.3　失业的影响

失业会产生诸多影响，一般可以将其分成两种：社会影响和经济影响。失业的社会影响虽然难以估计和衡量，但它最易为人们所感受到。失业威胁着作为社会单位和经济单位的家庭的稳定。没有收入或收入遭受损失，户主就不能起到应有的作用。家庭的需求得不到满足，家庭关系将因此而受到损害。西方有关的心理学研究表明，解雇造成的创伤不亚于亲友的去世或学业上的失败。此外，家庭之外的人际关系也会受到失业的严重影响。一个失业者会在就业的人员当中失去自尊和影响力，面临被同事拒绝的可能性，最终会在情感上受到严重打击。

失业的经济影响可以用机会成本的概念来理解。当失业率上升时，经济中本可由失业工人生产出来的商品和服务就损失了。衰退期间的损失，就好像将众多的汽车、房屋、衣物和其他物品都销毁了。从产出核算的角度看，失业者的收入总损失等于生产的总损失，因此，丧失的产量是计量周期性失业损失的主要尺度，它表明经济处于非充分就业状态。

20世纪60年代，美国经济学家阿瑟·奥肯根据美国的数据，提出了经济周期中失业变动与产出变动的经验关系，被称为奥肯定律。奥肯定律的内容是：失业率每高于自然失业率一个百分点，实际国内生产总值将低于潜在国内生产总值两个百分点。换一种方式说就是，相对于潜在国内生产总值，实际国内生产总值每下降两个百分点，实际失业率就会比自然失业率上升一个百分点。

奥肯定律揭示了产品市场与劳动市场之间极为重要的关系，它描述了实际国内生产总值的短期变动与失业率变动的联系。根据这个定律，我们可以通过失业率的变动推测或估计国内生产总值的变动，也可以通过国内生产总值的变动预测失业率的变动。例如，实际失业率为8%，高于6%的自然失业率2个百分点，则实际国内生产总值就将比潜在国内生产总值低4%左右。

就业与再就业是我国当前经济社会生活中一个十分突出的问题，也是我国宏观经济政策要解决的最主要问题之一。为此中央和各级政府已采取了许多必要的措施。奥肯定律给我们提供了一个可能的解决方案，即一定要保持国内生产总值的增长，这样一方面能提高我国人民的生活水平，另一方面也能较好地解决就业问题。

11.1.4　自然失业率

充分就业是宏观经济学的首要目标，那么如何才算得上是充分就业呢？经济活动中能不能实现充分就业呢？前文的分析让我们认识到，现实生活中永远达不到百分之百就业，因为即使有足够的职位空缺，失业率也不会等于零，也仍然会存在摩擦性失业和结构性失业。在一个快速变化的现代社会中，永远存在职业流动和行业的结构性兴衰，所以，总有少部分人会处于失业状态。

因此，现代经济学认为，当一个社会中的周期性失业被消灭，只剩下摩擦性失业和结构性失业等失业类型时，这个社会就实现了充分就业。与充分就业相对应的一个概念是自然失业。其中的自然失业率，是指在没有货币因素干扰的情况下，当劳动市场和产品市场的自发供求力量起作用时，总需求和总供给处于均衡状态下的失业率。换句话说，**自然失业率**就是指经济中消灭了周期性失业以后的失业率，即摩擦性失业和结构性失业占劳动人口的比重。自然失业率并不是一个固定不变的值，它会随着经济社会的发展而变化，一般由政府根据有关调研数据来确定。如美国在一个较长的时期内确定其自然失业率为5%，也就是说，当美国的失业率在5%或以下时，政府就不会采取有关措施来干预劳动力市场的运行。因此，如何确定一个符合本国国情的自然失业率，是各国政府面临的一个较大的课题。

小思考 11-1

充分就业是百分之百就业吗？

答：充分就业不是百分之百就业。现代经济学认为，当一个社会中的周期性失业被消灭，只剩下摩擦性失业和结构性失业等失业类型时，这个社会就实现了充分就业。

11.2 通货膨胀理论

11.2.1 通货膨胀的含义与类型

1）通货膨胀的含义

通货膨胀是指物价水平在一定时期内持续的、普遍的上升过程，或者说货币实际购买力在一定时期内持续的下降过程。理解通货膨胀要注意两点：一是少数几种商品的价格上涨不能称为通货膨胀，必须是大部分商品的价格同时上涨；二是偶尔的价格上涨也不能称为通货膨胀，必须是物价在一段时间内持续上涨。

微课

通货膨胀

2）通货膨胀的衡量

衡量通货膨胀的指标是物价指数。**物价指数**是表明商品价格从一个时期到下一个时期变动程度的指数。它一般采用加权平均的方式，即根据某种商品在总支出中所占的比重来确定其价格的加权数的大小。物价指数的计算公式如下：

物价指数=$\sum P_tQ_t \div \sum P_0Q_t \times 100\%$

式中：P_0、P_t分别为基期和本期的价格水平，Q_t是本期的商品量（式中采用的是报告期加权平均法，计算物价指数还有一种方式——基期加权法，即用基期的商品量作为权数来计算物价指数）。

根据计算物价指数时商品和服务种类的不同，可以计算出三种主要的物价指数：

（1）消费者价格指数（CPI），也称零售物价指数或生活费用指数，是衡量各个时期居民个人日常生活用品和服务的价格水平变化的指标。这是与居民个人生活最为密切的物价指数，因为这个指标最能衡量居民的货币实际购买力水平。

（2）生产者价格指数（PPI），又称批发价格指数，是衡量各个时期生产者在生产过程中用到的产品价格水平的变动而得到的指标。通常，这些产品包括产成品和原材料。

（3）国内生产总值折算指数，是衡量各个时期所有商品和服务的价格变化的指标。

我们可以根据物价指数计算出一定时期内物价上升或下降的精确幅度，也就是通常所说的通货膨胀率。所谓通货膨胀率，是指从一个时期到另一个时期内价格水平变动的百分比。其计算公式为：

通货膨胀率=$(P_t-P_{t-1}) \div P_{t-1} \times 100\%$

式中：P_t和P_{t-1}分别为t时期和（t−1）时期的价格水平。

实例11-1

假定某国上一年的物价水平为102，本年的物价水平上升到108，那么这一时期的通货膨胀率为多少？

通货膨胀率=（P_t-P_{t-1}）$\div P_{t-1}\times 100\%$=（108−102）$\div 102\times 100\%=5.88\%$

3）通货膨胀的类型

对于通货膨胀，可以从三个不同的角度进行划分。

按照价格上升的速度可以将通货膨胀分成三类：①温和的通货膨胀，指每年物价上涨的比例在10%以内。一般认为，这种温和的通货膨胀不会对经济造成巨大的恶性影响，甚至还有经济学家认为这种缓慢而持续的价格上升对经济和收入的增长有积极的刺激作用。②奔腾的通货膨胀，指年通货膨胀率在10%以上100%以下。这时，货币流通速度提高而实际购买力下降，这种通货膨胀对经济具有较大的破坏作用。因为当这种通货膨胀发生以后，价格上涨速度快、上涨幅度大，公众预期价格还会进一步上涨，因而会采用各种手段来维持自己的财富，如将货币换成房产、汽车、黄金和珠宝等保值商品，或者大量地囤积商品，从而使得产品市场和劳动市场的均衡遭到破坏，正常的经济运行秩序被破坏，经济体系受损。③超级通货膨胀，指年通货膨胀率在100%以上。发生这种通货膨胀时，价格持续猛涨，人们都尽快将货币脱手，从而大大加快了货币流通速度。其结果是人们完全失去了对货币的信任，购买力大幅下降，各种正常的经济联系遭到破坏，最终导致价格体系完全崩溃，在严重的情况下，还会出现社会动荡。

按照对不同商品的价格的影响可以将通货膨胀分成两类：①平衡的通货膨胀，即每种商品的价格都按相同的比例上升。这里所指的商品价格包括生产要素以及各种服务的价格，如工资率、租金、利率等。②非平衡的通货膨胀，即各种商品价格上升的比例并不完全相同。如在一段时期内，我国房地产价格上升迅速，而一般日用消费品（如家电、电脑、汽车等）的价格反而有下降的趋势。

微课

什么是通货膨胀——财富不翼而飞

按照人们的预期程度可以将通货膨胀分成两类：①未预期的通货膨胀，即人们没有预料到价格会上涨，或者是价格上涨的速度超过了人们的预期；②预期到的通货膨胀，即人们预料到价格会上涨。这两种通货膨胀对人们正常生活的影响是不同的，未预期的通货膨胀可能会导致货币工资率的上升滞后于物价的上涨，从而使利润上升，至少暂时会有一种扩大就业、提高总产出水平的效应；如果通货膨胀事先已经被预料到，那么各经济主体将按预期来调整其经济行为，如工会在物价上涨前就会要求增加工资，从而使通货膨胀的短期扩张效应不会产生。

11.2.2　通货膨胀产生的原因

1）需求拉动型通货膨胀

需求拉动型通货膨胀（超额需求型通货膨胀）是指总需求超过总供给所引起的一般物价水平普遍而持续的上涨。通俗地说，这种通货膨胀是“过多的货币追逐过少的商品”，因而物价上涨。

下面用图11-2来说明总需求是如何拉动物价上涨的。在图11-2中，横轴Y表示国民收入，纵轴P表示一般物价水平，AD为总需求曲线，AS为总供给曲线。AS起初为水平状态，这表示在国民收入水平较低时，总需求的增加不会引起价格水平的上升，图中总需求从AD增加到AD_1，国民收入也从Y_0的水平上升到Y_1，但价格仍保持在P_1的水平上。当国民收入增加到Y_1时，总需求继续增加，此时将导致国民收入和一般价格水平同时上升，图中总需求从AD_1增加到AD_2时，国民收入从Y_1增加到Y_2，价格也从P_1上升到P_2的水平。也就是说，在这个阶段，总需求的增加，在提高国民收入的同时也拉升了一般价格水平。当国民收入增加到潜在的Y_f水平时，国民经济已经处于充分就业的状态。在这种情况下，总需求的增加只会拉动价格上升，而不会使国民收入增加。图中总需求从AD_3上升到AD_4，国民收入仍然保持在Y_f的水平，但物价水平却从P_3上升到P_4。

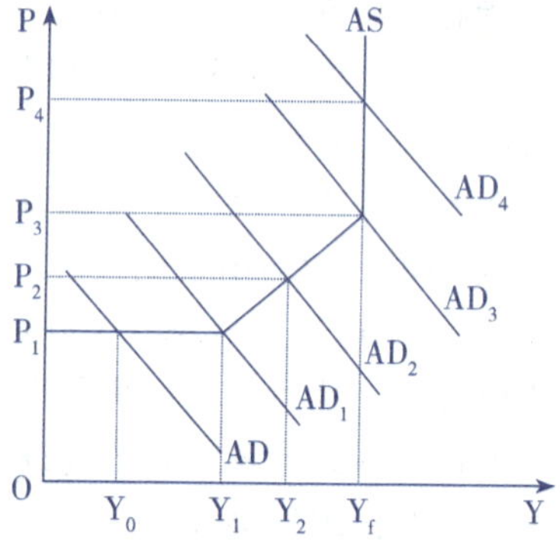

图11-2　需求拉动型通货膨胀

也就是说，当经济体系中有大量资源闲置时，总需求的增加不会引起物价上涨，只会导致国民收入增加；当经济体系中的资源接近充分利用时，总需求的增加会同时拉升国民收入和一般价格水平；当经济体系中的资源利用达到充分就业状态时，总需求的增加不会使国民收入增加，只会导致一般价格水平上升。

2）成本推动型通货膨胀

成本推动型通货膨胀（成本通货膨胀或供给通货膨胀）是指在没有超额需求的情况下，由供给方面成本的提高所引起的通货膨胀。成本的增加意味着只有在高于以前的价格水平时，才能达到与以前同样的产量水平，即总供给曲线向左上方移动。在总需求不变的情况下，总供给曲线向左上方移动使国民收入减少、价格水平上升。这种价格上升就是成本推动型通货膨胀，可以用图11-3来说明。

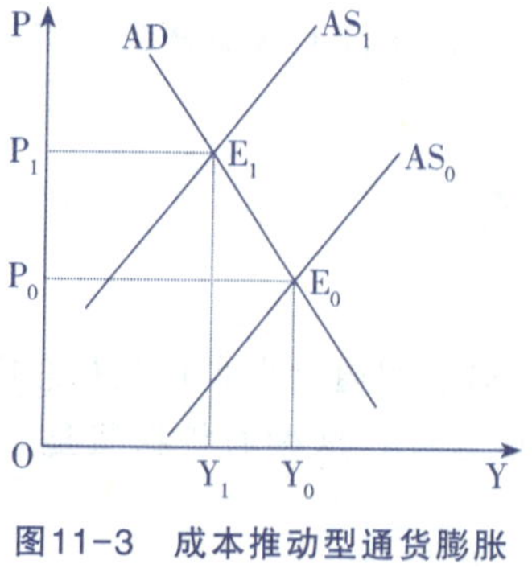

图11-3　成本推动型通货膨胀

在图11-3中，原来的总供给曲线AS_0与总需求曲线AD决定了国民收入水平为Y_0，价格水平为P_0；成本增加后，总供给曲线向左上方移动到AS_1，总需求保持不变，从而决定了新的国民收入为Y_1，价格水平为P_1，价格水平由P_0上升到P_1是由成本的增加所引起的，这就是通常所说的成本推动型通货膨胀。

引起成本增加的原因并不完全相同，因此，成本推动型通货膨胀又可以分为以下几种：

(1) 工资成本推动的通货膨胀。工资是厂商成本的主要构成部分之一，工资水平的上升会导致厂商成本增加，厂商因此而提高商品和服务的价格，从而导致通货膨胀。在劳动市场存在工会的卖方垄断情况下，工会会利用其垄断地位要求提高工资，雇主迫于压力提高了工资后，就会将提高的工资加入成本中，提高商品和服务的价格，从而引起通货膨胀。工资的增加往往是从个别部门开始的，但由于各部门之间工资的攀比行为，个别部门工资的增加往往会使整个社会的工资水平上升，从而引起普遍的通货膨胀。这种通货膨胀一旦形成，还会导致"工资-物价螺旋式上升"，即工资上升引起物价上升，物价上升又引起工资上升。这样，工资与物价不断互相推动，就形成了严重的通货膨胀。

(2) 利润推动的通货膨胀。它也称价格推动的通货膨胀，指市场上具有垄断地位的厂商为了增加利润而提高价格所引起的通货膨胀。在不完全竞争的市场中，具有垄断地位的厂商控制了产品的销售价格，从而可以提高价格进而增加利润。这种通货膨胀是由利润的推动而产生的，尤其是在工资增加时，垄断厂商以工资的增加为借口，大幅度地提高物价，使物价的上升幅度大于工资的上升幅度，其差额就是利润的增加。这种利润的增加使物价上升，形成通货膨胀。西方的经济学者认为，工资推动和利润推动实际上都是操纵价格的上升，其根源在于经济中的垄断，即工会的垄断形成工资推动，厂商的垄断引起利润推动。

(3) 原材料成本推动的通货膨胀。它是指厂商在生产中所需要的原材料价格上升推动商品和服务的价格上升而形成的通货膨胀。在现代经济中，某些能源或关键的原材料供给不足，会导致其价格上升，进而引起厂商成本上升，如石油价格的上升，或者是某种进口原材料价格的上升等。最典型的事例是20世纪70年代覆盖整个西方发达国家的滞胀（即经济停滞和通货膨胀并存），其主要根源之一就在于当时石油价格的大幅上升。

3）结构性通货膨胀

在没有需求拉动和成本推动的情况下，只是由于经济结构因素的变动，也会引起一般价格水平的持续上涨，这导致的一般价格水平的持续上涨被称为结构性通货膨胀。

从生产率提高的角度来看，社会经济结构存在着这样的特点，即一些部门生产率提高的速度快，另一些部门生产率提高的速度慢；从经济发展的过程看，社会经济结构存在着这样的特点，即一些部门正在迅速发展，另一些部门则日趋衰落；从同世界市场的关系看，社会经济结构存在着这样的特点，即一些部门（开放部门）同世界市场的联系十分密切，另一些部门（非开放部门）同世界市场没有密切联系。一般来说，生产率提高速度快的部门工资水平提高快，而生产率提高速度慢的部门工资水平提高慢，但是处于生产率提高速度慢的部门的工人要求"公平"，由于工会的存在，他们提高工资水平的要求往往会实现，这使整个社会的工资增长率超过劳动生产率，引起通货膨胀，这种通货膨胀即结构性通货膨胀。同样，在迅速发展的部门和日趋衰落的部门、开放部门和非开放部门之间也会出现这种情况。

当然，通货膨胀是现代经济社会中常见的、复杂的现象，其产生的根源往往不仅仅是上述三种原因中的某一种，而是其中的两种或三种原因交织在一起的，这就需要根据不同的情况进行具体分析。

案例 11-1

改革开放以来我国的通货膨胀

改革开放以来，中国历年通货膨胀率（以居民消费价格指数 CPI 同比增长率衡量）呈现出明显的阶段性特征，先后出现了 3 次较大的通货膨胀：第一次是 1985 年，价格双轨制改革引发物价波动，通货膨胀率接近 10%；第二次是 1988—1989 年，价格闯关改革导致高通胀，通货膨胀率连续 2 年保持在 16% 以上；第三次是 1993—1995 年，通货膨胀率一度接近 25%，税制改革与投资过热推高通胀，达到改革开放以来的峰值。除此以外，我国还出现过 3 次轻微的通货紧缩：第一次是 1998—2002 年，亚洲金融危机后需求不足，CPI 连续 2 年负增长；第二次是 2002 年，加入世贸组织，总供给的增长快于总需求的增长而导致物价水平下降，这并不是需求不足引发的，所以当时并没有出现货币供应量和投资增速的快速下滑；第三次是 2009 年，受金融危机冲击，CPI 同比下降 0.7%。总体来看，1997 年以来，我国保持了较低的通货膨胀水平，为这一期间我国国民经济的快速发展和居民生活水平的大幅提高打下了良好的基础。1983—2024 年的通货膨胀率（按 CPI 测算）具体如图 11-4 所示。纵轴表示通货膨胀率，横轴表示年份。

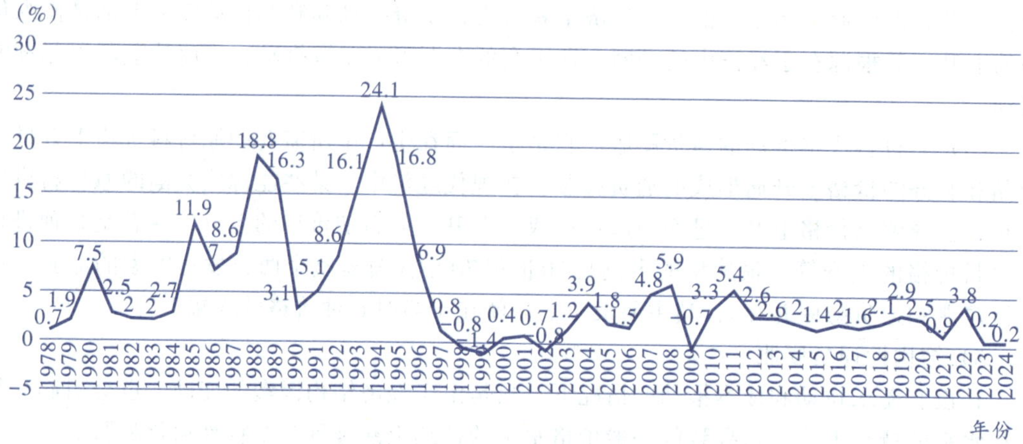

图 11-4　我国按 CPI 测算的通货膨胀率（1978—2024 年）

资料来源 作者根据相关资料整理.

分析：通货膨胀与经济的周期波动一样，是经济发展中无法避免的。但现代经济的理论研究与实践证明，我们可以在一定程度上预测并控制通货膨胀水平。本案例中的数据资料表明，1997 年以后，我国的通货膨胀率一直在低位运行，这也反映了我国货币当局控制通货膨胀政策的有效性。尤其在经济新常态与高质量发展阶段（2013—2024 年），通胀保持温和。但 2023—2024 年因经济恢复与需求疲软并存，2023 年 CPI 上涨 0.2%，2024 年维持 0.2% 的涨幅。作为普通的公民，我们应该理性地分析通货膨胀和通货紧缩，正视其给我们生活所带来的各种有利和不利影响，以便及早采取相应措施，将其对我们生活的冲击降到最低程度。

11.2.3 通货膨胀对经济的影响

通货膨胀既会对个人的经济生活产生各种影响，也会对整个社会的经济生活产生重大影响，一般可以将通货膨胀对经济的影响分成两种，即通货膨胀的收入再分配效应和通货膨胀的产出效应。

1）通货膨胀的收入再分配效应

通货膨胀意味着人们手中持有的货币的购买力下降，从某种程度上来讲，是人们过去劳动成果的缩水。也就是说，通货膨胀会导致人们的实际收入水平发生变化，这就是通货膨胀的再分配效应。通货膨胀对不同经济主体的再分配效应是不同的。

（1）通货膨胀对靠固定货币收入维持生活的人不利。对固定收入阶层来说，其收入是固定的货币数额，落后于上升的物价水平。

也就是说，他们获得货币收入的实际购买力下降，其实际收入因通货膨胀而减少，如果他们的收入不能随通货膨胀率变动的话，他们的生活水平必然降低。

在现实生活中，靠政府救济金维持生活的人比较容易受到通货膨胀的冲击，因为政府救济金发放水平的调整相对较慢。此外，工薪阶层、公务员以及其他靠福利和转移支付维持生活的人，也都比较容易受到这种冲击。而那些收入随着通货膨胀变动的人，则会从通货膨胀中得益。例如，在扩张的行业工作并有强大的工会支持的工人就是这样，他们的工资合同中订有工资随生活费用的上涨而提高的条款，或有强有力的工会代表他们进行谈判，在每个新合同中，他们都有可能得到大幅度的工资增长。

（2）通货膨胀对储蓄者不利。随着价格的上涨，存款的购买力就会降低，那些持有闲置货币或存款在银行的人会受到严重打击；同样，像保险金、养老金以及其他具有固定价值的证券财产等（本来是作为防患于未然和养老的），在通货膨胀中，其实际价值也会下降。

（3）通货膨胀还会在债务人和债权人之间发挥收入再分配的作用。具体来说，通货膨胀牺牲了债权人的利益而使债务人得益。例如，A向B借款1万元，约定一年以后归还，假定这一年中发生了通货膨胀，物价上涨了1倍，那么一年后A归还给B的1万元只能购买到原来一半的商品和服务。也就是说，通货膨胀使得B损失了一半的实际收入。

为了反映通货膨胀对借、贷款人实际收入的影响，一般用实际利率来代替名义利率。实际利率等于名义利率减去通货膨胀率。假设银行存款利率为5%，而通货膨胀率为10%，则此时存款的实际收益率为-5%（5%-10%）。

实际研究表明，第二次世界大战以来，西方国家政府从通货膨胀中获得了大量的再分配的财富，其来源有两方面：①政府获得了通货膨胀税收入。因为政府税收中有部分税收是累进的，如个人所得税。在通货膨胀期间，一些人的名义收入增加了，原来不用纳税的人，现在需要纳税了，另一些本来纳税的人则进入更高的纳税级别，政府因而获得了更多的税收。因此，一些西方的经济学家认为，希望政府去努力制止通货膨胀是比较难的。②现代经济中，政府都把发行公债作为筹集资金和政府调控经济的手段，从而使得政府都负有较大数额的国债，通货膨胀能使政府作为债务人而获益。

小资料 11-2　　通货膨胀对经济的影响

通货膨胀作为经济运行过程中经常出现的一种现象，通常会对经济生活产生多方面的影响。

（1）在出现平衡的和可预期到的通货膨胀的情况下，每一种商品、每一种生产要素的价格，包括劳动的价格都会按同一比例上升，人们的货币收入和财富的市场价值也会按相同比例上升，此时：①通货膨胀会对拥有固定货币收入的人产生不利影响；②通货膨胀还会对储蓄者产生不利的影响，使储蓄者的收入水平下降。

（2）通货膨胀通过影响人们手中财富的实际价值实现了收入和利益的再分配：①在债权人和债务人之间，通货膨胀将有利于债务人而不利于债权人；②在雇主与工人之间，通货膨胀将有利于雇主而不利于工人；③在政府与公众之间，通货膨胀将有利于政府而不利于公众。

在一个竞争性的经济中，无论是消费者，还是生产者，他们都会根据价格信号的变动调整自己的消费行为和生产行为，从而使资源配置发生改变。

资料来源　作者根据相关资料整理.

拓展资料 11-1
国内物价为什么没有随全球性通胀而大幅上涨

2）通货膨胀的产出效应

人们一般认为，温和的通货膨胀对经济发展比较有利。因为人们消费时有“买涨不买跌”的倾向，即当人们认为物价会涨时，会采取即时消费的策略，消费增加会刺激厂商扩大生产规模，从而使就业增加、国民收入上升；而当人们认为物价将下跌时，会采取持币等待的策略，消费减少会导致厂商缩小生产规模，从而使失业增加、国民收入下降。当然，这只是一般的分析，通货膨胀的产出效应有三种情况：

（1）随着通货膨胀的出现，产出增加。这就是需求拉动型通货膨胀的刺激，促进了产出水平的提高，这种情况产生的前提条件是有一定的资源闲置。当一个经济体系中有一定的资源闲置时，物价温和地上涨会刺激人们的购买欲望，从而使消费增加，拉动就业和产出水平的提高。

（2）成本推动的通货膨胀引致失业，也就是说，通货膨胀引起就业和产出水平的下降，这种情况产生的前提条件是经济体系已经实现了充分就业。在这种情况下，如果发生成本推动的通货膨胀，原来总需求所能购买的实际产品的数量将会减少。也就是说，当成本推动的压力抬高物价水平时，既定的总需求只能在市场上支持一个较小的实际产出。因此，实际产出会下降，失业率会上升。如1973年，石油输出国组织的石油价格翻了两番，从而引发了成本推动型的通货膨胀，1973—1975年美国等主要发达国家的物价水平迅速上升，与此同时，美国的失业率从1973年的不到5%上升到了1975年的8.5%。

拓展资料 11-2
中国经济开局平稳韧性强

（3）超级通货膨胀导致经济崩溃。首先，当物价持续上升时，居民和企业都会产生通货膨胀的预期，即估计物价会再度升高。在这种情况下，人们为了不让自己的储蓄和现行的收入贬值，宁愿在价格上升前将货币花掉，从而产生过度的消费，导致储蓄和投资都减少，产出水平下降。其次，随通货膨胀而来的是生活费用的增加，劳动者会要求提高工资，企业成本上升，导致企业生产规模缩小，产出水平下降。再次，企业在通货膨胀上升时会力求增加存货，以便在稍后按高价出售以增加利润，从而使得市场可供销售的货物减少，物价将进一步上升。最后，当出现恶性通货膨胀时，情况会变得更坏，经济体系极有可能崩溃。

11.3　菲利普斯曲线

前文的分析表明，失业与通货膨胀是短期宏观经济运行中存在的两个主要问题，经济决策者在解决这两个问题的时候，往往会碰到这样一个矛盾，即降低通货膨胀率与降低失业率这两个目标是互相冲突的。利用总供给–总需求模型分析，当政府希望通过财政政策或货币政策来扩大总需求从而增加就业的时候，客观上得到的结果是产出增加、就业增加、一般价格水平上升。也就是说，就业的增加是以物价的上涨为代价的；相反，如果政府紧缩总需求的话，会使通货膨胀下降，而失业却增加了。因此，有必要从理论上探讨失业和通货膨胀之间的关系。在宏观经济学中，失业和通货膨胀的关系主要是用菲利普斯曲线来说明的。

11.3.1　菲利普斯曲线的含义

1958年，在英国任教的新西兰经济学家菲利普斯在研究了1861—1957年的英国失业率和货币工资增长率的统计资料后，提出了一条用以研究失业率和货币工资增长率之间替代关系的曲线，在以横轴表示失业率、以纵轴表示货币工资增长率的坐标系中，画出一条向右下方倾斜的曲线，这就是最初的菲利普斯曲线。该曲线表明：当失业率较低时，货币工资增长率较高；反之，当失业率较高时，货币工资增长率较低甚至为负数。

菲利普斯曲线（Phillips Curve）是一条用来描述失业率与通货膨胀率之间交替关系的曲线：当失业率高时，通货膨胀率就低；当失业率低时，通货膨胀率就高。菲利普斯曲线如图11–5所示。图11–5中，横轴代表失业率u，纵轴代表通货膨胀率π，向右下方倾斜的曲线PC即菲利普斯曲线。

微课

菲利普斯曲线

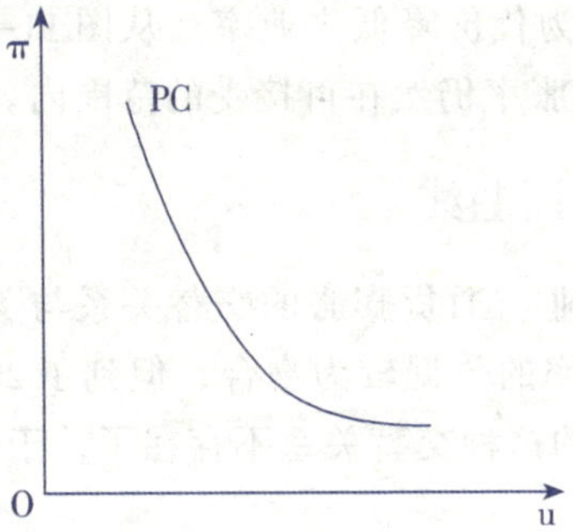

图11–5　菲利普斯曲线

11.3.2　菲利普斯曲线的应用

菲利普斯曲线为政府实施经济干预、进行总需求管理提供了一种可供选择的“方法”。它意味着可以用较高的通货膨胀率为代价，来降低失业率或实现充分就业；而要降低通货膨胀率和稳定物价，就要以较高的失业率为代价。也就是说，失业率与通货膨胀率之间存在着一种“交替关系”，想要降低或提高其中的一个，就要以提高或降低另一个为代价。

具体而言，一个经济社会首先要确定一个临界点，由此确定一个失业与通货膨胀的组合区域。如果实际的失业率和通货膨胀率组合在组合区域内，则政策的制定者不用采取调节措施；如果在区域之外，则可根据菲利普斯曲线所表示的关系进行调节。图 11-6 说明了这种调节过程。

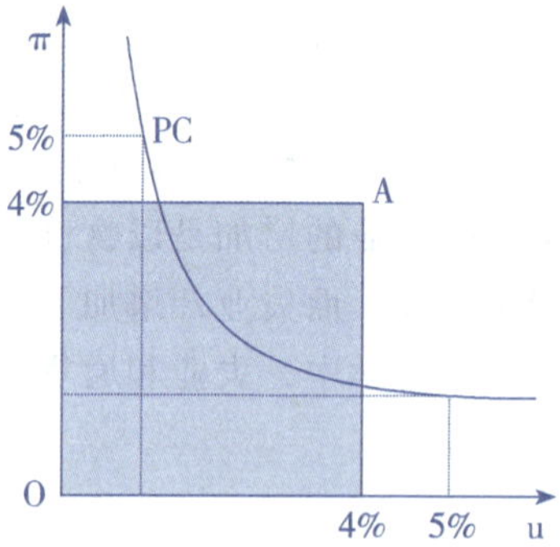

图11-6　菲利普斯曲线的应用

在图 11-6 中，假定当时失业率和通货膨胀率在 4% 以内时，经济社会被认为是安全的或可以容忍的，这时在图 11-6 中就会有一个临界点，即 A 点，由此形成的一个四边形的区域，称为安全区域，如图 11-6 中的阴影部分所示。如果该经济社会的实际失业率与通货膨胀率组合落在安全区域内，则政策制定者无须采取任何措施（政策）调节。

如果实际的通货膨胀率高于 4%，如达到了 5%，该经济社会的失业率仍在可接受的范围内，经济政策制定者可以采取紧缩性政策，以提高失业率为代价降低通货膨胀率。从图 11-6 中可以看到，当通货膨胀率降到 4% 以下时，经济社会的失业率仍然在可以接受的范围内。

如果实际的失业率高于 4%，如为 5%，这时根据菲利普斯曲线，政策制定者可采取扩张性政策，以提高通货膨胀率为代价降低失业率。从图 11-6 中可以看出，当失业率降到 4% 以下时，经济社会的通货膨胀率仍然在可接受的范围内。

11.3.3　短期与长期菲利普斯曲线

菲利普斯曲线所揭示的失业与通货膨胀的交替关系与美国等西方发达国家 20 世纪五六十年代的通货膨胀率和失业率的数据较为吻合，但到了 20 世纪 70 年代末期，由于滞胀的出现，失业与通货膨胀之间的这种交替关系不存在了，于是对失业与通货膨胀之间的关系又有了新的解释。

1968 年，美国货币学派代表人物弗里德曼指出了菲利普斯曲线分析的一个严重缺陷，即它忽略了影响工资变动的一个重要因素：工人对通货膨胀的预期。他认为，企业和工人关注的不是名义工资，而是实际工资，当劳资双方谈判新工资协议时，他们都会对新协议期的通货膨胀进行预期，并根据预期的通货膨胀相应地调整名义工资水平。根据这种观点，人们预期通货膨胀率越高，名义工资增加就越快，由此，弗里德曼提出了短期菲利普斯曲线的概念。

这里所说的“短期”，是指从预期到需要根据通货膨胀进行调整的时间间隔。短期菲利普斯曲线就是预期通货膨胀率保持不变，表示通货膨胀率与失业率之间关系的曲线。在短期中，工人来不及调整通货膨胀预期，预期的通货膨胀率可能低于以后实际发生的通货膨胀率。这样，工人所得到的实际工资可能少于先前预期的实际工资，从而实际利润增加，刺激了投资，就业增加，失业率下降。在这个前提下，通货膨胀率与失业率之间存在着交替关系。也就是说，向右下方倾斜的菲利普斯曲线在短期内是成立的，因此，在短期引起通货膨胀率上升的扩张性财政政策与扩张性货币政策是可以起到减少失业的作用的。这就是通常所说的宏观经济政策的短期有效性。

在长期中，工人将根据实际发生的情况不断调整自己的预期，工人预期的通货膨胀率与实际发生的通货膨胀率迟早会一致。这时工人会要求增加名义工资，使实际工资不变，从而通货膨胀就不会起到减少失业的作用。也就是说，在长期中，失业率与通货膨胀率之间并不存在交替关系，因此，长期菲利普斯曲线是一条垂直于横轴的线。在长期中总能实现充分就业，经济社会的失业率将处于自然失业率的水平，因此，通货膨胀率的变化不会影响长期中的失业率水平。

由于人们会根据实际情况不断调整自己的预期，所以短期菲利普斯曲线将不断移动，从而形成长期菲利普斯曲线，如图11-7所示。

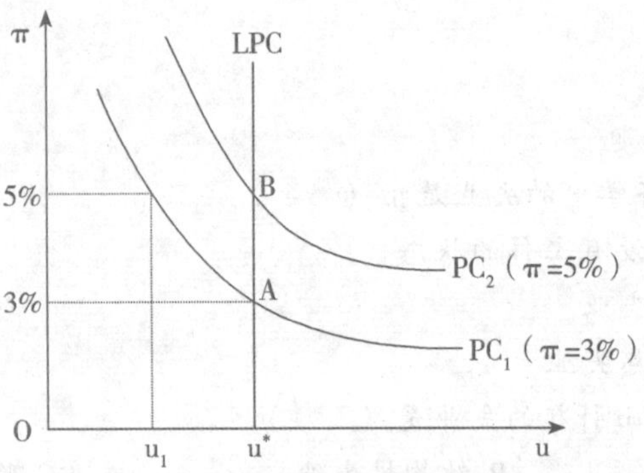

图11-7　从短期菲利普斯曲线到长期菲利普斯曲线

在图11-7中，假定某一经济体系处于自然失业率u^*、通货膨胀率为3%的A点，此时若政府采取扩张性政策，使失业率降低到u_1，由于扩张性政策的实施，总需求增加，价格水平上升，通货膨胀率也上升至5%。在A点处，工人预期的通货膨胀率为3%，而现在实际的通货膨胀率为5%，高于其预期的通货膨胀率，从而导致工人的实际工资下降，厂商生产积极性提高，产出水平和就业率提高，失业率下降到u_1。于是就会出现图11-7中短期菲利普斯曲线PC_1（π=3%）所示的情况，失业率由u^*下降到u_1，而通货膨胀率则从3%上升到5%。

当然，这种情况只是短期的，经过一段时间，工人们会发现价格水平的上升和实际工资的下降，这时他们便会要求提高货币工资；与此同时，工人们会相应地调整其通货膨胀率预期，即从原来的3%调整到现在的5%。伴随着这种调整，实际工资回落到原有的水平，相应地，企业生产和就业也都回到了原有的水平，失业率又回到了原来的u^*，但此时，经济已经处于具有较高通货膨胀率预期（即5%）的B点。

以上过程重复下去，在短期内，由于工人不能及时改变通货膨胀预期，存在着失业和通货膨胀之间的交替关系，表现在图形上，便有诸如PC_1，PC_2……等各条短期菲利普斯曲线。随着工人预期通货膨胀率的上升，短期菲利普斯曲线不断地向上移动。

补充阅读材料

新发展格局下数字人民币的前景与机遇

从长期来看，工人预期的通货膨胀与实际的通货膨胀是一致的，因此，企业不会增加生产和就业，失业率也就不会下降，从而便形成了一条与自然失业率重合的长期菲利普斯曲线LPC。在图11-7中，垂直于自然失业率水平的长期菲利普斯曲线表明，在长期，不存在失业与通货膨胀的交替关系。换句话说，长期菲利普斯曲线告诉我们，从长期来看，政府运用扩张性政策不但不能降低失业率，还会使通货膨胀率不断上升，这也就是通常所说的宏观经济政策的长期无效性。

小思考11-2

长期菲利普斯曲线是一条垂直于横轴的直线，这意味着什么？

答：这意味着在长期中，不存在失业与通货膨胀的交替关系。换句话说，长期菲利普斯曲线告诉我们，从长期来看，政府运用扩张性政策不但不能降低失业率，还会使通货膨胀率不断上升，这也就是通常所说的宏观经济政策的长期无效性。

知识掌握

知识梳理11

□ 选择题

1）经济学中的失业是指（　　）。

A.一切没有工作的状态

B.自愿失业

C.非自愿失业

2）由于总需求不足而引起的失业是（　　）。

A.周期性失业　　B.结构性失业　　C.隐蔽性失业

3）自然失业率是（　　）。

A.零　　B.充分就业时的失业率　　C.不存在

4）与居民日常生活关系最为密切的价格指数是（　　）。

A.国内生产总值折算指数　　B.消费者价格指数　　C.生产者价格指数

5）根据短期菲利普斯曲线，短期内降低通货膨胀率的办法是（　　）。

A.减少货币供应量　　B.降低失业率　　C.提高失业率

□ 判断题

1）在一个国家中，自然失业率是一个固定不变的数。（　　）

2）由于经济结构变动所造成的失业是摩擦性失业。（　　）

3）通货膨胀是指一般物价水平普遍的、持续的上升。（　　）

4）短期菲利普斯曲线是一条向右下方倾斜的曲线。（　　）

5）一般认为，比较温和的通货膨胀有利于经济的发展。　　（　　）

□ 简答题

1）什么是失业？失业有哪些种类？

2）什么是需求拉动的通货膨胀？

3）什么是隐蔽性失业？

□ 技能题

画图说明需求拉动的通货膨胀是如何产生的。

知识应用

□ 分析题

1）充分就业与自然失业互相矛盾吗？为什么？

2）菲利普斯曲线在短期内和长期内的形状是不同的，这说明了什么问题？

□ 案例题

结构性矛盾下的就业破局——中国大学生就业的经济学分析与政策实践

2025年我国高校毕业生规模预计达1 222万人，同比增加43万人，就业压力持续攀升。尽管政府通过“职引未来2025”系列招聘活动提供岗位超300万个，组织职业技能培训120万人次，但结构性矛盾依然突出：智能制造、数字经济等领域技术岗位空缺率达35%，而传统文科类专业对口就业率不足50%。新能源、人工智能等新兴产业虽以年均25%的速度扩张，但高校培养的专业人才与市场需求存在明显错配，例如无人机工程师招聘岗位同比增长39.9%，但相关专业毕业生供给量仅能满足需求的60%。

为破解这一困局，我国构建了“产业升级+技能重塑+政策协同”的立体化就业治理体系。在产业层面，通过供给侧结构性改革推动传统制造业智能化转型，同时培育低空经济、生物制造等新兴产业，2025年战略性新兴产业吸纳就业人数同比增长15%。在技能培训领域，实施“就业能力提升双千计划”，开设1 000个“微专业”和1 000门职业课程，重点覆盖人工智能应用、无人机操作等前沿领域，培训后就业率达78%。政策协同方面，财政专项债重点支持产业链升级项目，货币政策通过5 000亿元再贷款引导金融资源向实体经济倾斜，既稳定市场主体又避免通胀压力。

资料来源　参见《人力资源社会保障部 教育部 财政部关于做好2025年高校毕业生等青年就业工作的通知》.

问题：如何用经济学观点分析大学生就业问题？

综合实训

【项目目标】

通过本项目的实训，学生要学会计算通货膨胀率。

【项目内容及要求】

1）表11-2为1978—2024年我国消费价格指数。

表 11-2　　1978—2024年我国消费价格指数

年份	消费价格指数（CPI）	城市居民消费价格指数	农村居民消费价格指数
1978	100.7	100.7	—
1980	100.5	107.5	—
1985	109.3	111.9	107.6
1990	103.1	101.3	104.5
1995	117.1	116.8	117.5
2000	100.4	100.8	99.9
2005	101.8	101.6	102.2
2010	103.3	103.2	103.6
2011	105.4	105.3	105.8
2012	102.6	102.7	102.5
2013	102.6	102.6	102.8
2014	102.0	102.1	101.8
2015	101.4	101.5	101.3
2016	102.0	102.1	101.9
2017	101.6	101.7	101.3
2018	102.1	102.1	102.1
2019	102.9	102.8	103.2
2020	102.5	102.3	103.0
2021	100.9	101.0	100.7
2022	102.0	102.0	102.0
2023	100.2	100.3	100.1
2024	100.2	100.2	100.3

2）以2011年为基期，根据公式计算：

（1）2012—2024年13年间我国的通货膨胀率均值。

（2）2012—2024年13年间我国城市的通货膨胀率均值。

（3）2012—2024年13年间我国农村的通货膨胀率均值。

交互式测验11

【项目成果】

学生的计算结果。

第12章

经济增长和经济周期理论

思维导图

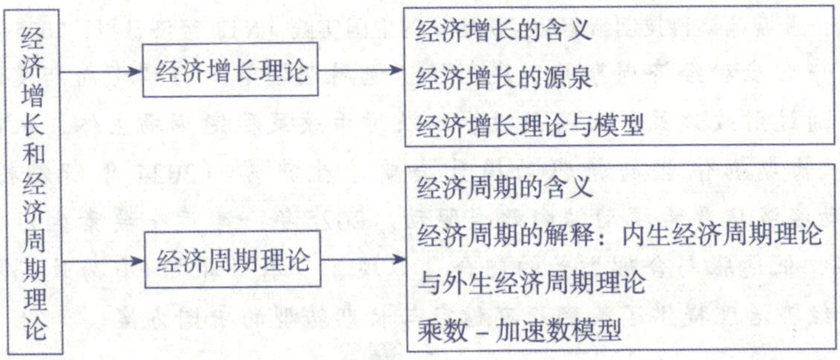

学习目标

【知识目标】

熟悉经济增长的含义，理解经济增长的源泉，了解主要的经济增长理论与模型；熟悉经济周期的含义及其分类，理解内生、外生经济周期理论和乘数-加速数模型。

【能力目标】

能够正确运用经济增长理论、经济周期理论解释和研判宏观经济运行情况。

【素养目标】

培养学生对国家政策的认同感；增强对周期效应的理解，每个生命阶段都要努力奋进；努力学习，创造自己的繁荣期。

案例导入　中国经济的韧性突围：从周期波动到高质量增长的实践探索

近年来，中国经济在复杂环境中展现强劲韧性。2024年面对全球经济低迷，我国国内生产总值实现5.2%增长，呈现“前低后高”的复苏轨迹。传统产业加速转型升级，钢铁、煤炭行业通过供给侧结构性改革优化产能，同时新能源汽车、光伏等新兴产业逆势崛起——2024年新能源汽车产量突破1 000万辆，占全球总产量60%以上，战略性新兴产业增加值占国内生产总值的比重提升至13.5%，成为对冲周期波动的重要力量。

2025年一季度经济延续回暖态势，国内生产总值增长5.4%，制造业PMI连续6个月处于扩张区间。政府通过“产业升级+技能重塑+政策协同”组合拳深化结构调整：财政专项债向5G基站、数据中心等新基建倾斜，新型基础设施投资同比增长

25%；货币政策通过1.2万亿元再贷款精准滴灌中小微企业，缓解融资难问题；职业技能培训覆盖1 200万人次，重点培养智能制造、数字技术等领域人才，培训后就业率达78%，有效破解“就业难”与“招工难”并存的结构性矛盾。

在需求侧，居民收入与消费能力稳步提升，为经济增长注入内生动力。2025年一季度全国居民人均可支配收入同比实际增长5.1%，社会消费品零售总额增长7.1%，餐饮、文旅等接触型服务业恢复至新冠疫情前1.5倍水平。新能源汽车销量同比增长35%，智能家居、数字服务等新兴消费业态持续扩容，显示内需市场的韧性与活力。这种“供给侧转型+需求侧激活”的双轮驱动，使中国经济在周期波动中筑牢高质量发展根基。

资料来源　张晓晶. 科技创新驱动经济增长的中国实践［N］. 经济日报，2025-05-14.

分析：中国应对经济周期的实践彰显“逆周期调节”与“跨周期设计”的有机统一。政府通过财政政策扩大有效投资以及货币政策稳定市场主体，短期内对冲了外部冲击；长期则依靠创新驱动提升全要素生产率（2024年研发投入强度达2.6%），推动经济从要素驱动转向效率驱动。2025年一季度全要素生产率对增长贡献率达63%，低通胀与合理增长的组合，体现了“有效市场+有为政府”的制度优势，为全球经济治理提供了兼顾短期稳定与长期转型的中国方案。

一国经济的增长速度会受到多种内外部因素的影响，在关注速度的同时，也要关注经济增长质量。

经济增长是最古老的经济学主题之一。人类要生存和发展，其前提就是商品和服务的增加。可以说，自经济学诞生以来，经济增长就是学者们所关心的问题。本章将介绍有关经济增长及经济周期的内容。

12.1　经济增长理论

当前，中美经济规模的差距正在快速缩小。2024年，中国国内生产总值规模达到了18.94万亿美元，美国国内生产总值规模为29.2万亿美元，中国国内生产总值规模相当于美国的约65%。中国成为当今世界上发展最快的国家之一，是世界经济的第二大引擎。但中国与美国经济发展的整体差距仍然存在，这决定了在未来一段较长的时间内，经济增长还是我国宏观经济的主题之一。

12.1.1　经济增长的含义

一般说来，**经济增长**是指一个国家或地区生产商品和服务能力的增强。如果考虑到人口增加和价格变动情况，经济增长应当包括人均福利的增长。经济学家库兹涅茨给经济增长下了这样一个定义：一个国家的经济增长，可以定义为给居民提供日益繁多的经济产品能力的长期上升，这种不断提升的能力是建立在先进技术以及所需要的制度和思想意识相应调整的基础上的。这个定义由三个部分组成：①提供商品和服务能力的长期上升，从而不断提高国民生活水平，是经济增长的结果，也是经济增长的标志。经济增长首先是存量商品和服务的增长，但更重要的是生产产品和服务的能力提升，类似于我国古人所说的“授人以鱼，不如授人以渔”。也就是说，财富的生产能力比财富本身更重要。②先进技术是经济增长的基础和必要条件。③制度与意识的调整是技术得以发挥作用的充分条件。

从这个定义出发，库兹涅茨认为现代社会的经济增长具有六个方面的特征。

（1）按人口计算的产量高增长率和人口高增长率。这一特征在经济增长过程中是十分明显的，可以从统计资料中得到证明。

（2）生产率本身的提高也是迅速的。这包括所有投入的生产要素的产出率是快速提高的，如劳动生产率和其他要素生产率的迅速提高。这反映了技术进步所引起的生产效率的提高。这也是在产量高增长率以及人口增长迅速的情况下，出现人均产量高增长率的原因。

（3）经济结构的变革速度快。这包括从农业转移到非农业、从工业转移到服务业，还包括生产规模的变化、劳动职业状况的变化和消费结构的变化等。

（4）社会结构和意识形态的迅速改变，如城市化、传统风俗习惯的改变等。

（5）增长在世界范围内迅速扩大，经济发达国家要向其他国家争取市场和原料。

（6）世界各国经济增长不平衡。发达国家与不发达国家之间的人均产出水平有很大差距，贫富差距在国际范围内不断被拉大。表12-1给出了2024年世界人均国内生产总值增长率、国内生产总值总量前四位国家的人均国内生产总值增长率，以及人均国内生产总值增长率前三位和后两位国家的人均国内生产总值增长率。

表12-1　2024年人均国内生产总值增长率　　单位：%

世界	美国	中国	德国	日本
2.3	3.3	7.56	5.33	1.78
人均国内生产总值增长率前三位的国家			人均国内生产总值增长率后两位的国家	
圭亚那	卡塔尔	越南	南苏丹	也门
38.4	10.8	8.78	−28.7	−15.8

资料来源　根据国际货币基金组织核算的数据所得.

2024年人均国内生产总值增长呈现“资源驱动领跑、新兴市场分化”的格局。2024年，中国人均国内生产总值为13 445美元，相比2020年增长了27.9%，排名第72位。世界人均国内生产总值为13 988美元，中国已十分接近世界平均水平。根据IMF的预测，中国的人均国内生产总值将在2027年超过世界平均水平，并与后者的差距逐年拉大。

在这六个方面的特征中，前两个数量特征属于总和的比率，中间两个特征属于结构的变化，后两个特征属于国际扩散。库兹涅茨指出，这些特征之间是密切相关的，它们代表了一个时代的特征。

小资料12-1　2025年中国经济：创新驱动行稳致远，高质量发展动能强劲

2025年，中国经济延续稳中向好态势，全年国内生产总值达134.9万亿元，同比增长

5%。创新驱动与产业升级成为核心引擎，规模以上高技术制造业、装备制造业增加值分别增长8.9%和7.7%，新能源汽车同比增长38.7%，在全球市场持续领跑。政府通过财政专项债向新基建倾斜、实施大规模设备更新等政策，带动设备工器具购置投资增长15.7%，高技术制造业税收收入增幅居前，实体经济活力显著增强。消费与投资双轮驱动效应凸显，社会消费品零售总额增长3.5%，固定资产投资增长3.2%。其中，制造业民间投资增长10.8%，为经济增长注入内生动力。这种政策协同与市场活力的结合，使中国经济在复杂环境中保持了合理增长速度，全要素生产率对增长贡献率达63%，彰显高质量发展的韧性与潜力。

资料来源　熊丽，黄鑫. 增量提质 推动经济持续回升向好——专家学者展望二〇二五中国经济[N]. 经济日报，2025-01-02.

12.1.2　经济增长的源泉

经济增长问题是人类社会所面临的共同问题，对中国这样的发展中国家而言更为重要，那么究竟是什么因素拉动了经济增长呢？纵观200多年的经济发展史，我们发现经济发达国家走的并非同一条道路，如英国是最早开始工业革命的国家，早在19世纪就成为世界经济的领导者；日本则相反，加入世界经济竞赛的时间较晚，它最初通过模仿外国先进技术、限制进口和保护国内工业，然后大力发展自己的制造业和电子业，最终成功地发展了本国经济。

虽然发达国家所走过的经济发展道路不一样，但有一点是相同的，即人们生存和发展所需的商品和服务是通过某些已知的生产技术及利用资源（即自然资源、劳动力和资本）生产出来的。图12-1阐释了一国潜在产出（即一个社会在一定时期内的最高产出水平）的决定因素。

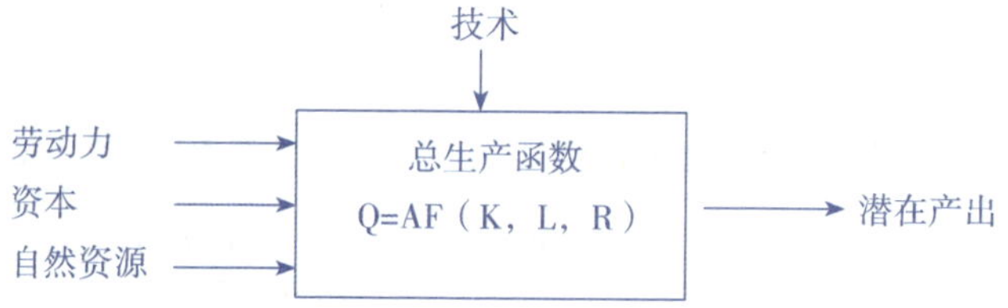

图12-1　潜在产出的决定因素

从图12-1中可以看出，无论是发达国家还是发展中国家，其经济增长的源泉都包括四个方面的因素：劳动力、资本、自然资源和技术，总生产函数将上述因素综合考虑在一起，即：

$$Q=AF(K, L, R)$$

式中：Q代表产出，K代表资本对产出的贡献，L代表投入的劳动力，R代表投入的自然资源，A代表经济中的技术水平，F代表生产函数。

微课

经济增长及其影响因素

在这些投入要素中，劳动力要素是至关重要的。劳动力的投入涉及劳动力的数量和技术水平。发达国家的成功经验表明，所投入的劳动力质量，如劳动力的技术、知识和纪律性，是一国经济增长至关重要的因素。当然，这些投入要素中最重要的当数技术要素，马克思曾指出“科学技术是生产力”，而邓小平则指出“科学技术是第一生产力”。

从图12-1中可以看出，提高潜在产出有两条途径：一是增加可供企业使用的资源数量（如劳动力、资本和自然资源的数量）；二是使用更多、更先进的生产技术。

小资料12-2　筑牢数据安全基石：中央企业高质量数据集建设成果发布

在第八届数字中国建设峰会上，国务院国资委集中发布了30项中央企业人工智能行业高质量数据集优秀建设成果，覆盖能源电力、交通物流、工业制造等10余个行业，推动跨行业数据资源互通。这些数据集通过整合电网调度、金融大模型、医疗影像等多维度数据，为AI大模型训练提供关键支撑。例如，国家管网集团的天然气管网运行数据集支撑"运气先知"AI场景，实现能源保供从"经验驱动"向"数据驱动"转型。

国家数据局副局长余英指出，数据要素流通可以通过隐私计算、区块链等技术实现"可用不可见"，并强调国家已制订数据流通安全治理实施方案，强化技术应用和安全设施能力建设。目前，中央企业已在超500个场景下实现AI深度赋能，通过构建可信数据空间、完善数据全生命周期治理，为培育新质生产力夯实数智底座。

资料来源　作者根据网络相关资料整理.

12.1.3　经济增长理论与模型

宏观经济学对经济增长理论有影响的研究包括哈罗德-多马（经济增长）模型、新古典经济增长模型和内生增长理论。

拓展资料12-1

以科技创新支撑高质量发展

（1）哈罗德-多马模型。20世纪40年代，英国经济学家哈罗德和美国经济学家多马所提出的模型基本相同，所以被称为哈罗德-多马模型。

哈罗德-多马模型是以一些严格的假定条件为前提的，这些假定条件主要包括：①整个社会只生产一种产品。这种产品既可以作为消费品，也可以作为资本品。②生产中只使用两种生产要素，即劳动力与资本。这两种生产要素为固定技术系数（即它们在生产中的比率是固定的），不能互相替代。③规模收益不变。在生产规模扩大时，不存在收益递增或递减的情况。④技术水平不变。有了这些假定后，可以给出该模型的基本公式：

$$G=S\div C$$

式中：G代表国民收入增长率，即经济增长率；S代表储蓄率，即储蓄量在国民收入中所占的比重；C代表资本-产量比率，即单位产量所需的资本量。根据这一模型的假设，资本与劳动力的配合比例是固定不变的，因此资本-产量比率也是不变的。这样经济增长率实际上就取决于储蓄率。由此可知，在资本-产量比率不变的条件下，储蓄率越高，经济增长率就越高；反之，储蓄率越低，经济增长率就越低。因此，这一模型强调的是资本增长对经济增长的作用，分析的是资本增长与经济增长之间的关系。

哈罗德-多马模型利用实际增长率、有保证的增长率和自然增长率三个概念，来分析经济长期稳定增长的条件与波动的原因。

实际增长率（G）是实际发生的增长率，由实际储蓄率（S）和实际资本-产量比率（C）决定，即：

$$G=S\div C$$

有保证的增长率（G_W），又称均衡增长率或合意增长率，是长期经济发展中理想的增长率，由合意储蓄率（S_D）和合意资本-产量比率（C_R）决定，即：

$G_W=S_D \div C_R$

自然增长率（G_N）是长期经济发展中人口增长和技术进步所允许达到的最高增长率，由最适宜的储蓄率（S_O）和合意资本-产量比率（C_R）决定，即：

$G_N=S_O \div C_R$

哈罗德-多马模型认为，实现经济长期稳定增长的条件是实际增长率、均衡增长率与自然增长率相一致，即$G=G_W=G_N$。如果这三种增长率不一致，就会引起经济的波动。具体来说，实际增长率与均衡增长率背离会引起经济的短期波动。当实际增长率高于均衡增长率时，会引起累积性的扩张，因为这时实际资本-产量比率小于均衡资本-产量比率，厂商会增加投资，使二者一致，从而刺激经济扩张；相反，当实际增长率低于均衡增长率时，会引起累积性的收缩，因为这时实际资本-产量比率大于均衡资本-产量比率，厂商会减少投资，使二者一致，从而引起经济收缩。在长期中，均衡增长率与自然增长率的背离也会引起经济波动。当均衡增长率高于自然增长率时，均衡增长率超过了人口增长和技术进步所允许的程度，会出现经济长期停滞；反之，当均衡增长率低于自然增长率时，均衡增长率未达到人口增长和技术进步所允许的程度，会出现经济长期繁荣。所以，哈罗德和多马认为应该使这三种增长率达到一致。

（2）新古典经济增长模型。满足哈罗德-多马模型关于经济稳定增长的条件十分苛刻，因为实际增长率取决于有效需求，很难和短期及长期稳定增长所要求的增长率一致。之所以如此，是因为给定了储蓄率就给定了一个增长率。新古典经济增长理论的代表人物索洛用改变资本-劳动比率的办法解决了上述难题，他的理论之所以被称为新古典经济增长理论，是因为他像新古典学派一样认为通过市场机制可改变资本-劳动比率，这样充分就业的稳定增长就可以实现。

（3）内生增长理论。新古典经济增长理论在20世纪60年代至20世纪80年代占据经济增长理论的主流地位，但随着人们对经济问题认识的深入和经济形势的发展，这一理论逐渐暴露出一些问题。例如，根据该理论的观点，落后国家的经济增长要快于发达国家，因为落后国家的人均资本水平较低，单位资本的回报率较高。但近年来，各国经济发展的实际情况告诉我们，有些落后国家的经济增长速度反而低于发达国家的经济增长速度，落后国家与发达国家之间的差距有拉大的趋势。正是在这种情况下，自20世纪80年代以来，以罗默和卢卡斯为代表的经济学家在反思新古典经济增长理论的基础上，逐渐形成了一种新的经济增长理论，即内生增长理论。

以往经济增长理论将储蓄率、人口增长率和技术进步等有关经济增长的重要因素视作外生变量（一个给定的量），即这些因素是经济增长的动力，而不是经济增长的结果。而在现实经济中，这些因素不仅是经济增长的动力，还是经济增长的结果，因此这些因素不可能是外生变量，而是随着经济增长而变化的量。内生增长理论试图弥补这一缺陷，将这些因素作为内生变量，用规模收益递增和内生技术进步来说明各国经济如何增长，其显著特点是将增长率内生化。

内生增长理论比较集中地讨论了技术进步这一因素在经济增长中的作用，该理论认为，一个经济社会中技术进步的快慢和路径是由这个经济体系中的家庭、企业在经济增长中的行为决定的。该理论的主要代表人物罗默认为，企业通过增加投资的行为，提高了知识水平，知识有正的外部性，从而使资本和劳动力等其他要素也具有收益递增的特点。另一代表人物卢卡斯认为，发达国家拥有大量人力资本，经济持续增长是人力资本不断积累的结果。还有一些学者强调从事生产过程也是获得知识的过程，即所谓的“干中学”。“干中学”积累的经验使劳动力和固定资产的效率在生产过程中不断提高。总之，技术进步是经济体系的内生变量。

内生增长理论对现实经济有着较强的指导意义，根据其观点，政府应当利用各种政策（如对研究和开发提高补贴、对文化教育事业给予支持、用税收等政策鼓励资本积累等）来促进经济增长。

小思考12-1

结合中国经济增长的实践，说明经济增长理论中“要素驱动”和“创新驱动”的区别，并分析中国如何通过这二者的结合实现高质量发展。

答：区别：要素驱动靠劳动力、资本等传统要素投入，速度快但效率低；创新驱动靠技术、制度等提升全要素生产率，质量高且可持续。中国的实践：通过优化传统要素配置（如淘汰落后产能）、强化创新（如增加研发强度、培育新兴产业）、制度创新（如“放管服”等），实现二者结合，推动高质量发展。

案例12-1 世界主要经济大国2024年国内生产总值及2000年以来的国内生产总值增长率

国际货币基金组织于2025年4月公布了2024年世界各国国内生产总值。数据显示，2024年世界各国国内生产总值总量为116万亿美元。其中，美国国内生产总值为29.20万亿美元，排名第1位；中国国内生产总值为18.94万亿美元，排名第2位；德国国内生产总值为4.66万亿美元，排名第3位；排名第4位到第10位的国家分别是日本、印度、英国、法国、意大利、巴西、加拿大（见表12-2）。

表12-2 世界主要经济大国的国内生产总值及其增长率

国家	2024年国内生产总值（万亿美元）	排名	国内生产总值增长率（%）					
			2000年	2005年	2010年	2017年	2021年	2024年
世界	116		4.4	3.8	4.3	3.2	7.0	3.2
美国	29.20	1	4.1	3.4	2.5	2.3	6.0	2.8
中国（不包括港澳台地区）	18.94	2	8.5	11.4	10.6	6.9	8.0	5.0
德国	4.66	3	3.0	0.7	4.1	2.2	3.1	-0.2
日本	4.02	4	2.8	1.7	4.2	1.7	2.4	0.1

续表

国家	2024年国内生产总值（万亿美元）	排名	国内生产总值增长率（%）					
			2000年	2005年	2010年	2017年	2021年	2024年
印度	3.85	5	3.8	9.3	10.3	6.6	9.5	6.7
英国	3.64	6	3.7	3.1	1.7	1.8	6.8	0.9
法国	3.16	7	3.9	1.6	2.0	1.8	6.3	1.1
意大利	2.28	8	3.7	1.0	1.7	1.5	5.8	0.7
巴西	2.27	9	4.39	2.3	7.5	1.3	4.6	3.4
加拿大	2.22	10	5.2	3.2	3.1	3.1	5.7	1.6

数据来源　国际货币基金组织（IMF）数据库.

2024年，中国台湾地区生产总值为0.796万亿美元，排名第22位；中国香港地区生产总值为0.41万亿美元，排名第40位；中国澳门地区生产总值为0.05万亿美元。2024年，中国（包括港澳台地区）国内生产总值达到了20.196万亿美元，占世界经济总量的19.4%，与美国的差距进一步缩小。

分析：自20世纪80年代以来，中国的和平崛起是世界最重要和最受人瞩目的事件之一。相关数据表明，2007年中国国内生产总值仅次于美国、日本、德国，位居第四，而2010年中国国内生产总值超越了日本和德国，位居第二。2000—2010年，中国是世界经济大国中唯一年均国内生产总值增长率接近10%的国家。2010—2024年，中国国内生产总值增速放缓，但5%的增速，依然远高于世界平均水平。我们完全有理由相信，中国在未来会以更强大的经济实力出现在世界舞台上，为世界的和平与发展做出更大的贡献。

12.2　经济周期理论

12.2.1　经济周期的含义

1）经济周期的定义

经济周期，又称商业周期或商业循环，是指国民收入及经济活动的周期性波动。对于经济周期，人们有两种不同的理解。古典经济学的经济周期是指实际国内生产总值或总产量的绝对量上升和下降的交替过程。但是现代经济发展的实际情况告诉我们，实际国内生产总值或总产量的绝对量下降的情况是很少见的，所以现代宏观经济学认为经济周期是经济增长率上升或下降的交替过程。根据这一定义，衰退不一定表现为国内生产总值绝对量的下降，而主要表现为国内生产总值增长率的下降。即使其值不是负值，也可称为衰退，经济学上称之为增长性衰退。

在理解经济周期内涵时，需要注意以下三点：①经济周期的中心是国民收入的波动，由于这种波动引起了失业率、一般物价水平、利率以及对外贸易活动的变化，因此研究经济周期的关键是研究国民收入波动的规律与根源；②经济发展的周期性波动是客观存在的经济现象，任何国家的经济发展都无法避免；③虽然每次的经济周期并不完全相同，但它们有共同之处，即每个周期都是繁荣与萧条的交替。

2）经济周期的阶段

微课
什么是经济周期?

一个完整的经济周期包括两个阶段：扩张阶段和收缩阶段。扩张阶段是总需求和经济活动增长的时期，通常伴随着就业、生产、工资、利率和利润的上升；而收缩阶段则是总需求和经济活动下降的时期，通常伴随着就业、生产、工资、利率和利润的下降。这两个阶段可以再细分，扩张阶段可分为复苏和繁荣两个阶段，收缩阶段可分为衰退和萧条两个阶段。其中，繁荣和萧条是两个主要的阶段，衰退和复苏是两个过渡性阶段，如图12-2所示。

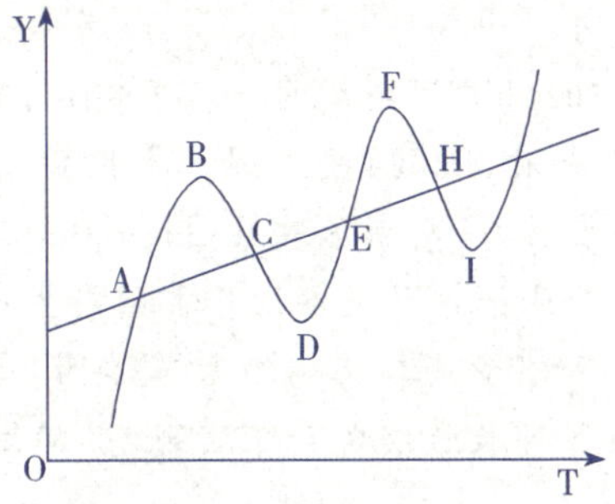

图12-2 经济周期波动阶段

在图12-2中，向右上方倾斜的直线代表经济的长期稳定增长趋势，曲线部分则用来表示经济活动围绕“长期趋势”上下波动的实际水平。图12-2中AE曲线代表了一个完整的经济周期，其中AB为繁荣阶段，BC为衰退阶段，CD为萧条阶段，DE为复苏阶段；B点为扩张阶段到收缩阶段的转折点，是整个经济周期的峰顶，D点为收缩阶段到扩张阶段的转折点，是整个经济周期的谷底。

从图12-2中可以看出，经济周期波动有三个特点：①每一个经济周期都包括了扩张和收缩两个阶段，细分下来是繁荣、衰退、萧条、复苏四个阶段。扩张和收缩是相互交替的，在交替中有两个不同的转折点，如果经济是由扩张阶段转向收缩阶段，则转折点是峰顶；如果经济是从收缩阶段转向扩张阶段，则转折点是谷底。由于扩张和收缩是相互交替的，因此峰顶和谷底也是相互交替的。②虽然经济周期的四个阶段从逻辑上按这个顺序排列，但它们在每个经济周期中的长度和实际形态有很大的差异。例如，一个经济周期的峰顶或谷底可能仅仅持续几周，也可能持续几个月甚至几年。③在一定时期内，存在生产能力的提升趋势，所以在某一谷底阶段，其实际的生产和就业水平有可能出现比以前周期的峰顶时期还要高的状况，这是正常的。

案例12-2 **2024年中国经济周期演进与政策调控实践**

2024年中国经济总量达134.9万亿元，同比增长5%，呈现“U”型复苏态势。一季度开门红后，二、三季度受房地产低迷、地方基建投资下滑等因素拖累，增速放缓至4.6%。四季度在“两重”（重大战略、重点领域安全）和“两新”（设备更新、消费品以旧换新）

政策驱动下，国内生产总值增速回升至5.4%，设备工器具购置投资同比激增15.7%，成为经济回暖的核心动能。在政策层面，中央通过降准1个百分点、发行1.5万亿元超长期特别国债等超常规逆周期调节措施，既对冲传统行业下行压力，又为新兴产业提供流动性支持。

与此同时，新能源汽车行业作为朱格拉周期（设备投资周期）的典型代表，全年产量达1 316.8万辆，同比增长38.7%，渗透率突破50%。宁德时代、比亚迪等企业通过固态电池、智能驾驶技术迭代，带动设备投资增速超20%，推动行业产能利用率从75%升至76.2%，与传统制造业（如钢铁、汽车）的产能收缩形成鲜明对比。太蓝新能源凭借自主研发的固态电池原位亚微米工业制膜技术（ISFD），斩获“2025年度中欧新能源汽车关键技术创新奖”，其半固态电池产品率先取消有机隔膜和部分电解液，标志着中国在动力电池领域的技术突破获得国际认可。

资料来源　《中华人民共和国2024年国民经济和社会发展统计公报》.

分析：从朱格拉周期视角来看，2024年中国设备投资增速显著高于固定资产投资增速，印证了新一轮产能周期的启动。“两新”政策通过6 000亿元财政支持，引导资金流向新能源、半导体等战略性新兴产业，推动设备投资占国内生产总值的比重提升。尽管设备投资强劲，但房地产持续低迷和消费疲软仍制约复苏弹性。中央通过“传统要素优化+创新驱动突破”策略，在全球经济增长放缓背景下实现5%的增速，彰显经济周期理论与中国实践的深度融合。

3）经济周期的分类

西方经济学者不仅分析了经济周期波动的阶段，还分析了经济活动（中长短期）各异的波动现象，并根据经济周期波动的时间把经济周期划分为不同的类型，即短周期（短波）、中周期（中波）和长周期（长波）。

（1）短周期，即基钦周期：1923年，英国经济学家约瑟夫·基钦在《经济因素中的周期与倾向》一书中，根据美国和英国1890—1922年的利率、物价、生产和就业等统计资料，从厂商生产过多就会形成存货从而减少生产的现象出发，发现在40个月中存货出现了有规律的上下波动。他认为，经济波动有大周期和小周期之分，小周期平均长度为40个月，一个大周期通常由两三个小周期构成，这种约40个月的周期被称为基钦周期或短周期。

（2）中周期，即朱格拉周期：1862年，法国经济学家克里门特·朱格拉在《论法国、英国及美国的商业危机以及发生周期》一书中对比较长的工业经济周期进行了研究，并根据生产、就业人数和物价水平等指标，确定了经济的平均周期为9～10年。这种中等长度的经济周期被称为朱格拉周期，又称朱格拉中周期。

朱格拉在研究人口、婚姻、出生、死亡等统计数据时，注意到经济事物存在有规律的波动现象。他认为，存在危机或恐慌并不是一种独立的现象，而是社会经济运动的三个连续阶段（繁荣、危机、萧条）中的一个。

（3）长周期，即康德拉季耶夫周期：1925年，苏联经济学家康德拉季耶夫通过研究美国、英国、法国和其他一些国家长期的时间序列资料，认为经济中存在一个长达50～60年的经济周期，即经济中的长周期。

另一种长周期为库兹涅茨周期，是由美国经济学家库兹涅茨在1930年提出的一种与建筑业相关的经济周期，这种周期长度在15～25年，平均长度为20年。库兹涅茨主要研究了美国、英国等国家从19世纪初叶或中叶到20世纪初叶60种工农业主要产品的产量和35种工农业主要产品价格变动的长期时间数列资料，发现主要国家存在长度为15～25年不等、平均长度为20年的长周期。这种长周期与人口增长引起的建筑业增长和衰退相关，是由建筑业的周期性波动引起的，而且在工业国家中产量增长呈现递减的趋势，这种长周期又被称为建筑业周期。

（4）经济周期的综合，即熊彼特周期：美籍奥地利政治经济学家熊彼特综合了前人的研究成果，认为经济中存在长、中、短三种不同类型的周期，每个长周期的长度为48～60年，其中包含了6个中周期；每个中周期的长度为9～10年，其中包含了3个短周期；短周期约为40个月。他以重大创新为标志，划分了3个长周期：第一个长周期从18世纪80年代到1842年，是“产业革命”时期；第二个长周期从1843年到1897年，是“蒸汽机和钢铁”时期；第三个长周期是1897年以后，是“电气、化学和汽车”时期。在每个长周期中有中等创新所引起的波动，这就形成了若干个中周期，每个中周期中还有小创新引起的波动，这就形成了若干个短周期。

12.2.2　经济周期的解释：内生经济周期理论与外生经济周期理论

经济理论分析的目的不仅在于对人们经济行为和经济现象的描述，更重要的是对人们的经济行为和经济现象进行合理的解释与说明。对于经济周期这个现代经济生活中的常见现象，经济学家给出了多种解释，可以根据他们给出的原因的来源不同，将这些理论分为内生经济周期理论和外生经济周期理论两大类型。

（1）内生经济周期理论。该理论认为是经济体系的内部因素导致了经济的周期性波动。该理论并不否认经济体系外部因素对经济的冲击作用，但它强调经济的这种周期性波动是经济体系内部因素引起的。最具有代表性的内生经济周期理论是凯恩斯主义的乘数-加速数原理的相互作用理论（在12.2.3节中详细介绍）。此外，比较有名的内生经济周期理论还包括纯货币理论、投资过度理论、消费不足理论和心理周期理论等。

微课

内生经济周期理论

纯货币理论认为，经济周期是一种纯粹的货币现象。经济周期性的波动完全是由银行体系交替地扩大和紧缩信用造成的。在发达的市场体系中，流通工具主要是各种银行的信用工具，商人运作的资本主要来自银行信用。当银行体系降低利率、扩大信用时，商人就会向银行增加借款，进而增加向生产者的订货。这就带来了生产的扩张和收入的增加，而收入的增加又引起人们对商品需求的增加，经济活动继续扩大，经济进入繁荣阶段。但是银行提升信用的能力并不是无限的，当银行体系被迫停止信用扩张，转而收缩信用时，商人得不到贷款，就会减少订货，由此出现生产过剩的危机，经济进入萧条阶段。在萧条期，资金逐渐回到银行，银行可以通过某些途径来扩大信用，促进经济复苏。根据这一理论，其他非货币因素也会导致局部萧条，但只有货币因素才能引起普遍的萧条。

投资过度理论认为，由于各种原因的存在，投资增加会引起经济的繁荣，体现在对投资品（即生产资料）需求的增加以及投资品价格的上升，进而刺激商人对资本品的投资，资本品的过度发展导致消费品生产减少，从而导致结构性失衡。而资本品生产过多必将导致资本品过剩，于是出现了生产过剩的危机，经济进入萧条期。也就是说，过度增加投资引发了经济周期性的波动。

消费不足理论认为，经济中出现萧条与危机是因为社会对消费品的需求赶不上消费品的增长，而消费需求不足又导致对资本品的需求不足，进而使整个经济出现生产过剩危机。消费不足的根源主要是国民收入分配不平等所造成的贫困人口购买力不足和富裕人口的过度储蓄。这一理论主要用于解释经济周期中危机的出现以及生产过剩的原因，并不是解释经济周期整个过程的理论。该理论的代表人物有英国的政治经济学家马尔萨斯、法国的经济学家西斯蒙第和英国的经济学家霍布森。

心理周期理论强调，心理预期对经济周期各个阶段形成决定性作用。这种理论认为，预期对人们的经济行为具有决定性影响，乐观与悲观预期的交替引起了经济周期中繁荣与萧条的交替。当某种原因刺激了投资活动，引起经济高涨时，人们对未来预期的乐观程度会超过合理的经济考虑下应有的程度，这就导致了过多的投资，形成经济过度繁荣；而当这种过度乐观的情绪所造成的错误被觉察时，又会变成不合理的过度悲观的预期，由此导致大量减少投资，形成经济过度萧条。

（2）外生经济周期理论。与内生经济周期理论不同，外生经济周期理论认为是经济体系外部的因素导致了经济周期性的波动。这种理论并不否认经济中内部因素（如投资、货币等）的重要性，但其强调导致经济周期性波动的根本原因在经济体系之外。比较有代表性的外生经济周期理论包括创新经济周期理论和太阳黑子理论等。

创新经济周期理论源于著名经济学家熊彼特。该理论认为，创新就是建立一种新的生产函数，是企业家对生产要素进行新的组合，即把一种从未有过的关于生产要素和生产条件的“新组合”引入生产体系。那么，如何才能实现生产要素的新的组合呢？该理论认为有两条途径：一是进行技术创新，使生产要素的比例发生变化，如用机器生产代替手工生产；二是进行制度创新，通过制度创新来激发生产要素的生产潜力，如实施员工持股计划或者实行年功工资制度等。

这种理论首先用创新来解释繁荣和衰退，即创新提高了生产效率，为创新者带来了盈利，引起其他企业仿效，形成创新浪潮。创新浪潮使银行信用扩张，对资本品的需求增加，引起经济繁荣。随着创新的普及和盈利机会的消失，银行信用紧缩，对资本品的需求减少，从而经济衰退，直到另一次创新出现，经济再次繁荣。

经济周期实际上包括繁荣、衰退、萧条和复苏四个阶段，创新经济周期理论用创新引起的“第二次浪潮”来解释这一点。在第一次浪潮中，创新带来了对资本品需求的增加和银行信用的扩张，促使生产资本品的部门扩张，进而又促使生产消费品的部门扩张。这种扩张导致物价普遍上涨，投资机会增加，出现了投机活动，这就是第二次浪潮。这两次浪潮的区别是，第二次浪潮中的许多投资机会与本部门的创新无关。第二次浪潮中包含了失误和过度投资行为，这就在经济衰退之后出现了另一个失衡的阶段——萧条。经济萧条出现后，第二次浪潮的反应逐渐消除，经济转向复苏，而要使经济从复苏进入繁荣阶段，还有待于创新的出现。

熊彼特根据这一理论解释了长周期、中周期和短周期，他认为重大的技术创新（如蒸汽机、钢铁和汽车制造等）对经济增长有长期的影响。这些创新带来的繁荣时间长，繁荣之后的衰退时间也长，所引起的经济周期长，从而形成了长周期。中等创新所引起的经济繁荣及随之而来的衰退则形成了中周期，那些不是很重要的小创新则只能形成短周期。

太阳黑子理论是利用太阳黑子的活动来解释经济周期，由英国经济学家杰文斯父子提出并加以论证。该理论认为，太阳黑子的活动对农业生产的影响很大，而农业生产的状况又会影响工业生产和整个经济。太阳黑子活动的周期性决定了经济活动的周期性。具体来说，太阳黑子活动频繁就会使农业生产减产，农业生产的减产会影响到工业、商业、工资、货币的购买力和投资等诸多方面，从而导致整个经济萧条；相反，当太阳黑子活动减少时，农业会丰收，整个经济也会出现繁荣。杰文斯父子用太阳黑子活动周期与经济周期基本吻合的资料来证明这一理论。这一理论把经济周期性波动的根本原因归结为太阳黑子的活动，是典型的外生经济周期理论。现代经济学家认为，太阳黑子对农业生产的影响是非常有限的，而农业生产对整个经济的影响更是有限的，因此在现代工业社会中，这种理论没有多大的说服力。

12.2.3 乘数-加速数模型

（1）乘数-加速数模型概述。乘数-加速数模型是现代宏观经济中最具代表性的内生经济周期理论，其代表人物有美国经济学家萨缪尔森。假设新发明的出现会使投资增长，投资的增长会通过乘数作用使收入增加。当收入增加时，人们会购买更多的商品和服务，从而使整个社会的商品和服务的销售量增长，而销售量的增长又会促使投资以更快的速度增长，而投资的快速增长又使国民收入进一步增加，销售量再次上升，如此循环反复，社会便处于经济周期的扩张阶段。

然而，社会的资源是有限的，收入的增加迟早会达到资源所能容许的峰顶。一旦经济达到经济周期的峰顶，收入就不再增加，销售量也不再增长，投资也随之下降。由于投资下降、收入减少，销售量也随之减少，而销售量的减少又会促使投资进一步下降，进而使国民收入减少，如此循环反复，社会便处于经济周期的衰退阶段。

微课

乘数-加速数模型

国民收入的持续减少使经济最终达到经济周期的谷底，在衰退阶段长期的负投资使生产设备逐年减少，部分仍在营业的企业有必要更新设备，这样投资开始增长，收入开始增加，增加的国民收入又一次使经济进入扩张阶段，于是一个新的经济周期开始了。

（2）加速原理。在宏观经济学中，产量水平的变动和投资支出数量之间的关系被称为**加速原理**。一般说来，更多的产量需要更多的资本，进而需要用投资来扩大资本存量。在一定限度内，企业有可能通过集约地使用现有资本来生产更多的产品。但对企业来说，总有一个最优的资本-产量比率。不同企业的资本-产量比率是不同的，并且资本-产量比率会随着社会技术和生产环境的变动而发生变动。假定这个比率在一段时间内保持不变，以K代表资本、Y代表产量水平、v代表资本-产量比率，即一定时期内每生产单位产量所需的资本存量为：

$$K_t=vY_t$$

式中：K_t为t期的资本存量，Y_t为t期的产出水平。由此可知，资本存量的增加可以带来产出水平的提升，而资本存量的增加取决于一段时间内的净投资。设I_t为t期的净投资，则有：

$$I_t=K_t-K_{t-1}$$

将$K_t=vY_t$代入上式中，可得：

$$I_t=K_t-K_{t-1}=vY_t-vY_{t-1}=v(Y_t-Y_{t-1})$$

上式表明，t期的净投资额取决于产量从t-1期到t期的变动量乘以资本-产量比率。如果Y_t大于Y_{t-1}，则在t期内有正的净投资。也就是说，净投资取决于产量水平的变动，其变动幅度取决于资本-产量比率的大小，资本-产量比率（v）通常被称为加速数。

由于总投资是由净投资与重置投资（即折旧）构成的，因此有：

t期的总投资$=v(Y_t-Y_{t-1})$+t期的折旧

这两个公式表示的加速原理表明，如果加速数为大于1的常数，资本存量所需的增量必须超过产量的增加。应当指出的是，加速原理发生作用是以资本存量得到了充分利用且生产技术不变，即资本-产量比率固定不变为前提的。

实例12-1

假设v=2（即资本-产量比率为2），折旧率为10%，根据表12-3来说明加速原理。

表12-3 加速原理数字说明

年份	产量	资本量	净投资	折旧	总投资
1	100	200	—	20	20
2	120	240	40	24	64
3	140	280	40	28	68
4	160	320	40	32	72
5	160	320	0	32	32
6	150	300	-20	30	10

根据表12-3可以得出加速原理的基本内容：第一，投资是产量变动量（或产量变动的绝对量）的函数，而不是产量变动率的函数。也就是说，投资的变动取决于产量变动量，而不是产量变动率。第二，投资的变动大于产量的变动。当产量增加时，投资的增长率大于产量的增长率（在表12-3中，从第1年到第2年，产量增加了20%，而总投资增加了220%）；当产量减少时，投资的降低率也大于产量的降低率（在表12-3中，从第5年到第6年，产量减少6.25%，而总投资减少了68.75%），这就是加速的含义。投资的变动大于产量的变动是因为现代生产是一种“迂回生产”，即采用了大量的机器设备，这导致刚开始时必然带来大量的投资；同理，在产量减少时，投资也会减少得更多。加速原理所反映的正是这种现代化大生产的特点。第三，要使投资增长率保持不变，产量就必须维持在一定的增长率上（在表12-3中，第2年到第3年和第3年到第4年，要使净投资保持不变，产量的增长率应分别达到17%和14%），如果产量维持原有水平，投资一定会下降

（在表12-3中，从第4年到第5年，产量没变，总投资减少了56%）。这说明经济发展到一定阶段时，要想再实现高增长率就是一件非常困难的事了。

小思考12-2

经济出现周期性波动的主要原因是什么？

答：经济出现周期性波动的主要原因有：一是经济体系内部的原因，如乘数-加速数原理的作用、投资过度等；二是经济体系外部的原因，如社会的重大创新等。

拓展资料12-2

新基建如何加速落地

补充阅读材料

发挥财税政策乘数效应助力实现“双碳”目标

知识掌握

知识梳理12

□ 选择题

1）经济增长最基本的特征是（　　）。

A.国内生产总值的增加

B.技术进步

C.制度与意识的调整

2）经济增长最关键的因素是（　　）。

A.资本　　B.技术　　C.自然资源

3）一个中周期持续的时间一般为（　　）。

A.8～9年　　B.3～4年　　C.50～60年

4）经济周期中两个主要阶段是（　　）。

A.繁荣和萧条　　B.萧条和复苏　　C.繁荣和衰退

5）持续时间为15～25年的经济周期是由（　　）提出的。

A.基钦　　B.朱格拉　　C.库兹涅茨

□ 判断题

1）经济增长和经济发展所研究的问题是一样的。（　　）

2）经济增长的充分条件是技术进步。（　　）

3）经济周期的中心是国民收入的波动。（　　）

4）朱格拉周期是一种短周期。（　　）

□ 简答题

1）什么是经济增长？

2）什么是经济周期？

3）经济周期不同阶段的特征是什么？

知识应用

□ 分析题

1）“经济增长就是国内生产总值的增长”这种理解对吗？

2）“经济周期是指实际国内生产总值或总产量的绝对量上升和下降的交替过程”这种理解对吗？

□ 案例题

深化供给侧结构性改革 畅通供需循环新动能

供给侧结构性改革是新时代中国经济发展的核心战略，自2015年以来，始终致力于优化供给结构，提升全要素生产率，以推动经济高质量发展。其核心在于从生产端发力，通过技术创新、产业升级与资源优化配置，矫正要素配置扭曲，扩大有效供给，更好满足人民日益增长的美好生活需要。

2025年5月15日，国务院召开做强国内大循环工作推进会，明确要将供给侧结构性改革与扩大内需战略有机结合，以国内大循环的稳定性对冲国际循环的不确定性。实践中，主要从四个方面推进：一是打破地方保护，加快全国统一大市场建设，促进资源要素自由高效流动；二是推动科技创新与产业创新深度融合，聚焦新能源、半导体等战略性新兴产业，带动设备投资增速超20%；三是强化产业链供应链韧性，远超传统制造业表现；四是以消费升级牵引产业升级，通过以旧换新政策释放内需潜力，推动服务业数字化转型。

在政策层面，中央通过降准、发行超长期特别国债等逆周期调节手段，既缓解传统行业下行压力，又为新兴产业发展注入流动性。2024年，设备工器具购置投资同比激增15.7%，助力四季度国内生产总值增速回升至5.4%。地方创新实践同样亮眼，如江苏高速公路服务区通过业态升级和智慧治理，成功扭亏为盈，实现从交通节点向消费增长点的转变。

当前，中国正以供给侧结构性改革为主线，有效应对内外挑战，2024年经济增速达5%。未来，随着改革持续深化与政策协同发力，将进一步激发市场活力，为中国式现代化建设提供坚实支撑。

资料来源 佚名. 李强在做强国内大循环工作推进会上强调 把做强国内大循环作为推动经济行稳致远的战略之举［EB/OL］.［2025-05-15］. https://www.miit.gov.cn/xwfb/szyw/art/2025/art_200f9ae334fb4e2fb2d5411f9e3d1890.html.

问题：（1）思考一下，什么是供给侧结构性改革？

（2）怎样加强供给侧结构性改革？

综合实训

【项目目标】

通过本项目的实训，学生能运用经济周期理论解释和分析实际经济波动。

【项目内容及要求】

1）登录国家统计局网站，查阅2010—2025年《中国统计年鉴》中关于美国国内生产总值增长率的相关数据。

2）根据查阅到的数据，绘制美国国内生产总值增长率曲线图。

3）根据美国国内生产总值增长率曲线图分析美国在此期间的经济周期变化情况。

4）收集有关信息，分析美国在此期间出现经济周期性波动的主要原因。

【项目成果】

撰写《美国经济周期分析（2010—2025）》，内容包括：

1）2010—2025年美国国内生产总值增长率变化情况（曲线图）。

2）2010—2025年美国经济周期性波动分析。

3）2010—2025年美国出现经济周期性波动的原因分析。

交互式测验12

第 13 章

宏观经济政策

思维导图

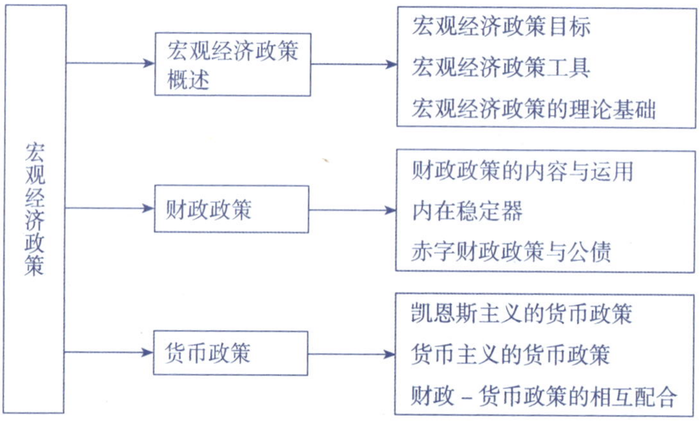

学习目标

【知识目标】

熟悉宏观经济政策的含义，理解宏观经济政策的目标，了解宏观经济政策的理论基础；理解主要的财政政策工具及其政策效应；理解主要的货币政策工具及其政策效应。

【能力目标】

能够准确判断一国实施现行宏观经济政策的缘由；能够准确判断一国现行宏观经济政策的内容、预期目标；能够客观分析、判断一国现行宏观经济政策的实际效果。

【素养目标】

关注国家政治经济新闻，树立全局观；体会温暖的家国情怀，进一步加深对社会主义的认同感；在国家各类政策的实施过程中，培养学生的制度认同感和责任担当意识。

案例导入　　新能源汽车产业政策助力绿色经济转型

2025年，我国新能源汽车产业在宏观经济政策的精准引导下，已成为全球绿色转型的核心引擎。中央财政设立4 000亿元专项资金，重点支持充电桩建设、电池技术研发等基础设施。例如，郑州经开区获专项资金支持，建成国内最大的新能源汽车零部件产业园，吸引比亚迪、宁德时代等企业入驻，带动就业超2万人。在税收政策方面，研发费用加计扣除比例提升至120%，2024年企业所得税减免额达120亿元，同时免征新能源汽车购置税，直接刺激消费市场——2025年一季度新能源汽车销量突破300万辆，同比增长47.1%。

地方政策差异化创新显著。上海市通过“免费专用牌照+置换补贴”组合拳，2025年新能源汽车渗透率达49.5%；湖北省对新能源汽车分档补贴，20万元以上车型最高补1.5万元，政策实施3个月带动销量增长35%。郑州依托“米”字形交通网络，建设50平方千米国际陆港，实现新能源汽车15天直达欧洲，2024年出口量占全国15%。

产业协同生态化构建成效突出。政府推动“新能源汽车+智能网联”融合发展，出台《智能汽车创新发展战略》，支持华为与赛力斯合作推出问界系列车型，搭载鸿蒙系统，2025年上海车展订单突破5万辆。长三角地区形成“4小时产业圈”，合肥新能源汽车企业可在4小时内获取全产业链配套，2024年整车产量达130万辆，本地配套率超60%。

技术攻关与循环经济加速推进。宁德时代建成全球最大动力电池回收基地，年处理废旧电池50万吨，镍、钴回收率超95%；比亚迪郑州工厂实现“不到一分钟下线一台车”的智能制造水平，2025年1—4月销量达138万辆，同比增长46.98%。政策引导下，2025年我国动力电池装车量达130.2GWh，磷酸铁锂技术路线占比80.8%，成本较三元电池下降30%。

资料来源　佚名. 关系新能源汽车消费、保障中小企业款项支付……2025年这些事要干![EB/OL]. [2025-01-21]. https://www.gov.cn/zhengce/202501/content_7000349.htm.

分析：一是乘数效应显著。新能源汽车产业带动钢铁、橡胶、电子等配套产业产值增长3.5倍，形成1∶3.5的乘数效应。郑州比亚迪本地采购金额超2 000亿元，带动周边500余家零部件企业集聚，2024年相关服务业增加值增长12%。二是绿色转型成效。2025年全国新能源汽车年减排二氧化碳超2 000万吨，相当于种植1.2亿棵树。钢铁行业通过氢能炼钢、光伏自发电等技术，吨钢综合能耗下降0.33%，清洁能源发电量增长40.23%。三是国际竞争力提升。我国新能源汽车出口量连续5年全球第一，2025年一季度出口33.3GWh，占全球市场份额的60%。比亚迪在匈牙利建厂，华为与赛力斯合作的车型进入欧洲市场，推动中国标准成为全球行业标杆。

宏观经济政策建立在宏观经济理论的基础上，通过运用财政政策、货币政策，来调节、控制宏观经济变量以达到预期目标。本章基于宏观经济理论，全面介绍宏观经济政策。

13.1 宏观经济政策概述

13.1.1 宏观经济政策目标

宏观经济政策是指国家或政府有意识、有计划地运用一定的政策工具，调节、控制宏观经济的运行，以达到一定的政策目标。

1）宏观经济政策目标的内容

经济学家认为，宏观经济政策应该同时达到四个目标：充分就业、物价稳定、经济增长和国际收支平衡。

（1）充分就业。它是指包含劳动在内的一切生产要素都以愿意接受的价格参与生产活动的状态。充分就业有两层含义：一是除了摩擦失业和自愿失业之外，所有愿意接受各种现行工资的人都能找到工作的一种经济状态，即消除了非自愿失业就是充分就业；二是包括劳动在内的各种生产要素都按其愿意接受的价格，全部用于生产的一种经济状态，即所有资源都得到充分利用。失业意味着稀缺资源的浪费或闲置，从而使经济总产出下降，社会总福利受损。因此，失业的成本是巨大的，降低失业率、实现充分就业常常成为西方宏观经济政策的首要目标。

（2）物价稳定。它是指物价总水平的稳定，一般用价格指数来衡量价格水平的变化。价格稳定不是指每种商品的价格固定不变，也不是指价格总水平固定不变，而是指价格指数的相对稳定。价格指数又分为消费物价指数（CPI）、批发物价指数（PPI）和国民生产总值折算指数（GNP Deflator）三种。物价稳定并不是指通货膨胀率为零，而是允许其保持一个低而稳定的通货膨胀率。所谓低的通货膨胀率，是指通货膨胀率为1%～3%；所谓稳定的通货膨胀率，是指在相当长的时期内使通货膨胀率维持在大致相等的水平上。这种通货膨胀率能被社会所接受，不会对经济产生不利影响。

（3）经济增长。它是指在一个特定时期内经济社会人均产量和人均收入的持续增长。经济增长包括两个方面：一是维持一个高经济增长率；二是培育一种经济持续增长的能力。一般认为，经济增长与就业目标是一致的。经济增长通常用一定时期内的实际国内生产总值年均增长率来衡量。经济增长会增加社会福利，但并不是增长率越高越好。这是因为经济增长会受到各种资源条件的限制，不可能无限增长，尤其是对经济已相当发达的国家来说更是如此；同时经济增长也会付出代价，如造成环境污染、引起各种社会问题等。因此，经济增长就是实现与本国具体情况相符的适度增长率。

（4）国际收支平衡。它具体分为静态平衡与动态平衡、自主平衡与被动平衡。静态平衡是指一国在一年的年末，国际收支既不存在顺差也不存在逆差；动态平衡不强调一年的国际收支平衡，而是以经济实际运行可能实现的计划期为平衡周期，保持计划期内的国际收支均衡。自主平衡是指由自主性交易（即基于商业动机，为追求利润或其他利益而独立发生的交易）实现的收支平衡；被动平衡是指通过补偿性交易（即一国货币当局为弥补自主性交易的不平衡而进行的调节性交易）而达到的收支平衡。国际收支平衡的目标是汇率稳定，外汇储备有所增加，进出口平衡。国际收支平衡不是消极地使一国在国际收支账户上经常收支和资本收支相抵，也不是消极地防止汇率和外汇储备变动，而是使一国外汇储备有所增加。适度增加外汇储备被认为是改善国际收支的基本方法。同时，一国国际收支状况不仅反映了这个国家的对外经济交往情况，还反映了该国经济的稳定程度。

2）宏观经济政策目标之间的关系

以上四大目标之间既存在互补关系，也存在交替关系。互补关系是指一个目标的实现对另一个目标的实现有促进作用。交替关系是指一个目标的实现对另一个目标有排斥作用。首先，物价稳定与充分就业之间存在两难选择。为了实现充分就业，必须刺激总需求，扩大就业量，这一般要实施扩张性的财政政策和货币政策，由此就会引起物价水平的上升；而为了抑制通货膨胀，必须实施紧缩性的财政政策和货币政策，由此又会引起失业率的上升。其次，经济增长与物价稳定之间存在相互排斥的关系。因为在经济增长的过程中，通货膨胀是难以避免的。最后，国内均衡与国际均衡之间存在交替关系。这里的国内均衡是指充分就业和物价稳定，而国际均衡是指国际收支平衡。为了实现国内均衡，就有可能降低本国产品在国际市场上的竞争力，从而不利于实现国际收支平衡；而为了实现国际均衡，就有可能不利于实现充分就业和稳定物价的目标。

微课

宏观经济政策目标及其关系

因此，在制定经济政策时必须对经济政策目标进行价值判断，权衡轻重缓急和利弊得失，确定目标的实现顺序和目标指数高低，并使各个目标之间有最佳的匹配组合，从而使所选择和确定的目标体系成为一个和谐的、有机的整体。

13.1.2 宏观经济政策工具

宏观经济政策工具是用来达到政策目标的手段。在宏观经济政策工具中，常用的有需求管理、供给管理、国际经济政策。

1）需求管理

需求管理是通过调节总需求来实现一定政策目标的宏观经济政策工具。它包括财政政策和货币政策。需求管理政策是以凯恩斯的总需求分析理论为基础制定的，是凯恩斯主义所重视的政策工具。

需求管理是要通过对总需求的调节，实现总需求等于总供给，达到既无失业又无通货膨胀的目标。它的基本政策包括实现充分就业政策和保证物价稳定政策两个方面。在有效需求不足的情况下，即在总需求小于总供给时，政府应采取扩张性的政策措施，刺激总需求增长，克服经济萧条，实现充分就业；在有效需求过度增长的情况下，即在总需求大于总供给时，政府应采取紧缩性的政策措施，抑制总需求，以克服因需求过度扩张而造成的通货膨胀。

2）供给管理

供给学派理论的核心是把注意力从需求转向供给。供给管理是指通过对总供给的调节，来实现一定的政策目标。在短期内，影响供给的主要因素是生产成本，特别是生产成本中的工资成本；在长期内，影响供给的主要因素是生产能力，即经济潜力的增长。供给管理政策具体包括控制工资与物价的收入政策、指数化政策、人力政策和经济增长政策。

（1）收入政策。它是通过限制工资（收入）增长率来限制物价上涨率的政策，因此收入政策又称工资和物价管理政策。之所以对收入进行管理，是因为通货膨胀有时是由成本（工资）推进所造成的（参见成本推进的通胀）。实行收入政策的目的是制止通货膨胀。收入政策有以下三种形式：一是工资与物价指导线。根据劳动生产率和其他因素的变动，规定工资和物价上涨的限度，其中主要是规定工资增长率。企业和工会都要根据这一指导线来确定工资增长率，企业也必须据此确定产品的价格变动幅度，如果违反，则以增加税收的形式以示惩戒。二是工资、物价的冻结，即政府采用法律和行政手段禁止在一定时期内提高工资与物价，这些措施一般在特殊时期采用，在通货膨胀严重时也可采用。三是税收刺激政策，即以税收来控制增长。

（2）指数化政策。它是指定期根据通货膨胀率来调整各种收入的名义价值，以使其实际价值保持不变。其主要包括：一是工资指数化；二是税收指数化，即根据物价指数自动调整个人收入调节税等。

（3）人力政策。人力政策又称就业政策，是一种旨在改善劳动力市场结构，以减少失业的政策。人力政策主要有以下三种形式：一是人力资本投资。由政府或有关机构向劳动者投资，提高劳动者的文化技术水平与身体素质，以适应劳动力市场的需求。二是完善劳动力市场。政府应该不断完善和增加各类就业介绍机构，为劳动力市场上的供求双方提供迅速、准确的信息，使劳动者找到满意的工作，企业也能得到其需要的员工。三是协助工人进行流动。劳动者在地区、行业和部门之间的流动，有利于劳动力的合理配置，减少因劳动力的地区结构和流动困难等原因造成的失业。对劳动力流动的协助包括提供充分的信息、必要的物质帮助与鼓励。

（4）经济增长政策。经济增长政策主要包括四个方面：一是增加劳动力数量和提高劳动力质量。增加劳动力数量的方法包括提高人口出生率、鼓励移民入境等；提高劳动力质量的方法是增加人力资本投资。二是资本积累。资本积累主要来源于储蓄，可以通过减少税收、提高利率等途径来鼓励人们储蓄。三是技术进步。技术进步在现代经济增长中起着越来越重要的作用，因此促进技术进步成为各国经济政策的重点。四是计划和平衡增长。现代经济中各部门之间的协调增长是经济本身所要求的，国家的计划与协调要通过间接的方式来实现。

3）国际经济政策

国际经济政策是对国际经济关系的调节。现实中一般国家的经济都是开放的，各国经济之间存在日益密切的往来与相互影响。一国的宏观经济政策目标中有国际经济关系的内容（即国际收支平衡），其他目标的实现不仅有赖于国内经济政策，还有赖于国际经济政策。因此，在宏观经济政策中也应该包括国际经济政策。

13.1.3 宏观经济政策的理论基础

宏观经济政策的理论基础是凯恩斯主义经济学的总需求决定国民收入的理论，即IS-LM模型。该模型说明了商品市场和货币市场同时达到均衡时利率和国民收入是如何决定的，并且指出了模型中IS曲线和LM曲线的位置变动会对均衡的利率水平和国民收入水平产生何种影响。该模型是分析财政政策和货币政策效应的工具。

在LM曲线的不同区域，财政政策和货币政策的有效性有着很大的不同。LM曲线可以呈现水平、递增和垂直三种形式。据此，可以把LM曲线划分为凯恩斯区域（萧条区域）、中间区域和古典区域，如图13-1所示。

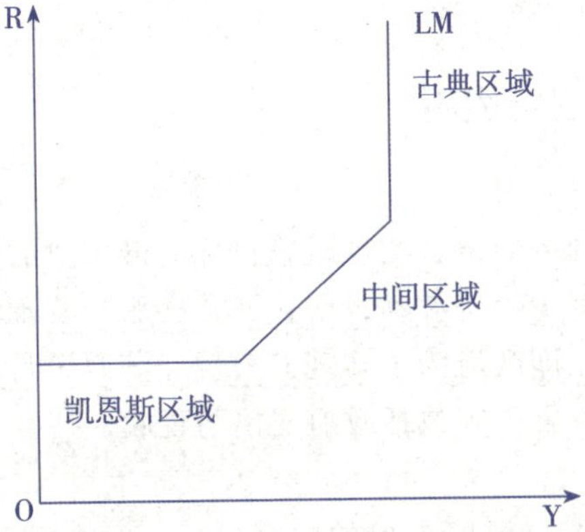

图13-1　LM曲线的三个区域

在图13-1中，在凯恩斯区域，IS变动对国民收入的影响最大，而LM变动对国民收入没有影响，因而财政政策有效，货币政策无效；在古典区域，IS变动只影响利率，不影响均衡国民收入，而LM变动则对国民收入的影响最大，因而货币政策有效，财政政策无效；在中间区域，财政政策和货币政策都影响均衡国民收入和利率，因而财政政策和货币政策均有效。

小资料13-1

需求学派政策和供应学派政策

需求学派政策是一些影响国内需求和吸收量的总增长水平或总增长率的措施，这些措施包括与传统的宏观经济政策相联系的整套财政、货币和国内信贷措施。虽然这些措施会影响生产和供应，但是这些影响比较抽象。所以，将这些主要影响总吸收量的政策称为“注重需求”的政策。

供应学派政策旨在保持国内需求在一定水平上增加国内所供应的货物和劳务的数量。这种注重供应的政策从广义上可分成两类：第一类政策的目的是提高像资本和劳动力这样的生产要素在相互竞争的用途之间的使用和分配效益，以增加当前的产值。这类政策包括那些减少因价格僵硬不变、垄断、税收、补贴和贸易限制造成的经济失调现象的措施。第二类是指那些目的在于提高生产能力的长期增长率政策。这类政策包括一些刺激国内储蓄和投资的措施。同样重要的还有一些目的在于增加外国储蓄流入量的政策，不管这种外国储蓄是以私人贷款、外国直接投资，还是以增加开发援助的形式流入的，这两类供应学派政策显然都是相互关联的，因为那些增加当前产值的政策本身可能使储蓄和投资的流量增加，并且可以提高当前生产能力的增长率。

小思考13-1

需求管理政策是以什么理论为基础制定的？

答：需求管理政策是以凯恩斯的总需求分析理论为基础制定的，是凯恩斯主义所重视的政策工具。

13.2 财政政策

13.2.1 财政政策的内容与运用

1）财政政策的内容

宏观财政政策是国家调控经济、实现政策目标的最主要的政策工具之一。**财政政策**是指政府为提高就业水平，减少经济波动，防止通货膨胀，实现稳定增长而采取的税收、借债水平和政府支出的政策，即政府为了实现其宏观经济政策目标而对其收入和支出水平所做出的决策。财政政策的主要内容包括政府支出与税收。

（1）政府支出体系。

第一，政府支出的内容。政府支出的内容包括：社会福利支出；退伍军人的福利支出；国家防务和安全支出；债务利息支出；教育和职业训练支出；公共卫生和保健支出；科学技术研究费用；公路、机场、港口和住宅的支出；自然资源及生态环境保护的支出；国际交往与国际事务的支出。

第二，政府支出的方式。政府支出的方式有政府购买和政府转移支付两种。政府购买是指政府对商品和服务的购买。其特点是以取得商品和服务为目的的有偿支出，是一种实质性支出。它可以使对经济资源的利用从私人部门转移到公共部门。由于政府购买是商品和服务的实际交易，因此直接形成社会需求和社会购买力，是国民收入的一个组成部分，计入国民生产总值的四大需求项目（消费、投资、政府购买和净出口）中。

政府转移支付是指政府单方面的、无偿的资金支付，包括社会保障支出、社会福利支出、政府对农业的补贴以及债务利息支出、捐赠支出等。其特点是不以取得商品和服务作为报酬。政府转移支付是货币性支出，是指政府把一部分人的收入转给另一部分人，整个社会的收入总量并没有变化，变化的仅是收入总量在社会成员之间的分配比例。正是由于政府转移支付只是资金使用权的转移，并没有相应的商品和服务发生交换，因此它不能被计入国民生产总值中，不能算作国民收入的组成部分。

拓展资料13-1

关于印发《中央对地方均衡性转移支付办法》的通知

（2）政府收入体系。

政府的收入主要来源于税收、公债、非税、社保基金等。税收是政府收入中最主要的部分，是国家为了实现其职能，依照法律强制、无偿地取得财政收入的一种形式。各国的税收体系通常由许多具体的税种组成，且依据不同的标准可以对税收进行不同的分类。

第一，按照课税对象的不同，税收可分为商品（货物）和劳务税类、所得税类、财产和行为税类、资源税及环境保护税类、特定目的税类，共包含18个税种。其中，所得税是指对个人或公司的所得征收的税，如对个人的工资薪金、劳务报酬、特许权使用费、偶然所得等征收的个人所得税以及对公司的应纳税所得征收的企业所得税。所得税是大多数西方国家的主体税种。所得税收入的变动对经济活动会产生重大影响。商品（货物）和劳务税类的征税范围包括销售和进口货物、提供劳务和服务、销售无形资产、销售不动产，商品（货物）和劳务税类是目前我国最大的税类。

第二，按照税负能否转嫁，税收可分为直接税和间接税两种。直接税是直接征收的、不能再转嫁给别人的税，如所得税、房产税、遗产税。间接税是间接地向最终消费者转嫁的税，如增值税、消费税、关税。

第三，按照税率的不同，税收可分为累进税、比例税和定额税三种。累进税是税率随税基增加而递增的一种税，即课税对象数额越大，税率就越高，如个人所得税中的工资薪金所得和劳务所得。比例税是税率不随征税对象数量的变动而变动的一种税，即按固定比率征税，多适用于流转税，如增值税、消费税、关税。定额税是按征税对象的计量单位（如数量、重量、面积等）直接规定固定税额，与征税对象价值无关。

2）财政政策的运用

微课

财政政策

（1）财政政策的一般运用。运用财政政策就是运用政府开支与税收来调节经济：第一，在经济萧条时，总需求小于总供给，经济中存在失业，政府就要实行扩张性的财政政策，包括减税与增加政府支出。减税可以增加企业和居民的可支配收入，从而增加消费和投资；政府支出的增加则直接刺激总需求，从而可能使经济走出萧条。第二，在经济繁荣时，总需求大于总供给，经济中存在通货膨胀，政府则要通过紧缩性的财政政策来抑制总需求，以实现物价稳定。紧缩性的财政政策包括减少政府支出与征税。减少政府支出直接使总需求下降；征税可以减少居民和企业的消费和投资。扩张性财政政策和紧缩性财政政策的目标和特点可通过表13-1来反映。

表13-1　**财政政策的目标和特点**

政策目标	政策特点	财政收入政策	财政支出政策
实现充分就业	扩张性财政政策	减少政府税收	增加政府支出
抑制通货膨胀	紧缩性财政政策	增加政府税收	减少政府支出

（2）酌情使用的财政政策。它是政府根据经济形势的需要，主动采取的增减政府收支的决策。例如，当总需求非常低，即出现经济衰退时，政府应通过削减税收、降低税率、增加支出的方法来刺激总需求；反之，当总需求非常高，即出现通货膨胀时，政府应通过增加税收或减少支出来抑制总需求。前者称为扩张性（膨胀性）财政政策，后者称为紧缩性财政政策。究竟什么时候采取扩张性财政政策，什么时候采取紧缩性财政政策，应由政府对经济发展的形势加以分析权衡，斟酌使用。它是凯恩斯主义需求管理的内容。凯恩斯分析的是需求不足型的萧条经济，因此他认为调节经济的重点应放在对总需求的管理方面，使总需求适应总供给。当总需求小于总供给，出现经济衰退和失业时，政府应采取扩张性财政措施以刺激经济；当总需求大于总供给，出现通货膨胀时，政府应采取紧缩性财政措施以抑制总需求。

但是，在采用以上财政政策的过程中会遇到许多制约因素，影响其作用的发挥：一是时滞。认清经济形势、做出决策、实施财政政策都需要一定的时间，因此财政政策往往不能起到很好的作用。二是不确定性。实施财政政策时，政府要面临乘数大小难以准确确定，以及从采取财政政策到实现预定目标的时间难以准确预测的困境。三是受外在不可预测的随机因素的干扰，可能导致财政政策难以取得预期效果。四是“挤出效应”的存在。政府增加支出，会挤占私人投资支出，从而使财政政策的效果变差。

案例 13-1　中央财政专项资金助力乡村振兴绿色转型

2025年，中央财政通过“专项资金＋市场化运作”模式，在浙江省庆元县试点乡村振兴绿色能源项目，为全国农村经济转型提供示范。庆元县作为典型山区县，依托中央财政衔接推进乡村振兴补助资金540万元，启动荷地、左溪等山地光伏发电项目（一期），总投资约1亿元，装机容量45兆瓦，预计年发电量4 200万千瓦时，折合售电收入约1 750万元。该项目采用“国企+强村公司+村集体”运营模式，通过土地流转、就业增收、入股分红等方式，直接带动18个村集体年均增收30万元，惠及农户超2 000户。

政策创新点：一是财政资金撬动社会资本。中央专项资金仅占项目总投资的5.4%，通过“财政补贴+市场化融资”吸引社会资本9 460万元，形成1∶17.5的资金杠杆效应。二是产业融合激活乡村经济。项目同步开发“农光互补”模式，光伏板下种植中药材、高山蔬菜，预计每亩土地年收益提升至8 000元，较传统农业增长5倍。三是生态价值转化机制。项目年减排二氧化碳3.5万吨，相当于种植200万棵树，通过碳交易平台实现生态收益约150万元/年，形成“发电+种植+碳汇”三重收益链。

实施成效：一是经济效应。2025年一季度，庆元县新能源产业产值同比增长32%，带动物流、运维等服务业新增就业岗位500个。二是社会效应。项目属地村集体年均增收30万元，其中7个省级重点帮促村集体收入全部突破50万元，提前实现“消薄”目标。三是生态效应。项目建成后，庆元县清洁能源占比提升至45%，单位国内生产总值能耗下降0.8个百分点。

资料来源　作者根据庆元县人民政府官网的相关资料整理.

分析：一是财政政策乘数效应显著。中央财政专项资金通过“以奖代补”“先建后补”等方式，有效撬动社会资本投入，形成“财政资金—社会资本—产业升级”的传导机制。二是绿色转型与乡村振兴协同。项目将光伏产业与农业种植、碳汇交易深度融合，既实现清洁能源替代，又通过土地复合利用提升农业附加值。这种“生态产业化、产业生态化”模式，为山区县探索共同富裕提供了新路径。三是政策的精准性与可持续性并重。财政资金聚焦“联农带农”机制，通过村集体入股、农户参与分红等方式，确保政策红利直达基层。同时，项目采用市场化运营，通过碳交易、绿证交易等机制实现长期收益，保障财政投入的可持续性。

13.2.2　内在稳定器

1）内在稳定器的含义

内在稳定器，又称自动稳定器，是指财政制度本身所具有的能够调节经济波动、维持经济稳定发展的作用。也就是说，它是经济系统本身存在的一种减少各种干扰对国民收入冲击的机制，能够在经济繁荣时自动抑制膨胀，在经济衰退时自动缓解萧条，无须政府采取任何行动。

微课

内在稳定器

内在稳定器的作用表现为：当国民收入减少时，它会自动地引发政府支出的增加和税收的减少，从而阻止国民收入进一步减少；当国民收入增加时，它又会自动地引发政府支出的减少和税收的增加，从而避免经济的过度膨胀。

2）内在稳定器的功能

（1）累进税制度。当经济繁荣时，随着生产扩大、就业增加，人们的收入随之增加，而通过累进所得税所征收的税额也会自动地以更快的速度增加。税收以更快的速度增加意味着人们可支配收入的增幅相对较小，从而使消费和总需求增幅也相对较小，最终遏制总需求扩张和经济过热。当经济衰退时，国民产出水平下降，个人收入和公司利润普遍下降，在税率不变的条件下，政府税收会自动减少，留给人们的可支配收入也会自动减少，从而使消费和总需求自动下降，起到缓解经济衰退的作用。

因此，在税率既定不变的条件下，税收随经济周期自动地同方向变化，税收的这种自动变化与政府在经济繁荣时增加税收、在经济衰退时减少税收的意图正相吻合，因而它是经济体系内经济的自动稳定因素。

（2）政府转移支付制度。同税收的作用一样，政府转移支付有助于稳定可支配收入，从而有助于稳定在总支出中占很大比重的消费支出。众所周知，政府转移支付包括政府的失业救济和其他社会福利支出，按照失业救济制度的规定，人们被解雇后，在找到工作以前可以在一定期限内领取救济金。另外，政府也会对穷人进行救济。这些福利支出对经济具有稳定作用。当经济出现衰退与萧条时，由于失业人数增加、穷人增多、符合救济条件的人数增多，失业救济和其他社会福利支出就会相应增加，从而间接地抑制人们可支配收入的下降，进而抑制消费需求的下降。当经济繁荣时，由于失业人数减少和穷人减少，福利支出额也自行减少，从而间接抑制可支配收入和消费需求的增长。

（3）农产品价格维持制度。在经济萧条时，国民收入减少，农产品价格下降，政府按照支持价格收购农产品，可使农民的收入和消费维持在一定的水平上；在经济繁荣时，国民收入增加，农产品价格上升，政府会减少对农产品的支持，并抛售农产品，限制农产品价格的上升，从而抑制了农民收入的增长，减少了其总需求。农产品价格维持制度有助于减轻经济波动，因此它被认为是经济稳定器之一。

总之，累进税制度、政府转移支付制度和农产品价格维持制度都是财政制度的内在稳定器，是政府稳定经济的第一道防线，在轻微的经济萧条和通货膨胀中往往起到良好的稳定作用。但是，在经济发生严重的萧条和通货膨胀时，它们不但不能使经济恢复到通货膨胀前的充分就业状态，还会起到阻碍作用。例如，当经济出现严重萧条时，政府采取措施促使经济回升，但当国民收入增加时，税收趋于增加，转移支付则减少，使经济回升的速度减缓，这时内在稳定器的变化与政府的目标背道而驰。所以，在关键时期还是要靠财政政策、货币政策的干预，内在稳定器只能起到辅助作用。

13.2.3　赤字财政政策与公债

1）凯恩斯主义经济学主张运用赤字财政政策的理由

（1）在经济萧条时，财政政策增加政府支出、减少政府税收，这样必然出现财政赤字。凯恩斯认为，财政政策应该为实现充分就业服务，因此必须放弃财政收支平衡的旧信条，实行赤字财政政策。

（2）凯恩斯主义经济学认为，赤字财政政策不仅是必要的，而且是可行的。第一，债务人是国家，债权人是公众。国家与公众的根本利益是一致的。第二，政府的政权是稳定的。这就保证了债务的偿还是有保证的，不会引起信用危机。第三，债务用于发展经济，使政府有能力偿还债务，弥补赤字。

（3）政府实行赤字财政政策是通过发行公债进行的。公债直接卖给中央银行，而不是直接卖给公众。

2）公债政策

公债是指政府的举债行为。它一般与财政赤字相联系，当年的公债与同期财政赤字相等，而累积的公债则等于历年的财政赤字再减去财政结余。公债的持有形式包括银行部门持有、私人持有、公司持有和国外持有。政府公债政策的益处有：

（1）有利于政治上的稳定。特别是财政支出大幅度增加时，大幅度地提高税率来弥补赤字，往往会引起纳税人的普遍不满，以致影响整个社会的稳定。如果以借债的形式筹措资金，人们是比较容易接受的。

拓展资料 13-2

财政政策如何提升效能？赤字率下调怎么看？减税降费有何看点？

（2）有助于将项目受益者和纳税人联系在一起。政府用大量财政支出兴办公共工程（如公路、水利工程、学校等），可能会使几代人受益，而如果用大量征税的办法来支付这些建设项目的费用，结果是把整个费用的重担都压到了项目建设时期的那些纳税人身上，真正的或大多数的受益者反而没有负担任何费用；如果采用举债的办法，可在短期内筹措大量资金，使这些公共项目尽快上马，然后再利用税收将这些资金收回，使这些项目所需资金更多地负担在受益人身上。

（3）有助于刺激经济。增加税收，公众的收入减少，会对经济产生紧缩作用。而公债与税收不同，它是政府暂时将公众手中的部分钱借走，对经济有刺激作用。

小思考 13-2

酌情使用的财政政策是如何施行的？

答：酌情使用的财政政策是政府根据对经济形势的分析，主动采用的增减政府收支的决策。例如，当总需求非常低，即出现经济衰退时，政府应通过削减税收、降低税率、增加支出的方法来刺激总需求；反之，当总需求非常高，即出现通货膨胀时，政府应通过增加税收或减少支出来抑制总需求。

13.3 货币政策

货币政策的根本目标是帮助经济达到无通货膨胀、充分就业条件下的总产出水平。通过改变经济中的货币供给，货币政策能稳定总产出、就业和价格水平。

13.3.1　凯恩斯主义的货币政策

1）货币政策概述

货币政策是指中央银行通过对货币供给量的调节来调节利率，再通过利率的变动来影响总需求。所以，凯恩斯主义货币政策的直接目标是利率，最终目标是总需求变动。凯恩斯主义之所以认为货币供给量可以调节利率，是以人们的财富只有货币与债券这两种形式的假设为前提的。货币政策与财政政策的不同之处在于，货币政策是通过货币当局的货币供给量的变化来调节利率，进而间接地调节总需求，而财政政策则直接影响社会总需求的规模，中间不需要任何变量。因此，货币政策是间接发挥作用的。

2）货币政策工具

微课

货币政策

在凯恩斯主义的货币政策中，中央银行一般通过公开市场业务、再贴现率和法定存款准备金率三种货币政策工具来改变货币供给量，以达到宏观经济调控的目标。

（1）公开市场业务。在调节基础货币时，公开市场业务具有主动性、微调性和前瞻性等特点，因此它是目前各国中央银行控制货币供给量最重要的、最常用的工具。**公开市场业务**是指中央银行在金融市场上公开买卖政府债券，以控制货币供给和利率的政策行为。中央银行在金融市场上公开买进或卖出政府债券，通过增加或缩减商业银行存款准备金，影响货币供给量的增减和利率的变化，最终影响物价和就业水平。

公开市场业务的过程大致如下：当经济过热，即中央银行认为市场上货币供给量过多会出现通货膨胀时，便在公开市场上出售政府债券，承购政府债券的既有可能是各商业银行，也有可能是个人或公司。当商业银行购买政府债券后，准备金会减少，可贷款数量也会减少。通过货币乘数的作用，整个社会的货币供给量将会按一定比例减少；反之，当经济萧条时，市场上会出现银根紧缩的情况，这时中央银行可在公开市场上买进政府债券，商业银行通过中央银行的购买增加了准备金，个人或公司出售债券所得的现金也会存入银行。这样各商业银行的准备金增加，银行的贷款能力得以提高，再通过货币乘数的作用，整个市场的货币供给量成倍增加。同时，中央银行买卖政府债券的行为，也会引起债券市场上需求和供给的变化，进而影响债券价格和市场利率。有价证券市场是一个竞争性市场，证券价格由供求状况决定。当中央银行购买证券时，证券的需求就会增加，证券的价格也随之上升，从而导致市场利率下降，市场利率的下降又会使投资和消费需求上升，从而刺激经济，增加国民收入。因此，中央银行可以通过公开市场业务增加或减少货币供给量，以实现宏观经济调控的目的。

（2）再贴现率。贴现和再贴现是商业银行和中央银行的业务活动。商业银行的贴现是指客户因急需使用资金，将所持有的未到期票据出售给商业银行，兑现现款以获得短期融资的行为。商业银行在用现金购进未到期票据时，可将该票据到期值的一定百分比作为利息预先扣除，这个百分比就是贴现率。商业银行将贴现后的票据持有到票据规定的时间，然后向票据原发行单位自然兑现。当商业银行因储备金临时不足等原因急需现金时，可以将这些已贴现但仍未到期的票据出售给中央银行，请求再贴现。中央银行作为银行的银行，有义务帮助商业银行解决其流动性问题。中央银行从商业银行手中买进已贴现但仍未到期的银行票据的活动被称为再贴现。再贴现时，同样要预先扣除一定百分比的利息，该利息就是中央银行对商业银行的贴现率，即再贴现率。这就是再贴现率的本意。但在当下的美国，商业银行通常不再用商业票据而是用政府债券作为担保向中央银行借款。所以，现在把中央银行给商业银行及其他金融机构的借款称为“贴现”，相应的放款利率称为“贴现率”。

中央银行通过变动再贴现率可以调节货币供给量。当市场上银根紧缩，货币供给量不足时，中央银行可以降低再贴现率，商业银行向中央银行的“贴现”就会增加，从而使商业银行的准备金增加，可贷出去的现金增多，通过货币乘数的作用，使整个社会货币供给量成倍增加；反之，当市场上银根放松，货币供给量过多时，中央银行可以提高再贴现率，商业银行就会减少向中央银行的“贴现”，于是商业银行的准备金减少，可贷出去的现金也减少，通过货币乘数的作用，社会上的货币供给量将成比例减少。

中央银行调整再贴现率对货币供给量的影响不是很大，实际上中央银行调整再贴现率的目的更多的是表达自己的意图，而不是对货币供给量产生直接影响。

小资料 13-2

“滁碳易”再贴现产品助力绿色产业升级

2025年，滁州市人民政府创新推出“滁碳易”再贴现产品，通过结构性货币政策工具精准支持绿色产业发展。该产品单列专项再贴现额度，重点支持八大产业链中具有显著碳减排效应的企业，通过票据贴现融资引导金融资源向绿色低碳领域集聚。政策实施后，新能源企业票据融资成本显著降低，平均贴现利率较市场水平低30个基点，部分企业利率可低至0.1%。同时，开辟再贴现业务全流程“3日办结”绿色通道，确保政策红利直达快享。截至2024年年末，全市累计办理“滁碳易”业务带动新能源企业票据融资45亿元，年减排二氧化碳3.5万吨，相当于种植200万棵树，推动全市清洁能源占比提升至45%。

资料来源　作者根据滁州市人民政府官网的相关资料整理.

（3）法定存款准备金率。中央银行有权在一定范围内调整法定准备金率，从而影响货币供给量。在经济萧条时，为刺激经济复苏，中央银行可以降低法定存款准备金率。在商业银行不保留超额储备的条件下，法定存款准备金率的下降将给商业银行带来多余的储备，使其得以增加贷款。这样商业银行的存款和贷款将出现一轮又一轮的增加，使货币供给量增加。货币供给量的增加又会降低利率，从而刺激投资增加，最终引起国民收入水平的倍数提升；反之，在经济过热时，中央银行可用提高法定存款准备金率的方法减少货币供给，以抑制投资的增长，减轻通货膨胀的压力。

从理论上来说，在以上三大主要货币政策工具中，调整法定存款准备金率是中央银行调整货币供给最简单的办法。但法定存款准备金率的变动在短期内会导致较大幅度的货币扩张或收缩，影响宏观经济活动，其作用十分猛烈，因此这一政策工具在实践中很少使用。再贴现率除了上述所讲的期限短等限制外，它还有在实行过程中比较被动的缺点。这是因为中央银行可以通过降低再贴现率使商业银行来借款，但它不能强迫商业银行来借款。若商业银行不向中央银行借款，或借款数量很少，则再贴现率政策的执行效果就不明显了。尽管再贴现率政策的影响较小，但实施再贴现率政策的意义重大，这是因为实施再贴现率政策是利率变化和信贷松紧的信号。一般来说，在再贴现率变化以后，银行的利率也随之改变。

公开市场业务与上述两项政策工具相比具有以下优点：①公开市场业务可以按任何规模进行，中央银行既可以大量也可以小量买卖政府债券，使货币供给量发生较大或迅速的变化。②公开市场业务比较主动和灵活，且可以连续进行。在公开市场业务中，中央银行可根据经济情况的需要自主决定有价证券的数量、时间和方向，即使中央银行有时出现某些政策失误，也可以及时纠正。③公开市场业务可以比较准确地预测其对货币供给的影响。一旦买进或卖出一定数量金额的证券，就可以根据货币乘数估计出货币供给量增加或减少了多少。基于上述原因，公开市场业务就成为中央银行控制货币供给量最重要、最常用的工具。

除了上述三种调节货币供给量的主要工具外，中央银行还有一些次要的货币政策工具，如道义上的劝告、控制利率的上限和“垫头规定”的局部控制等。

3）货币政策的运用

（1）在经济萧条时，AD（总需求）＜AS（总供给），为了刺激AD，可采用扩张性的货币政策，即在公开市场上买进有价证券、降低贴现率并放松贴现条件，或者降低准备金率等。扩张性货币政策可以提高货币供给量，降低利率，刺激总需求增长。

（2）在经济繁荣时，AD（总需求）＞AS（总供给），为了抑制AD，可采用紧缩性的货币政策，即在公开市场上卖出有价证券、提高贴现率并严格规定贴现条件，或者提高准备金率等。紧缩性货币政策可以减少货币供给量，提高利率，抑制总需求增长。

13.3.2 货币主义的货币政策

货币主义是二十世纪五六十年代在美国出现的一个经济学流派，又称货币学派。其创始人为美国经济学家弗里德曼。货币学派在理论上和政策主张方面，强调货币供应量的变动是引起经济活动和物价水平变动的根本和起支配作用的原因。人们的财富具有多种形式，如货币、债券、股票、住宅、珠宝、耐用消费品等。货币学派理论主要由现代货币数量论和自然率假说构成。

（1）现代货币数量论。货币学派把货币作为影响经济的最重要因素，认为物价水平或名义收入水平是货币需求与货币供应均衡的结果，但货币供应由法律和货币当局的政策决定，是外生的。因此，现代货币数量论主要研究货币需求的决定因素。弗里德曼指出：“货币数量论首先是货币需求理论，而不是关于产量、货币收入或价格水平的理论。”

（2）自然率假说。货币学派认为私人经济具有内在的有效性和稳定性，国家干预会破坏其稳定性。这种内在的有效性和稳定性被称作“自然率假说”。它认为自由市场经济具有内在的动态平衡机制，外生力量只能产生短期影响，而不能影响其长期均衡。其他主要论点有：一是货币数量的变动导致了货币收入的短期波动；二是货币数量在长期只影响价格和货币收入，不影响实际收入和就业量，因此通货膨胀归根到底是一种货币现象；三是货币供给量在短期影响实际国民收入和就业量。

第二次世界大战后，美、英等发达资本主义国家长期推行凯恩斯主义扩大有效需求的管理政策，虽然在刺激生产发展、延缓经济危机等方面起到了一定作用，但同时引起了持续的通货膨胀。

20世纪50年代，弗里德曼提出抑制通货膨胀和反对国家干预经济的主张，向凯恩斯主义的理论和政策主张提出挑战。他在1956年发表了《货币数量论：一种重新表述》一文，对传统的货币数量说进行了新的论述，为货币主义奠定了理论基础。

此后，弗里德曼和他的同事们在理论细节方面不断进行讨论、补充，并且利用美国有关国民收入和货币金融的统计资料进行了大量经济计量学方面的工作，为其主要理论观点提供了经验材料的论据。

20世纪60年代末至20世纪70年代初，美国的通货膨胀日益严重，特别是1973—1974年在所有发达资本主义国家出现猛烈的物价上涨与居高不下的失业时，还并存“滞胀”现象，凯恩斯主义无法做出解释，更难找出应对这一进退维谷处境的对策。货币主义开始流行起来，并对美、英等国家的经济政策产生了重要影响。货币主义的代表人物在美国有哈伯格、布伦纳和安德森，在英国有莱德勒和帕金。

货币主义认为，引起名义国民收入变化的主要原因是，货币当局决定的货币供应量的变化。假如货币供应量的变化会引起货币流通速度的反方向变化，那么货币供应量的变化对物价和产量会产生什么样的影响将是不确定的。

弗里德曼突出强调货币需求函数是稳定的函数，应尽可能降低货币流通速度发生变化的可能性及其对产量和物价可能产生的影响，以便在货币供应量与名义国民收入之间建立起一种确定的、可以做出理论预测的因果关系。

在短期，货币供应量的变化主要影响产量，部分影响物价；但在长期，产量完全是由非货币因素（如劳动力和资本的数量、资源和技术的状况等）决定的，货币供应只决定物价水平。

弗里德曼强烈反对国家干预经济，主张实行一种“单一规则”的货币政策。这就是把货币存量作为唯一的政策工具，由政府公开宣布一个在长期内固定不变的货币增长率，这个增长率（如每年增加3%～5%）应在保证物价水平稳定不变的条件下与预计的实际国民收入在长期内会有的平均增长率相一致。

凯恩斯主义货币政策与货币主义货币政策的对比，见表13-2。

表13-2　**凯恩斯主义货币政策与货币主义货币政策的对比**

对比内容	凯恩斯主义货币政策	货币主义货币政策
目标	通过利率调节总需求	通过控制货币量实现物价稳定
机制	货币量→利率→总需求	货币量→物价
手段	公开市场业务、再贴现率、法定存款准备金率	单一规则的货币政策

案例13-2　央行买断式逆回购精准调节市场流动性

2024年10月，中国人民银行创新推出“买断式逆回购”工具，通过公开市场业务精准调节市场流动性。该工具采用“固定数量、利率招标、多重价位中标”机制，允许央行向一级交易商购买债券并约定未来回购，期限覆盖3个月至6个月，填补了7天期逆回购与1年期MLF（中期借贷便利）之间的期限空白。这一政策创新是在2025年政府债券发行规模预计达24.2万亿元、净融资13万亿元的背景下实施的，旨在应对二季度超长期特别国债发行高峰对市场的冲击。

具体来看，2025年4月央行累计开展买断式逆回购操作超4万亿元，其中单月操作规模达1.2万亿元（3个月期7 000亿元、6个月期5 000亿元），重点对冲政府债券发行带来的资金面压力。例如，4月24日首批超长期特别国债落地后，央行通过买断式逆回购操作确保银行间市场7天回购利率（DR007）围绕政策利率2%窄幅波动，较2024年同期波动率下降35%。这一操作机制通过“多重价位中标”真实反映机构资金需求，避免了传统招标中的“搭便车”行为，同时允许债券在回购期间继续流通，提升了市场流动性效率。

从宏观经济目标来看，2025年中国设定了5%左右的经济增长目标，央行通过买断式逆回购与MLF、存款准备金率等工具协同，构建“短期+中期”流动性供给体系，为稳增长提供支撑。截至2025年4月，MLF余额从峰值7.3万亿元降至4万亿元，降低了对中长期政策利率的依赖，同时3个月期AAA级同业存单发行利率较操作前下降15个基点，直接降低金融机构负债成本。

资料来源　作者根据中国人民银行官网的相关资料整理.

分析：中国人民银行通过买断式逆回购实现了流动性管理的精准化转型。该工具通过差异化期限设计（3个月期满足短期周转、6个月期支持中期投资）和利率市场化机制（多重价位中标反映真实资金成本），既缓解了政府债券发行对市场的冲击，又引导金融机构降低负债成本。

13.3.3　财政-货币政策的相互配合

1）宏观经济政策的选择

究竟选择哪一种政策更有利，这涉及许多因素。这里我们以扩张性财政政策与扩张性货币政策为例，通过分析二者对社会经济产生的不同影响来说明这一问题。

通过对IS-LM模型的分析我们可以看出，扩张性的财政政策和货币政策都可以扩大总需求，增加国民收入，但它们对利率的作用方向不同。扩张性财政政策会使利率水平上升，而扩张性货币政策则会使利率水平下降。正是二者对利率作用的方向不同，导致总需求内部结构不同。

在IS-LM模型中，扩张性货币政策会使LM曲线向右移动，代表国民收入水平上升和利率水平下降。随着国民收入的增加，人们的可支配收入增加，消费需求也相应增加。同时，利率水平下降，有利于投资需求的增加，尤其是与利率关系密切的住房投资更是如此。因此，扩张性货币政策会使总需求中的消费需求和投资需求增加。

上述两种政策对社会经济的影响见表13-3。

表 13-3　扩张性的财政政策和货币政策对社会经济的影响

政策工具		国民收入	利率	消费	投资
扩张性货币政策		增加	下降	增加	增加
扩张性财政政策	1.增加政府购买支出	增加	提高	增加	减少
	2.减税	增加	提高	增加	减少
	3.增加转移支付	增加	提高	增加	减少
	4.投资津贴	增加	提高	增加	增加

从表 13-3 中可知，由于不同的政策对社会总需求的影响不同，因此决策者在决定选择哪种政策时，首先要考虑产生社会总需求不足的主要原因是什么，然后“对症下药”，以促使经济回升。

2）两种政策的组合使用

（1）当经济萧条时，可以把扩张性财政政策与扩张性货币政策组合使用，这样能更有力地刺激经济。扩张性财政政策使总需求增加，但提高了利率水平，采用扩张性货币政策就可以抑制利率的上升，以消除或降低扩张性财政政策的挤出效应，使总需求增加。

（2）当经济出现严重通货膨胀时，可实行“双紧”组合，即采用紧缩性财政政策与紧缩性货币政策来降低需求，抑制通货膨胀。一方面，采用紧缩性财政政策，可以从需求方面抑制通货膨胀；另一方面，采用紧缩性货币政策，可以从货币供给量方面抑制通货膨胀。由于紧缩性财政政策在抑制总需求的同时会使利率下降，而紧缩性货币政策使利率上升，因此避免了利率下降刺激总需求。

（3）当经济出现萧条且不太严重时，可采用扩张性财政政策与紧缩性货币政策的组合。这是为了在刺激总需求的同时，可以抑制通货膨胀，这种组合对增加总需求的作用不确定，但能够使利率上升。

（4）当经济出现通货膨胀且不太严重时，可采用紧缩性财政政策与扩张性货币政策的组合。一方面，用紧缩性财政政策压缩总需求；另一方面，用扩张性货币政策降低利率，刺激投资，以免财政过度紧缩而引起经济衰退。

应用 IS-LM 模型，可以分析财政政策和货币政策组合使用的政策效应，见表 13-4。

表 13-4　财政政策和货币政策组合使用的政策效应

政策组合	产出	利率
扩张性财政政策和紧缩性货币政策	不确定	上升
紧缩性财政政策和紧缩性货币政策	减少	不确定
紧缩性财政政策和扩张性货币政策	不确定	下降
扩张性财政政策和扩张性货币政策	增加	不确定

总之，财政政策与货币政策必须相互配合。两种政策的目标都是实现既无失业又无通货膨胀的经济运行状态。

小思考13-3

财政政策与货币政策如何组合使用？

答：当经济萧条时，可采用扩张性财政政策与扩张性货币政策的组合；当经济出现严重通货膨胀时，可采用紧缩性财政政策与紧缩性货币政策的组合；当经济出现萧条且不太严重时，可采用扩张性财政政策与紧缩性货币政策的组合；当经济出现通货膨胀且不太严重时，可采用紧缩性财政政策与扩张性货币政策的组合。

补充阅读材料

自由放任还是政府干预：两种思想支配下的两种经济政策取向

知识掌握

知识梳理 13

□ 选择题

1）宏观经济政策的目标是（　　）。

A.充分就业和物价稳定

B.物价稳定和经济增长

C.同时实现充分就业、物价稳定、经济增长和国际收支平衡

2）根据需求管理的原理，应该抑制总需求的条件是（　　）。

A.总需求大于总供给　　B.总需求等于总供给　　C.总需求小于总供给

3）下列属于需求管理的是（　　）。

A.收入政策　　B.人力政策　　C.货币政策

4）当存在失业时，应该采取的财政政策工具是（　　）。

A.增加政府支出　　B.提高个人所得税　　C.提高企业所得税

5）属于紧缩性财政政策工具的是（　　）。

A.减少政府支出和增加税收　　B.减少政府支出和减少税收

C.增加政府支出和减少税收

6）紧缩性货币政策的运用会导致（　　）。

A.减少货币供给量，降低利率　　B.增加货币供给量，提高利率

C.减少货币供给量，提高利率

□ 判断题

1）不同的政策工具可以达到相同的政策目标。（　　）

2）凯恩斯主义所重视的政策工具是需求管理。（　　）

3）需求管理包括财政政策和货币政策。（　　）

4）扩张性的财政政策包括增加政府支出和增加税收。（　　）

5）内在稳定器有自发地稳定经济的作用，但其作用十分有限，并不能代替财政政策的运用。（　　）

6）收入政策以控制工资增长率为中心，其目的在于抑制成本推动的通货膨胀。（　　）

□ 简答题

1）凯恩斯主义经济学主张运用赤字财政政策的理由是什么？

2）供给管理政策的具体内容有哪些？

3）如何比较凯恩斯主义货币政策与货币主义货币政策？

知识应用

□ 分析题

分析并说明宏观经济政策四大目标之间的关系。

□ 案例题

央行买断式逆回购：积极应对挑战，护航经济高质量发展

2024—2025年，全球经济增长面临诸多挑战，贸易保护主义抬头、地缘政治局势紧张，国际经济环境充满不确定性。然而，我国积极把握发展机遇，坚定不移推动经济转型升级，在科技创新、绿色发展等领域持续发力，新兴产业蓬勃发展，数字经济与实体经济加速融合，展现出强大的经济韧性与发展潜力。为实现2025年5%左右的经济增长目标，进一步激发经济活力，我国在财政政策上积极作为，计划2025年政府债券发行规模达24.2万亿元、净融资13万亿元。其中，二季度将迎来超长期特别国债发行高峰。这些资金将用于基础设施建设、民生改善、科技创新等关键领域，为经济高质量发展注入强劲动力。

不过，大规模债券发行可能对市场流动性造成一定冲击，为平衡资金供求，保障市场平稳运行，中国人民银行于2024年10月创新推出“买断式逆回购”工具。该工具采用“固定数量、利率招标、多重价位中标”机制，期限覆盖3个月至6个月，填补了7天期逆回购与1年期MLF（中期借贷便利）之间的期限空白，是我国金融政策创新的重要成果，彰显了宏观调控的前瞻性与灵活性。

在货币政策与财政政策的协同配合下，买断式逆回购工具发挥了重要作用。央行通过该工具开展多次操作，有效对冲了政府债券发行带来的资金面压力，确保银行间市场回购利率围绕政策利率窄幅波动，降低了金融机构负债成本，提升了市场流动性效率，稳定了市场利率，进而降低企业融资成本，促进实体经济发展，优化了流动性供给结构，为实现经济增长目标提供有力支撑。

我国宏观调控目标与西方国家存在差异。西方国家以私有制为基础，市场机制在资源配置中起主导作用，宏观调控多以稳定物价、充分就业为核心，侧重于通过调节物价和就业来维持市场稳定。而我国实行社会主义市场经济体制，以人民为中心，经济发展不仅追求效率，更注重保障社会公平、实现共同富裕，宏观调控目标更强调经济增长、社会稳定与可持续发展的综合平衡，需要兼顾经济增长、就业、物价稳定和社会稳定等多方面。

目前，我国宏观调控目标包括经济增长、稳定物价、充分就业和国际收支平衡。经济增长是基础，只有保持一定增速才能创造更多就业机会，为稳定物价提供物质条件；充分就业是保障，关乎民生福祉与社会稳定；稳定物价是前提，利于维持市场秩序，保障居民生活和企业生产；国际收支平衡是重要条件，良好的国际收支状况能保障经济外部环境稳定，促进对外贸易和投资。这些目标相互关联，层层递进，共同推动我国经济稳健发展。

资料来源　作者根据中国人民银行官网的相关资料整理.

问题：(1) 本案例中涉及了哪些财政政策和货币政策？你认为会产生哪些影响？

（2）我国和西方国家在国家宏观调控目标方面有何不同，为什么？你认为目前我国的宏观调控应有哪些目标，如何排序？

综合实训

【项目目标】

通过本项目的实训，学生能熟练运用所学理论分析和解释现实中的宏观经济政策。

【项目内容及要求】

1）收集现阶段我国宏观经济政策的取向、内容、手段等相关信息。

2）分析我国采取现行宏观经济政策的原因及预期目标。

【项目成果】

撰写《我国现行宏观经济政策分析》，包括以下内容：

1）我国现行宏观经济政策的取向、内容和主要政策手段。

2）我国政府采取现行宏观经济政策的主要原因。

3）我国现行宏观经济政策的预期目标。

交互式测验13

主要参考文献

［1］《西方经济学》编写组．西方经济学［M］．3版．北京：高等教育出版社，人民出版社，2021．

［2］高鸿业．经济学基础［M］．3版．北京：中国人民大学出版社，2022．

［3］梁小民．话经济学人［M］．上海：东方出版中心，2018．

［4］曼昆．经济学原理：宏观经济学分册［M］．梁小民，梁砾，译．8版．北京：北京大学出版社，2020．

［5］萨缪尔森，诺德豪斯．微观经济学［M］．于健，译．19版．北京：人民邮电出版社，2012．

［6］吴敬琏．当代中国经济改革［M］．上海：上海远东出版社，2004．

［7］麦迪森．世界经济千年史（精校本）［M］．伍晓鹰，许宪春，译．北京：北京大学出版社，2022．

［8］尹伯成，刘江会．西方经济学简明教程［M］．9版．上海：格致出版社，2018．

［9］丁冰，张连城．现代西方经济学说［M］．北京：中国经济出版社，2002．

［10］威廉姆森．资本主义经济制度［M］．段毅才，王伟，译．北京：商务印书馆，2020．

［11］柯武刚，史漫飞．制度经济学：社会秩序与公共政策［M］．北京：商务印书馆，2000．

［12］厉以宁．西方经济学［M］．4版．北京：高等教育出版社，2015．

［13］叶德磊．微观经济学［M］．5版．北京：高等教育出版社，2019．

［14］樊纲，张晓晶．面向新世纪的中国宏观经济政策［M］．北京：首都经济贸易大学出版社，2000．

［15］吴汉洪．经济学基础［M］．6版．北京：中国人民大学出版社，2020．

［16］刘凤良，周业安．中级微观经济学［M］．北京：中国人民大学出版社，2012．

［17］林毅夫，王勇，赵秋运．新结构经济学：理论溯源与经典文献［M］．上海：格致出版社，2021．

［18］康和平，程长羽．宏微观经济学［M］．天津：天津人民出版社，2002．

［19］吴易风，刘凤良，吴汉洪．西方经济学［M］．北京：中国人民大学出版社，1999．

［20］诺斯，托马斯．西方世界的兴起［M］．厉以平，蔡磊，译．北京：华夏出版社，2017．

［21］李贺．经济学基础：思政·德育·实务·实训［M］．3版．上海：上海财经大学出版社，2024．

［22］匡爱民．实用经济学原理［M］．上海：复旦大学出版社，2016．

[23] 战勇. 微观经济学简明教程 [M]. 2版. 大连: 东北财经大学出版社, 2010.

[24] 陈宪, 韩太祥. 经济学原理 [M]. 上海: 立信会计出版社, 2004.

[25] 王树林, 曲世友. 微观经济学 [M]. 北京: 科学出版社, 2004.

[26] 莫童. 公共经济学 [M]. 上海: 上海交通大学出版社, 2005.

[27] 高培勇. 公共经济学 [M]. 北京: 中国人民大学出版社, 2004.

[28] 郭万超, 辛向阳. 轻松学经济 [M]. 北京: 对外经济贸易大学出版社, 2005.

[29] 吴易风. 当代西方经济学流派与思潮 [M]. 北京: 首都经济贸易大学出版社, 2005.

[30] 肖桂山. 西方经济学 [M]. 大连: 东北财经大学出版社, 2000.

[31] 杨君昌. 西方经济学 [M]. 2版. 北京: 高等教育出版社, 2004.

[32] 平狄克, 鲁宾费尔德. 微观经济学 [M]. 李彬, 译. 9版. 北京: 中国人民大学出版社, 2020.

[33] 高鸿业. 西方经济学 (微观部分) [M]. 7版. 北京: 中国人民大学出版社, 2018.

[34] 唐树伶. 经济学基础 [M]. 4版. 北京: 高等教育出版社, 2023.

[35] 王志伟. 西方经济思想史 [M]. 2版. 大连: 东北财经大学出版社, 2018.

[36] 安虎森. 高级区域经济学 [M]. 5版. 大连: 东北财经大学出版社, 2023.

[37] 冯瑞. 经济学基础 [M]. 2版. 北京: 高等教育出版社, 2019.

[38] 陈福明. 经济学基础 [M]. 3版. 北京: 高等教育出版社, 2018.

[39] 布兰查德, 约翰逊. 宏观经济学 [M]. 高伟, 译. 8版. 北京: 清华大学出版社, 2023.